U0605547

THE TRUTH

OF CENTRAL ENTERPRISES

本书旨在尝试为公众、媒体和央企之间搭建一座沟通的桥梁。因为，央企与政府、公众、媒体的根本利益是高度一致的。

“有忍，其乃有济；有容，德乃大。”宽容是精神，也是力量。认知这个世界不是只有论战，只有纷争，而应多一些宽容，多一些沟通，多一些换位思考。

成书仓促，希望读者多提宝贵意见，同时宽容以待书中的偏颇和不足之处。尤其在社会转型期、认识多元化的今天，更需要“热”话题“冷”思考，在认识的断层上，架起更多沟通的桥梁，沟壑方能变坦途。

央企真相

邱宝林 著

山西出版集团 山西教育出版社

图书在版编目（CIP）数据

央企真相：全彩色版 / 邱宝林 著. -- 太原：山西教育出版社，2011.3
ISBN 978-7-5440-4654-1

Ⅰ. ① 央…　Ⅱ. ① 邱…　Ⅲ. ① 国有企业-经济发展-研究-中国
Ⅳ. ①F279.241

中国版本图书馆CIP数据核字（2011）第009609号

书　名 / 央企真相
yangqi zhenxiang
作　者 / 邱宝林

出 版 人：荆作栋
责任编辑：赵　峰　杨　文　唐　锋
特邀编辑：孙　茜　陈学清　李嘉春　王丽峰
李向阳　杜济寿　柏　阳　刘宁洁
复　　审：刘立平
终　　审：荆作栋
设计总监：王春声
设　　计：刘志斌　宋　蓓　陶雅娜　李　珍　温　芳
图片编辑：杨孜孜
印装监制：贾永胜
图片提供：视觉中国网（CFP）　中国新闻图片网

出版发行：山西出版集团・山西教育出版社
（地址：太原市水西门街馒头巷7号 电话：13835156030 邮编：030002）
营销宣传：赵　峰
（电话：13835156030　E-mail：sxjyzf@qq.com）
印　　刷：北京新华印刷有限公司
印　　次：2011年 3 月第1版　2011年 3 月第1次印刷
开　　本：710 × 1000　1/16
印　　张：25
字　　数：450千字
印　　数：1—30000册
书　　号：ISBN　978-7-5440-4654-1
定　　价：58.00元

央企为了谁

按理说，书完成后应该请一位名家作序，但考虑到本书是一本大众读物，是与读者朋友们拉家常的书，请人作序又过于严肃了，所以就由本人把写书的想法做一个交待吧，权当做写在前面的话。

（一）

几年前，我萌生了写一本中国版《石油风云》的想法。《石油风云》是20世纪90年代，美国作家丹尼尔·耶金历时七年打造完成的一部畅销书。该书内容丰富，史料翔实，生动记述了世界石油工业130多年来波澜壮阔的历程。我在企业工作了20多年，亲历过众多有关中石油等国企、央企的历史性事件，但由于日常事务繁杂、写作的主题又颇为宏大，对个人的时间、精力以及资料整合能力都是一次前所未有的挑战，因而构思早有，时间难寻，迟迟未能展开。

2009年底，时任国资委主任的李荣融对媒体发出了一段感慨："我想不明白，为什么国企搞不好的时候你们骂我们，现在国企搞好了你们还是骂呢？"李荣融的困惑，正是很多以央企为代表的国企人的困惑。确实，央企突出的贡献与实力，与其当前在社会和媒体上的形象和美誉度存在着巨大的不对称。同时，人们在央企国企发展与民众福祉增长的同步性、协调性等方面也存在争论。这一现象已成为上至中央高层、下至平民百姓所共同关注的问题。联想起近期社会公众对央企（特别是石油央企）的诸多诘问和指责，最终促使我下决心，要写一本既以石油行业为例又超越石油行业之限，能反映央企真实情况的书。

思路确定之后，又有三件事，更坚定了我写作本书的决心。

第一件事：我在北京西单图书大厦查找资料时，发现以央企为主题的现货图书只有两本：《生根》，是广东肇庆电业人撰写的回忆录；国资委编写的《基石》，是关于国有企业成功典型的案例汇编。此外，查阅档案可知，以国企为主题的书，除技术管理类外，仅有四本文学类书籍，且大都是对国企持负面看法的。在深刻影响公众价值判断的图书市场上，央企要么没有声音，要么大多是负面形象。

第二件事：为了能让本书与更多读者见面，更广泛地产生社会影响，我希望能采取市场化发行图书的办法，联系了一些当前知名的畅销书出版商。结果呢？出版商同意出版，但不愿将其列入重点书选题计划下工夫来做；也有好心的发行商建议说，如果能写本批判央企的书则肯定能畅销，像这样客观、正面地写央企的书，在市场上肯定火不起来。难道这就是市场对国企、央企的真实认知和需求吗？这种舆论传播取向与社会公众应该得到的真实信息之间，居然有着如此大的偏差，这一现状实在令人忧虑和不安。

第三件事：2010年5月，中石油登顶英国《金融时报》“全球500强”排行榜的榜首，之后网络媒体和公开舆论的声音出人意料的一致——倒彩+棒喝+揶揄。中国企业在世界舞台上快速成长，在让老外艳羡、让跨国公司们钦佩和紧张之时，居然在自己的祖国迎来如此多的质疑声。央企怎么了？央企动了谁的奶酪？是误解还是偏见？是央企做得不好还是说得不好，或是还有别的什么原因？

从多年来与社会各界尤其与媒体的广泛接触中，我深切感到，当前社会公众和一些媒体对央企、对垄断等问题的认知，与央企的实际情况以及央企内部人士对自身的认知之间，存在着巨大断层，如同一个难以逾越的鸿沟。就像一些西方媒体和公众误解误读中国一样，社会公众和一些媒体对央企和国企也存在误解误读现象。这是一个危险的倾向，这种倾向如果任其发展，公众与央企间的认知“裂痕”不仅难以弥合，甚至会不断扩大，会对社会、对企业、对国家的健康发展造成深远的不利影响。

在诸多经历和不断思考之后，一种责任感随之而生。必须为央企和社会公众之间的沟通做点什么，努力在这道鸿沟上多架起一道桥梁。就这样，写作本书成为我繁杂工作日程之外的头等大事，并在2010年的农历大年初一完成了20页详细的书稿目录和写作提纲。多年的思考和自我考问，一年多时间的资料阅读和伏案写作，使

我对央企、社会、媒体三者之间的沟通有了更深一层的体悟，也衷心希望读者能通过本书，对央企有一个全面、客观的了解和认知。我也想通过本书回答众多央企人的一些困惑，为他们加油鼓劲。但我也很清楚，这只是一个艰难的开始。

（二）

客观地讲，国资委成立七年多来，一直秉持着“企业强则国家强”的理念，不断坚守和开拓，为中国企业做大做强倾注了大量心血。国企、央企已成为中国经济的基础和栋梁，和其他所有制企业一起共同决定了中国经济未来的走向。经历了20世纪末脱胎换骨的重组改制，国企从“扭亏脱困”攻坚战中走出，又投入到国际市场的惊涛骇浪。“老国企”凤凰涅槃，“新国企”闪亮登场。

但是，从2007年新闻报道《央企为什么这么“红”》，到2009年网络高点击率的《国企十宗罪》，再到2010年“两会”时的《国企十四宗罪》和一些代表委员炮轰国企，能看出公众、媒体与国企之间的认知差距仍在扩大，使国企在获得突出业绩的时候，赢得的不只是掌声和鲜花，更多的是不屑、嘲讽甚至骂声。

自上一轮宏观调控开始（2003年）以来，关于“国进民退”、“央进地退”的争论如今呈现愈演愈烈之势。社会舆论仿佛把国企的所有功过都与垄断、低效、腐败、反市场等负面词汇挂钩，甚至那些国企决定不了、影响不了的股市大跌、房价飙升等社会问题的“黑锅”也都让国企背上了。

事实上，国有企业的数量一直在不断减少，经济份额也在逐年下降。国资委也鼓励和支持各种所有制性质的企业，特别是有实力的民营企业参与到国有经济布局的结构调整之中，也在继续推进劣势国有企业关闭、破产重组，依法、有序、平稳地退出市场。正如新任国资委主任王勇所说，目前70%的央企已经实现股份制改造，而且是在美国、中国内地和中国香港等地上市，所以现在央企的资产不仅属于我们国家13亿人民，还有一部分属于国外和国内的战略投资者、广大的股民。

更何况，到底是“国进民退”还是“国退民进”，实际上是没多少意义的概念之争。国企和民企都有一个共同的名字——中国企业，都是代表中国经济的重要力量。我们应该提倡的“国进”，是中国企业的“进”。中国需要打造更多具有国际竞争力、能在世界经济舞台上维护中国利益的强大企业。这一点我们还远远不够，国民共进，才能中国进。我们不必囿于企业所有制的成见和争论之中。国家也支持民企发展，只是发展阶段不同，国企发展时间更长基础更扎实。此外，国企、央企在自身做大做强的同时，也要充分发挥企业群体中类似基础设施的作用，支持和带动我国民营经济的发展。

当然，公众有公众的困惑和质疑。这也是由多种因素造成的。

经过巨大的付出和牺牲之后，国企的体制不断完善，发展迅猛，在国内甚至国际产业领域位居前列。可是有人据此认为，国企改革在“开倒车”，在“国进民退”。这些言论恐怕是有些人形而上的固有思维在作怪。国企是改革的对象，但不是被否定和消灭的对象。对于国企改革，这些年一直在说“继续改革”、“深化改革”、“改革攻坚战”，但改成什么样子？改革的目标是什么？大家并没有形成充分的共识。是不是把国企全改没了就算改革完成了？应该不是这样。

诸如事故频发、腐败滋生、收入分配不公等国企种种不尽如人意之处，是发展过程中的问题，是中国目前经济发展阶段所必须经历的。这些问题国企和央企存在，其他所有制类型的企业也存在；经济领域里存在，其他社会领域里也存在。我们所要做的是尽快完善和改进国企的体制机制，把它搞得更好，而不是矫枉过正，更不是彻底打倒、推倒重来。

经历了30多年的高速发展后，中国社会进入了异常复杂的改革攻坚阶段，心理失衡、情绪浮躁等现象蔓延，有人总结为“道德底线失守，统计数据失真，权力运行失控，公众心理失衡”。人们对种种现实的不满，背后反映出更深层次的原因，折射出人们对各阶层间利益失衡加剧和认知断层扩大的隐忧。一个社会在追求进步的同时也容易滋生功利、焦躁和不满等情绪，就如同有些地方工业发展之后空气中弥漫尘霾一样。

一些迹象表明，国企、央企负面舆论的幕后推手，不排除一些国际研究机构和背后的跨国公司。我国国企、央企在世界市场上的地位不断提升，加之全球性金融危机的爆发打破了原有的世界企业实力格局，此消彼长，西方跨国公司在中国市场及国际市场上遭遇到中国国企、央企强有力的竞争，阻碍了“国退洋进”。不过，它们的发展历史长，深谙竞争之道，使用基金资助、媒体公关、政府游说等手法游

刃有余。加上国企、央企的舆论工作正在转型，反应普遍滞后，危机公关以及舆论引导能力严重不足，因此发生在央企、国企身上的负面消息被渲染放大，企业形象被妖魔化。

当然，社会上对国企、央企的一些负面看法，除了由误解偏见、海外推手导致之外，历史背景及客观现实也不容忽视。比如国企、央企因历史形成的资源和市场优势，与民营、外资企业后来者欲居上之间形成的利益冲突；国企、央企强大的控制力和市场占有率与时下从国外舶来的“新自由主义思潮”间也存在极大的矛盾；当前，民众对分配不公、权力寻租等现状强烈不满，因此迁怒于央企的高账面利润、较高收入、政策补贴、行政定价等状况，并将之视为“既得利益集团”。

国企和央企发展道路上的诸多困惑和潜在危机，正是在以上这一系列的矛盾、冲突和断裂的背景下产生的。理性和成熟是一个社会真正走向和谐与繁荣的标志。当前这种转型期特有的认识鸿沟、社会断裂是一个非常危险的倾向。是该填平鸿沟、打破隔膜、构建和谐的时候了。需要我们像老朋友一样一起聊一聊：央企到底都做了些什么，央企到底怎么了？

（三）

与中国经济发展速度一样，国企的变化也很快，但它们的理论和宣传工作并没有跟上。以1978年党的十一届三中全会为标志，以农村改革为突破口，中国的经济体制改革正式启动。而国企改革由于其复杂性和重要性，因此被作为整个经济体制改革的重点和难点，直到党的十二届三中全会（1984年）才得以系统性地推进。事实上，国企改革是被逼出来的，不是事先设计好的，能否成功当时谁也没有把握。

中国的经济体制改革是一场“渐进式”改革，由易到难，摸索前行，由增量再到存量。国企改革后于农村改革正说明它是难啃的骨头，是一场需要攻坚的战役。国企以及国企员工，为改革攻坚作出了极大的牺牲，付出了“壮士断腕”的代价。比如，中石油38万人有偿解除劳动合同，全国国企共700多万人。大量为国企工作数十年的老员工离开工作岗位，默默承受着改革阵痛的代价。笔者并非石油世家，但大哥和二嫂也是国企“买断大军”中的一员。其实，几乎每个石油人的家庭或亲属中都有买断工龄者。

经过多年的挣扎、探索、开拓，国有企业改革的思想更加解放，产权更趋多元化，视野更为国际化，大量的央企、国企步入了发展的“快车道”。但是我们不能忘记，央企的历史地位和近些年的成功，正是在经受了巨大的改革阵痛之后才取得的，绝非依靠行政保护和垄断地位所致。

经过重组改制，央企的国际竞争力得到大大提升。2009年，央企的利润有1/3来自海外业务，而海外业务收入只占其总收入的约1/5。央企在海外的成功充分说明：在没有行政保护甚至处于后发劣势的情况下，央企仍有充分的实力和竞争力，中国的国有企业不是在自家院子里窝里横的公鸡，而是能在国际市场搏风击雨的雄鹰。

一些重大理论和现实问题在社会上被误解误读，使我在探究过程中也深感纠结。本来是代表全民利益的央企，却似乎成了社会公敌。这与央企的红利分配和返利模式尚未健全、不够透明，大部分央企仍处在高速发展的投入期有关。这本身并不是央企的错，只因对社会公众的理论说明和宣传解释工作做得远远不够。比如社会上一些人把“三高两荒”（高利润、高油价、高股价，油荒、气荒）归咎于油气生产企业的垄断，实际上是打错了靶子。

对于垄断的认识也要与时俱进。美国为什么同意波音和麦道合并，明知其将垄断美国航空市场，却不惜以贸易战逼迫欧盟就范？为什么判决微软垄断却并不肢解它？原因在于，它更关注的是美国企业在全球市场的竞争力，而并非仅仅在国内。中国也亟须树立全球视野和强化大国思维，对此，专家和媒体也有引导责任。专家和媒体应引导公众，使之不囿于在960万平方公里的“大院”里思考问题，而要放眼全球，培养从大处着眼的战略思维习惯。行业垄断问题若放在全球视野上来看待，或许就是集约化经营的规模效应问题，就是行业集中度高和低的问题。

媒体和专家应该更加深入地了解和研究央企。当前舆论传播环境下，往往是网上爆料，公众和媒体跟风评论，人们未经过深入调查研究便发表意见，以情绪化的语言去衍生解读和评述，并未深想依据的信息是否准确、全面。这种操作手法，犹如“用望远镜看梨子、搞调研”，而不是“亲口尝一尝梨子的滋味”再评述，其准确性可想而知。当然，一些企业和事件信息的不透明，也是造成这种局面的重要原因。

通过对央企发展路径的梳理和考察，我深深地感到，中国不能搞苏联解体后的私有化，不能成为又一个被“西化、分化、弱化”的对象。正如一些专家所言，在我国，教条地对待马克思主义使我们付出了沉重的代价，对此人们已普遍有清醒的认识。但对教条地对待当代西方各种学说和制度对我国经济建设和社会发展的危害，认识就不太一致了。脱离中国实际和照搬照抄西方经济理论的现象在我国大有市场，过分关注和指责“国进民退”是改革的倒退正是这种认识的反映，类似做法需要引起注意。

2010年热卖的《公司的力量》一书，目的是以公司这一人们既熟悉又陌生的话题为切入点，引起人们对公司和市场等范畴的现代革新形式的热烈探讨，是以冷求热；而《央企真相》这本书，则是要以热求冷——引导社会对高度关注的央企的诸多热点话题能够冷静、理性地思考，令公众能够更加全面地看待央企，客观地认识央企。

“真相”本是个中性词，代表的并不都是阴谋和黑暗，本书只想还原央企的真实面目，澄清误解，打开与公众间的心结。是光明还是黑暗，是阴谋还是责任，留给读者判断。

（四）

在写作本书的过程中，我也思考了另外一些问题：央企的前景如何？央企怎样才能成为具有国际竞争力的世界一流企业，成为真正的“伟大企业”？

2009年8月17日，在全国国有企业党建工作会上，中共中央政治局常委、国家副主席习近平强调指出：国有企业是全面建设小康社会的重要力量，是中国特色社会主义的重要支柱，是我们党执政的重要基础。这“三个重要”很重要，为我们指明了国有企业未来的出路和定位。“三个重要”的践行过程，就是央企迈向真正伟大企业的必经历程。

“三个重要”给国企和央企以清晰的定位，在给社会公众和国企人吃了一颗定心丸之时，也赋予国企沉甸甸的责任。

以中央企业为龙头的国有企业是公有制的重要实现形式，是国家引导、推动、调控经济和保证社会和谐、科学发展的基本力量。国有企业是国民经济的中流砥柱，可以弥补市场机制的固有不足，可以完成非公经济无法企及、政府也难以实现的政策目标，是保障人民群众利益和实现共同富裕最重要的保证。

国有企业是国家经济安全的重要保障力量，控制着金融、能源、交通、电信等事关国家经济命脉的诸多产业，是国家可以用来应对突发事件和重大经济风险的中坚力量，是参与国际市场竞争的支柱企业。国有企业能否健康、科学地发展，关系到能否全面推进我国经济、政治、文化、社会四个大系统的建设，关系到中国特色社会主义事业能否实现。

我们看到，央企的改革、发展取得重大进展，整体实力大幅提升，主要经营指标在“十一五”时期翻了一番，进入世界500强的企业增加到30家。在履行经济责任、政治责任的同时，社会责任也在积极加强和改进，在北京奥运会、国际金融危机、雨雪冰冻灾害、汶川和玉树地震、舟曲泥石流等大事要事难事面前，央企发挥出中流砥柱的作用。在社会责任履行上，央企目前还是长征的起步阶段。尽管与公众期望还有差距，但央企在社会责任理念、意识及行动的转变和诚意上正飞速进步，社会责任已渐渐成为央企的一种发展思路和战略。

张德江副总理评价说，国有企业是国民经济的顶梁柱。

确实如此，每到要事、大事、难事发生的重大时刻，中央企业靠得住，信得过，拉得动，打得赢。

中央领导对央企高度重视，以中石油为例，仅2009年以来，中央政治局常委便先后31次到中石油所属项目考察。这既是对国企作用的肯定，也对国企提出了更高要求和期望。

（五）

那么，有了明确的定位后，国企应该如何去做、去发展呢？

当务之急就是要树立国企的新形象。国企早已不是过去的那个“老国企”了，但人们的印象还停留在改革前对传统国企的认知上，“新国企”需要尽快树立“新形象”。

党的十五大之后，国家按规模不同确立了国企的发展战略，同时也确立了另一项重大改革战略，即国企的股份制改造和资本市场的发展。通过股份制改造，国企不仅实现了资产的市场化定价和融资，更重要的是通过出售股份实现了产权的多元化。

20世纪90年代中期开始的国企股份制改造一直持续到了现在，从最初的抓大放小，到主导产业的集中化、国有企业上市、地方国企引入战略投资者，再到成立国资委、资本市场的“全流通”改革，一直到央企缩编，都是遵循这一改革方向的一系列具体实施步骤。国有企业在“摸着石头过河”的过程中，摈弃了前期不成功的管理层收购模式（MBO）和经实践证明失败了的苏联私有化模式，最终确立了通过股份制完成产权改革的发展思路，初步建立了“新国企”的发展方向。

国内群体性出现“新国企”，深刻地影响着中国经济，他们的企业产权结构呈现多元化趋势，有独特的治理结构和管理模式，高度重视企业战略和企业文化，经营高效率且竞争力强，并基本解除了政策性包袱。“新国企”的这些特征，使之较改革开放前旧体制下或转型体制下的国企都发生了根本性的变化。“新国企”的出现和壮大显示出国有企业改革的方向和路径。

增强公众对“新国企”的认同，需要国企、央企采取更加开放和透明的态度，而不能总是以沉默和无可奉告来回应公众提出的问题。现在的很多央企就像一尊尊雕像，在被泼了“颜料”之后， 认为事情已经结束就不再去清理。实际上，央企的形象受损后必须要注重舆论修复，不能任凭“颜料”自行掉落，任误解在公众中继续蔓延。

当然，国企、央企也要正确面对社会公众和媒体的批评和监督，包括一些传媒的炒作，这是社会进步中的正常现象和积极因素。媒体的监督是推动社会进步的积极力量，从党的十三大到十七大，舆论监督权连续五次写入党的报告中。要把正常的舆论监督视作加强企业自身管理和形象建设的动力和积极因素，要学会在批评和抱怨声中继续前行。国企的各级管理者也要掌握与媒体打交道的能力，即“第六种能力”，要充分认识新媒体时代舆论传播的新变化，遵循新闻传播规律，实现从单纯的宣传到有效的传播、到企业形象建设的转变。

今后的国企改革进程中，必然会出现各种博弈和反复，要避免公众指责的一些利益群体死守权力，导致改革陷入迟滞的现象。目前，还有大量的国企尚未完成改制上市的进程；完成的国企，也存在因我国资本市场发展程度低、股份流通不畅、国有股一股独大、法人治理结构不完善等影响现代企业制度发挥作用的问题，但这些是前进中的问题和深化改革的方向。国企、央企要正视现实，不回避问题，以积极的姿态去认识问题，解决问题，不断发现和改进阶段性发展问题，推进产权制度和分配、治理、激励机制等方面的完善。

我们的思想还不能囿于传统固化思维和西方经济理论的条条框框，国企的发展应充分考虑到国情和国际国内两个市场。中国作为一个后发型国家，民间资本力量尽管发展很快但仍显孱弱，现阶段还难以依靠民企实现对发达国家的赶超，这也是“后发劣势”之一。可是，经济发展不能等，也等不得，现实是不会因为我们起步晚，就让发达国家停下脚步等我们追上去。因此，对具备条件的企业加快规模化发展是我们现实的选择。具体到市场选择上，一些更具规模优势的国企和发展势头好的民企等各种所有制经济企业兼并其他企业会成为现阶段中国经济不可避免的市场选择之一。

（六）

认清国企和民企在目标和利益方面的一致性，摈弃“国、民争利”的狭隘思想，我国的企业群体才会形成协同效应、规模效应，整体的经济优势才可以在国际市场上充分发挥出来。

中国优秀的国有企业和民营企业都在朝着世界级一流企业乃至“伟大企业”的目标去努力。世界正在快速走向全球化，中国要崛起，需要更多的世界级一流企业和“伟大企业”，需要有艺术家、冒险家的激情和活力，能够去创新，去承担更大责任，实现从“Made In China（中国制造）”到“Made With China（意为中国制造，世界合作）”，以至到“Created In China（中国创造）”的转变。

什么是“世界一流企业”？央企新掌门人王勇说：这些企业应该具备以下主要特征：主业突出，公司治理良好；拥有自主知识产权的核心技术和国际知名品牌；具有较强的国际化经营能力和水平；在国际同行业中综合指标处于先进水平，形象良好，有一定的影响力。

什么是“伟大企业”？笔者综合归纳专家研究成果：它是一个学习型的组织，

富有创造性；敢于负责任，富有精神和传统；具有全球化的品牌形象，富有创新商业模式和经营管理理念；对行业技术的变革与创新作出了重要贡献，员工有很高的职业化和专业化水平；受人尊敬、基业长青。

中国已经出现了一批具有上述潜质的企业。尤其在金融海啸的冲击下，很多企业异军突起、活力四射，标志着中国的优秀企业已踏上成为世界一流企业和伟大企业的征程。但我们也应该认识到，历史悠久者不一定是伟大的企业，规模庞大者不一定是伟大的企业。伟大的根本，是一种精神；伟大的企业，则是民族的脊梁，是承载着文明和创新，体现着经济和文化影响力、控制力的国家“名片”。

我们要清醒地看到，我国优秀企业与世界级一流企业和伟大企业间存在的差距是整体性的，在绩效管理、公司管控、营销体系、团队领导力、企业文化等方面均有不小的差距。我们缺乏真正具有国际竞争力的大公司、大企业集团，缺乏具有较强影响力的国际知名品牌；国企、央企的布局结构调整任务仍然十分艰巨，一些企业仍然在延续高投入、高消耗的发展模式，大而不强的问题还比较突出；国企、央企普遍面临自主创新能力不强、与跨国公司相比有很大差距的问题，科技创新尚未成为它们发展的支撑力量；一些企业的管理水平和资源配置效率不高，集团管控能力弱，财务风险和经营风险大；国企、央企母公司的公司制改造相对滞后，转换企业经营机制方面还有大量工作要做；相当一部分国企、央企历史包袱仍很沉重，一些历史遗留债务、人员安置等问题尚未完全解决。

不过，如同当年铁人王进喜的名言，“井无压力不出油，人无压力轻飘飘”。对今天的央企来说，压力就是动力，挑战正是机遇。“十二五”即将起程，央企将围绕“一大目标”，实施“五大战略”，加强“三大保障”。“一大目标”就是做强做优，培育具有国际竞争力的世界一流企业。“五大战略”，即转型升级战略、科技创新战略、国际化经营战略、人才强企战略、和谐发展战略。“三大保障”，即继续深化国有企业改革，增强企业活力，提供动力保障；为不断完善国资监管体制，增强监管有效性，提供体制保障；加强和改进企业党建工作，充分发挥党组织的政治核心作用，提供组织保障。

中国有厚重的文化积淀，有强烈的民族尊严。三千年来，多数时间里，我们走在世界文明的前列，影响并改变着这个世界。未来，中国对世界的影响，对世界的贡献，不是通过军事体现，而要体现在文化和经济影响力上。文化和经济影响力需要载体，这个载体只能是伟大的企业。

21世纪的中国，一定要出现一批伟大的企业，这是全体中国企业的责任，更是国企、央企的使命所在，也是民族复兴的必由之路。

谨以此书，献给那些在国企改革中承受牺牲和痛苦，悄然离去的人们；献给那些为了国企的发展还在埋头苦干、默默奉献的人们，他们在这个时代理应受到尊重。同时献给那些为了中国的经济发展和民族复兴，支持中国国有企业的人们。

邱宝林

2011年1月16日于北京

001 序言——央企为了谁

第一章 央企有着怎样的前世今生

国营企业为新中国快速实现工业化，发展和建立自己独立的工业体系，立下了汗马功劳，是当之无愧的中国经济脊梁。由于改革的艰巨性和复杂性，国企的改革又被称为“改革攻坚战”，九曲十八弯，一直走到了今天。

003 国有国营，新中国面对的“独木桥”
007 老国企戴上亏损的“大黑帽”
010 “笼中鸟”，国企改革陷入胶着
015 “拆”与“合”，重组改制的模式之争
019 新国企踏上资本市场的荆棘路
025 国资委成立，央企登上历史舞台

第二章 高利润：你从哪里来，又到哪里去

2004年，中石油、中石化、中海油“三桶油”年利润1500多亿元。媒体惊呼“垄断”，国人艳羡“暴富”。人们看到了千亿利润，却忽略了他们每年还要掏三四千亿的税费、四五千亿的投资。石油行业已站在微利时代的门槛上。看来，高利润的背后，还有很多鲜为人知的酸楚。

033 利润，一朝千亿天下知
035 利润大蛋糕是如何做成的
044 苦涩的瘦身，38万人大裁员
047 利润大蛋糕如何分
052 税负，被忽略的另一笔“千亿”
055 算笔细账，千亿利润到底高不高

058 央企真的不给全民分红吗
061 利润背后的神秘之手
066 石油业站在了微利时代的门槛上

第三章 油价高低谁说了算

油价是世界经济的晴雨表和操控杆。不过，这个晴雨表在中国有些失灵了。中国人没有美国人收入高，为何油价居然快打了平手？石油企业利润高，为何还拿补贴？面对这些问题，有人提出是定价机制惹的祸，国际定价何时能有中国的强音？

071 油价为何涨多跌少，涨快跌慢
075 中国的油价为何比美国高
080 高油价下油荒的追问
088 气荒来了，央企是保供还是“逼宫”
098 高油价的幕后黑手
105 定价权何时能有中国强音

第四章 高股价“跳水”，到底怨谁

2007年的中国股市创出了疯狂的高点，也留下太多疑问和焦虑。16.7元的发行价、48.6元的开盘价是怎么产生的？中石油的上市，正赶上中国股市从牛市步入熊市这一重大市场景气周期的转折期，其遭遇也反映出中国股市种种“无法承受之痛”。

109 社会转型期人们怎么了
111 总也守不住的发行价
113 回归内地A股之路
116 上市的焦虑

121 16块7的发行价从何而来
125 48块6的开盘价怎么产生的
129 痛定思痛，新股发行迎来变革
133 好股票还得有好价格才能赚钱
135 炮轰“三高两荒”是否打错了靶

第五章 央企遭遇舆论旋涡

为什么有些媒体似乎总是在与央企“作对”？那是因为，在央企埋头经营之际，忽视了身边舆论环境的变化，“新媒体时代”已经到来。正如一位传播学学者所说：“我们看到的世界，是被大众媒体选择和解释过的世界。”细小的风吹草动，经过舆论的推波助澜，也会成为社会关注的焦点。看来，央企确实要与时俱进，把媒体监督作为镜子和动力，以做好自身的工作。

141 “12·23”，安全事故催生新制度
150 新媒体时代，掌握“第六种能力”
154 结构调整期，社会转型期，事故多发期
157 能否安全，96%取决于人
161 被冷落的“世界500强”之首
167 八万人裁员，只是一个传说
170 网络围观“门事件”
175 危机管理，现代企业的必修课
177 聚光灯下的“垄断收入”
180 新闻头条是怎么产生的
184 及时擦去雕像上被泼的颜料

第六章 “国进民退”大论战

在质疑者眼里，十多年前还普遍亏损的央企，如今的持续增长仿佛是做了什么错事。对“国进民退”的质疑和“央企凶猛”的指责也不绝于耳。甚至在有些人看来，央企的崛起与西方经济学关于市场经济的“常识”不符，因而是要不得的！不过，也有人担心，“国退民进”别成了“国退洋进”。

189 “国有化”浪潮来袭

191 “进”“退”问题的由来

194 现象离真相有多远

197 经济学家的担忧和统计局长的回答

199 “两会”报道的新焦点

202 “国进民退”还是“优进劣退”

209 “国进民退”是不是个伪命题

第七章 没有行政保护，海外干得咋样

国际市场格局早定，后来者没什么优势，只能面对强大的对手、不利于自己的规则。1993年，中石油走出国门开疆拓土，建设“海外大庆”。中亚、中俄、中缅和海上四大油气战略通道，像四把油枪从四个方向为中国经济“航母”加油。在这个没有依靠、竞争白热化的海外市场上，央企干得也不赖。

215 后来者，要想吃肉得先啃骨头

217 秘鲁征战，掘出第一桶金

220 建“海外大庆”的战略构想

222 委内瑞拉练兵，在美国的后院淘金

225 海外创业，从苏丹腾飞

231 中哈合作，构建能源新“丝路”

238 竞购优尼科，不可忽视的商业因素

240 秘铁双龙收购，有钱买不来幸福婚姻

244 中石油式收购，买得上还得玩得转

250 中俄管道，黑发谈成白发

256 中亚管道建设，速度就是竞争力

261 四国元首的盛会和迟到的贵宾

263 贷款换石油，把握时机最重要

265 中缅管道，为能源安全再保险

269 四大能源通道为中国经济加油

第八章 是窝里雄鸡，还是海外雄鹰

在早被跨国公司瓜分完毕的战场上，中国人能闯出自己的天地吗？如今，央企五分之一的资产和收入、三分之一的利润来自海外，利润达三千多亿元。央企在海外的成功，证明央企不是一群在自家院子里“窝里横”的雄鸡，而是经过学习，成长为搏击风雨的雄鹰。

273 走出去就得豁出去

281 二十年努力走进了大油海

288 在石油奥林匹克赛场夺金

297 穿着防弹衣在巴格达签约

299 规模发展，布局中东大舞台

302 海外找油，为全球新增四亿吨石油

305 做世界工厂，也做中国标准

309 央企走出去，中国形象大展示

313 走出去需要大航母，本土化也是核心竞争力

第九章 是垄断问题，还是行业集中度问题

面对国际市场的激烈竞争，已很少有反本国企业“垄断”之说，有的只是控制力，有的只是行业集中度，有的只是国家利益和经济安全。中国崛起，国人还需强化“大国思维”，不能只局限在960万平方公里的“大院”内看待各种问题，而要站在全球一体化的角度去考量，因为一荣俱荣，一损俱损。

319 中国价格为何还是水中月

323 明天的石油会是今天的煤炭吗

326 不简单的“商品”，不一样的“垄断”

330 诡异的石油政治

334 今天的美国人如何看待垄断

340 私有化的俄罗斯是否强大了

344 《反垄断法》反的不是企业,而是垄断行为

346 中国石油市场不只有三大公司

353 如何培养大处着眼的战略眼光

第十章 央企的未来

国际市场上，无所谓“国”与“民”，“国”也是“民”（中国人民），“民”也是“国”（中国），两者都是中国民族经济。央企就像中国企业群体中的基础设施，在自身做大做强的同时，有义务、有责任支持和带动民营企业更好地发展。“国、民共进”，就是“中国进”。中国要赢得世界尊重，不仅要“世界工厂”的称号，更要有一批自己的世界级企业和品牌，要有自己的“伟大企业”。

359 母国烙印，跨国公司也有国籍

361 还原央企真实的面貌

363 在批评和抱怨声中前进

366 社会责任，央企的必然担当

369 “国、民共进”，就是“中国进”

373 迎接中国“伟大企业”时代的到来

376 足迹（代后记）

379 参考文献

第一章

央企有着怎样的前世今生

P001

管子云：疑今者，察之古；不知来者，视之往。

央企能有今天，不是“天上掉下个林妹妹”。

中国选择国有化的城市工业之路，固然有学习和照搬苏联模式的意识形态因素，但也有当时国内经济形势和国际政治背景下的必然性。

国营企业为新中国快速实现工业化，发展自己的重化工业、国防工业，建立独立的工业体系，立下了汗马功劳。

然而，由于计划经济体制的缺陷，国企曾被捆住了手脚。就在我国农村经济改革取得辉煌成就的时候，国营企业却是愁云惨雾，亏声一片。

在经历了放权让利、拨改贷、利改税、承包制、责任制、集团化、剥离社会、下岗分流、优化组合、抓大放小、股份制、债转股等一系列改革之后，九曲十八弯，国企走到了今天。

国企改革依然复杂和艰巨。制度建设，没有最好，只有更好。

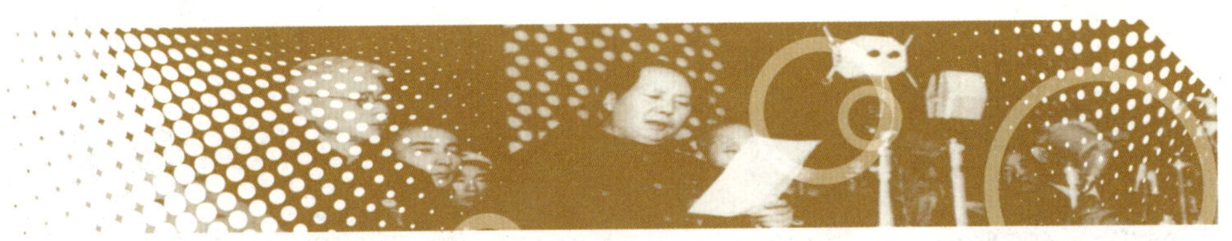

国有国营，新中国面对的“独木桥”

新中国成立后大量诞生的国营企业，在20世纪90年代更名为国有企业。进入21世纪以后，随着国有资产监督管理委员会（简称“国资委”）的成立，“央企”（中央企业的简称）这个新词开始红遍大江南北。这些称谓的更迭变换，折射出过往年代那些厚重的历史和时代的特质，它真实地描绘出国有企业六十多年间的辉煌、困顿、彷徨、挣扎、试错、改革、博弈、发展的全过程，记录了中国由计划经济向市场经济转型这一场伟大的历史性剧变。

忘记历史便意味着背叛，但历史又是最容易被遗忘的。

大家在现代经济史书籍上常常可以看到这样两个词——基础薄弱、一穷二白，以此来形容1949年新中国成立时百废待兴的经济局面。确实，当时由于连年战乱，中国经济已游走于崩溃的边缘，通胀高企，城乡凋敝，民不聊生。

那时，不仅仅是中国内部经济形势危如累卵，国际上西方国家也对东方这个新生政权也是虎视眈眈。二战结束后随即发生的“冷战”是当时国际政治、经济形势的主旋律，美、苏两大阵营针尖对麦芒，社会主义阵营中的中国也不可避免地被卷入到了这场旷日持久的缠斗之中。1950年的抗美援朝战争更是“冷战”矛盾的一次“热战”爆发，西方对中国的孤立和封锁也因此变本加厉。

就是在内外部错综复杂的不利环境下，新中国开始了由新民主主义向社会主义的过渡。**社会主义改造**：通过没收官僚资本、改造民族资本，中国迅速实现了国有化，形成了以农村集体所有制经济为主体的“人民公社”和以工商业全民所有制为主体的“国营企业”两大支柱，这样使经济命脉掌握在了国家的手中。

按照产业经济学的发展规律，新中国的经济建设应当是从农业到轻工业，再到重工业，循序渐进地发展。但新中国成立初期，我国是一个典型的农业国，本应

新中国成立初期，西方敌对势力虎视眈眈。图为抗美援朝战场上志愿军向敌人发起冲锋。

该先过渡到轻工业，而我国当时却搞了一个“三级跳”，直接去搞了重工业。这看似违背经济规律的举动，实际上是一项不得已而为之的战略举措。

实现国有化、建立国营企业的经济目的，是为了使国家快速实现工业化，尤其是重工业化。当时，共产党人反思过往，发现旧中国一直处在落后挨打的境地，我们被人打怕了，被打得太久了！一百多年来，遍体鳞伤，没有尊严。我们究竟落后在哪里？共产党人深刻地认识到，一个很重要的原因就是装备水平低下，工业发展不足。另外，新中国成立后外部环境十分恶劣，要快速恢复国民经济，循规蹈矩的地遵循经济规律，在中国的土壤上就难以实现。国家开始大力推行重工业赶超战略，大炼钢铁，搞“两弹一星”，想超英赶美。

尽管迫于国际形势，我们选择了跳跃式的发展路径，重工业发挥了龙头和带动作用，振奋了民族

深度阅读……

社会主义改造

社会主义改造，是指1953年至1956年对生产资料所有制进行的社会制度改造，包括农业、手工业、资本主义工商业三大改造，其目的是改变生产关系的性质。1956年底三大改造基本完成，中国政府认为中国已进入社会主义初级阶段，社会主义制度（经济方面）在中国基本建立。

农业的社会主义改造又叫农业合作化运动，主要是仿照苏联建立合作社。手工业在社会主义改造后，全国90%以上的手工业者加入了合作社。资本主义工商业的社会主义改造，采取了“和平赎买”的政策，通过国家资本主义形式，逐步将其改造成社会主义公有制企业。

优先发展以钢铁、石油、汽车、“两弹一星”为代表的重工业及军工业是新中国成立初期的必然选择。长春第一汽车制造厂，1956年7月15日生产出中国第一辆解放牌汽车，从此结束了中国不能生产汽车的历史。

志气和信心，但违背经济规律的“捷径”终究还是要付出代价的。通过国有化迅速积累工业化资金的发展路径，实际上是**苏联工业化模式**的翻版。中苏两国国情存在巨大差异。当时，中国还是一个农村经济为主体的国家，农村人口占绝大多数。快速工业化不可避免地将农业经济中的资金和资源集中到国有经济中，造成经济结构二元分化趋势加剧。

同时，我们走“捷径”越级搞重工业，但又跟英、法、美等国家搞重工业不一样。他们靠的是由殖民地供应廉价资源，而我们没有殖民地，我们有的只是薄底子和奉献精神，所以只能靠“自己人”的牺牲。这个“自己人”就是统购统销的“人民公社”和“国营企业”。那个年代的中国需要奉献的一代，全国人民都在讲奉献的时候，国家的企业哪能不去奉献？20世纪50年代开始，中国的大多数国营企业一直扮演着“牺牲者”的角色，在传统经济剩余十分有限的情况下，它们为中国重工业发展和经济起飞提供了廉价的劳动力成本、能源、原材料和产品，为民族振兴承担了很多，也付出了很多，这是不容抹杀的历史。

这场国有化、工业化运动，为新中国建立起了比较完整和独立的工业体系。国营企业也几乎占据了所有工业领域的主导，掌控着国家经济命脉和主要产业。到1958年底，工业总产值中的国营经济比重高达89.2%；60年代国营企业占工业总产值的比重稳定在90%左右，达到最高峰；70年代略有下降，但仍保持在75%以上。

1956年上海市资本家接受“公私合营”

深度阅读……

苏联工业化模式

优先发展重工业，是苏联社会主义工业化的模式。这一模式的确定，不仅对苏联，而且对其他一些国家也产生过深远的影响。该模式的典型特点是：速度快，对巩固国防有利，但投入多，又忽视农业、轻工业，使经济发展不够协调，影响了人民生活水平的提高和改善。

老国企戴上亏损的“大黑帽”

1978年在中国当代史上是浓墨重彩的一年。中国经济、政治、社会、文化、科技等领域的新时期均可以此年份“断代”。因为这一年召开了具有划时代意义的党的十一届三中全会，会议提出“把全党工作重点转移到社会主义现代化建设上来”。从此，中国迎来了改革创新、对外开放、思想解放的崭新时代。

农村改革先行探索之后，很快又启动了社会主义现代化建设的另一个重要“突破口”的攻坚，那就是改革树大根深的国营企业。

当时的国营企业有几十万家，在国家和政府的悉心“计划”之下，它们不能越雷池半步。国家制定企业的生产和分配计划，价格也由国家全权负责，统一制定。于是，便出现了这一特定时代的奇特现象：冶炼厂和电器厂本在隔壁，却需要“按计划”先将冶炼厂产的铜调往其他地市，甚至在祖国大地上兜上一圈后再“分配”回到仅一墙之隔的电器厂。

经济学家常修泽曾用“羁縻制度”来特指国营企业在计划经济时期的企业制

1986年9月25日，我国改革开放后第一家宣告破产的国营企业——沈阳市防爆器械厂被整体拍卖。

度。国营企业也是企业，这么干，不仅导致它们长期处于亏损境地，而且更让它们丧失了竞争意识。结果，国营企业预算软约束、企业家缺位、经济效益低下等弊病日益凸现，各种扭曲现象大行其道，许多生产活动不计成本，甚至是“赔本赚吆喝”。于是，国营企业的亏损似乎也就“顺理成章”，为此还诞生了一个专有名词——**政策性亏损**。利润主要是从价格来的，国营企业之所以出现政策性亏损，大都由于在价格上出了问题。20世纪八九十年代是计划和市场两种经济体制相交替的时期，我国大多数产品都有两个价格，一个是市场价，一个是计划价（也叫平议价），计划价一般比市场价低，而且价差很大。

以石油行业为例，为保证获取低价的能源和原材料，国家在20世纪70年代中期到90年代中期的二十年间，连续实行低油价政策。比如1986年，国际市场原油价格每吨468元，国内市场原油价格每吨207元，不到国际市场的一半。再看看当时占石油产量半壁江山的大庆油田，执行的原油计划价却仅为每吨100元，不到国内市场价的一半，不到国际市场价的1/4。什么样的企业能经得起这样“一半一半”的折腾?

当时石油行业盛传这样一句话，“一斤原油换不来一斤酱油”。当时的散装酱油是一毛五一斤，如果原油按大庆100元/吨的计划价换算，是五分钱一斤，一斤石油甚至换不来半斤酱油、一根冰棍!

谁这么傻，干赔本赚吆喝的事。但大庆油田是“国”字号，油是国有的原油，是要服务于国民经济发展的需要的，于是赔得义无反顾。我国长期实行包括原油、煤炭等在内的原材料的低价政策，这是国企

深度阅读……

政策性亏损

政策性亏损，是指企业为实现政府规定的社会公益目标或生产经营专项、特种商品，由于国家限价原因而产生的亏损。发生这类亏损，一般由财政部门审核后给予合理弥补。

的价差贡献、历史贡献。仅大庆油田前四十年就为国民经济贡献4190亿元价差，截至2009年，差价上万亿元，这些都是国企奉献出来的利润。“文革”期间，石油出口创汇占中国外汇收入一半以上，支撑着当时摇摇欲坠的国民经济。

当年“国”字号企业能在亏损如此严重的境遇下，仍然能够正常运转、保证供应，一个很重要的因素便是“人”的精神力量的作用。20世纪五六十年代，全国人民爆发出建设国家的巨大热情，老一辈人的奉献精神是现在80后、90后们所难以想象的。

中国石油人的辛勤付出也成为时代精神的一面旗帜，诞生了大庆精神、铁人精神。直到现在，说起石油，人们就会联想到“铁人”王进喜用身体搅拌泥浆的感人情景，眼前就会浮现出青海柴达木油田“风吹石头跑，氧气吃不饱”的艰苦环境，耳畔就会响起《我为祖国献石油》的嘹亮歌声。这些历史，直到今天连外国人都很钦佩，《石油风云》的作者丹尼尔·耶金尊敬地称之为“意志力”。

近几年央企利润比较足，但它们更长时间里却顶着亏损的帽子。尤其历史上石油行业可没现在牛，20世纪八九十年代报考大学，有几个行业院校是降分录取的，即农林地矿油，油还排在最后一位。那时的石油人可不受待见，收入不高，工作条件又艰苦。

大庆油田的首批创业者们

“笼中鸟”，国企改革陷入胶着

石油人数十年的坚持和奉献，仍敌不过政策性亏损，党中央于是下定决心启动对石油等各类国营企业的全面改革。

价格的扭曲、机制的僵化，令国营企业的改革异常艰难。当年的“笼鸟”模式，便是对国企改革的一种形象说法。国营体系关系国家经济命脉，好比一个鸟笼，鸟儿只能在笼中跳跃。企业本应是一只自由飞翔的鸟，可如果对它的翅膀加以束缚，便丧失了鸟的天性。就在“自由”和“束缚”的矛盾抉择中，国企改革艰难起航。

1979年，深陷重重困境中的国营企业开始了以放权让利为主线的改革。1979年，首钢等8家大型国营企业进行了放权试点，继而在全国推广；为结束国营企业预算软约束的问题，同年还实行了“拨改贷”政策，国家的基本建设拨款改为贷款；为改善企业和政府之间的关系，20世纪80年代中期开始，我国还进行了分两步走的“利改税”改革，将向主管部门上缴利润的制度改为企业按利润向国家缴纳企业所得税的制度，投资则由拨款改为贷款。“利改税”为“所有权与经营权适当分开”的两权分离理论夯实了制度根基。

80年代后期，双轨制条件下的承包制成为重建企业经营机制的改革主线。兴起于凤阳小岗村的承包制，在农村获得了成功，随后“包”先生进了城。承包制虽然直接刺激了国营企业增产增收的积极性，但是由于传统的计划经济体制未发生根本变化，这项改革并不成功，这也成为国企改革为“试错”交的首笔学费。

虽然改革政策不断推出，但历史包袱令实质改革进展缓慢，有学者将这个时期称为“胶着期”，非常贴切。国营企业改革虽有所推进，但价格扭曲等问题并未破解，距离改革的目标——成为自主经营、自负盈亏的商品生产者和经营

者——仍然遥远。

在这个阶段，石油行业的步履蹒跚便是改革胶着状态的一个“缩影”。我国主力油田纷纷进入中后期开采，生产成本迅速上升，维持和扩大生产的难度越来越大。1987年，石油行业除大庆以外全线亏损，亏损面达93%。

1988年起，国家将原油价格每吨提价10元，但未能阻止石油全行业的亏损，仍难以缓解因价格偏低造成的困难局面。国内长期低油价政策导致石油行业资金缺口越来越大，迫使石油企业举债度日，艰难发展。1988年石油部改组为企业，成立了中国石油天然气总公司，一成立就是亏损的，一亏就是七年，直到1994年因油价调价才扭亏。

深陷困境的国企

1993年3月底通过的《宪法修正案》，将**“国营企业”的称谓改为“国有企业”**，国家通过宪法庄严宣告，国家直接经营企业的时代结束。从此“国营企业”一词完成历史使命，被“国有企业”所取代。

20世纪90年代国际油价一路下跌

1993年11月，中共十四届三中全会通过了《中共中央关于建立社会主义市场经济体制若干问题的决定》，首次正式提出并阐述了建立现代企业制度问题，并将现代企业制度清晰地总结为十六个字，即“产权清晰、权责明确、政企分开、管理科学”。

在新的改革战略指引下，被连年亏损压得喘不过气来的石油行业也进入到改革发展的新阶段。

1994年5月，国务院决定终止生产承包制，同时取消价格双轨制，油价实现计划内外并轨，国家统一定价。原油“按质定价”，成品油出厂价格和中心城市零售价格由国家计委统一制定。为

深度阅读……

“国营企业”改为“国有企业”

“国有企业”与“国营企业”虽只有一字之差，但却有着很大区别。“国营企业”产权不明晰，而“国有企业”则是政府受委托经营由全体中华人民共和国公民所有的公有财产，产权非常明晰。

1988年，中国石油天然气总公司挂牌成立。

控制石油流向，由国家计委对原油、成品油的使用统一配置。

原油价格并轨实现了商品的同质同价，国家提高油价，石油企业的日子好过了一点，扣除税费因素，石油企业1994 年比上年多收入了44亿元。

然而，改革之路注定不会是坦途。石油企业因为油价与国外接轨而提升效益后，日子刚有了点好转的迹象，一场国际低油价风暴便接踵而至，使油企改革的适宜环境迟迟未到。

20世纪90年代，国际油价一直在每桶18美元上下徘徊。1997年10月起，国际油价更出现“进一步，退两步”的趋势，“跌跌不休”。1998年，美国和英国的两种基准原油价格一年内便分别下跌43%和50%。到了年底，油价跌落至25年来的“谷底”，美国西得克萨斯中质原油价格（WTI）跌破每桶10美元。

深度阅读……

WTI

媒体上常常出现的WTI，就是指美国的西得克萨斯中质油。它是国际石油市场最重要的一种基准油，年交易量虽然只有几百万吨，但却影响着世界几十亿吨原油的交易价格。一年几百万吨的规模是很容易被操控的，这几年投机资金的进入使石油期货具有了金融产品的属性。这样一来，国际油价就是由高盛这样的投资机构们在背后翻云覆雨，操控着。

这一年，正是国内原油市场与国际油市的接轨年。国际市场的狂风暴雨无情地击穿了中国市场的樊篱，石油企业开始真正经历了市场经济的洗礼。1998年上半年，全国大型企业共亏损88亿元，中石油和中石化就占了近一半。整个石油行业经营陷入困境，辽河、大庆、胜利、塔里木等油田先后关井上千口，每天减产上万吨。

即便如此，原油依然滞销，油田、炼厂的库存爆满，坛坛罐罐全都用上了。全国的石油企业惨淡经营，依靠补贴艰难度日。1999年2月，国际油价一度跌破每桶10美元关口。国内油田中，仅有大庆等少数油田还能在低油价条件下勉强维持。

石油企业亏损绝非个案。那时候，国有企业全面亏损，众多铁路和钢铁企业没有一家盈利，到处都是“愁云惨淡”，一片减亏的呼喊声。

1998年，国有企业亏损数额仍在不断攀升。1989年时，全国国有企业亏损过百亿元，1990年便过了300亿元，1993年突破了400亿元，1995年以后每年亏损均超过600亿元，亏损面达到约2/5。画成曲线图的话，便是一条陡峭的亏损上升曲线。1996年，全国国有企业破产了6232家，是之前九年的总和。1997年，在39个大的行业中，有18个是全行业亏损，国有工业企业负债总额已是所有者权益的1.92倍。也就是说，整个国有企业集团已处在资不抵债的边缘。

所以，1998年对于绝大部分国企而言，都面临着一场事关生死存亡的大考验。

《经济日报》曾这样描述当时的严重状况：“2/3以上的国有企业亏损，在国家统计局统计的5.8万户国有企业中，国有及国有控股企业亏损额近千亿元。全部国有企业亏损比上年同期增长23%。”

当时曾有一句话“不改是等死，改革是找死”流传甚广。这话虽有些夸张，但

20世纪90年代，许多油田一度被迫关井减产。

也反映出国有企业当时进退两难的窘境。不能再任由这些事关国计民生、社会稳定的国企这样亏损下去了。

1998年，国企改革扭亏攻坚战打响了。时任国务院总理的朱镕基一句“不管前面是地雷阵还是万丈深渊，我都将勇往直前，义无反顾，鞠躬尽瘁，死而后已”，令人深感悲壮。国企攻坚战，便是他上任后首先要直面的“地雷阵”。总理亲自挂帅，下达改革“军令状”：三年脱困。

从国家层面来说，中石油、中石化、中海油的重组改制是国有企业改制的重头戏和突破口。而对于当时的中国石油行业来说，要脱困，不脱一层皮是不可能的。1997年中石油的负债达到了1981亿元，中石化也好不到哪里去，真是一对儿难兄难弟！

改革，确实到了生死关头。

深度阅读……

三年脱困

三年脱困，即从1998年起用三年左右的时间，通过改革、改组、改造和加强管理，使大多数国有大中型亏损企业摆脱困境，力争到20世纪末大多数国有大中型骨干企业建立起现代企业制度（简称“三年两大目标”）。

1998年，纺织行业进行大规模压锭，以调整产业结构。

“拆”与“合”，重组改制的模式之争

很多事情往往是绝处方能逢生。当时，苏联已经解体，苏联发展模式垮掉了，被锁进了历史的陈列室。因此，国企改革模式，更多地参考了美国经验。美国的企业模式理论当中，公认较为成熟的一点就是**公司治理结构**。这场国企改革扭亏攻坚战，历史性地使企业治理结构成为改革的突击重点。

改革企业治理结构必然会涉及产权这个敏感区域。我国国有企业改革在产权方面此时已打下了初步基础，国营企业已改称为国有企业。从国营到国有，不仅仅是称谓上的变化，而是触及企业制度实质的重要转变。国营企业由政府财政拨款，利润全部上缴；而国有企业，则是政府转型为企业出资人，“拨”改为“贷”，即资金划拨改成了企业贷款。与国营企业相比，国有企业的自主权变大了，责任也变重了。

当时，国企改革的基本路径就是抓大放小，国家通过组建大型国有企业集团控制国家经济命脉。中共十五大报告中明确提出，公有制为主体，多种所有制经济共同发展，是我国社会主义初级阶段的一项基本经济制度。这是由社会主义性质和初级阶

深度阅读……

公司治理结构

是一种对公司进行管理和控制的体系。它不仅规定了公司的各个参与者，例如董事会、经理层、股东和其他利害相关者的责任和权利分布，而且也明确了决策公司事务时所应遵循的规则和程序。

段的国情决定的。

正是在这样的大背景下，大型国有企业的重组改制开始步入时代舞台的中央。石油行业中的**中石油、中石化、中海油**三大选手也粉墨登场。

三大“选手”要重组改制，首先面临一个棘手的问题——“高位截瘫”。

石油行业本是上下游一条龙的产业链条，但三大石油公司是“铁路警察，各管一段”。尤其中石油和中石化，原油和成品油价格由国家计委制定，原油指令价过低，国家要通过炼厂来拿利润，造成当时企业存在利润不清、亏损成本不清的“双不清”状态。

中石油领导曾有一个形象的比喻：“我们是高位截瘫的人，企业只有上半身，没有下半身。”所以亏损中的中石油要建立自己的“双腿”，就要想方设法建立自己的炼厂，因为那时的炼厂利润丰厚。此后，几个50万吨到上百万吨的炼厂拔地而起。

对于这样上下半身长期分离的旧疾，国家也意识到长期任由油企“瘫痪”下去，对整个石油行业的发展不利，需要改变。

可是，怎么改，争议很大。关于石油行业到底应采取什么模式进行改革，出现了拆分和合一两个截然相反的模式间的争锋。

“拆分派”的观点认为，企业拆分有利于破除垄断、促进竞争、提高效率，主张拆分石油石化，成立若干涉及上下游产业链的区域集团。之前以南京周边五家石化和销售企业组成的东联集团就是一次尝试。按这一思路，最终可能将形成一个全国七大区域公司并立的局面。

相关方面组织专家调研后，又提出了截然相反的意见——“合一论”。他们认为，如果强行拆分

深度阅读……

姓名：中国石油天然气集团公司

出生日期：1950年。

出身：1950年设石油管理总局，1955年改为石油部，1970年并入燃化部，1975年又恢复石油部，1988年改为中国石油天然气总公司。

原势力范围：石油上游油田。

人数：当时154万人。

资产：4050亿元（1997年）；2010年达到2.62万亿元。

中国石油

姓名：中国石油化工集团公司

出生日期：1983年。

出身：由原属于石油、化工、纺织、轻工部，以及地方的一些下属炼油、化工、化纤、化肥企业组成。

原势力范围：石油下游炼油化工。

人数：当时70.1万人。

资产：3155亿元（1997年）；2009年达到1.3万亿元。

姓名：中国海洋石油总公司

出生日期：1982年。

出身：由石油部下属的海上油气田组成。

原势力范围：拥有中国的海上石油专营权。

人数：当时2.72万人（现直接用工5.91万人）。

资产：318亿元（1997年）；2010年达到6400亿元。

的话，中国的石油行业将面临垮掉的潜在风险。因为当时世界上所有发展中国家，无一例外都采用单一国有石油公司的模式；在发达国家中，大部分只有一家石油公司，少数有两到三家石油公司或拥有更多数量石油公司的国家。形成这种局面的主要原因是石油行业具有特殊性：投资和风险极大，对企业的规模、资质、技术能力等要求都很高，须采取集团化规模经营才能做好。

最后专家们得出结论，鉴于中国石油工业的整体产值都无法和埃克森一家公司相抗衡，因此我国应该成立单一石油公司，力求做大做强。建议政府将中石油、中石化、中海油合起来组建一家大型国家石油公司，再按照专业分工细化，在公司内部组建若干家专业公司。

两种意见激烈碰撞，针锋相对。最后有位老领导出面建议：中石化把长城以北的炼厂划给中石油，中石油把黄河以南的油田划入中石化，这样双方都有油田和炼厂；各地方的省销售公司按照区域划分给两大集团，从而建立两家上下游一体化的大型集团公司，即中国石油天然气集团公司和中国石油化工集团公司，加上中海油，保持全国主要有三家公司的格局。

政府采取了折中方案，既不分三为七，也不合三为一，基本保持三家公司的现有局面，中石油、中石化进行重组，并于1998年3月在全国人大的国务院机构改革方案中予以宣布。

至此，“拆分派”和“合一派”的争论告一段落。

1998年7月，中国石油天然气集团公司（简称“中石油”）和中国石油化工集团公司（简称“中

20世纪90年代，作为石油产业链上游的中国石油天然气总公司，除大庆油田外全部政策性亏损。图为吉林油田采油工人在野外井场吃午饭。

炼油行业是石油产业链的中游企业，也是20世纪90年代中国工业能够盈利的行业之一。图为90年代的中国石油化工总公司燕山石化总厂。

加油站作为石油产业链的下游，20世纪90年代一度混乱无序。图为1989年107国道的湖南湘潭市砂子岭至分路口地段，长仅34公里，却有34个私人加油站。

1998年，中国石油天然气集团公司揭牌。

石化”）召开成立大会。时至今日，中国的石油行业基本维持着石油石化两大集团与中海油“三足鼎立”的格局。这一阶段的重组从3月发布到7月成立，仅仅历时三个多月。

就这样，1998年以长城和黄河为界、按地域划分，石油行业进行了轰轰烈烈的重组改制。此次改制涉及资产8500多亿元，员工270多万人，覆盖面上至国务院有关部委，下至县级加油站。油企重组改制的动作之快，规模之大，范围之广，在国企改革史上均无前例。

但中国国有石油企业的改革还远未完成。重组改制只是在“长征”路上迈出的关键一步。很快，另一项更为艰巨的任务就摆在了眼前，那就是国际化。

新国企踏上资本市场的荆棘路

1999年召开的中共十五届四中全会做出了一项重要决定，即《中共中央关于国有企业改革和发展若干重大问题的决定》。这次全会进一步明确，除极少数需要由国家垄断经营的企业外，所有国有企业都要进行公司制改革，以便在股权多元化的基础上建立有效的公司治理结构。**国企公司制改革**的最后也是最关键步骤是通过资产重组在证券市场上市。然而对中国的石油国企来说，遵循市场化范式进行重组改制之后，还要完成在国际资本市场上市的历史使命。

中海油率先准备“走出去”。中海油是中国海域对外合作勘探开采油气而成长起来的石油公司，规模相对较小，人员最少，人均资产量和劳动效率却最高，是中国企业改革开放的窗口和试验田。当时，中海油的公司高管大都能说一口流利的英语，具有海外学习背景，国际化程度最高。

但是，中海油的运气不佳。当时，西方国家对中国的印象还停留在十年前的水平，虽有合作、有接触，但对中国国有企业仍有抵触心理，对中国国有企业到海外融资尤其警惕。应该说，在英国的私有化浪潮、苏（联）东（欧）剧变、亚洲金融危机

深度阅读……

国企公司制改革

国企公司制改革，是指将国有企业按照《公司法》和《证券法》等法律规定，改造为股份制有限公司。

股份制是指通过发行股票筹集资金，建立股份公司进行生产经营的企业经营制度。股份制的经济构成特征，是股份公司、股份、股本、股票、股东、董事会等。股份制具有促使政企职能分开，所有权和经营权既相分离又相统一，筹资面广，股东既按股份分享收益又承担相应风险的特点。

中海油经过29年的发展，目前已建成一个“海上大庆”。

爆发等事件接连发生的时代背景下，西方人对中国国有企业偏见很深，误解很多。

《孙膑兵法·月战》中提到，天时、地利、人和，三者不得，虽胜有殃。中海油虽对“出海”自信满满，诚意很大，但无奈“天时”不足，结果在国际资本市场上遭遇“滑铁卢”。

1999年10月，首次出海的中海油，经过海外路演，拟发行20亿股新股，计划募资25.6亿美元。结果IPO时认购严重不足，“路演快结束时，订单非常少，最后也没有配售，也不知道是个什么结果”。时任中海油董事长兼首席执行官的卫留成回忆过往，浓浓的阴影仍在心间。

最终，国务院领导无奈下达指令，同意中海油的意见，暂停上市。俗话说，男儿有泪不轻弹。可海外上市受挫后，在纽约四季青酒店里，卫留成和几位中海油高层抱头痛哭。他们痛心，为什么这么好的公司，竟然不被国际资本看好？

“中国机遇”已经变身为“中国风险”。算上1999年珠江钢管、北大荒和山东国电三家企业的上

深度阅读……

路演

路演译自英文Roadshow，是国际上广泛采用的证券发行推广方式，指证券发行商发行证券前针对机构投资者的推介活动。路演是在投、融资双方充分交流的条件下促进股票成功发行的重要推介、宣传手段，可以促进投资者与股票发行人之间的沟通和交流，以保证股票的顺利发行。

IPO

IPO全称Initial Public Offerings（首次公开募股），是指某公司（股份有限公司或有限责任公司）首次向社会公众公开招股的发行方式。有限责任公司IPO后会成为股份有限公司。对应于一级市场，大部分公开发行的股票由投资银行集团承销而进入市场，银行按照一定的折扣价从发行方购买到自己的账户，然后以约定的价格出售。公开发行的准备费用较高，私募可以在某种程度上部分规避此类费用。

市失利，中国企业连续遭遇了海外上市“四连败”。而当时的政府决策者希望通过海外融资来改变和规范国有公司的治理结构；此外当时中国外汇储备还很缺乏，也迫切需要通过上市筹集外汇。

这怎么办？不得已，中国国企还得走海外上市这条华山之路。

随后，中央领导给中石油下达命令，八个字斩钉截铁：“只许成功，不许失败！” 必须成功上市。中石油开始了异常艰苦的海外上市之路。当时情形，参与过中石油上市筹备工作的人士用“壮士断臂”一词来形容。

中海油算是我国国际化程度最高的优秀国企之一，经营体制和经营效益都很好，负担轻，资产优良，人员素质高，又有丰富的国际合作经验。这样的企业都上不了市，中石油上市的难度就可想而知了。但是，命令已下，没有退路。

1998年7月22日，朱镕基总理正式批复同意中石油的上市计划，中国国际金融有限公司和高盛两大国内外投资银行联合担任上市承销商。当时是马富才总经理执掌中石油帅印，1999年2月10日，中石油专门成立了以蒋洁敏为组长的上市筹备组，在陶然大厦带领着一个班子展开工作。经过一系列的准备和部署，中石油上市的脚步声逐步响亮起来。

然而，上市的道路异常坎坷，荆棘密布。根据最初确认的上市方案，中石油要整体进行重组。重组、上市，两个词四个字，说起来轻松，但对一家如此庞大的央企而言，落实起来则是无比繁杂、艰辛，充满未知，没有成功的先例可循，没有成熟的规划可用，一切唯有“摸着石头过河”。

2000年4月，中石油成功登陆国际资本市场。

中石油154万员工中，只有不到1/3的人能够进入上市公司。这意味着一个油田要将核心业务和辅助业务一分为二，分成两个单位。本在同一家单位工作的夫妇、父子、兄弟，转眼就成了两家公司的员工了。兄弟分家都不容易，何况是上百万人、几千亿元资产的大型国企分家。更严峻的是，国外一些势力竭力反对中国企业海外上市，给中石油上市制造了很多困难。

按照整体重组方案，中石油核心业务全部上市。担心外国投资者嫌弃，当时的中国理论界盛行“靓女先嫁”的理论。评估前，中石油核心业务的资产是3060亿元，占总资产的60%以上。就这样，中石油近2/3的优质资产，仅匹配着1/3的员工上市。余下大部分员工则带着1/3的资产成为**存续企业**。这就是当时央企上市必须付出的代价。

有些满脑子西方古典经济理论却不怎么与中国实际相结合的经济学家们随后发表高论——说什么存续企业只是一个留守处、收容所，要逐步萎缩自动消失。但是他们也不想想，在当时情况下，这100多万大活人怎么能说消失就消失了呢，往哪里消失啊？

好一个“存续企业消失论”，某些经济学家的话激起轩然大波，导致中石油员工思想出现波动，这就得考验中石油的思想政治工作水平了。正如葛优在电影《天下无贼》中的一句台词：“队伍不好带了。”

不过，中石油经受住了考验，逐渐稳住了军心，没闹出乱子，为海外上市最后的诺曼底登陆打下了基础。今天时过境迁，事过境迁，我们回过头来冷静思考，还是可以从中品咂出许多意味和有益

深度阅读……

存续企业

作为一个伴随国有大型企业重组上市组建集团公司而出现的新名词，“存续企业”一般解释为，集团公司中的未上市部分资产或非核心业务，即一些国有大型企业在主业或优良资产改组成股份有限公司上市后，分离出来的辅业、不良资产及原有“企业办社会”部分。集团公司将企业核心部分的优质资产剥离出来，组建成为股份公司，而将原国有企业的冗员、呆账和非经营性资产留在母公司，由此构成了存续企业加上市公司的模式。存续企业为上市公司提供不可缺少的辅助服务和专业支撑。如中石油股份上市时，钻井、物探、管道建设等队伍都留在了存续企业。

的启示。

这就是对人的思考：在中国，凡是涉及人的问题就是大问题；凡是涉及人的波动，就是大波动。因为这个国家人太多，要搞市场化，还得先把人搞好，这确实有点难。也许正是有了改革开放这些年的经验教训，如今党中央提出“以人为本”的和谐社会理念才更加让人们感受深刻。

虽然有人说这是一个娱乐化的时代，一个炒作为王的时代，一个媒体个人化的时代，但作为掌握着话语权的经济学家、舆论权威们说话时还真的要慎之又慎。社会舆论越把专家们的言论当回事，专家们越应慎言，越要客观冷静、思考成熟，多说负责任的话，少发不切实际的主观言论。

有位美国知名经济学教授曾感慨道：“我有些中国学生，比我们美国人还美国化。”确实，我们有些专家接受西方思想很快，但难以与中国现实相结合，缺乏深入的调查研究，言必称“西方经济”如何如何，满足于当西方理论的搬运工，缺少深入加工、现实应用。当亚当·斯密的**古典自由竞争理论**在现在的美国都已过时，有些国内专家还奉为至宝。要知道，中国共产党如果也照搬照抄，而不是与中国实际相结合，与时俱进，寻找适合的发展道路，江山难打下，打下来也难守住。好了，话有些扯远了，毕竟形势是在往好的方面发展，现在负责任说话、做事的人，真正能西为中用的人还是越来越多了，这也算是一个国家走向成熟的参考指标吧！

总之，千辛万苦，千难万险，海外上市的长征终于到了“陕北吴起镇”。2000年4月上旬，中石油在纽约、香港挂牌成功上市。

深度阅读……

古典自由竞争理论

亚当·斯密主张终结封建制度以及由国家垄断独占的重商主义管制，提倡“自由放任”的政府。在《国富论》（1776年）一书中，他主张市场在一些情况下，将能自然地调节自身的问题，并且能产生比当时饱受管制的市场更为有效的状态。

图为美国纽约证券交易所

中石油在重重困境下成功完成海外上市，非常不易，应该说为央企“走出去”战略的实践探索了道路，为连遭挫折的“国家长子们”争了口气。

中石油海外传捷报，引发了特大型国企的海外上市潮。随后两年，又有五家特大型国企成功登陆海外证券市场。尤其是六个月后，中石化沿着中石油冲出的“血路”，一路拼杀，在纽约、香港、伦敦三地上市；十个月后，中海油也卧薪尝胆，东山再起，海外上市终获成功，股票认购量平均超过五倍，一举成为“明星股”。终于，中国三大石油公司会师国际资本市场，真可谓“风云际会”！

国企海外上市是一场脱胎换骨的变革，从此与西方公司站在了同一个标尺下，看到了差距和努力方向，也提升了国际知名度和品牌影响力。

上市之初，世界著名经济金融杂志《商业周刊》，发表了《这位巨人能在华尔街腾飞吗》的文章，对中石油的上市深表怀疑。

时间和业绩是最好的说明。中石油上市一周年之后，同一作者又在同一刊物上发表了题为《石油巨人引起轰动》的文章。而最佳新上市公司、最佳投资者关系公司、世界最受赞赏企业等诸多荣誉也纷至沓来，中石油上市五年，国际资本市场和权威财经媒体送来近20项桂冠。有评论家说：“中石油的重组改制上市，为中国国企趟出了一条改革与发展之路，成为国企改革与体制创新的蓝本。”摩根斯丹利首席经济学家罗奇评述道：“中石油堪称中国国有企业改革的典范！”

不管别人怎么评价，关键还是要坚持走好自己的路。

国资委成立，央企登上历史舞台

国有企业和“三中全会”特有缘分，历史上曾有几次“三中全会”成为国企改革的“发动机”。1978年的中共十一届三中全会就不用说了，那是奠定改革开放基调的一次具有划时代意义的会议，国企改革和国资管理的进程正式启动；1984年的中共十二届三中全会，通过了里程碑文件《中共中央关于经济体制改革的决定》，国企改革由此被定调为经济体制改革的中心环节；1993年，中共十四届三中全会则首次正式提出“建立现代企业制度”，从而为陷入泥潭的国企改革指明了大方向。现在的国企改革仍在遵循着当年“产权清晰、权责明确、政企分开、管理科学”的发展思路在深入推进之中。

当历史的车轮转动到了2003年，这一年距离中共十四届三中全会已有整整十个年头了。十年间，通过“三年两大目标”、公司制（股份制）改造、海外上市等改革攻坚战，我国的国有企业挺过了最艰难也是最关键的一段时期，这也为下一阶段的改革向纵深发展创造了相对宽松的环境。

国务院国有资产监督管理委员会成立于2003年4月6日

于是，又一次具有历史开创意义的“三中全会”——中共十六届三中全会召开了。当年，限于传统思维的束缚，一些人对“产权清晰”的理解仍限于在不触动国有体制（包括国有产权体系）的前提下搞好国有企业。因此，十六届三中全会明确了深化改革的方向是建立现代产权制度。现代产权制度也被凝练为十六个字：“归属清晰、权责明确、保护严格、流转顺畅”，由此国企改革在改革思想上实现了质的飞跃。

2003年，除了改革思路的创新外，国企改革的实践也迈出了一大步：4月6日，国务院国有资产监督管理委员会（简称“国资委”）挂牌，国务院授权其代表国家履行出资人职责。这一天，国资委成了坐拥7万亿元资产的**央企**的“头儿”，“央企”一词随着国资委的成立也声名大噪。

国资委管理的央企大多是所谓的“翻牌公司”，就是企业的前身本是原国务院的有关部委，或是国家部委直属的企业和事业单位。比如中国核工业集团公司前身是国家核工业部，中国船舶工业集团前身是第六机械工业部，中国航天科技集团前身是航空航天工业部等。

那么，国资委是怎么来的呢？这需要追溯到之前一篇文章上——《微观经济基础的重新构造》。这是华生等青年学者在1986年初撰写的一篇论文。文中提出要建立一个独立的国有资产管理部门，管理从中央到地方的国有资产，以资产为纽带建立企业之间的关系及考核体系。

此文为后来设立国有资产管理局奠定了理论基础。作为经济改革前沿阵地的深圳特区，1987年成立了深圳市投资管理公司，率先探索国有资产管理

深度阅读……

央企

央企即中央企业，是我国国企的主力军。在我国，按国有资产的用途，可以将其分为经营性资产和非经营性资产。在经营性资产中，按政府的管理权限，又可以分为中央企业和地方企业。

广义的中央企业包括三类：

（一）由国务院国资委管理的企业。
1.提供公共产品的，如军工、电信；
2.提供自然垄断产品的，如石油；
3.提供竞争性产品的，如一般工业、建筑、贸易。

（二）由中国银监会、中国保监会、中国证监会管理的企业，属于金融行业。

（三）由国务院其他部门或群众团体管理的企业，如烟草、黄金、铁路客货运、港口、机场、广播、电视、文化、出版等行业。

狭义的中央企业，通常指由国务院国资委监督管理的企业。

新体制。

此举的初衷是好的，希望通过改革斩断政企间的“脐带”，实现政企分开、政资分开以及市场主体间的平等竞争。可改革的推进是异常艰难的，中央部委的有些人不愿轻易放弃权力，对移交企业所有权设置重重障碍；广东省管辖深圳市，省政府把企业交由下属的深圳经济特区来管理，更是千百个不愿意，结果改革的进展与当初设定的目标差之千里。

“深圳困境”折射出国资改革的困境，极具代表性。于是，国务院于1988年又成立了国家国有资产管理局，由其行使国家部委直属企业的所有权。这回没有上级向下级交权的事了，改革该顺利推进了吧？但还是不成。各部委的权力移交还是进展缓慢，有的部委说什么也不愿意放弃权力，矛盾突出，阻力重重。

繁荣的深圳特区市景

1998年，政府机构改革中撤销了国家国有资产管理局。至此，在国有资产管理上再现了五龙治水、多头管理的局面，国家计委、经贸委、劳动部、财政部和组织部门都在管，权力和利益大家争，出了问题则是相互推诿，所有者缺位的问题日益突出，内部人控制泛滥，国有资产流失严重。

改来改去，原地踏步。“运动员”还是舒舒服服地干着“裁判员”的活儿。

2003年，政府下定决心，成立国资委的方案终于浮出水面。国资委定位于国务院直属特设机构，其职能和管理模式具有探索和过渡性质，“摸着石头过河”的色彩鲜明。国资委成立之初，改革虽有成效，但多年积弊造成的惨淡局面还难以立即改观。温家宝总理对刚上任的国资委主任李荣融曾说：“这个任务极具探索性，极具挑战性。”

李荣融上任伊始对央企改革的艰巨性就有非常清醒的认识，他在总理的“探索性”、“挑战性”后面又加了个“风险性”。事实也正如这一判断，国资委成立的第二年便接连发生了**“郎顾之争”、中航油、中储棉等事件**，给国资委上了“眼药”。

正是在改革不确定性极大、外界普遍不看好的情况下，国资委开始按照自己的思路，大刀阔斧地对国有资产进行管理。国有资产的监管与运营逐渐走上了科学有序之路，央企则走上了“做大做强”的集约化、规模化改革之路。到2010年底，国资委旗下的中央企业已缩减到122家，总资产也由2003年成立当年的8万亿元猛增至24.3万亿元，年上缴税金从2003年的3000亿元增长到1.4万亿元，进入世界500强的央企多达30家。

深度阅读……

“郎顾之争”

2004年郎咸平在《格林柯尔：在国退民进的盛宴中狂欢》的演讲中，指责顾雏军在格林柯尔用“安营扎寨”、“乘虚而入”、“反客为主”、“投桃报李”、“洗个大澡”、“相貌迎人”、“借鸡生蛋”的“七板斧”巧取豪夺了大量国有资产，在“国退民进”的盛宴中狂欢。顾雏军很快将郎咸平告上法庭。此事被看做是国有资产管理改革大讨论的发端。

中航油事件

在新加坡上市的航空燃料供应商中航油（新加坡）股份有限公司，因从事投机行为造成5.54亿美元的巨额亏损，向新加坡高等法院申请破产保护。2004年，中航油集团公司副总经理、中航油新加坡公司总裁陈久霖被新加坡警方拘捕，接受管理部门的调查，后判刑。现已刑满释放。

中储棉事件

成立于2003年3月的中国储备棉管理总公司，职责本是承担平抑棉价、稳定市场、促进国家宏观调控政策实施的功能，却自2004年10月起进口棉花多达20多万吨，豪赌国内市场棉价上涨。结果，国内棉价不涨反跌，致使其投机失败，巨亏近10亿元。

经过多年的改革和发展，现在的国企、央企，已经不再是人们印象中那些与计划经济体制相联系、机制僵化、冗员众多、效率低下、浪费严重、动力不足的老国企老央企了，而是在改革中逐步脱胎换骨、面貌一新的“新国企、新央企”。

如今，国有企业的社会定位已然发生了深刻变化。国企已经从社会组织转变为经济组织，成为独立的市场主体和法人实体。经过30多年的改革，国有企业已褪去了对政府高度依赖、职工生老病死由企业统包、企业缺乏独立性和创造性等旧习。

国有企业的企业形态发生了深刻变化。公司化（股份化）改制面由2002年的30.4%提高到2009年的64.2%。在当时A股市场的1500多家上市公司中，含有国有股份的上市公司有1100多家；在境外资本市场上市的由中央企业控股的上市公司达78家。

国有企业的运行机制也发生了深刻变化。国有经济比重趋于下降，但总量不断扩大，综合实力增强，且实力进一步向大企业集中。

“新国企”在市场竞争中不断壮大。中国社会科学院工业经济研究所所长金碚认为，国有企业改革的进程是一个从单一老国有企业形态向各种类型的国有企业“分化”的过程，国企“分化”并没有使整个国有经济停滞不前。相反，“新国企”、民营企业和外资企业“三驾马车”的共同快速发展，成就了中国经济发展的奇迹和“中国模式”。

“新国企”表现出较强的盈利能力，利润逐年大幅度提高。央企利润从2002年的2405亿元增至2010年的上万亿元，2010年净利润8489亿元，其中归属母公司所有者净利润5621.5亿元。全国工商联副秘书长、研究员王忠明认为，30年来，国企改革

深度阅读……

中国国有企业发展改革路径

第一阶段（1949年~1978年）：完成私有经济和买办资本的国有和集体化改制。

第二阶段（1979年~1984年）：以扩权让利为重点，实行企业利润留成制度，调整国家与企业的利益分配关系。

第三阶段（1985年~1992年）：以承包经营责任制为重点，实行企业所有权与经营权适当分离。

第四阶段（1993年~2002年）：以建立现代企业制度为重点，转化企业经营机制，探索公有制的多种有效实现形式。

第五阶段（2003年至今）：以深化国有资产管理体制改革为重点，实行政资分开，推进企业体制、技术和管理创新。

之所以能逐步深入突破，主要有三个因素在起作用。第一，国企改革始终纳入到整个经济体制改革的大背景下周密部署、循序渐进。第二，增量培育“体制外因素”，形成倒逼机制，迎来了中华民族亘古未有的“企业时代”。第三，实行“战略退出”与“战略集中”并举。中国国有企业存在着“个数太多”与“个头太小”两大问题，主要用“战略退出”解决“个数太多”问题，用“战略集中”解决“个头太小”问题。

不断冲破传统意识束缚的国有企业、中央企业，取得了一系列了不起的成绩。经济学家张维迎在其著作《市场的逻辑》一书中指出，通过股份制改造和投资主体多元化，到2008年国有企业的基本制度性问题已得到解决，国有企业改革已经不再是中国经济改革的“中心环节”。

国企在改变，在变革，在发展，我们也需要打破固有思维，解放思想，与时俱进，更加客观公允地认识我们的“新国企”、“新央企”了。

高楼林立的上海浦东新区

第二章

高利润：你从哪里来，又到哪里去

P031

恩格斯说，历史从哪里开始，逻辑就从哪里开始。我们评说央企利润也应从历史说起。

2004年，中石油利润跃上千亿，加上中石化、中海油，“三桶油”年利润1500多亿元。媒体惊呼“垄断”，国人艳羡“暴富”。

中石油的利润真的只靠油价吗？细究起来，还要靠科技，上天容易入地难；靠管理，拧干毛巾里的每一滴水；靠国际化，央企三分之一的利润来自海外；更靠人的付出：这既有国内和平年代里的流血牺牲，也有国外面对枪林弹雨时的坚守，更有当年中石油38万“买断大军”的贡献。70多万石油石化人、700多万国企人落寞地离去。

人们看到了千亿利润，却忽略了“三桶油”每年还要掏三四千亿的税费，四五千亿的投资，挣一个就得投三个，庞大的资金缺口只能靠融资和举债弥补。

数字看起来客观，有时也有欺骗性。“三桶油”利润的绝对数很大，但若从利润的相对数来说，有些业务的利润率就接近个位数了。原来，石油业已经站在微利时代的门槛上了。

高利润的背后，还有很多鲜为人知的酸楚。那就让我们聊一聊这千亿利润的来龙去脉。

利润，一朝千亿天下知

痛苦与成长相随，追逐与无奈交织，信念与利益互搏，欢呼与诘责常伴。这便是现代中国经济转型的典型图景。

从“放权让利”算起，二十年弹指一挥间，国企经过彷徨挣扎、断臂求生，通过转变机制、剥离冗员、轻装上阵、重组上市等改革措施，终于迎来转机，重现新生。

中国的国有石油企业，也从当年政策性亏损的扭曲状态下，焕发出勃勃生机。中石油经过大重组、境外上市、存续企业深化改革等举措，完成了华丽转身。2000年，中石油股份公司净利润攀上500亿元的台阶（552亿元），2004年，更是交出了利润首破千亿（1029亿元）的亮丽成绩单。

经过几代人的辛勤付出，石油人甩掉了“贫油帽”，摘掉了亏损的“大黑帽”，本以为能扬眉吐气，转瞬却又戴上了一夜暴富的“大红帽”。

其实，千亿利润本是中石油发展路上的一座里程碑。之后的2005年，中石油更是以近1400亿元的净利润总额，超过了不可一世的日本丰田公司，夺走“亚洲最赚钱的公司”的名号，这也算令国人振奋、充满民族自豪感的壮举。其间，中石化、中海油等大型央企，均居最赚钱公司的行列。然而，高利润换来的不只是国人对石油企业的欢欣鼓舞，更没多少鲜花和掌声，石油人反而成为网络、报纸上的“垄断者”，公众眼中的“暴发户”。

《中国企业家》杂志（2005年第15期）刊登的**《三大石油公司暴利何时终结》**和《新京报》（2006年10月13日）发表的**《国内油价跟涨不跟跌，石油企业就该暴利？》**等文对垄断和暴利提出质疑。

媒体的质疑虽然不准确，还有认真说理的味道。但网络上、娱乐圈对石油企业就有些刻薄挖苦了。尤其中石油A股上市后，网上盛传着各种版本的“我站在中石油48元之巅”，赵本山、宋丹丹漫画版《炒股》，还有海派清口周立波在节目中挤对股市。中石油成为被戏说的题材。

但是，透过现象看本质——说一千道一万，一切都似乎是因为中石油“不差钱”。苛责、质疑、批评、挤对、揶揄，甚至谩骂，大都与中石油的高利润有关。有一句俏皮话不是说“因为城管的存在，警察的形象改善了不少”嘛，套用过来就是，因为有了中石油、中石化等央企，其他企业的形象改善了不少。

十年亏损无人问，一朝千亿天下知。

这千亿利润是怎么来的？来得该不该？这千亿利润到底高不高？是否合理？这些问题都是很有必要说清楚的。我们应理性地探寻去接近真实，破除信息不对称的篱障，客观判断，而非跟风炒作和妖魔化央企。这也正是本书所秉持的写作态度。

深度阅读……

《三大石油公司暴利何时终结》

该文对垄断问题提出质疑：“原油进出口业务的贸易权、成品油的调配和批发，以及全国7万多座加油站牢牢地控制在中石油、中石化和中化、珠海振戎公司手中（笔者注：实际上当时中石油、中石化两大公司的加油站总共是3万多座）。垄断寡头超额利润的背后是国家给予的强大财政支持以及合法垄断权利。”

《国内油价跟涨不跟跌，石油企业就该暴利？》

该文剑指石油“暴利”：“我国石油企业本身已经是够暴利的，各种经济榜单都可为这一判断作证，单就与国际石油价格只接涨、不接跌而言，此类‘政策性暴利’就非一般国外石油企业可以享受。”

油价上调

利润大蛋糕是如何做成的

经济学家、人民银行货币政策委员会的专家委员周其仁先生曾写过一本杂议文集，书名起得很怪，叫做《收入是一连串事件》。这个书名源自美国金融学家、现代金融学的鼻祖菲歇尔。菲歇尔有本名著叫《利息理论》，“收入是一连串事件”正是这本书的开篇第一句话。有意思的是，这一句话就占了一段，醒目异常。菲歇尔这样写的目的在于强调，人们太过关注收入的高与低，其实收入是从何而来的才是最重要的。

佛家说：“菩萨畏因，众生畏果。”智慧的菩萨知道果出于因，更看重事情的因缘，而一般人只考虑结果。曾子曰：“慎终追远，民德归厚矣。”也是强调要重视“果”背后产生的“因”。看来，更加重视原因是个优良传统。收入或利润不过是结果，关键的是“因”，是过程。那么，中石油千亿利润的“因”又是什么呢?

市场推动：老天爷帮忙似乎成了帮倒忙

以2000年中石油利润首破千亿元为例。1998年起，国内原油价格便与国际市场挂钩，这是在国际油价最低时接轨的；2000年，萎靡不振的国际原油价格开始持续走高；到2004年，油价同比上涨三成。国际油价上涨，中石油利润自然水涨船高。

算一笔中学生都明白的账：1998年国际油价平均每桶13.13美元，2004年则达到38.3美元，比1998年国际油价涨了近两倍。当时国内油田实行的油价为33美元，实际上目前中石油真正实现的油价，一般比国际基准价低10%左右。按照当时中石油国内产量的规模（约1.1亿吨产量，折合约8亿桶）计算毛收入，一桶原油涨20美元，8亿桶就是160亿美元。按当时一美元兑换8.27元人民币的汇率，上游的毛收入净增加160亿美元，折合人民币一千多亿元——看上去很美。

不过，增加的账面收入并不就是利润。因为油价涨了，毛收入涨了，投入和支出也在大幅度地上涨。随着物价的快速上升，油田所投入的重要物资的价格大都翻着跟头地蹿升。同时，由于主力油田开采难度不断加大，成本也在大幅度上升。全球油田开采成本的直线上升，吃掉了很大一部分油价上涨带来的红利。这几年油价每桶七八十美元了，但成本也上来了。连资源最丰富的中东国家的油田完全成本近年来每桶都超过45美元，沙特已经接近甚至超过50美元。

更重要的一点，石油已是上下游一体化的产业了。虽然原油价格涨得快，但卖给消费者的是成品油而非原油。2004年的原油价格比1998年上涨了两倍，这是上游的账面收益，同期成品油价格只上涨了50%多，实际总收益的涨幅并没有那么明显。按照当时的测算，大概国际油价涨跌1美元，将影响中石油20亿元人民币的利润。与1998年相比，国际油价上涨能带来500亿元左右的利润，这是个估算。不过，由于公众只能看到国际油价一个劲地上扬，看不到背后的其他因素，暴利的印象就难以避免。所以说，老天爷的帮忙中似乎也有帮倒忙的苦涩。

推动利润增加的市场因素，不仅包含国际油价的上涨，还包括中国经济形势良好的发展环境。

2004年，经过三年的调整，世界经济逐步复苏。在全球经济回升的背景下，中国投入到产业结构调整的浪潮中去，开始扮演“世界工厂”的角色，鞋、纺织品、机电类产品等纷纷走出国门。世界市场的旺盛需求，拉动了国内化工产品市场的发展，新崛起的市场宠儿——房地产业对推动需求又添了一把柴，这些都为中石油创造了很大的盈利空间。与此同时，中国经济发展迅猛，城市化促进了汽车工业的提速，国内油品需求旺盛。即便政府对国内成品油价格有了硬性的规定，汽柴油价格仍在升级换代中屡创新高，这也在一定程度上增加了石油的利润。

中国经济企稳向好的“天时”，带来了石油业的规模发展、业务的拓展和盈利能力的提升。

科技创新：发现老外找不到的大油田

石油业是一个投资巨大、技术密集、风险极高的行业。一般人往往会误以为，油田底下是个大“油海”，打个窟窿就出油。实际上，石油开采非常不容易，需要强大的技术做后盾。

科学家说，上天容易入地难，很有道理。因为地下的油看不见，茫茫大地，碗

口粗的井打在哪里能出油，好比大海捞针，没有科技支撑是办不到的。

大庆油田的发现过程中，被誉为地学泰斗的黄汲清院士实践了“陆相地层生油”理论。他指出，日本人在东北找油找了整整三十年，他们的技术更先进，为什么一无所获？而我们只用了短短五年时间就发现了大油田？那是因为他们不懂得陆相地层可以生油。日本地质史学者小松直干也认为，除了勘探的范围、密度不够外，从根本上说不是钻探设备不行，而是“探矿思想和探矿技术的问题”。

也难怪，那时全球石油界都只知道海相能生油，哪知道陆相也可生油。正是李四光的“新华夏构造体系”和黄汲清、潘钟祥等人的陆相生油理论，指导中国摘掉了贫油的帽子。当下，世界上好找油的地方所剩无几，勘探越来越困难。我国的石油储量相对来说并不丰富，但经过科研人员的努力，我国的石油探明储量仍在不断增加。

找油需要高科技，采油更离不开高科技。地下石油储存的状态，不是人们想象中的是一个大油海、大油湖，而是在像磨刀石一样致密的岩石的岩缝中存在的，储油的岩芯比砌墙的砖头的密度还要高好几百倍。但高科技就能将这种油从几千米的地下采出来。这些地下的岩石，含油的时候颜色是黑的，采完油之后，岩芯都变成灰白色的了。一句话，没有理论和技术的“金刚钻”，就揽不了找油、采油的“瓷器活”。我国石油企业的**采油技术**，已从一次采油、二次采油，发展到三次采油。依靠技术进步，油田高产稳产增加了收益。中国很多老油田，在外国公司眼里已“人老珠黄”，但在中国人手里却是“老当益壮”。

深度阅读……

日本人若找到大庆，历史恐将改写

20世纪三四十年代日本人曾动用了当时技术最先进的钻机（钻探深度超过1200米，已经能打到大庆油田的油藏深度了）、重力探矿、地震计探矿等设备找过油，结果空手而归。距离现在的大庆油田仅几十公里之外，就有一口日本人打的探井。如果日本人发现了大庆油田，也许“二战”的历史都要改写。因为日本战败的一个重要原因是石油基本用完，战争机器开不动了。日本人在中国找不到油，就人云亦云，和美国人、苏联人一起说中国贫油。新中国的石油人依靠着努力、坚持、意志力和创新精神，最终找到大油田，也在实践中形成了一套独创的理论和技术。

我国石油企业到国外拿油田，好的油田是拿不到的，拿到的油田大都是人家嚼了几遍的馍、剔了又剔的骨，没多少油水了；拿到的勘探区块大都是被老外判过死刑的地方。在南美是这样，在非洲、中亚也是这样。中石油最初在秘鲁，有一个四次改嫁的107岁的老油田，已接近枯竭，在中国石油人的努力下，日产油量提高了10多倍。秘鲁举国轰动，连总统也赶到井场观看并赞叹不已。

在苏丹，中石油是在西方石油公司忙碌十几年后放弃的区块上，靠自有技术发现了世界级的大油田，产量现在已经超过胜利油田；在哈萨克斯坦，救活了被苏联废弃了30年的肯基亚克盐下油田。在国内，中石油也是在外国公司搞了几年后退回来的海上区块发现了南堡油田。可以说，中国的采油技术已位居世界领先水平。

不仅如此，石油领域的技术创新，还可应用到其他领域。采油技术可以应用到煤炭领域，如瓦斯爆炸是矿难的主因，把瓦斯气采集出来，不仅可以降低煤矿事故，还可以变废为宝。

石油的科技进步还有个特点，那就是不能一蹴而就，需要长期的技术积累和发展。大庆称之为“三个五年”，即前期规划五年、研究五年、实施开发五年，十五年的技术储备才能见到效果，才能创造稳产几十年的奇迹。大庆油田稳产技术先后三次获得国家科技进步奖特等奖。

其实，就连最简单的地质资料都需要多年的积累。有些民营企业采油比较简单直接，不做勘探（也没有实力和技术做勘探，做一次物探就得上千万元），就在中石油的井旁边打井。中石油是既开发，更要勘探，因为油田需要有一个逐步认识的

深度阅读……

采油技术

采油技术也称采油工程技术。从技术应用时间顺序和技术机理上，可分为一次采油、二次采油、三次采油。

一次采油是自喷，这种景象在中国大陆已基本绝迹。

二次采油是注水开采，用水驱赶油在地下前进，也很有难度。有些采油厂厂长开玩笑称自己是采水厂厂长。也难怪，中国的老油田，从地下采出的液体中，9/10是水，只有1/10是油，甚至个别油田95%~96%都是水，只是水上飘着油花。

三次采油，叫聚合物采油，就是把油用清洗剂从“磨刀石”中洗出来。这种清洗剂比我们家用的洗洁精清洗效率要高一百倍。

采出的油气还要经过分离、脱水、脱盐等工序。中国的采油技术已达到国际领先水平，国际上的平均采收率是30%，我国经过二次采油、三次采油，油田采收率最高可以达到60%。用“新时期铁人”王启民的话来说，大庆每前进一步，都是创下世界纪录的，这是其他国家都没有的。如果同类油田都这么做，等于世界上又发现了多少个油田啊！

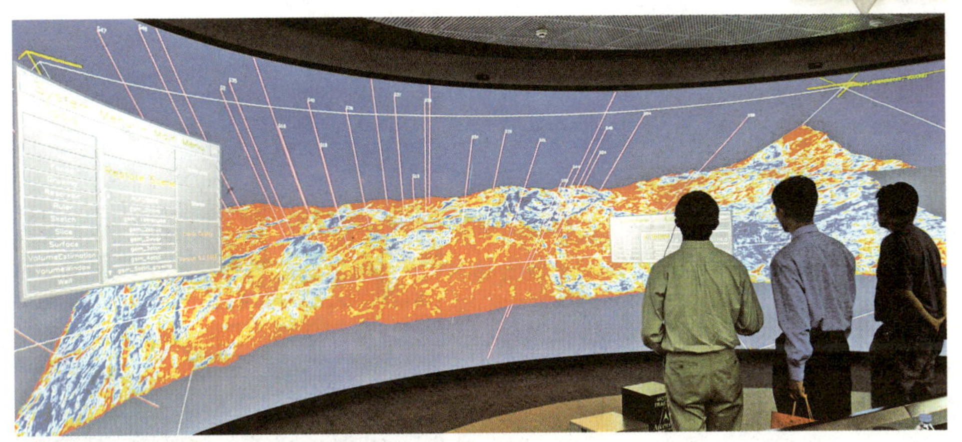

集成多项尖端科技的盆地模拟系统，可显示地下几千米内的地层情况。

过程。这个过程时间长、难度大，要了解几千米的地下，油推到哪儿了、水到哪儿了。每口井都有井史，和咱们的户口一样。有的井几十年了，积累的打井时和开发时的全部数据厚厚一大本，用来系统地分析，经常需要拿出资料再分析剩余油、再采取措施开采，才能把油更多地采出来。这也是对国家不可再生资源的负责任。

技术对中国这样油藏丰度低、地质情况复杂、号称“世界地质大观园”的国家显得更加重要。瑞士洛桑国际管理学院每年都搞世界排名，很重要的一条就是看技术进步；我国提出要建设创新型国家也是强调技术。为什么石油企业的技术很少被看到？一个可能的原因是太专业、不易懂；另一个是社会上对石油宣传报道重心的偏颇，让人误以为石油还是靠人拉、肩扛、搞会战就能找到油田。更重要的原因是油价涨了，掩盖了技术进步的贡献。在有些行业连篇累牍地证明技术进步对企业的利润增长有多大贡献时，依靠高科技的石油行业却被人们认为只靠埋头苦干了。

艰苦奋斗：人的付出

现在提起石油人，似乎都是高薪白领。实际上，真当个石油人还是很艰苦的。过去有首民谣这样写道：“我是一个石油郎，背井离乡在外闯。白天累得腿发软，晚上仍为资料忙。思乡痛苦心里藏，四海漂泊习为常，长年累月在外奔，不能

大庆油田岩芯资料库

回家陪爹娘。春夏秋冬不见面，回家一包烂衣裳。终身大事无心管，亲戚朋友催喜糖。心中有苦说不出，回答只能笑来搪。工资一点泪成行，怎能买起商品房？恋人分别各一方，妹盼大哥早还乡。相思之苦妹难咽，距离拉得爱情黄。好女不嫁石油郎，一年四季守空房。家中琐事无暇想，内心愧对爹和娘。朦胧月色撒地上，兄弟把酒聚一堂。"

这首石油郎之歌，唱出了过去石油人的苦累辛酸，唱出了石油人的思乡情怀，唱出了石油人的悲情苦闷，也唱出了石油人的坚韧不拔。现在条件当然改善很多了。

当代石油工人仍然在非常艰苦的环境下工作

说来也怪，有石油的地方没啥好地方。大庆原来是碱滩，是荒原，现在条件改善多了，但单调仍是主题曲。野外职工三个月甚至更长时间才能回一趟家，井队几乎全是男的。过去的露营房条件不好，冬冷夏热，现在改善成空调房了。但大老爷们在一起太过单调，就到野外抓兔子、小刺猬喂养。王进喜有句名言，“石油工人一声吼，地球也要抖三抖。”后来改了，“石油工人一声吼，娶个老婆没户口”。为啥改？因为“有女不嫁石油郎，十有九年守空房”。既然好女不嫁石油工人，他们没有办法就得到农村去找。20世纪80年代的天津市长李瑞环，了解到大港油田年轻石油工人谈恋爱难，倡议社会各界给大港油田的石油工人当“红娘”，二百多对青年建立了恋爱关系，一时传为佳话。

2008年底，南方报业集团记者参加中国石油报组织的“国脉万里行”活动，记者王莹从繁华的都市来到了青海，深情地写下一篇《400多石油人长眠沙漠》的报道。细心的记者发现，由于当年的石油建设者们大都来自祖国东部，所以所有的墓碑全都朝向东方——“面向故乡的方向”。

2008年底，南方报业集团的记者参加中国石油报组织的“国脉万里行”活动，从繁华的都市来到了青海。在这个“风吹石头跑、氧气吃不饱”的地方，记者深情地写下一篇《400多石油人长眠沙漠》的报道引起强烈反响，并主动向烈士陵园敬献了花圈。其实何止在青海，在“四下五上”的塔里木石油会战中，仅东方物探（原石油物探局）就有50多位石油人牺牲在“死亡之海”——塔克拉玛干大沙漠，这是和平年代的牺牲。但石油人仍然喊出了“只有荒凉的沙漠，没有荒凉的人生”。

现在经济条件好些了，但一线艰苦的自然环境无法改变。东方物探2006年提出目标，让一线员工“喝上热水、吃上热饭、洗上热水澡、睡上床板”。经过很大的努力，现在也才只有3/4的基层物探队能达到这一目标。

这是从积极方面看石油工人对石油利润的贡献。

其实，石油职工对利润还有一个奉献，就是用工成本的压缩。利润无非两个渠道，一个是多挣、提高收入，另一个是少花、压低成本费用。重组改制后，石油行业实施低成本战略，减少员工人数，增加劳动强度。比如2003年发生“12・23”事故的井队曾经是个金牌队，本应该是四班三倒，但在成本压力下，只能三班两倒少用人，现场两个班，每班的工人一般要工作12个小时。工人三个月没有回家，队长更是八个月撇家舍子。其他井队也大体相同。虽然石油职工的福利这些年有所改善，但是还有大量居住在棚户区的石油员工，油田还有很多特困户。这实际上是一种“欠账”，然而，欠账终归是要还的。

地下采油成本越来越高，只能在地面上和人的身上降成本。曾经有上级领导到北京附近的华北油田调研，油田宾馆年久失修，开会时房间的吊灯掉下来砸在了会议桌上。此外油田每年需要补充大批“新鲜血液”，因为成本的硬性要求，新进人员的住房等福利待遇都跟不上去，进而影响了高水平人才的引进，当时一些油田的住房面积都很小。目前中石油还有十万多职工没有自己的住房。

当年困难时期的改革曾鼓励“买断”，有的家庭中妻子选择买断工龄，折合到每月平均就相当于300多元钱，丈夫每月工资800元。华北油田有些困难家庭的月平均收入仅1000多元，油田距离京、津一个多小时路程，可家庭收入高下立现。

经营管理：拧干毛巾中的每一滴水

中石油在经营管理方面做了大量卓有成效的工作。从重组上市、主辅分离、改制到企业办社会，一系列工作都是经营管理。从业务来讲，中石油进入了集约化经营时代，在资源、价格、调运、市场方面形成了统一，在仓储、物流配送、销售结算方面进行了统一，实行低成本战略，不但搞了HSE和ERP（企业资源计划），提出了打造综合性国际能源公司战略，有效管理为增加利润提供了保障。

向管理要效益是石油企业的传统。计划经济年代，石油企业创出了代表中国管理水平的“大庆经验”。石油企业管理如今还在与时俱进。通过与国际规范接轨，中石油的管理体制和运营机制日渐成熟。借助信息化手段，劳动生产率也大为提高。比如建设数字油田，实行计算机控制等，过去一个人管一两口井，现在则可以管十几二十几口井。

中石油通过精细管理提升核心竞争力，优化成本结构，拧干毛巾中的每一滴水。华北油田是试点，提出“成本三年不升”战略，对其他企业来说，三年成本不升可能算不了什么，成本降才对。但对石油这种资源型企业就不一样了，油田资源自然递减是客观规律。一次采油时，早期油田地下能量足，开采成本低；然而二次采油，采用水驱方式生产，操作成本就上升一大块；采用三次采油的聚合物驱油方式、采用三元复合驱油技术生产，每桶成本要翻几番。国内上游的完全成本就更高了，现在有些油田的完全成本达到每桶50美元，即使国际油价每桶60美元时，有些油田仍在亏损。这种情况下要保证油田成本三年不升，很不简单。

中石油2000年上市后，三年累计削减成本90亿元。2004年，中石油的油气单位成本比上年上升5%，而同期埃克森美孚等五大国际石油公司则上升14%。2000年到2010年，中石油在资本市场累计获得了80多项荣誉。外界热炒的是“亚洲最赚钱企业”等；但中石油自己最看重、最引以为豪的，却是连续获得权威机构评选的“亚洲最佳管理公司”、“最佳公司管治”等硬邦邦的荣誉奖项。

设备超龄：历史欠账终须还

中石油的千亿利润，是以很多设备没有及时更新为代价的。中石油上市之初，承诺每年操作成本降低10%，利润增长10%。有这样的压力，除了向科技要效益，向管理要效益，还得向设备折旧要效益。为了落实低成本战略，处处得精打细算。2003年至2004年，中石油营业额增幅明显高于物业、厂房和机器设备投资增幅，很多设备新度系数只有0.3、0.4左右。这说明在高额利润作贡献的同时，技术改造和设备更新速度慢，投入不足。千亿利润的光环背后，是年久待修的厂

老炼厂的超龄装置报废

房，是久经沙场的老旧设备，是欠账太多的工业体系。但低成本的压力只能一再压低设备投入，压缩生产设施维修工作量。这样，使许多基础设施老化失修状况更趋严重，整体的安全系数自然会降低。

重庆开县井喷等事故一再发生，某种意义上说，安全投入不足增大了事故风险。如果把环保、安全生产成本算进去，2004年中石油千亿利润就要大打折扣了。

天然气和海外项目：新增长的双引擎

利润的增长除了价格因素，还有量。这几年我国天然气发展很快。该市场的特点是网络效应，使用量小的时候，管网设施不配套，利润很低，发展缓慢。一旦管网建设配套之后，发展便会进入快车道。2004年我国天然气消费量上升到415亿立方米，2009年增到875亿立方米，预计2020年将达到3000亿立方米。

不过也有隐忧，国内自产天然气赚钱，中亚进口天然气一立方米就要赔1.14元，进口越多赔得越多。在未来进口天然气必然激增的情况下，如果现有气价政策不变，天然气企业能否盈利是小事，可能会严重影响天然气市场的健康发展。

中石油海外项目通过十多年的发展，盈利能力不断增强，创造了滚滚的现金流，2004年时利润已经较为丰厚了。海外项目在向占中石油产量“半壁江山”目标挺进的同时，利润也在攀升。

苦涩的瘦身，38万人大裁员

千亿元利润辉煌的背后，还有一个不得不说的重要因素，就是几十万石油人落寞地离去。

20世纪90年代，大多数国有企业惨淡经营，"救国企于濒死"成为当时沉重的话题，石油企业也是如此。1999年，中石油共有职工154万人，人均年创利润仅3100元。企业冗员多，劳动生产率低，企业缺乏自有资金，靠举债维持。当时中石油集团的资产负债率为60.5%，其中重组划转过来的炼化企业更高达71.2%，扭亏脱困的任务非常艰巨。

买断工龄

与此同时，亚洲金融风暴乍起，石油业也深受影响。不得已，国家出台措施，在国有企业推行内部退养和自愿解除劳动关系的补偿政策，其中自愿解除劳动关系、自谋职业或开办私营、民营企业的职工，由企业给予相应经济补偿（俗称"买断工龄"）。在中石油、中石化内部，一些员工对重组后的企业前景产生怀疑，也要求与企业签署解除劳动关系协议。当时，企业内部有人认为："企业效益太差了，大船有危险，不能再待了。"

自重组改制以来，中石油约38万职工在与企业解除关系后进入社会自谋生路，中石化30多万职工

深度阅读……

"买断工龄"

在中国的政策法规中没有"买断"一词，应该称之为"协议解除劳动合同"。按当时实施的《违反和解除劳动合同的经济补偿办法》的规定，若企业是以减员增效为目的，职工与企业在补偿金多少等事项上达成一致意见后并自愿签署解除劳动关系协议的属民事合同，受合同法保护。

离开。全国范围内，大约有702万职工放弃了国企的“饭碗”，在签署解除劳动关系协议后涌入社会。

“买断”员工比例之大，在中国企业史上绝无仅有。仅中石油“买断”员工就占该企业总人数的1/4。石油人基本家家户户有买断，或者是亲戚朋友有买断。笔者并非石油世家，在中石化炼厂工作的大哥和二嫂也加入了“买断大军”。这是中国国企改革悲壮的一幕。

随着国际油价上涨，企业效益开始好转。2000年底，中石油实现净利润552亿元，较上年翻了一番。石油企业从丑小鸭变成了白天鹅，在岗员工的待遇自然也得到了提高。

“买断”的后遗症开始出现了。

放了水，却未挖渠，水就容易成为洪水。中国处于市场经济的转型时期，下岗职工多，而社会的再就业机会少。百万大裁军举全国之力消化，还用了三年时间。国有企业在缺少社会依托和保障的情况下，被迫单兵突进、快速减员的改革，焉能有成功的机会，只能是举步维艰。在离开油田“小社会”后，下岗人员大部分未能妥善就业，甚至有些人炒股赔光积蓄和买断款。人离开企业了，但仍与在岗的老同事一起生活在矿区，一院两制，这些人员生活状况不尽如人意，与在岗职工反差越来越大，矛盾也越来越突出。一些离去的员工开始悔不当初捡了芝麻丢了西瓜，感觉自己被边缘化，失落感极强。

结果，2002年一些油田的下岗员工发起了反买断、反退养、要求增发养老金、要求重返岗位和安置子女就业的请愿活动，并派出代表进京讨说法。其他国企大体如此，“买断”后遗症已经成为中国社会矛盾的焦点之一，甚至演变成职工群体上访事件的导火索。

上访事件不断升级，国内外一些媒体也推波助澜，渲染事态发展的严重性，引起国内外的广泛关注和一些误解。2002年9月，中央召开全国再就业工作会议，主要解决国有企业下岗职工基本生活保障和再就业问题。

改革、发展、稳定是密不可分的，实际工作中的顺序往往要倒过来做，是“稳定、发展、改革”。在中国，稳定是首先要考虑的重要问题。“买断员工过去为油田的发展作出了贡献，当时为了支持改革，他们与企业解除劳动关系也算是对油田的一种贡献。”一切又得从头再来。

大庆油田为下岗职工的再就业做了很多工作，2.4万多人（占下岗职工53%）重新作为市场化人员再就业。再就业指导工作在全国轰轰烈烈地开展起来。局面逐渐好转。但是维稳的代价也很巨大，刚瘦身的企业重新变胖，甚至更加臃肿。

尽管如此，“买断”以及企业内部的各种利益群体，已经不可能再彻底地稳定了。大水，没有宣泄的渠道，只能夺路而走，成为“泥石流”了。有企业老总说，我们一半以上的精力不是在抓生产，而是在抓稳定。

石油企业也受到了高油价的不利影响。在中国，办企业，更像是在办社会；当企业家，更像在当政治家。这就是中国的现实需要。国企当时无奈的瘦身，促进了当时利润的提升和改革的推进，但长期看，历史欠账最终还是要偿还的。

“买断”工龄后的落寞表情

利润大蛋糕如何分

回答了高利润从何而来的“因”的问题，人们还会追问：钱是咋花的？中石油利润跃上千亿后，也受到了这样的诘问。

那就让我们再掰开揉碎了，看看这千亿元的利润大蛋糕到底是怎么分的。

第一刀：分给股东，小股东分得6%

以2009年为例，中石油股份公司实现净利润1034亿元，根据上市时的承诺和国际会计准则，中石油利润的45%要派发股息。国内A股市场，上市公司两千多家，半数是铁公鸡，中石油是为数不多的连年派发股息的企业之一。

不少媒体报道中，指责中石油分红大量给了海外投资者，分红成了“给洋人的送礼工程”。有报道还称，中石油、中石化等四个公司，四年海外分红就超过千亿美元，合人民币六七千亿元。坊间甚至传言，说巴菲特赚中石油的钱赚得太多了，赚得都有些不好意思了，要向中国人道歉。实际情况如何呢？

根据公司财务准则，分红要依据股份，同股同酬。我国现代企业制度改革建立了出资人制度，国资委代表国家成为出资人，掌管中石油集团公司；中石油集团公司也是出资人，是中石油股份公司（上市公司）的最大股东。中石油集团拥有中石油股份公司的股份最初为90%，2007年A股上市后降到了86.285%。剩下的都是小股东，其中就有巴菲特，也包括其他持有中石油股票的股民。

中石油的利润，分给小股东多少呢？让我们做一道数学题吧。按同股同酬，小股东分红所得应该是用于分配的利润乘以小股东所占股份的比例，即45%×13.715%=6.17%。大概6%的年利润作为红利分给了小股东，按2009年的利润计算，小股东拿到的红利大约为64亿元人民币。

原来，小股东每年拿走大约六七十亿元人民币的红利，而非大家误传的流向国外上百亿美元的利润。剩下的就都分到中石油集团这个大股东手里了，中石油集团和中石油上市公司能支配的利润占比达到93%以上。

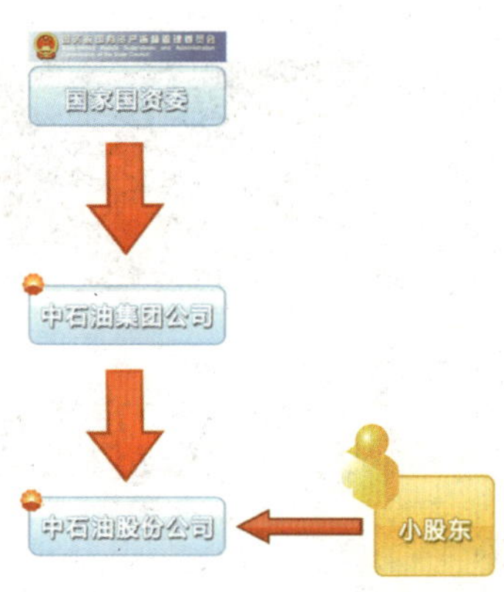

这样，中石油千亿利润的去向比较清晰了：以2009年为例，1034亿元利润中，有55%（约569亿元）作为企业留存收益留在企业内，用作主营业务发展投资等；分红的利润总额大约465亿元，中石油集团公司作为出资人可以分得约400亿元；剩下的64亿元分给海内外小股东了。

可能有人疑惑，为啥要这么高比例的分红？能不能少分点？答案是，不能。因为中石油集团公司的运转和投资需要上市公司的资金支持，分红是个主渠道。

第二刀：用于投资，挣一个还得投三个

中石油和其他企业一样，要生产就必须投资。相比起来，石油投资的任务更重。重在哪儿？

其一，作为资源企业，每年的自然递减就是个大窟窿。若按10%的自然递减率计算，2008年的1亿吨产能，到2009年只能生产9000万吨了；采取措施后，综合递减要比自然递减低一些，要保持1亿吨的产量，就要每年新建数百万吨的产能，这就需要数百亿的投资。这些投资投下去，只是补上了上年递减掉的产量，产生不了新增效益。

其二，要想再增产，再发展，就要再投资。

要寻找新的油气储量，就需要加强勘探，大海里去捞针——掏钱；“十一五”期间，中国的石油企业每年用于勘探投入平均达550亿元。要提高油田采收率，就要加强开发力度，新打井、上三次采油——掏钱；要提高炼油能力，就要建新炼厂添装置——掏钱。仅这几年新建的广西石化、独山子石化、四川石化千万吨炼化项目投资就达数百亿元。

要多卖油，就要建油站、油库，可建加油站的投资上涨很快，一个原来上百万的加油站，现在动辄数百万甚至上千万元。中石油这些年加油站增长了1.2万座，这就需要几百亿元的投资，还是得掏钱。

要完善产业链和油气大通道的建设，就要进行基础设施建设——掏钱。这些

年，中石油大项目一个接一个，比如西气东输工程，光一期的投入就高达1400多亿元，堪比三峡工程的投入（三峡主体工程总投资花了954亿元，三峡总投资1800多亿元）。一期刚投产，西气东输二期又来了，投资1422亿元；中亚管道也得修，投资99亿美元。中缅管道、中俄管道也相继开工。

花大钱的还有在国外的并购与合作。要满足中国越来越大的能源胃口，就要不失时机地加快走出去的步伐，不仅要掏钱，还要掏美金。一项海外收购动辄几十亿美金，比如中石油收购哈萨克斯坦石油公司（PK），41.8亿美元；收购新加坡石油公司，153亿元；收购加拿大两个油砂区块，19亿加元。此外，与中亚三国的土库曼斯坦、哈萨克斯坦、乌兹别克斯坦和俄罗斯等国的油气公司签订一批油气合作协议，联合中标了伊拉克两个大油田，其中鲁迈拉油田剩余可采储量比我国全部剩余可采储量还多，哈法亚油田规模相当于我国的胜利油田，前期也需要大量投入。

勘探、开发、炼化、销售、油气管网、海外油气并购与合作等等，长长的一条产业链，一个个堪比三峡工程的超重量级工程。这些投资加起来，中石油近几年每年投资需求大约在2600亿元到3200亿元。“十二五”的投资资金需求更大。两三千亿元是什么概念？国家发改委前些年在全国范围内一年的直接投资是1800亿元左右；中石化2009年的投资也达到了1100多亿元，当年中石化的利润是600多亿元。一个企业就需要这么大规模的投资，绝大部分钱都得自筹，压力可想而知。

要投资就得有资金来源，就是中石油所有的利润不分红都留下来，也不够总投资额的1/3。企业资金来源的渠道，一般有三：一是企业可支配的利润；二是设备的折旧和无形资产的摊销；三是融资，主要是银行贷款等。

中石油2009年未分红利润是569亿元，加上分给集团公司的400亿元左右，可支配的利润约970亿元，再加上2009年企业计提的折旧数百亿元等，这就是企业可支配的主要资金。而2009年中石油总投资却需要3000多亿元。这样，中石油还有上千亿元的投资资金缺口。

这上千亿元的缺口怎么补？唯有华山一条路：借，向银行借。2009年，中石油就发行了三期中期票据、两期短期融资券，筹资1050亿元。

事实上，这几年不断大额举债，已影响了中石油的财务状况。本来上市后中石油不断还债，到2004年资产负债率已降到20%多，属于很好的水平了。但到2009年，中石油的资产负债率又上升了10多个百分点。尽管财务状况还是优良，但负债率上升还是不得已而为之的。

可能有人会想，干吗这么大规模地投资，少投点不就行了？如果只从企业盈利角度，从投资回报角度来说，有些项目的回报需要十几年，有些项目回报率并不高，从企业效益角度看可以不投、不建。但是，从保障中国经济的能源供应和国家能源安全来说，不建是绝对不行的。所以，像中亚管道这条管线，因为进口气价远高于国内销售价，投产之日就开始赔钱，但也得建。企业利益与国家利益、公众利益，孰轻孰重，央企还是拎得清的。

实际上，人们诘问“利润哪去了”，主要还是不清楚中石油挣一个还得投三个的需求。清楚了，也就没有什么疑义了。中石油上千亿元的利润与投资需求相比，还是僧多粥少啊。

中石油是否能在投资环节做些手脚呢？中石油是国内外上市公司，想在投资环节做手脚，那可不是件容易事。中石油内部也有审计和纪检。国家每年还要进行专项审计，比如西气东输二线的项目甲方人员有240多人，但国家派驻的审计人员就有上百人，涉及全国六个大区的审计公司，相当于一对二地审。另外，按国际规定，投资不能用于企业职工的福利分配。这些都不是做做样子的规定，真刀真枪，做不了假。

看来，一个项目的投资，企业内部有内审，外部有国家审，境外还要接受美国证监机构等国际审。三审过关，非常透明，造假之路，基本上是——此路不通。

第三刀：是企业还办社会

有个关于新疆建设兵团的俏皮话，很有意思：是军队还没军费，是政府还要纳税，是企业还办社会，是农民还入工会。这是说兵团的困窘，资源型国企也大抵如此。

中国大都是先有油田，再有城市。企业不办社会，生存都成问题。很多国企当年出于战备考虑，哪儿偏往哪去，钻山进沟，一切要靠自己，企业办社会的历史负担很重。像西南铝业等国企，虽然不是独立的城市，却连火葬场都规划进去了。

中石油现在有规模性社区33个，居住人口约360万人。近几年，虽然油田矿区建设进步很大，但总体上还存在很多问题。例如，华北、辽河等老油田有很多特困户，还有大批棚户区。大庆油田很辉煌，也潜藏着危机，油采完了怎么办？所以现在就要转型发展，不能像苏联的巴库，落一个油尽城衰的凄凉局面。

矿区建设和可持续发展，所需资金非常巨大，仅矿区服务费一天就得一个多亿。中石油集团用于办社会的资金每年大约数百亿元，油田历史欠账和矿区未来发展的资金缺口更大，远不是数百亿元就可以解决的。

华北油田辛集矿区幼儿园举行新年联欢会

在油田矿区投资建设中，还有一些群体不能忘记，就是“买断”的38万人和23万大集体，还有43万离退休人员等。他们仍住在矿区，也需要投入，毕竟这些人是为企业和社会作出过贡献的。

矿区发展缓慢还存在着深层次的原因。过去企业没有改制时政企不分，地方建设、矿区建设包括一些地方政府的经费都是由企业包揽，大庆、克拉玛依、东营等原来都是企业管，总经理同时是市长。但企业改制之后，账就不好摆布了。石油企业的钱大都上交了，没有办法直接投资矿区建设。路怎么修？市政怎么建？一些地区矿区建设滞后。

但人要生活在这个地方，安居方能乐业。以前没有媳妇心不安、留不下，现在光靠老婆孩儿不行了，还需要发展机会。如果矿区条件不改善，人们就难有归属感，这就堵了企业的路了。

结果，矛盾出现了。从现代企业制度来看，企业不能办社会，企业不搞矿区建设是合理的。国外的大企业就没这个包袱，轻装上阵。但我国石油工业的江山，是一些老同志靠着吃糠咽菜、五两保三餐（指一天只有半斤主食，没有菜，还要从事重体力活）拼了命打下来的。企业今天的繁荣，凝结着几代人的努力和付出。改制后的石油企业是国家和股东持股，员工不是股东，只是拿工资，不能参与利润的分配。这样一来，员工的利益难以充分考虑。过去国家给企业留存一部分利润，用以提高职工收入；现在却做不到，有条条框框卡着、“三审”盯着。石油企业的利润用于投资还不够，更没太多钱做这些事，这就是矛盾。但员工利益和后代的前途总还得考虑。企业是几代人建立起来的，还要延续下去。玉门油田都已经72年了。

这“三刀”切下去，中石油千亿利润看似喜人，但真到用时也恨少，用钱的地儿太多，挣一个得投出去三个。2009年中石油就举债上千亿元，往后每年同样少不了。就这样，很多该投入的地方也还没有到位。

税负，被忽略的另一笔“千亿”

2004年，中石油、中石化和中海油三家石油公司的年净利润总额从2003年的1002亿元快速增长至1565亿元，2005年为1847亿元，2006年攀升至2064亿元。媒体一片惊呼：“三大石油公司是依靠国家赋予的垄断地位才能取得高额的利润。”其实，在公众和媒体热议石油公司千亿利润的时候，却忽略了石油公司数千亿元、滚雪球般增长的税负。

中石油利润的增速，远远赶不上税负的增加。2006年，中石油集团利润总额达到前所未有的1906亿元，看起来确实光鲜。再细算一下，缴纳所得税608亿元，集团公司净利润就变为1298亿元；而同期上缴的税为1777亿元，超过利润

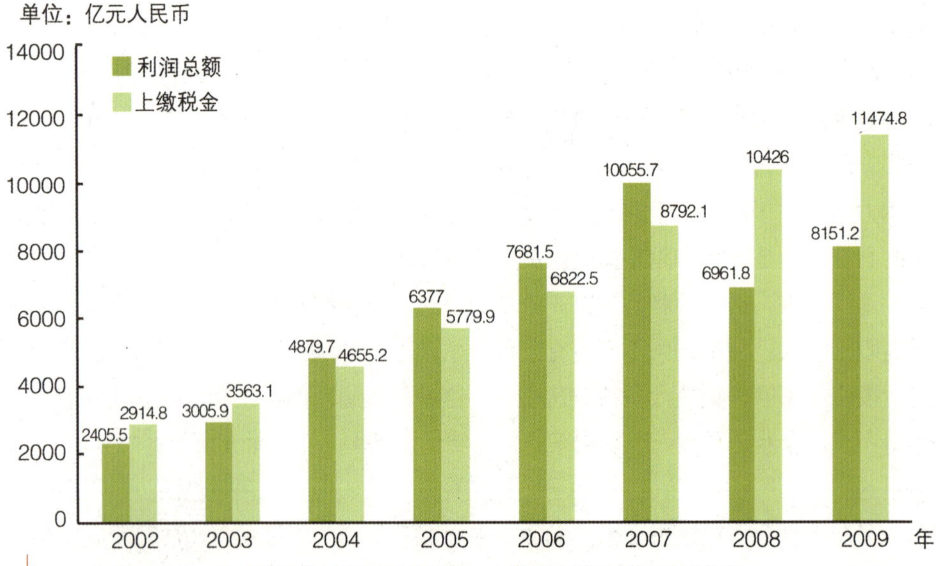

2002年到2009年，央企利润增长了5700多亿元，上缴税金则增长了8500亿元。

400多亿元。

2008年，中石油集团利润总额下滑到1348亿元，扣除所得税后的净利润则跌到910多亿元（其中股份公司净利润为1200多亿元），税则不降反升，达到2395亿元。

2009年，中石油集团利润总额持续下滑到1286亿元，税后的净利润为873.6亿元（其中股份公司净利润为1034亿元），缴税则创出新高，达到2426亿元，是当年净利润的2.8倍。

2006年到2010年，五年时间里中石油累计缴税11459亿元，而同期净利润相当于税额的一半，为5500多亿元。中石油已成为国内最大的税户，也就是说，国家税收的每100元之中，就有中石油上缴的3.8元，最高时曾达到9元。如果包括所得税，中石油这五年平均每分钟向国家上缴税费43.6万元，每天上缴约6.3亿元的税。2010年，中石油实现的营业收入是1.73万亿元，利润1676亿元，分别超过央企的1/10和1/6；上缴税费3182亿元，占中央企业的1/5强和全国财政收入的1/26。

缴税？这是媒体关注的焦点。但关注的不是企业缴了千亿元的税，作了多大贡献，而是另一个吸引眼球的视角。《成都商报》撰文，“石油巨头不该规避暴利税”。文章认为，石油企业获得暴利却不想缴暴利税。新浪财经网则发表文章，“勿以油价论‘起征点’”，态度鲜明地反对三大石油公司提高特别收益金起征点的想法。

中石油等企业的高利润总额引起广泛的质疑，强大的舆论压力要求国家对石油企业的“暴利”开刀，这种质疑和压力助推了国家政策的出台。

2006年3月，国家发改委宣布对石油企业征收**石油特别收益金**，用于支持弱势群体、弱势产业和新能源的发展。

我国石油开采企业和下游炼油厂，都是独立的法人。石油开采企业按照国际油价将开采的原油卖给炼油厂，上游企业要缴“暴利税”；但下游炼化企业却由于成本大幅提高和国内成品油定价机制，只能按低于国际的油价销售，产生巨额亏损。中国石油企业上下游呈现“冰火两重天”，真是一半是海水、一半是火焰。

从2006年特别收益金开征，到2008年的三年间，三大石油公司累计上缴特别收益金2928亿元，其中中石油上缴了1591亿元，中石化为530亿元，中海油为807亿元。

表面看起来，“暴利税”征收好像没有对中石油造成太大影响，这几年尽管缴了巨额“暴利税”，中石油每年净利润仍高达千亿元左右。千亿似乎成了一个魔咒，碰到就免不了被诟病和奚落一番。但细细推敲，会发现还是有很大影响的：2006年开征特别收益金，钻井采油所需要的钢材价格也在上涨。中石油不仅是产油大户，也是用料大户，油井和建设需要大量的钢材；中石油更是用能大户，一个磕头机（抽油机的俗称）一天就得用掉200度电。这样一来，造成了中石油的利润和国际油价的变化并不匹配，在油价快速上涨的情况下，中石油的利润近几年反而呈现下降的趋势。2008年，WTI期货价格平均每桶100美元左右，同比上涨约40%，创下七年最大涨幅；短暂下跌后，2009年油价又大涨78%。中石油利润额却逆市下行，出现大幅度的下降。

“税收奶牛”如果产了太多的奶，而不能适当补充营养，会不会累趴下呢？这是个问题。

深度阅读……

石油特别收益金

石油特别收益金，又被老百姓称为“暴利税”，采取5级超额累进计征，在原油价格超过每桶40美元后，按照20%比率征收，分段递增；超过每桶60美元后，按照40%比率征收。其实在60美元时，有些油田已经亏损，却还得缴“暴利税”。随着美元贬值和人民币大幅升值，目前40美元的起征点相当于2006年制定政策时的32美元，已大大低于一些油田的生产成本。一些油田已无“特别收益”可言。2010年“两会”上，有委员提交提案，建议将“特别收益金”起征点提高到六七十美元。

算笔细账，千亿利润到底高不高

李白有首诗《观庐山有感》，诗中写道："横看成岭侧成峰，远近高低各不同。不识庐山真面目，只缘身在此山中。"判断中石油的利润到底高不高，就要跳出"庐山"，一探究竟。

现在流行一句话，叫"三流企业搞实业，二流企业搞渠道（销售），一流企业搞资本运作"。好像所谓的高级产业形态就是资本运作，资本运作可以四两拨千斤，一本万利，一夜暴富。

但资本运作的逻辑大家都很清楚，这里面有没有真正的东西？有，但不多。真正成功的资本运作，是要建立在实体经济之上，就像电子商务等新经济要植根于传统产业之上，否则就是泡沫，就是海市蜃楼。与这些资本腾挪术不同，中石油经营的是实业，利润是一滴油一滴汗挣出来的。石油行业和其他国企、央企都在为社会提供实实在在的产品，投入大量的人力和物力，利润来得真实、可靠。《人民日报》就曾经这样评价央企："中央企业靠得住，信得过，拉得动，打得赢。"

是的，中国特色社会主义大厦要屹立不倒，中国经济发展浪潮要浩浩荡荡，靠"空手道"、"腾挪术"是不行的，高楼大厦的建设需要打好根基，一砖一瓦垒起来。中石油等国有企业基本上将经营重心放在实业上，利润是真刀真枪干出来的。

数字这东西是量化的、真实的，看起来客观、中立、可靠。但若只是简单地看数字，有时也会产生偏差，被唬住了。中石油的利润就有点这个意思。从数字看利润高不高，就有一个怎么看、用什么指标衡量和综合考量的问题。

说利润的高和低，不能随意说，总要有一个衡量指标。看任何数据都有两个指标，一个是绝对数，另一个是相对数。

一千多亿元利润高不高？当然高，因为绝对数很大。但从相对数来看，结论则截然相反。因为利润的底座是中石油庞大的资产和销售收入。中石油的资产是多少？2004年，中石油的资产总额9136.9亿元，销售收入5706.8亿元，利润总额1288.5亿元，净利润更低了，资产收益率仅为14.1%。当年中石化的资产收益率和经营收入利润率分别为7%和5.46%。按照项目投资准则，资产收益率不低于15%，这样的项目才能上。从相对指标看，中石油、中石化的利润并没高得离谱。

要按2009年说，这个数字就不太“好看”了。2009年中石油销售收入1.2万亿元，利润率只有10%，资产收益率就更低了。

国企有时很像猪八戒照镜子，里外不是人：利润率提高了，财务指标完成得好的时候，有人就会说，这是垄断造成的，是盘剥百姓的超额利润，是不公平的表现。等到财务指标低的时候，又会说低利润率是国有企业效率低下、经营管理差的表现。到底应该怎样客观看待国企、央企，这是整个社会需要全面考量的问题。

另外，和谁相比也很关键。这“比”可是个大学问。有个宰相，出身农家，生了个残疾儿子，但是他的孙子中了进士、当了宰相。一天，残疾儿子与宰相老爸聊天，说宰相老爸不如他混得好。宰相老爸非常不解，残疾儿子解释道：“你老爸不如我老爸，你儿子不如我儿子，你混得怎么有我混得好？”宰相老爸黯然。

其实，残疾儿子在“比”时偷换了概念，但却说明与谁比确实非常重要。那咱们就真正客观地比一下。

2004—2009年中石油利税情况

年份	总税额（亿元）	所得税（亿元）	特别收益金（亿元）	利润总额（亿元）	净利润（亿元）	归属于母公司所有者的净利润（亿元）
2004	1076	428.29	0	1289	860.20	—
2005	1410	544.05	0	1769	1225.70	—
2006	1777	608.52	289.10	1906	1298.60	1069.80
2007	1985	575.20	449.80	2069.70	1496.40	1272.80
2008	2395	431.51	852	1342	910.50	707.80
2009	2426	411.96	200.20	1286	873.67	701.70

注：2010年中石油集团上缴税收3182亿元，利润1676亿元

表中数字均引自2004-2009年中国石油集团公司年报、股份公司年报

中石油千亿利润高不高，不能与小商小贩比，必须与国际上的大型石油公司比。2004年，中石油股份公司的净利润是1029亿元，埃克森-美孚公司净利润高达261亿美元，按当时8.27的汇率计算，相当于2160亿人民币；壳牌是188亿美元，BP是159亿美元，连各跨国石油公司中净利润最低的道达尔公司也赚取了122亿美元。横向相比，中石油利润数是低的，跟国际上的大公司比差了不少。

再看看利润的相对数吧，就拿油价最高的2008年来比一比吧。从资产利润率和营业收入利润率来比，相对国际大石油公司来讲，中石油的利润率处于中上等水平，属于比较正常的，2008年埃克森-美孚公司大概是百分之十几，中石油在10%到12%之间。若与国内其他行业来比较，10%左右的利润率，实在与暴利的大帽子相距甚远，名不副实。▣

央企真的不给全民分红吗

《左传》有云："礼以行义，义以生利，利以平民，政之大节也。"那么，央企给不给全民分红呢？

在1994年之前，中国国有企业长期实行"统收统支"制度。国有企业必须要将所获得的利润全部上缴财政，然后再从国家财政获得投资以及弥补亏损所需的全部资金。1994年，实行"税制改革"，国企的税后利润归企业使用，红利也就停止征缴。那时的国企根本谈不上分红，企业普遍亏损，财政、银行都为国企背负了沉重的包袱，哪还有什么分红的奢望！

通过20世纪90年代以来的一系列改革，尤其是2003年国资委成立，国有企业开始走出泥沼谱新篇。国资委的数据显示，国有企业2003年至2006年的利润分别是3767亿元、6056亿元、7616亿元和8891亿元。财政部近期公布了一组数据：2010年，国有企业累计实现利润19870亿元，比2009年增长37.9%。与此同时，财富500强上榜企业数量从19家到24家再到30家，最近三年，国务院国资委管辖的中央企业在500强的名单中实现了完美的三连跳。

不过，高速发展的国企，正在迎来新一轮的质疑浪潮。"公众几乎不能从分红中直接受益"、"国有企业不能仅仅让部分群体受益"、"留存的巨额利润转化为高额工资、奖金和福利"、"国有企业什么时候才是真正的全民所有"、"民生领域只能在必要时，被动地、象征性地分到微不足道的一小部分。这种失衡的分配格局，与公众此前对于国企分红的期待大相径庭"、"人民投资，为何人民不能受益"，甚至还有"央企吃肉、社会喝汤"、"不给主人'下蛋'的国企有何价值，不如分了"、"要天下第一盈利有什么用"等等无端指责。

央企员工的收入并没有想象的高，只是在某些行业和领域存在过高的现象。多年来，面对社会上掺杂着愤怒、嫉妒等不良情绪，不同利益诉求的声音、指责甚至谩骂，央企百口莫辩。不过，需要说明的是，大部分指责和质疑是不了解情况，也不排除个别人和一些势力的别有用心。

在中国的工业化、现代化进程中，国有企业承担着特殊的职能，尤其是央企，社会负担仍然很重。国企与民生息息相关。事实上，为充实社会保障基金，财政部、国资委、证监会以及社保基金会于2009年6月19日联合印发了《境内证券市场转持部分国有股充实全国社会保障基金实施办法》（简称《实施办法》），将上市公司部分国有股份划转社保基金。《实施办法》规定：凡在境内证券市场首次公开发行股票并上市的含国有股的股份有限公司，除有规定外，均须按首次公开发行时实际发行股份数量的10%，将股份有限公司部分国有股转由全国社会保障基金理事会持有。

2009年，央企共向社保基金转持国有股55.3亿股，对应的市值429.68亿元。全国社会保障，取之于民，用之于民。中国已经累积了庞大的国有资产，而且开始盈利。现在，提供回报，让大众分享经济发展成果，也是应该的。

国家对于国有企业还有另外一个身份，就是所有者，是大股东。国家可以从国有企业那里既获得税收，又获得利润。这也是天经地义的事情。

2007年，财政部、国资委出台一个“暂行办法”，对国资委所监管企业2006年实现的国有资本收益进行收取，并对收取红利的央企范围、收取比例做了相应规定。按照相关法规，纳入国有资本经营预算的企业被划分为三类：第一类是具有垄断性、资源性的企业，上缴比例为10%；第二类为一般竞争性企业，上缴比例为

5%；第三类为国家政策性企业，暂缓三年上缴。

2010年11月3日召开的国务院常务会议研究决定，2011年起，将五个中央部门（单位）和两个企业集团所属共1631户企业纳入中央国有资本经营预算实施范围。同时，兼顾中央企业承受能力和扩大中央国有资本经营预算收入规模，适当提高中央企业国有资本收益收取比例。红利上缴比例将调整为资源性企业15%、一般竞争性企业10%、部委下属事业单位管理的企业5%。

国企分红由谁来收，怎么收，怎么支，这其中有很多问题。譬如，应该一对一地确定分红比例，但国企董事会制度并不完善，只好“一刀切”。将来应该由董事会根据企业的发展需要和行业水平，与国资委协商后科学地决定分红比例。再譬如，财政部认为国企是全国人民所有的，所以国企红利应该由它来主导，国资委则认为自己代表出资人，出资人就是股东，要分红，为什么不分给股东呢？而在实践中，如果利润全收的话，会打击企业经营者的积极性。既然今年企业的利润政府都拿走了，那有些企业明年就不想努力了，利润少了，这样政府也没有多少红利可以提取。

央企上缴红利的根本目的是让全体国民得到实惠，真正享受到改革发展的成果。所以，上缴比例需在国企投资和公众利益之间寻求一个合理平衡。实际上，并不是说释放的现金越多越好，应使其符合公司长期价值最大化和行业发展。考虑到企业未来的资本要求，如果一个企业手中有好的可投资项目，分红过多就可能会降低企业的价值。实践证明，企业在配置资金方面比政府更有效率。

国企改革还在进行当中，国有资本收益也可能用作支付国企改制的成本，例如安置下岗员工。另外，目前，我国正处在结构调整的关键阶段，国有企业内部需要结构调整，调整到完全适应市场经济体制上来。国有经济布局也需要调整，调整到科学发展的轨道上来。这些都需要现金流的支持。当前，企业要实现规模生产、要技术创新、要提升装备、要增强管理手段等，需要投入的地方很多。尤其央企，正在加大海外并购力度，资金需求量大，一旦征收过高，企业现金流将成问题，企业的经营发展将受到严重冲击，部分企业会面临现金流中断而无法正常运转。

收取红利的目的，要有利于企业的发展，而不是把国企当大户，杀富济贫，使企业失去可持续发展能力。其实，除了红利之外，剩下的钱也是股东的钱。企业一边上缴了很多红利，一边又不得不付出很大的代价在资本市场上融资，也是个问题。■

利润背后的神秘之手

现在企业理论有一个创新，原来叫“对所有者负责”，现在改叫“对利益相关者负责”。利益相关者对内有投资方、管理者、雇员，对外有原料提供者、消费者、渠道商、政府、社区、环保志愿者、媒体、金融部门等等。对于中石油等央企来说，利益相关者就更多了，所起的作用也比较突出。

中石油的利润谁说了算呢？作为企业，主要是它的利益相关者说了算。

国际市场说了算

从商品到消费品的转变，是惊险的一跃。惊险一跃成功与否的决定者是谁？是市场。

作为一个企业，中石油要在市场中生存，要参与市场竞争，其命运自然要受市场支配。市场有好的时候，也有不好的时候。

1998年，中国原油价格开始与国际接轨。中国品质最好的大庆原油挂钩的基准油是新加坡市场的米纳斯原油，比每天公布的国际标准油价要低一两个美元，差价最大时达六七个美元，全国油田的平均实现油价也要低10%左右。国际油价涨了，国内也就跟着涨，当然利润也跟着涨。国际油价跌了，国内也就跟着跌，利润也跟着跌。2008年7月，国际油价涨到147美元/桶，后来又在一年内跌到33美元/桶，这对中国石油的上游企业的利润影响是非常大的。

有人说，成品油是政府调价，应该与市场无关了吧？其实，政府对成品油调价最终还是要根据市场状况的。石油企业的成品油、化工产品利润还是由市场在起作用。因此，中石油的利润首先是市场说了算，国际市场和国内市场都有影响。

原油价格完全是由国际市场控制，不由中国石油企业控制。但国际原油市场又是由谁控制的呢？对这个问题，大家有不同认识。自由市场主义者认为，国际原油市场不可预期，就像上帝之手一样，在拨动着油价这根弦。也有人认为，是欧佩克在操纵国际油价，因为它老是减产限产。

变幻莫测的国际石油期货交易市场

最新揭露出来的事实是血淋淋的。当前流行的说法是，国际油价以美国人为首的金融巨头们说了算，受美国国内两党政治斗争和高盛等华尔街投行们的操控。从纽约、伦敦两大期货交易所成立并出现石油期货交易之后，石油的定价权已经从欧佩克逐渐转移到了华尔街，以高盛为首的一些金融机构和美英四大石油公司实际掌控了国际油价的涨落，并从中大获其利。中国、日本等进口大国被迫埋单。

那么，为啥中国的油价要跟着国际油价走？这不单纯是因为资源的市场配置需要以国际油价为参照，更多的是迫不得已。中国1993年成为石油净进口国，到了2010年有55%的石油都需要进口。这么高的对外依存度，油价仰人鼻息就是自然的了。

“土地爷”说了算

油都在地下，是多是少，怎么分布，好不好开采，不是由人说了算，是几百万年前就定了的事，是“土地爷”说了算。如果油少，地质条件又复杂，采油的成本自然就高。

比如，大庆油田下面有比较完整的油层盆地，开采相对容易些；胜利油田就像一个盘子摔在地上，还被踹上几脚，找起来和开采起来都很困难。

这一点，洋人也算没完全骗咱们。中国不算贫油，但不幸的是，油不算丰富且很不好采，不仅与中东没法比，就是与世界其他地区的油田比，我们很多油田都像鸡肋——食之无味，弃之可惜。但是我们没有鸡腿，鸡肋也得吃，所以中国的采油成本偏高。有权威报告指出，中国油田的采油成本除了比俄罗斯等国的少数油田低，比世界其他主要产油国的油田都要高不少。

还有物流成本。我国油田分布好像专门与人过不去。西部荒凉偏僻，对石油需求少，却多油；东部便利，对石油需求多，油却少得可怜。我国很多油田，比如克拉玛依油田、塔里木油田，还有陕北的长庆油田，原油外运成本都很高。

这几年，房地产持续火爆，油田矿区也耐不住寂寞，土地价格跟着猛涨。

炼油成本这几年上涨得也很快。原来用的70号含铅汽油已经完全退出了市场，现在市场上卖的是93号、97号无铅汽油，用国Ⅲ、国Ⅳ标准，相当于汽车原来喝池塘的水，现在改喝矿泉水了。

但成品油的升级是要掏大钱的。除了整个设备更新换代的成本不说，仅2005年国Ⅲ汽柴油质量升级，中石油改造投资就超过百亿元。前两轮质量升级中，中石化的投入有80多亿元。产品的升级推动了成本提高。不过也算值，仅油品升级，北京的汽车尾气一年就少排放4000多吨二氧化硫。

美元汇率说了算

在国际上美国动用外交、军事等各种手段，使中东产油国把美元作为石油结算的唯一货币。从此，美元与石油挂钩形成了石油美元，巩固了自身的国际储备货币的地位，同时也意味着美元升值石油的标价就会变得低些，美元贬值石油标价就会变得高些。

1944年建立的被称为“布雷顿森林体系”的国际货币体系，规定美元直接与黄金挂钩，而其他各国货币则与美元挂钩，外国中央银行可随时按35美元一盎司的官方价格向美国财政部兑换黄金。那时，每桶石油的价格为1.8美元左右，每盎司黄金可买19.44桶石油。到了1971年8月15日，美国单方面宣布不再执行布雷顿森林体系规则，美元与黄金脱钩。此后，美元相对于黄金大幅度贬值，到1979年黄金升到279美元/盎司，1980年黄金达到850美元/盎司。2010年10月，美联储推出量化宽松货币政策，开动印钞机大量印钞。到2010年年底，美元兑黄金更创下前所未有的1400美元/盎司的最高纪录。

相对于1971年的比率，美元兑换黄金一路狂贬了40倍。有意思的是，2010年年底的国际油价，也比1970年上涨了40倍左右，从每桶1.8美元升到现在的80美元上下。看来，如果美国不顾反对，坚持量化宽松货币政策，大量印发货币，美元继续贬值，国际油价的美元标价就难以下降。

BP公司每年都发布著名的《BP世界能源统计2010》，其中一个重要表单就是1861年到现在的原油价格走势图。图上有两条波浪线，一条是当时的价格，即绝对价格，另一条则是当时油价的实际价值折算成2009年的美元价格。从表中可以看出，尽管从石油工业化开采之日起直到20世纪70年代，当时国际油价一直处于10美元/桶以下，但换算成现在的美元实际价值的油价却并不低。尤其伊朗发生革命时，当时国际油价上升到35美元/桶，相当于现在的100美元/桶。从换算的实际油价来看，这两年的油价并不是历史上最高的。

美元指数，是综合反映美元在国际外汇市场上的汇率情况的一个重要指标。如果美元指数下降，说明美元与其他货币的的比价下降，也就是说美元在贬值。21世纪的头十年，美元指数已经从110点下降到了2011年2月初的77.73点，贬值近30%。像石油等国际上主要以美元计价的商品，其美元标价自然就会随之上涨。

1861-2009年国际原油价格走势图

——摘自《BP世界能源统计2010》

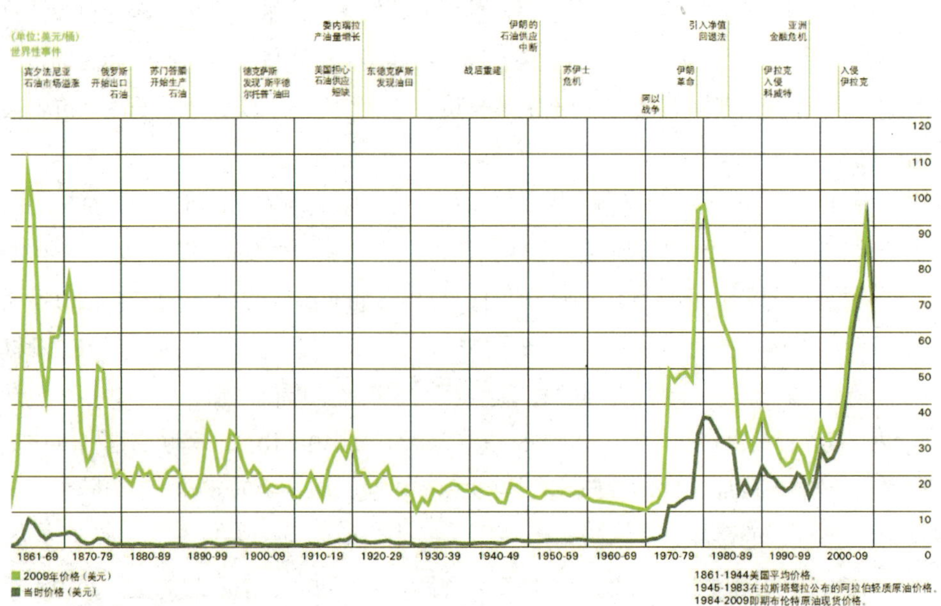

国家政策说了算

政府对石油企业利润的影响有两条道，上压和下顶。一个是通过成品油定价影响石油企业利润蛋糕的大小，一个是通过财政税收手段直接切走利润蛋糕。

就财政手段来讲，政府主要通过税收调节石油企业利润，如通过开征特别收益金、提高资源税、扩大消费税的方式进行调节。比如在新疆进行资源税试点，就增加石油在新疆企业税负数十亿元。

中国这两年取消了养路费，二级公路收费取消，挪到炼厂征收，把征税环节挪到炼厂，收钱很方便，但随后的油品损耗就没人埋单了，给企业增加的税负成本也是比较高的。这也是为何一些地方炼油厂的油便宜的重要原因。因为地炼可以出产一些非标号的油品，非标号油不缴消费税，一出厂卖到加油站，在油罐里一掺兑就地升值了，不过油品的质量却大打折扣，受损害的是消费者。

目前，争议最多的是政府调节成品油价格的问题。我国成品油定价虽然是打着市场的壳，但骨子里还是计划经济，是计划的魂、市场的壳。成品油的价格既然由政府调控，就在很大程度上决定了中国炼化企业的利润状况，比股市、房市还要更加“政策市”。

在高油价下，政府为了平抑物价，国内外油价倒挂，最多时1吨倒挂2000多元。其实，国际油价超过七八十美元后，石油公司的利润就开始了负增长。按2008年油价测算，按当时的价格和税收政策，如果全年国际油价平均是120美元时，中石油的利润是多少呢？是零。这是当时的特殊政策造成的。所以说，其实中国的石油公司跟消费者一个心理，也都不希望油价过高。

看来，中石油利润这问题谁说了算，很清楚了：价格上，国际油价老外说了算，国内油价政策说了算；成本上，上游成本地下条件说了算，税收成本政策说了算，也就产品升级的成本企业自掏腰包，可以有点弹性。

看来，利润这问题，石油企业自己是说了不算的。说到这里，笔者想到一个不太恰当的比喻：央企的利润有点类似潜水艇，市场就是那大海，盈亏就是海平面，至于潜艇是浮出水面（盈利），还是深潜海底（亏损），得听艇长的指令。不过这个艇长不是企业，而是国家政策，企业的人充其量就是个水手吧。◘

石油业站在了微利时代的门槛上

关于石油业的盈利能力和成本问题，2010年，有专家形象地评价，“石油业已站在了微利时代的门槛上”，这一观点很令人深思。

确实，世界油气工业史曾经是国际大石油公司的暴利史。随后，利润率持续下降。20世纪的头几十年，国际大石油公司无一例外，主要是通过租让制，付很少的矿区使用费（高的时候也才12.5%），就获得所采出的石油，谋取了巨额的暴利。

80年代以后，油气行业的投资回报率水平逐步降低。两次石油危机，国际油价从两个多美元升到30美元，资源实行国有化，旧的租让制逐步被产量分成合同取代，加之暴利税的征收，石油公司的利润大幅度下降。

90年代，持续的低油价使油气行业的投资回报率进一步下降，勘探开发投入的资本回报率为20%左右，炼油销售的资本回报率为10%左右，化工业务的资本回报率在5%左右。世界油气行业早已经告别了暴利时代，站在微利时代的门槛上。

2003年以后，国际油价大起大落，2008年曾达到147美元/桶，突然暴涨的原因主要是投机炒作。但是，与此同时，油气行业的成本也在大幅度上升，受美元贬值影响，2000年以来，石油的实际价格只有名义价格的2/3。目前国际油价达到70~80美元/桶，大约相当于2000年的50~60美元/桶。

油气行业的上游成本已经上升了130%，达到50~60美元/桶。上游成本大致有一个成本分区。低成本区中东地区（约占世界储量的47%）的成本大约45美元/桶，实际上沙特阿拉伯等国已接近甚至超过50美元；国际油价如果低于60美元，这些国家的石油收入已经无法支撑经济。中成本区主要指非洲和南美，45~60美元/桶，其储量占世界储量的33%。高成本区，是指提高采收率和油砂、重油等非常规资源（约占储量的20%），完全成本已经达到60~80美元/桶。尽管油价在大幅度提升，成本

相应地也在大幅度提高，从而大大地压缩了油气公司的利润。

国际上有一个著名的说法，叫“Easy oil is over”，意思是容易开采的石油时代已经结束，通过容易的办法、低成本采出更多的石油，这个时代已经结束了。有一种分析，全球长期潜在石油资源量总计约9万亿桶。生产成本低于40美元/桶的石油资源量约为3.2万亿桶，所占比重约1/3，并仍在进一步下降。其余的每桶生产成本在40~100美元，比重在上升，比如深海和北极圈的资源等。

投资环境的变化，使国际石油公司大大降低了对项目盈利的期望值。20世纪80年代以前，投资一个国际项目，内部收益率一般至少要大于20%，其中风险因素至少有10%~15%。90年代，项目的内部收益率已经进一步降低，但是仍然要大于15%。

但这一数字仍在不断下降。比如伊拉克国际招标，原油成本回收以后，石油报酬就是1.2~2美元/桶，内部收益率进一步降低。就是这种情况下，第二轮招标时，国际大石油公司仍蜂拥而至，志在必得。

中国石油业国内的盈利能力也有下降趋势。首先是国内储量的数量和品质的下降，储量品质和国际大石油公司相比具有劣势；国内的剩余储量多属于低渗、低压、难动用的储量，探明储量中，低渗透的比例达66%，新区的勘探大多分布在高原、山地、沙漠、黄土和深海地区，地面和地下的条件都非常复杂，获取有经济价值的可采储量的难度越来越大。国内的主力油田大都进入了开采中后期，产量递减加快，单井产量大幅下降。全国单井平均产量一天只有几吨，是十年前的一半左右。

2005年国内石油业的投资回报率达到高峰，后来受特别收益金的影响，投资回报率下降。国内有些油田的完全成本已经接近每桶50美元。炼化的盈利空间有限，成品油定价机制导致高油价下的炼油政策性亏损风险仍然存在。根据新的成品油定价机制，国际油价在80美元以内，炼油还可获得正常利润；80美元以上，利润率在下降；国际油价超过100美元时就基本没有什么利润了，这是国家的成品油定价机制决定的。销售企业只有规定的几百元的批零差价；但在持续的高原油价格的环境下，炼油企业必将承担政策性亏损。国际油价如果走高，对石油业是“双刃剑”。

中东乙烯的成本很低，投产后将对中国国内的乙烯开工率和配套的炼油能力产生重大影响。天然气价格也面临着严峻挑战，2010年6月每立方米上调了0.23元，可以上浮10%。按照改革的价格，增加了几十亿元的收入，但也只能弥补中亚天然气倒挂的损失。由于中亚天然气的进口到岸价是两元左右，几乎高于各主要城市的门站气价，仅进口的天然气价格高于销售价一项，2010年石油企业就补贴了50多亿元。未来天然气市场的发展，很大程度上取决于天然气的价格政策。

由于政策的调整，主要是特别收益金的收取，国内石油业盈利能力在下降。资源税改革由从量计征逐步改成从价计征，如果税率提高到3%的话，仅在试点的新疆就将增加资源税数十亿元。

有一种说法，认为低成本战略已经过时了，因为低油价时代已经过去了。这句话是不对的，低成本战略看来将是一个长期战略，国际上有竞争力的大石油公司无不如此。

国际大石油公司已经大大降低了盈利的期望值。中国石油企业过去海外的发展，很重要的比较优势是我们的低成本、成熟而适用的技术，低成本的人力资源，但这一比较优势现在已经不明显了。所以，坚持低成本发展是中国石油业当前的重要课题。

世界经济一体化加速导致了全球化竞争，加速了微利时代的到来。竞争带来的是成本和利润的下降，油气行业也在被冲击之列。

美元贬值和成本的上升，都将使石油业进入较高油价下的微利时代，并会在相当长的时间内延续。非常规资源加快接替常规资源，提高成本；政策环境和环境保护标准越来越严格，增加了投入，压缩了利润空间。

面对将要到来的微利时代，石油企业要提高竞争能力，要压缩成本，加强战略并购，通过协同效应降低成本。2010年，埃克森410亿美元收购XTO，壳牌以47亿美元收购美国东方油气资源公司，对大幅度地降低成本发挥很大的作用。

美国著名的管理专家麦克唐纳说过，竞争的优势归根到底是管理的优势，而管理的优势是通过细节体现的。精细管理才能出效益，才能挖掘出管理中存在的降本增效的潜力。但低成本并非是单纯地压减成本，而是应通过精细化管理措施不断优化成本构成。

面对全球化竞争推动的微利时代，中国各个行业要未雨绸缪，迎难而上。■

第三章

油价高低谁说了算

P069

油价，世界经济的晴雨表和操控杆。不过，这个晴雨表在中国却有些失灵了。

商品价格走高，卖家积极性当然应该越高。然而，现实是国内油荒总是发生在国际油价高企的时候。高油价下怎么还会有油荒？油企到底是在“逼宫”还是在保供？这种看似违背经济规律的现象在提示我们什么？

中国人没有美国人收入高，为何油价居然快打了个平手？

石油企业利润高，为何还拿政府的巨额补贴？

国内央企的炼厂全部开足马力，为什么还会发生油荒？

世界石油市场供需变化不大，油价为何坐上了“过山车”？

面对这一连串怪事和大问号，有人质疑，这是定价机制惹的祸！某新华社记者遍访专家，最后感悟道：民众对油价的关切和怨言，可能不单纯在油价本身，而是另一个层面问题的折射——对国民收入分配的不满。

油价为何涨多跌少，涨快跌慢

其实，我国石油市场的改革一直遵循着渐进式改革的原则。1998年之前，原油也是按照计划定价格的。随着原油进口量的增加，为了反映石油资源的稀缺性，原油价格与国际接轨，大庆原油与米纳斯基准油挂钩联动，原油价格的定价机制实现了市场化。

但是，我国成品油价格却没有同步进行市场化改革，还是由国家进行调控。

为什么原油价格放开，成品油价格却不放开？从产业衔接性来讲，上游放开了下游自然应该放开，上游放水了，下游不开闸，怎么会不出问题？这是一个很简单的道理。

那么政府是基于什么样的考虑不放开油价呢？因为原油进来了，消化它的就是几个企业，国家好控制。但成品油涉及各行各业、千家万户，成品油价对于国民经济的稳定、对于社情民意都会有很重要的影响，国家在销售环节来控制比较困难。基于这些考虑，加上我国处于经济发展的重要时期，对石油需求的增长非常快，国家从社会稳定的角度出发，就对成品油价进行了相应控制。

原油价格跟国际接轨更多的是反映效率，特别是资源的稀缺性；而成品油价格强调的是稳定。

在改革、发展、稳定三者关系中，先要确保稳定，在稳定中发展。成品油这块由国家来调控，最重要的原因就是对于稳定优先的考虑。政府是多重利益的协调者，从稳定的首要前提出发，政府要在多重利益中寻找平衡。

这样就有一个内在的矛盾要协调，原油价格涨了，成品油价应该同幅度的变化，否则会出现不合拍的问题。因此，尽管成品油价格由政府控制，但政府也不希望出现原油价格和成品油价格差别太大、不同步的情况，也希望它俩能“好好跳舞、别老踩脚”。

为此，政府对成品油的调控从1998年开始尝试了很多办法。2001年，为了更好地使成品油价与原油价格合拍，政府采取了成品油价与纽约、新加坡、阿姆斯特丹三地市场价格挂钩的办法来调整成品油零售价格。后来国际原油价格涨得太快，这三地的成品油也跟着迅涨，尽管没有正式宣布，但国家实际上放弃了这个机制来控制油价。后来，国家又先后出台了几个办法，最重要的是2009年5月出台的《成品油价格管理办法》，规定非常详细，非常具体。

尽管政府一直在试图解决两种油价不合拍的问题，但因为这是两个游戏规则，不合拍的情况还是难以避免。不合拍就不合拍吧，还要看是怎样的不合拍，不合拍的结果会“动了谁的奶酪”，然后再具体对待。这就引发了一个现象，似乎成品油价格涨得多降得少，跟涨快跟跌慢。

这个现象既有客观因素，也有人的因素。

从客观因素说，国际原油价格从1998年的每桶13美元多，一直涨到2008年的98美元，增长了6倍多。这是一个大环境，成品油价格涨得多、降得少符合这个大趋势。不过，同期的成品油零售价格是从每吨3000元涨到8000多元，涨了大约两倍。

还有一个心理因素，从人的感受来讲，得到的东西评价往往比较低，失去的东西往往评价比较高，故涨得多、降得少也有主观感受的问题。

至于成品油价格跟涨快、跟跌慢，这中间也存在着很大的误解成分。

客观上，历次调价采取小步慢走、调价不到位、价格出现倒挂是主因。从价格调整的频率来

深度阅读……

原油定价机制

中国早就参与国际原油交易，但中国所产原油的定价机制，迟至1998年才开始与国际市场接轨。不过，我们既不以WTI或布伦特原油价格为参照，也不以迪拜原油价格为基准。我国大庆出口原油价格的计价以米纳斯原油、辛塔原油的价格指数和亚洲石油价格指数的平均值为基础。

成品油定价机制

2001年11月开始，国内成品油价格由单纯参照新加坡市场价格改为参照纽约、新加坡、阿姆斯特丹三地市场价格调整国内成品油价格。具体来说，以纽约、新加坡、阿姆斯特丹三地成品油加权平均价格为定价基础，根据基本杂费及国内关税，加上由国家确定的流通费等，确定国内成品油零售基准价。再由中石油与中石化在基准价上下浮动8%的范围内，制定出具体的零售价格。

看，2009年频率明显加快，2003年到2008年的5年间，成品油调价16次，而2009年则调价8次；从调整方向来看，2009年5次上调、3次下调，造成了国内公众对成品油“跟涨不跟跌”的误解，认为对国际油价上涨反应快，而对国际油价下跌反应慢。

历次调价不到位，甚至出现油价倒挂，也有政府决策程序的原因。

发改委定价措施的出台十分慎重，有一套严格的程序。国家发改委代表政府，保护经济平稳是首先要考虑的问题，这就涉及政府部门的决策程序了。油价上涨因为涉及社会稳定、事关民生民意，政府会非常谨慎，发改委要层层报批、层层请示，直至国务院领导决策。若再碰上中国的元旦、春节、五一、十一等假期，或是两会、党代会等敏感的时间点，决策出台的时间都要后延，这样时间上就慢了下来。

市场是根据现在情况看问题，政府是依照过去情况看问题。决策的时间差，很大程度上导致了这样一个结果：确定要涨了，往往是层层斟酌、等待报告批复，有时可能一个月都过去了，国际油价已经开始下降了，但也还未降到国内油价要涨到的位置，所以调价仍要进行。但这会给不清楚实际情况的人一个错觉：

美国纽约商品期货交易所

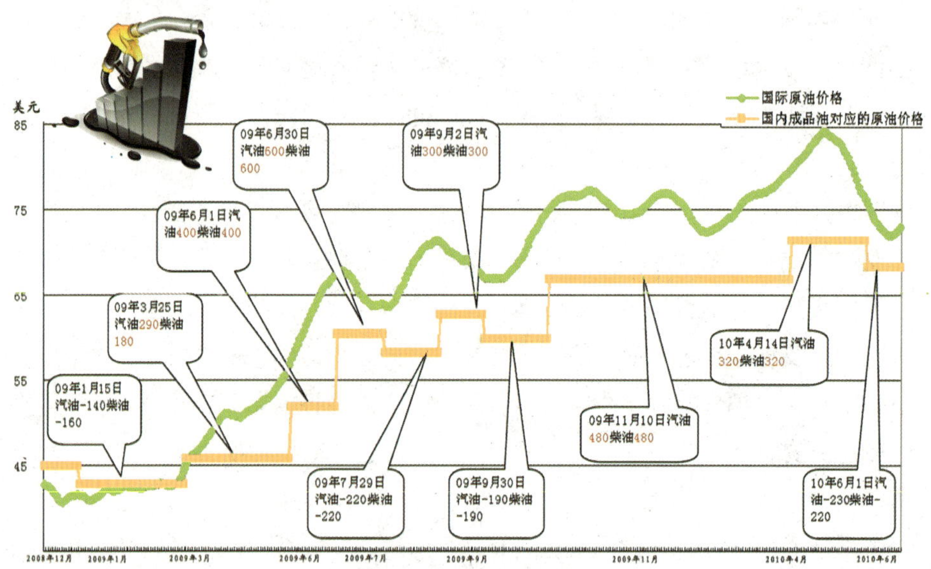

2008年底以来，国内国际油价对比示意图

国际油价都跌下来了，你怎么还逆势上涨。其实涨价的决策依据的是一个月前的趋势和情况，但市场是瞬息万变的。

整体来看，在绝大多数情况下，国内成品油出厂价所对应的原油价格是远远低于国际原油价格的，这就出现了原油与成品油的价格倒挂。

具体到一个时间点来说，2009年年中，国际油价涨到70多美元一桶时，国内成品油价格对应的原油价格仅仅是50美元，调价的时间窗口打开后，相关部门开始计划将油价上调到近60美元，这时，国际油价又开始掉头向下；待涨价报告批复执行时，国际油价已经跌至65美元附近。由于调整后的国内成品油价格仍比国际油价低，故还继续执行涨价决策。这种情况出现了三四次，就给公众一个负面的印象，造成很深的误解。

看来，实际情形并不是我们直觉上所感受到的跟涨快、跟跌慢，而是涨得少、涨得滞后、涨得不到位，跌得多、跟跌快（基本能第一时间反应），但石油企业因此背负了本不应有的骂名。

对此，确实需要好好地做些沟通解释，以减少公众的误解。

中国的油价为何比美国高

2009年7月，有人爆出一个新闻，中国的汽油价居然比美国有些州的油价都高了。

国人哗然，中国的油价怎么能比美国还高？网络上、媒体上议论纷纷。此时，《上海证券报》发表了中石化一个专家的报告，这位专家解释说，我国成品油价格去掉税费和一些流通费用后，油价并不比美国高。也可能是引用的对比口径不当等等，这个说法一问世，便引来众多质疑和争论，此事闹得沸沸扬扬，被戏称为“裸油价”风波。

中国的油价到底在世界上处于什么水平呢？

成品油价格的高低，涉及两个方面，一个是同类商品的横向比较，另一个是这个商品与其“上家”的差价大小的纵向比较。

中国已是世界第二大石油消费国，进口油占消费量一半以上，那就让我们将中国的油价与现在石油主要消费国的油价作一比较。以93号汽油为例。

从下页图来看，最上方的汽油价格曲线是欧洲的，高时达到每升16元，价格最低时也在10元左右。其次是日本，在每升8元~12元间波动。下方两条曲线是美国的和中国的。美国油价在每升4元~8元波动，原先在中国之上，到2008年底时，美国的

深度阅读……

93号汽油

目前我国市场上的汽油有90、93、95、97等标号，这些数字代表汽油的辛烷值，也就是代表汽油的抗爆性。93号汽油就是辛烷值为93的汽油，适合中档车（压缩比比较低的使用）。2010年12月22日零时起国家发改委上调了汽柴油零售价格，93号等5种标号的汽柴油均在包含燃油税的前提下创下了历史新高，最常用的93号汽油售价从之前的6.92元/升涨至7.17元/升。

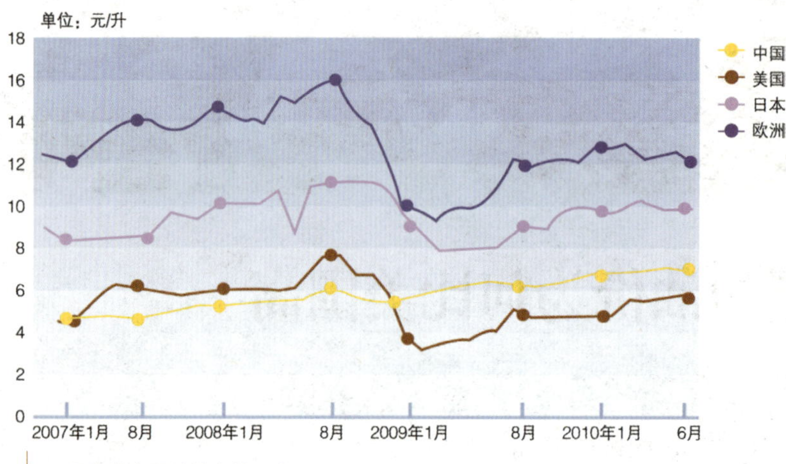

93号汽油各国价格走势示意图

汽油价格大幅下滑到4元左右，落到了中国之下。中国的油价则波动幅度最小，在4元~7元之间小幅摆动。尤其2008年年中时，欧洲油价突破每升16元时，中国的油价居然是6.20元。

同在一个地球上，油价差别怎么会如此之大？同样的原油，大同小异的炼油技术，难道是油品质量出现了这么大的差异？

细究之下，原来是税金在作怪。税金是成品油价格的一个重要组成部分，税金比例是各国成品油价格差异的主要推手。那就把各国成品油价格中税金所占比例再进行比较一下吧。

不比不知道，一比吓一跳。德国、英国、荷兰、法国、比利时这五国的税金占油价比例竟在2/3以上，整个欧洲地区平均水平是

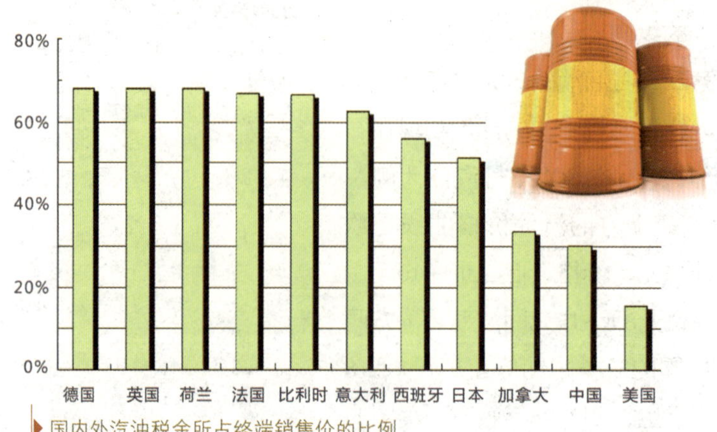

国内外汽油税金所占终端销售价的比例

65.11%。石油公司在法国每出售一升石油产品，就要缴纳0.59欧元的石油税。日本的税金比例是51.44%，加拿大税金比例约占油价的1/3。

我国成品油价格中税收已占到31.8%，1998年90号汽油价格中1/4是税，每吨705元的税；到2009年，同样是90号汽油的税金，每吨升到2553元。美国的税金最低，2009年美国平均是15.7%，只有中国税金的一半。

税收的钱自然流进了各国国库。把税收这块剔除，来一个所谓的裸油价再看看。以2009年11月为例，剔除税收后，欧洲成品油平均价格为每升4.68元，日本是5.05元，北美为4.13元；同期北京93号汽油零售价为每升6.28元，扣除30%多的税收后，价格约为4.02元，11月10日提价后，北京93号汽油零售价为6.66元，剔除税收后的价格为4.25元，仍低于日本和欧洲，比北美地区高1毛多钱。各国的油价差距也从含税时平均差6元左右缩小到不含税时平均差8毛多钱，差距没有那么悬殊了。

考虑到中国人的收入比美国低，用油支出占收入比例比美国高，这是事实。不过，中国55%的石油靠进口，相当于到世界商场里去“买米”，卖主不会因为咱收入低就便宜卖给咱，反而给我们加了个“亚洲溢价”。

其实，中美两国油价并没有太多可比性，两国的成品油品种标号不尽相同，定价机制更不同了，而中国的物流成本比靠管道运成品油的美国高出很多，尤其是税收的构成。

一个国家的油价是经济的重要控制杠杆。越是资源缺乏的消费国，油价中税收比率就越高，主要目的是通过价格来引导社会节约资源，提高自身国家的能源安全度。

看来，各国油价曲线的潮起潮落，就像冲浪池里的造浪，造出的波浪就是税收。实际上，冲浪池大都是按相同标准设计的，差不多的深度，底部水平也差不多（各国进口原油成本大体相同），浪大浪小就得看管理员（政府）的想法了。中国的管理员（政府）防止中国经济经受大浪，所以中国油价的波动最小。

2009年底，媒体又根据海关总署的出口统计数字爆料说，中石化一边吵吵国内油价低，一边还用不到国内成品油价一半的价格出口成品油。事后一查对，原来是口径对比的问题。

这存在两个口径问题。一是品种口径。海关总署统计的成品油口径不仅包括汽油、柴油、航煤，还包括价格较低的石脑油、燃料油。二是价格构成的口径。海关统计的出口汽油贸易额是不含税价（是国内的裸油价，到了进口国后还得加上进口国的税费），国内销售的成品油价格则又多出了增值税、消费税、城建税等四五个

被查获的走私油

税种，而且出口汽油中四成以上为来料加工，一部分来料加工签订的合同金额是很低的加工费而非出口价格。既然品种口径不同、价格构成又差异很大，这样简单计算出的价格与国内终端销售价实在不能相互对比。总不能拿地里的西瓜与餐馆里的西瓜汁来比价格吧。

其实，油价高不高，内行看门道——这个“门道”就是看走私：是走私出境，还是走私入境。

按市场规律，商品必然是从低价区向高价区流动，价差越大，流量也会越大，流动性越强。

这样判断的标准就简单了：如果中国涌入大量走私油，说明中国是油价的高价区；如果中国的油品非法外流，说明中国属于低价区。20世纪90年代中期，走私油猖獗，特别是在广东、福建、山东沿海等地，这说明那时的中国国内油价不低。

这些年，走私油在沿海基本销声匿迹了。就算还有少量此种行为，但方向也变了，现在是把油从国内倒腾到国外。方向的变化，说明中国的油价还是处于相对低的价格区间。

那么，为何我们不能采取和美国一样的税率呢？那样中国的油价不是可以更低，更多地让利于民吗？

没办法，全世界人都希望过上美国式的生活，但美国在地球上只有一个：3亿人，占全球4.5%的人口，却消耗了全球23%的石油，这就是美国。

美国一年消耗9亿多吨石油，是中国的近3倍，人均耗油量是中国的十几倍。美国依靠自己遍布全球的强大军力和跨国公司，保证了自己稳定的石油供应，养成了低油价的生活方式。这种模式，中国和其他大国是学不来也学不起的。如果全球都

按美国人的消费标准来生活，据估计还需要三个地球的资源。

任何一个国家都要按照自己的国情，确定一个相对合理的油价水平，保证资源的合理配置。中国更应如此。

我国目前还是世界工厂，过高的、频繁波动的油价的确不利于企业竞争，不利于经济的平稳发展。

我国更是个石油短缺国家，低油价容易助长不合理的消费，进一步提升进口依存度，危及国家的能源安全。欧洲和日本实施高油价就是要促进节能、减少对石油的过度依赖。

更重要的一点，世界已知的石油资源虽然还未枯竭，但也难以有较大增长，找不到更多的新的石油资源来供其他国家像美国人那样消费。中国需求增长过快，会推高国际油价，反而伤害自身，这是把双刃剑。

实际上，政府确定油价水平也是绞尽脑汁、左思右想，用心良苦啊。中国若实施过低的油价，等于是中国这个世界工厂补贴全世界。中国目前的这种油价控制，也已被外界开始质疑。

对于中国经济，保持合理的油价、促进资源的优化配置才是关键。创造同样的GDP，我们的单位产值能耗是世界平均水平的2倍多，是美国的3.4倍、欧盟的5.6倍、日本的9倍。中国的GDP占全世界GDP约4%，却消耗了世界约8%的石油、12%的一次性能源。长此以往，怎么得了！

若不痛下决心坚定地走节约能源、降低能耗的发展方式之路，中国的经济发展将会受制于能源瓶颈了。

国外抗议油价上涨的游行

高油价下油荒的追问

近几年，中国有一道“奇观”，就是路上出现几公里的车队长龙不一定是堵车，可能是在加油站前排队。

2005年开始，每隔一段时间，“油荒”这个词就会闯入公众视野，并频频出现在媒体报道中。珠江三角洲等地柴油短缺，部分加油站无油可卖，有油的站点也是限量供应，一次只能加100块钱的油。

到了2007年9月，油荒再次来袭并快速蔓延，广东、上海、广西南宁甚至北京等地都出现柴油供应短缺问题，从北方的石家庄、太原、日照，到江浙一带的南京、杭州，乃至南昌、长沙、云南等地，柴油皆告缺。

2008年3月，南方大雪的灾后重建加大了油料的需求量。随着国际油价突破百元大关，油荒再次拉响警报，广东、广西、云南和海南等部分省区柴油吃紧，频繁出现限量供油甚至无油现象。

此时油荒的杀伤力已不止是排队限量购买这么简单了，甚至发生了恶性“抢油”事件。2008年11月14日，宁波杭甬高速路口一座中石化加油站，有二百多人拿着铁桶来强行加油，八支油枪全部被占，加油站员工根本靠近不了，只得“缴枪”在一旁收钱。之后抢油事件升级，老百姓为争夺油枪大打出手，场面一度失控，加油站最后被迫关闭。此外，一些加油站员工被辱骂甚至被打伤等现象也屡见不鲜。

绝大多数社会加油站都已停业，由于国家定价迟迟未上调，油价倒挂，市场涨价预期较高，甚至有人雇佣社会加油站囤积油品，造成供应形势更加紧张。只有中国石油、中国石化加油站有油供应，这就出现了这两个公司加油站排队加油现象。

华南告急！华东告急！西南告急！京津告急！

各地方也紧急上报国务院或直接联系中石油、中石化两大集团，请求支援。

2010年，部分地区又出现了柴油供应紧张……

在油价不断攀升时，我国屡屡受油荒困扰，也就不能不多问几个为什么了。

追问一：产生油荒的主要原因是什么？

答：价格倒挂，面粉贵于面包，面包厂自会有理性的选择。

国际原油价格坐上了直升机，国内成品油价格还在放风筝，自然出现面粉（原油）贵于面包（成品油）的现象。价格倒挂，小炼油厂歇工了，这是近几年"油荒"现象的主要幕后推手。

我国原油价格已与国际接轨，而成品油价格仍受到严格管制，油价变动基于国家发改委的成品油调价通知。2007年，国际油价从每桶50美元一路攀升至99美元，涨幅近100%，国内成品油零售价呢？自2007年1月14日首次下调后按兵不动，直到10个多月后才上涨了约10%。2008年国际原油价格突破100美元大关，至2008年6月份已经上涨到140多美元，国内成品油价格在此期间只上调了一次，涨幅约15%，涨幅不大。

国际油价越高，油荒越严重。

价格倒挂现象出现了。炼油厂买入原油的价格，比加工后卖出的成品油价格还高，这使得炼油厂“炼得越多，亏得越多”。2007年，成品油调价前，炼油厂每生产出一吨成品油，就亏损1000元左右；2008年，在6月20日成品油价格上调前，国内炼油厂每生产1吨油便要亏损3000元。

中国南方市场的成品油来源除了中石油、中石化外，还包括地方炼油厂、三资企业进口以及一些走私油品。此时受国际油价高涨影响，除中石化、中石油以外的其他渠道成品油供应量均大幅减少，甚至中断供应。2007年全国76家地方炼油厂产能为8000多万吨，占国内炼油产能约20%，市场占有率约10%，在部分地区市场占有率达30%。

打个比方，面粉的价格比面包还贵，面包房自然不愿开门营业。价格倒挂之下，虽然是成品油销售旺季，也有许多地方炼油厂违背行业惯例，选择停产检修。据统计，此时地方炼油厂的出厂量仅占其正常生产能力的30%。2008年地方炼油厂约有7000万吨产能闲置，成品油供应出现缺口。

政府忧心忡忡，考虑到CPI高居不下、流动性泛滥不止、国际收支失衡加剧，同时还考虑到大幅上调油价的产业链上

等待加油的车龙

的连锁效应，担心会对国民经济火上浇油。虽然后来也上调了国内成品油价格，但这不仅滞后于国际油价变动，更是力度不够，和国际价格仍有很大差距。

在我国的成品油市场，控制价格拉住了油价的龙头，但也使市场信息失去了基本的判断依据，价格之手失去了力量，不能真实反映和调节市场的供求以及资源稀缺程度。国内过低的成品油价格，缺乏对投资者、经营者、消费者的激励和约束作用，还变相刺激了成品油外流。

追问二：发生油荒，油企都在干什么？

答：央企成为出了力赔了本，还落个被埋怨的冤大头。

作为央企的中石油、中石化，以能源安全供应为己任，在价格扭曲导致亏损的情况下仍要增量供应；而无利不起早的其他炼油企业，在开张亏损的情况下自然会做出最符合企业利益的选择——关门大吉。

扭曲的石油价格对企业不利的影响显著，让我们盘点一下枯燥又惊心的数字。

由于价格不到位，2003年中石油因油价过低损失达98亿元，2004年这一数字跃升至213亿元，2005年是254亿元，2006年翻一番达到584亿元，2007年达470亿元。

炼油业务全线沉没。

2005年，中石化炼油企业当年亏损512亿元，中石油炼油企业亏损317亿元。

由于价格不到位，2006年，中石化炼油亏498亿元，政策性减收815亿元。中石油炼油亏292亿元。

2007年还是亏，中石化政策性减收732亿元。

2008年，中石化炼油亏损超千亿元，达1144亿元，政策性减收1413亿元。中石油炼油亏损了938亿元。

小厂关门了，地方炼油厂和外资企业更关注的是企业自身利益和承受力，无利可赚就得关门谢客。甚至有媒体报道，一些非法地炼趁机偷油盗油、走私，以及炼制低标不达标油，扰乱了市场。

中石油、中石化这两大厂怎么办？开不开？

有人说，你光说炼油亏，开发成品油的上游环节不还赚吗？

实际上，中石化上游环节规模较小，2/3以上靠进口油，油价突破每桶百元时，由于巨额倒挂，中石化的流动资金一度都要断了，十万火急，紧急程度让人难以想象。中石油上游环节规模大些，但也快撑不住了。

不管亏不亏，既然是央企，该你出力扛的时候到了。面对油荒，保供成了责任，两大公司炼油厂不仅不能关门，在亏损的情况下还得加大产量、开足全部马力生产。一方面纷纷推迟了企业正常的检修，并且压减乙烯、芳烃产量，增产成品油；另一方面紧急停止成品油出口，并且加大进口量。

有意思的是，国际油价达到每桶140多美元高点时，国内油价对应的也就是80美元左右，这意味着出售一吨油要亏三四千元。国内很多小地方炼油厂或停产，或勉强维持、惨淡经营。而国外资本觊觎中国的石油市场已久，不景气的市场给他们提供了一个绝好的“插足”时机。

进入中国希望收购民营加油站的境外资金开始动手了，2007年就高达3亿美元，并且逐年增长。壳牌也高调表示：要“不计形式”地收购民营加油站。相比外国资本和地方企业的合纵连横，在油荒之时，两大公司则猛掏腰包加大高价原油的进口量，自己炼油厂没有力量炼了，就请地方炼油厂帮着炼，加工1吨油给地方炼油厂400元加工费，再把炼制好的成品油返给两大公司销售，以弥补市场缺口。仅2008年，中石油就委托地方炼油企业加工原油260万吨，掏了约10亿元的委托加工费。两大公司越亏越加大生产，可还是补不上市场缺口。往往是紧急增加的进口原油的油轮还漂在海上，油价下跌的跌价损失便已上亿元。

这不是抢着去赔钱嘛。赔，理应如此，对于央企来说，以国家利益和社会利益为重，这也是央企与其他资本的最本质区别。

有点讽刺意味的是，此时中石油、中石化满身大汗，得到的却不是掌声，舆论却在质疑“垄断是油荒之源”。殊不知，不垄断的法国、西班牙等，都已出现罢工了，市场化的石油公司是不会干赔本买卖的。

那么，国有企业是否真是油荒的制造者？

要稳定供给，是否就要多鼓励非国有、外资企业进入石油生产领域，进入国内成品油流通市场？国有企业是否有成品油市场的垄断需要打破？

放开市场，在正常情况下会由市场来定价，油荒现象应该能够缓解，但价格也许就不是这个价了，日本人多少钱加油，我们就得掏差不多的钱。根据国际形势和石油资源的不可再生性，价格总体走势应是箭头向上。如果没有中石油、中石化这样的企业来稳定市场，成品油出现急涨急跌时，消费者将无处质问，可能将在大涨大跌的油价波峰浪谷中承受震荡。

如果政府干预定价，希望倒挂，无论对外资企业还是民营企业，政府都难以要求他们在亏损情况下仍然生产。由此可以预见，油荒现象非但不能缓解，还有可能加重。垄断企业的最大特点是控制、减少生产以提高价格，获得垄断利润，而中石油、中石化在亏损的情况下仍然开足马力生产，开工率100%。他们一方面承担了社会的误解和指责，一方面承担了国有企业的社会责任。

最重要的一点是，三大公司在石油上游集中度很高，但在下游市场却难以形成垄断，因为全国1/4的炼油能力、一半以上的加油站并不属于三大公司。

国内实行的成品油价格政策，由于其滞后效应，造成国际油价越涨越进口、囤积油品库存（涨价预期）、油价越跌越控制进口（跌价预期），同粮食一样陷入“买涨不买跌”的怪圈，到最后受损的还是国家，也殃及全体消费者。没有了国有大企业，当油荒来袭、油价飙升时，民众该去问责谁、政府该去驱使谁？

追问三：政治责任与股东利益孰轻孰重？

答：商业逻辑要在稳定的社会环境下才会发挥作用，央企对长期利益更应优先考虑。

按照日本企业的经营理念，公司要为社区服务。如果脱离了社区，企业就没有办法永续经营。像中石油、中石化这样的央企，也要服务于国家这个大“社区”。

在油荒中，我国的国有石油公司尽管亏损，仍开足马力炼油，是尽了政治责任

中石油北京油气调控中心

和社会责任的。但这样做，必然影响企业自身利益。君不见，这些国有石油公司同时还是国内外上市公司，因此说，当老百姓们不高兴的时候，其实国有石油公司的小股东们也不高兴。

国有石油公司承担政治责任对不对呢？应该说，商业逻辑在稳定的社会环境下才能行得通，当一个问题危及整个经济社会环境稳定的时候，大家应该考虑些什么？

这些问题并不是中国的国有企业独有的。其实，这里面隐含着一个理论创新的问题。美国也改了，股东负责制变成了利益相关制。

商业逻辑发挥作用，首先要保证社会经济环境的稳定。话又说回来了，小股东们也不用不高兴，现在讲利益相关者，暂时的牺牲，总是有得到回报的那一天的。油荒有短期利益，也关乎长期利益，短期利益暂时受损，长期利益还是会得到补偿的。从股票投资的角度讲，长期利益是更应该优先考虑的问题，价值投资才是股市的真理嘛。

追问四：政府巨额补贴补给了谁？

答：有人说，中石油、中石化在亏损的情况下生产，是因为得

加班加点保证油气供应

到了国家的补贴。的确，2005年，中石化得到补贴100亿元，但不足其炼油亏损额的1/5；之后中石化又得到国家给予的52亿元（2006年）和50亿元（2007年）补贴。2008年，中石化炼油亏损上千亿元时，得到补贴526亿元。

中石油更惨，2008年炼油亏损938亿元，只得到1/6的补贴，157亿元。

应该看到，政府拿出这么多钱来补贴成品油，但中石化、中石油并非白得，两家公司尽管上下游一体化，但流动资金依然十分紧张，中石化的流动资金甚至要“断流”了。

对于这些巨额补贴，石油企业是“二传手”，通过油价补贴给了我国的工业、交通运输业和有较高收入的私家车拥有者。

中国对石油价格的管制，使国内石油的使用成本偏低，多个产业习惯使用便宜油，企业意识不到石油这种战略能源的稀缺性，浪费现象严重。人为扭曲的低价格，不能反映出对高耗能、不节能企业的惩罚。低油价政策使中国百姓的利益得到了呵护，也使使用中国出口产品的全球消费者受益。我们引进的外资中的相当部分，是冲着我们的能源、资源要素的低价格而来的。中国成为“世界工厂”，实际上是用中国便宜油来补贴全世界。

在深圳，长长的加油汽车队伍中，不少是从罗湖桥南面跑过来的挂着香港牌照的汽车。这些车在深圳加满油，再开回香港。一位香港司机说：“香港每升柴油是20港元，而深圳每升柴油五六港元，多跑点路算什么。”更有很多香港货车，将200升的油箱改得很大，改造后的油箱可多装一倍多的油，货车司机将多装的油拉到香港卖了赚钱，拉货车成了运油车。

同一种商品在两个市场的价格不同，该商品一定会流向价格更高的地方，这是基本的市场规律，因此国内一部分成品油会通过隐性市场被走私到国外或者其他地区。中国政府和央企补贴的低油价，使全世界都揩了中国的“油”。

气荒来了，央企是保供还是“逼宫”

2009年11月，我国北部遭遇罕见的大雪和冰冻，突如其来的雨雪天气，不仅使我国大部分地区提前入冬，也一下子把中国的石油企业又推到了风口浪尖。

气温骤降，天然气需求量急剧上升，供应不及，全国一些城市拉响了天然气蓝色警报。这一次，油荒让位给了气荒，再联想到之前发生的粮荒、电荒，大众感叹，“有钱买不到东西”的中国式怪圈何时才能终结。

事实上，从2004年开始，气荒现象就在南方一些城市出现，只是影响范围较小，未引起广泛关注。

而这次气荒，甚至比“油荒”、“电荒”还要猛烈：华中、华东告急，产气的西南告急，甚至连首都北京也频频告急。

企业在和公众“躲猫猫”吗?

对于气荒，公众习惯性地把矛头指向中石油、中石化，直指石油公司的垄断是气荒根源。央视多个品牌栏目联手出击，以《天然气荒，不天然》等，质疑气荒是两大石油公司人为制造的，是中石油、中石化在与公众“躲猫猫”。

各大媒体和网站上的议论铺天盖地，舆论大都认为，中石油、中石化是气荒的幕后推手，搞气荒的目的是要“逼宫”，逼着国家发改委提高气价。

社会舆论一边倒。这个时候，时任国家能源局局长的张国宝说了公道话，他认为，“在同等热值情况下，天然气比油便宜，所以大家都排队加气。天然气在部分地区供应紧张，根本原因在于供需失衡，主要是需求太大，一下子爆发出来，超过了供应能力。特别是这年冬天来得早、雪大等因素，使供需矛盾日渐突出”。对于“垄断造成缺气的说法”，张国宝表示不能苟同。在回答记者“缺气现象是否为下一步天然气涨价做铺垫”时，张国宝说：“价格是由市场决定的，如果一个东西供大于求，就是不降价也没人买呀。”

说句实在话，“躲猫猫”、“逼宫之说”不合常理。

想想看，央企又不是某个人的，谁愿冒这个天下之大不韪？这点政治觉悟和判断力，国企的干部还是有的。再说了，上百万人的大产业，从上游的采气到中游的管道运输再到销售，涉及的人和环节太多了，若藏着气不供，想保住这个秘密比登天还难。

事实上，倒是一线的石油工人有怨言了：“我们加班加点、想方设法多增气，甚至临时性地放大气嘴生产，还说我们“逼宫”，太不公平了。”

气荒最严重时，中石油首先停了下属企业的天然气。中石油在上海没有接LNG（液化天然气）的设施，却高价进口了一船LNG，并通过租赁中海油接收站将气注入上海管道，置换出来的气作为应急气，供给其他省份弥补缺口。这一船天然气约9000万立方米，一立方米天然气高进低出要赔8毛多钱，加上气化管输费等，一船气中石油就要补贴8000多万元。中国海关总署的数据显示，2009年11月进口的LNG比上个月大增118%。

这看来不像有意“逼宫”，那又是什么呢?

“先养鸡还是先卖蛋”的怪圈

其实，气荒就是一句话，成也市场，败也市场。发展慢了不行，发展太快了也要出问题。这多少有点讽刺的味道。

2004年以前，我国天然气消费普及率很低。因为天然气属于低碳能源、清洁能源，在世界范围内发展很快，有些发达国家天然气占一次性能源结构的比重为24.3%。在我国，天然气占的比重非常小，2004年以前仅为2.6%。我国的天然气市场发展不充分，资源分布也很不均，天然气产地主要集中在西部地区，几大产气区都在川渝、陕北、新疆等地。这些地区经济不太发达，人口密度又小，用气量少；东部经济发展快，工业化发展比较成熟，潜在需求大，气田却很少。由于天然气在区域上不匹配，虽然东部潜在的需求很大，但还没有被开发出来，天然气市场被压制。2004年，我国天然气消费只有300多亿立方米。

基于这个形势，国家启动了类似于三峡工程的大项目，即西气东输工程。这个项目被称为中国大陆上横贯东西的第四条彩带，与横贯东西的长江、长城、黄河

寒流来袭，用气量骤增，气荒来了。

并列在一起了。

过去，我国的经济发展是“T”字形的，长江为横向，沿海是纵向，它们都是我国经济发展的核心带。有了西气东输，才能加速打破这一格局。

但天然气的供需有个怪圈。天然气需求有网络效应，市场需求起不来，相应的基础设施（尤其管网）就跟不上；基础设施跟不上，消费又培育不起来，这就形成恶性循环。相反，如果需求起来了，会带动基础设施加快建设和完善配套，又会促进需求迅速扩张，这就成了良性循环。

这么说，天然气市场可以有两种结果：一个向内收敛，恶性循环；另一个是向外扩张，良性循环。消费和基础设施建设是互相关联的，有鸡生蛋、蛋生鸡的现象。在这里，是养鸡在前还是卖蛋在前呢？没有基础设施这个鸡，难有需求发展这个鸡蛋；不过，如果吃鸡蛋的人还不多，鸡养起来也有很大风险。所以，就有了先预订鸡蛋再养鸡的做法。这就是国际惯例的照付不议合同，修管线之前先签好二三十年的供需协议，到时候用不用气、用多少气都按合同规定的用气量付钱。需求确定了，再修管线。

要按这个程序走，西气东输一线还得晚几年才能修通。因为国内对天然气这种供应方式有个认识过程，哪有没用上气就要确定付钱的？所以市场反应很不积极，谈判很艰难。

这就冒了一定风险，原先西气东输的外方合资者考虑多方原因，到最后一刻撤出不参加了。中石油就得自己干。

有风险，但还是要加快养鸡。

2002年7月，横亘4000多公里，总投资1400多

深度阅读……

西气东输

中国西部地区的天然气通过西气东输管道输向东部地区。一线主要是新疆塔里木盆地的天然气输往长江三角洲地区。输气管道西起新疆塔里木的轮南油田，向东最终到达上海，延至杭州。途经11省区，全长4000千米，设计年输气能力120亿立方米，最终输气能力200亿立方米。2004年10月1日全线贯通并投产。西气东输二线主要是把中亚天然气输往中国南方地区。

西气东输管道建设

亿元的西气东输一线开工了。工程量巨大，施工条件非常艰苦，黄河、长江都来回穿越了好几次。工人施工的辛苦只是一个方面，另一个方面，中石油在为气运过来了怎么办而发愁，忙着给沿线的各大城市，如合肥、南京、上海求爷爷告奶奶去卖气，求着大家用气、签照付不议协议。那时的照付不议协议是保护供气商中石油的，否则气运来了没有地方放。直到一年多后西气东输一线东段通气前的最后一刻，用气的最后一批合同才签订完。

西气东输一线建成后，东部能源结构发生了很大的改变。早先，东部地区哪知道天然气是什么，可后来就都用上了，连大排档都开始用天然气炒菜了。随着需求上升，地方管网也起来了，大家又开始后悔要气要少了。

到西二线建设的时候已经是“冰火两重天”了。还没开工，所有供气合同就已早早签完了，大家已认识到天然气的好处了。此时，签的仍旧是照付不议协议，但这时这样的协议已变成对用户的保护了。不仅管道天然气来了，还有液化天然气也出来了，液化天然气接收站在沿海星罗棋布，一下摆了九个点。市场是通过西气东输培育、激发起来的。西气东输对中国天然气市场的贡献非常巨大。

价格失衡放大了供需矛盾

天然气市场爆炸性地繁荣起来了，发展迅速，但天然气的价格却没有及时跟上，价格甚至出现了两个失衡。

第一个失衡，是天然气价格与可替代能源价格的失衡。

按照同等的热值，气价只有油价的1/3，是电价的两成左右，工业价格按热值计算，比柴油便宜近80%，比重油便宜近20%，与其他清洁能源比较也定价偏低。

第二个失衡，就是进口气与国产气、上游成本与终端气价出现失衡。

2008年，进口气是1立方米1.6元到2.1元，国内的出厂价是1立方米0.98元，大约差一半。进口气还没加上国内的管道输送费就已经和城市门市价相同了。国内的天然气不够，只有用国外的，可国际市场上的价格不是发改委说多少就是多少的，结果气还刚运进国门就已高过国内市场价了。

比如中亚天然气管道，刚从土库曼斯坦进口的天然气，气到新疆边境时已经比城市的门市价高了，再运到内地，成本远高于销售价格，1立方米天然气亏1块多钱。2010年就亏了50多亿元。2010年6月国内气价上调了0.23元，但也只是刚补上这几十亿元。气价的问题将对天然气未来的发展影响很大。

天然气价格主要由井口价、管道运费和城市燃气终端价格组成，前两者主要由国家发改委定价，后者由地方政府定价。大家埋怨气价高，但很少人知道，大家掏的用气钱中，前两者占一部分，城市燃气价占一块。比如北京居民燃气价格为每立方米2块多钱，上海是2.5元，广州是3.45元，长庆油田供气价2010年大调价后也只有1元，运到北京加上管输费后也只有1.5元左右。也就是说，从地下把气采出来，千里迢迢运来，这个费用也不比城市这十几公里管网的加价高多少。

被管制的过低的天然气价格也失去了调节供求、有效配置资源的能力。

由于气价偏低，很多地方改烧气，尤其重庆的出租汽车大都油改气了，当时气价是3.7元/立方米，而93号汽油价格已涨到6.27元/升，出租车烧油和烧气相比，跑同样里程，一天下来，烧气比烧油省上百元，所以出租车司机抱怨“天天受气，也要天天加气”，宁愿排几小时队生闷气，也不愿意加油。

2009年底天气突然转冷，需要烧气取暖，全社会对气的需求进一步加大。在很短时间内就达到了需求高峰，天然气市场的供需不平衡问题直接暴露出来了。这种情况下，气荒就出现了。气荒的发生很有戏剧性，开始时天然气被压制，市场发展不足，气价也偏低。后来天然气发展了，需求扩张，但从开采、管网的建设到天然气运过来，大都需要5~7年的时间，这就存在需求与供给有时间差、不配套的问题。

天然气价格的调整相对滞后。天然气的价格，2004年时明显偏低。2005年12月

出台了天然气价格的改革方案，明确了价格的挂钩机制，做了一次调整，调高之后还是偏低的。2007年以后，国际通胀的压力很大，根据定价机制，气价本应该调整，可实际上并没有调整，2010年才开始调整。即便是按照现在调整后的价格，和可替代能源价格相比天然气价仍明显偏低。

因此，产生气荒的主要原因是需求发展得太快，而天然气价格调整又没有及时跟上，当然也存在市场上一定的投机行为。

储气库成了瓶颈

其实，美国、欧洲等西方发达国家和地区也会发生气荒。这些国家发现，建储气库是避免气荒发生的最好途径。储气库如同蓄水池，可以根据“旱涝季节”的不同，调节生产和供应，减少波动。

峰谷差是各国用天然气时都会面临的问题，但由于发达国家**储气调峰设施**齐全，可以有效地解决气荒问题。德国现有液化天然气调峰厂14座，日本69座，西班牙75座，美国125座。而我国许多城市没有地下储气库等调峰设施，天然气管道单一，供气源单一，天然气管道与LNG站、地下储气库互相之间也没有全国性联网。

天然气产业对管道有很强的依赖性。美国天然气管道总长数十万公里，“像蜘蛛网一样”纵横交错；俄罗斯的天然气管道也在20万公里左右。而我国的天然气管道建设刚刚起步，总长仅为4.4万公里。中国国内几条主要天然气管线一到冬天就满负荷运转，管输量早已达到极限，根本没办法再新增供应量。

储气库和管道等基础设施不足，是否是中石

深度阅读……

储气调峰设施

储气调峰设施是天然气市场必须的配套工程，储气库储存量与天然气消费总量的比例一般为10%到15%。我国调峰设施建设与天然气市场的快速开发相比非常滞后，储气库建设占消费总量的比例不足5%，我国地下储气库极度缺乏。全世界共建设了612个地下储气库，中国只有6个；全世界储气库储气量达3320亿立方米，而中国储气库仅储气20亿立方米。储气库的天然气损耗一般在8%左右。

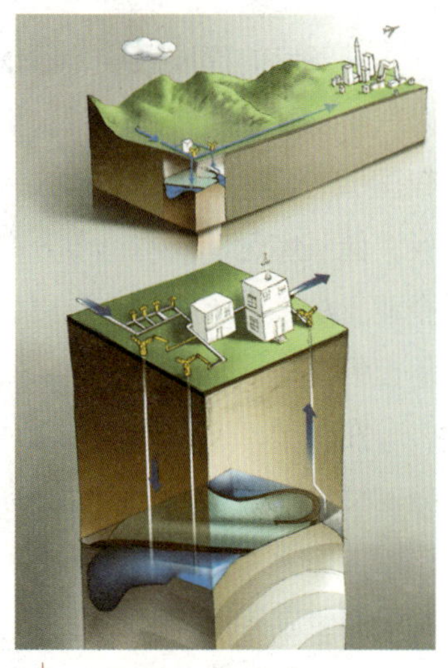

储气调峰设施立体示意图

储气库地上部分

油、中石化之过？恐怕也不能简单地这么说。

储气库的建设很难，不仅需要相应的地质条件，还要有巨额投资。储一立方米气平均要两块钱的投资，要建100亿立方米的储气库就要200亿元的投资。要使我国储气量达到消费量的10%~15%，需要每年投资50亿元，持续投入四五年。况且，储气库运营成本也十分高昂，注入地下的气还有约8%是抽不回来的，这也是企业无法独立承担的。所以，欧洲国家储气库建设大都是由政府和城市的供应商承担的。

在我国，天然气关系国计民生，价格受到管制且处于较低水平，而储气调峰设施的支出数额又十分巨大，国家发改委的相关负责人表示，参考国外经验并结合我国国情，上、中、下游产业链都应具备储气调峰能力，城市燃气公司建设的储气调峰设施也应具有一定规模。

天然气保供责任在石油公司，但说气荒是由于垄断造成的，并不全面和客观。

不被注意的重要角色：城市燃气公司

天然气的高质低价，加速了天然气需求的爆炸式增长。

20世纪七八十年代，远比现在低得多的天然气产量，还因需求不足难以消化。21世纪以来，中国天然气消费以年均16%以上的速度增长，远高于产量的增长，天然气资源紧张。一些城市不顾供应能力，盲目扩大天然气应用范围。西气东输启动后，凡是输气管道经过的地方，都规划了天然气化工项目，并大力发展"油改气"项目，居民燃料、发电、取暖和城市交通工具对天然气的需求与日俱增。

2008年天然气消费量为807亿立方米，是2000年的3倍多，供需缺口达50亿立方米；中国能源蓝皮书预计，到2015年天然气消费量将达2400亿立方米，供需缺口500亿~600亿立方米，2020年供需缺口将达900亿立方米。一些地方政府大力发展用气产业，甚至不考虑供应的短缺，明知缺气却仍然大铺摊子，一些省份从开通天然气开始就一直处于用气紧缺状态，缺口也越来越大。

丰厚的中间利润，使得一些末端运营方过度开发下游市场。比如有个城市与上游资源方签订的合同量是37万立方米/日，却承诺下游用户80万立方米/日的供应量。

2007年以来，天然气供应量增加不多，实际需求却以每年30%的速度增长，而生产商的资源供应又跟不上，气荒的发生似乎成为必然。

寒冬腊月，一些宾馆和酒店，服务员穿着超短裙；很多商场，脱了外套还觉得热。这样不合理的浪费和高能耗，都需要合理的价格来制约。2009年冬天，虽然中石油表示日供气量已达近两亿立方米的历史最高水平，仍难以阻止气荒的蔓延。

价格不能合理反映出需求状况，导致供不应求，因此价格改革是势在必行的。

一提价格改革，公众的认知就是涨价。其实，价格改革的目标并不单纯是价格，而是要形成一个公平有效的天然气定价机制，这样才能促使市场和资源开发相协调，引导公众合理消费，避免浪费。

天然气供应的矛盾还体现在产业链的不协调上。气井产量是有限的，管道输送量也是有限制的，客观上要求销售和使用天然气要有严格的规划。但一些下游供应商淡季不要气，旺季多要气，既缺乏应有的储气调峰设施，也没有合理的计划安排。甚至个别下游分销商在气源紧张的时候也拼命地要，过度放大了天然气的需求量。这也难怪，对于销售商而言，多卖一立方气就多挣一分钱。

有资料显示，其实在气荒最严重的时候，全国真正的供气缺口没有统计出来的缺口大。但部分城市分销商多要指标多要气，放大了需求，这也是气荒现象加剧的重要原因之一。还有专家表示，气本来可以不荒的。之所以出现气荒是由以下原因造成的：一是用户超越照付不议合同量用气；二是用户超越规划计划提前煤改气、油改气；三是超越产业规划，强上气头化工项目；四是城市燃气网络进展慢，审批环节多、扯皮多。多亏有了储气库，其实峰谷调整有些可以通过用户侧解决。

相互推诿并不能解决问题，问题的解决还需要全社会的相互理解、宽容和共同努力，需要政府的支持和投入，需要企业的努力，更需要下游分销商、城市燃气公司的积极参与和配合。

与美国、欧洲等相比，中国天然气利用刚刚起步，加拿大、俄罗斯等国家发展到工业化大规模使用天然气都经过了近百年的时间，而我国大规模发展天然气才十几年。

天然气的定价机制和设施建设比油品要复杂得多。在天然气发展初期，定价机制和基础设施不完善都是可以理解的。相信随着天然气产业的发展，整个产业链体系和相关政策的完善，最主要的是全社会转变消费观念，树立起合理使用、节约使用清洁能源的价值观，无论是居民还是企业，都将少受到气荒的困扰，都能享受到清洁高效能源给我们的生活带来的便利。

这也是我们共同的期盼。

今天不重视天然气，明天后果很严重

天然气消费超过石油是个必然趋势，是唯一能接替石油的化石能源。新能源在一段时间内仍然替代不了油气。为什么这么说？

中国的一次能源消费结构不合理，石油不到19%，气不到4%，而全世界石油和天然气占一次能源消费结构约60%，超过了煤的比例。全世界目前消费天然气约3万亿立方米，占一次能源消费的23.76%，到2030年有望达到4.5万亿立方米，超过石油成为全球第一大能源。中国政府提出的目标是，到2015年，天然气消费比重要上升到8.3%，2020年提高到12%。

中国要走科学发展之路，减少碳排放，发展天然气产业是一条科学之路。煤炭的分子结构是一个碳原子，石油是碳氢化合物，天然气的主要成分是甲烷（CH_4），一个碳原子伸出四只手，全牵了氢原子，是含碳最少的碳氢燃料，加之气态特征，燃烧充分，低排放，释放的二氧化碳比等量的煤、石油等少得多，大大减少了污染物的产生。

同样被称作清洁能源的新能源呼声也很高，有人甚至提出要跳过化石能源，直接进入新能源时代。

这种说法经不起推敲。界定一种能源是否清洁，不应只从一个环节判断，而应计算从生产到消费所有环节的环境成本。比如生产太阳能硅板留下的四氯物有剧毒；风力发电机叶片生产中也产生大量污染物。对于风电这类间歇性能源产品，产品的生产、运输、消耗同时发生；电动车清洁，使用不排碳，但车的制造以及发电过程仍大量排放。

另一方面，由于技术瓶颈、设备配套、储能、成本等问题，新能源目前在能源消费中的比例很低，一段时间内尚不能满足中国急剧膨胀的能源需求。

当前，国际舆论普遍认为，天然气是发展低碳经济的成熟选择。对于我国要充分利用清洁能源，最现实可行的方案便是大力发展天然气。中石油则明确提出，到2015年天然气产量要占其国内油气总当量的一半。

能源产业的良性发展需要稳定的市场秩序和合理的价格机制做支撑。由于天然气不易储存也不易运输的特点，以及受气候因素、风险共担动态变化因素的制约，天然气的价格机制在全球都是一个复杂的课题。尤其是中国将需要大量进口天然气的现实。因此，天然气的问题需要及早深入研究，把握先机，从天然气交易市场的建设、天然气价格机制、价格话语权等方面及早入手，赢得主动。

高油价的幕后黑手

黑色石油让全世界充满了黑色的幽默。这两年，国际油价就像在坐过山车，从2008年1月2日突破100美元大关后，7月中旬就达到147美元的历史高位，2009年2月中旬又跌落至33.9美元的低点。今年2月，中东局势紧张，国际油价再次破百。这着实让人看不懂。

人们不禁发出疑问，国际油价这样大起大落，到底是什么原因，是谁说了算？是供需关系吗？似乎不是。这几年，世界的石油供需一直没有多大波动，世界石油需求量2007年同比增长仅1.2%，甚至在2008年油价达到历史高位时，石油供需也大体平稳，2008年石油需求量比2007年还下降了0.6%，价格同比却上涨了37%。

石油价格的疯狂涨跌，无疑有幕后金融黑手在翻云覆雨！那么，这黑手究竟是谁呢？这黑手就是高盛等华尔街大投行们。《高盛阴谋》一书，详细地讲述了高盛如何操控油价的精彩故事，那就让我们看一看国际油价起伏背后的真相吧。

200美元，疯狂的油价报告

2008年5月6日，高盛集团大张旗鼓地对外发

深度阅读……

《高盛阴谋》

本书通过对高盛在石油和CDS交易中的细节进行详细分析，使高盛在国际金融交易中隐藏颇深的阴谋术逐渐浮出水面。

布了一份研究报告，华尔街将其称为“默提报告”。该研究报告延续以往对后市的“高看”，提出“未来6个月到24个月里石油价格将达到每桶150美元~200美元的可能性越来越大”的大胆预测。换句话说，即使原油已处在每桶120美元~130美元的历史高位，可国际原油价格仍存在翻番的可能性。

这听上去好像是痴人说梦，可是由于有“默提”两个字，全世界都在屏息倾听。因为“默提”代表着高盛，代表着几年来唯一对石油后市准确预测的“光环”。

2005年，国际油价还很稳定，平均价格在三四十美元左右。可是，就在当年的3月，石油市场的平静就被打破了。年仅36岁、毫无名气的分析师默提发表了一份研究报告，结论让华尔街，不，是整个世界笑话：世界正在朝着石油价格高速上涨的时期迈进，目标将达到每桶100美元。

当时对市场供需情况稍有了解的人，都会对默提的分析报以鄙视，就像大众对今天凤姐的态度一样，“想出名想疯了吗”？然而，默提让全世界嘲笑者的眼镜跌得粉碎。

2007年到2008年，石油像得了“疯牛病”一样，每月价格涨幅竟然超过了此前10年的年平均增幅，石油价格一度从2007年5月的每桶60多美元飙升到2008年5月的每桶超过130美元。默提成了华尔街的神算子，受到全球瞩目。现在只要默提一出报告，全球石油投机商便将其奉为经典。

默提的预言再明显不过了，油价还要继续上涨。时任美国财长的保尔森对高盛的那套把戏烂熟于心：油价摸高到每桶140多美元的价位时，高盛他这个老东家应该早已在拉高的进程之中顺利出货了。

有人猜测，高盛在金融危机爆发前后，有50%以上的资金投入到了石油炒作上，甚至从拍卖利率证市场撤走的资金也全部投入到石油期货上去了，高盛在石油期货上的获利应该比在次级债上获利还要多。

2002年开始，石油价格以美元计算升值已经超过7倍，主要原因是美元在不断地贬值，美元贬值的过程推动了石油美元结算的升值。

默提的报告被国际投机商视为发财宝典，投机资金纷纷转战石油期货市场。但是这份报告对于需要大量进口石油的国家来说无疑就是一场噩梦，很多消费国的石

希拉里国会发言

油公司方寸大乱，在100美元以上的高价位大量下订单进口石油，进行石油储备。后来的事实证明这种行为不够理智，中了高盛的计。其实，美国人自己都早已不能容忍100美元以上的石油价格了。

笔者熟悉的一位投行人士曾说，“操盘手对自己的投机研究报告并不在意，他们的研究结论虚虚实实，不过是作为投机获利的辅助工具罢了”。高盛就是最大限度地利用了“默提报告”，将市场玩弄于股掌之上，结果还名利双收。

希拉里的神秘报告

被称为“黑金”的石油，和政治从来就是孪生兄弟，脱不了干系。

2008年4月28日，希拉里为了拿下5月6日举行的北卡罗来纳州选票，从而一举超越民主党党内竞争者奥巴马以及共和党总统候选人麦凯恩，在选举前的演讲中突然抛出重磅炸弹——一份美国参议院报告《市场投机在石油和天然气价格上涨中的角色》。2006年6月27日，美国参议院常务调查委员会对2005年至2006年期间美国石油和天然气期货和现货交易市场的情况进行了调查。

希拉里援引报告的内容指责美国的金融机构，认为来自大型金融机构的投机行为是造成石油价格上涨的主要因素。高盛以及多家对冲投资机构，其中包括来自BP公司的BP Capital都是投机的主角。他们在石油的交易中获利丰厚，2004年至2005年间，高盛在石油交易中获得净收益26亿美元。

希拉里的报告揭露了默提之前那份石油攀升到105美元一桶的研究报告的真

相，默提预言成真的背后，是高盛涉嫌操纵石油价格上涨的表演自弹自唱。在纷纷攘攘的选前动员会上，希拉里攥着神秘的国会报告，声嘶力竭地发出警告："在供求之外，投机等因素对当前的石油价格造成了显著的影响，石油和天然气存在可以钻空子的地方，现在的监管法规远远不够。"希拉里呼吁美国政府一定要严惩以高盛为首的石油投机商。言外之意，就是自己当了总统，一定要为民做主，加强对金融机构在石油市场的投机炒作行为的监管。

希拉里的报告让高盛无比难堪。虽然高盛赚了26亿美元，但按照石油价格从每桶30多美元涨到130多美元计算，美国要为此付出4倍的价格进口石油。小布什上台以来开放的政策为石油集团赚取了大把的票子，同时也帮着老对手俄罗斯大发横财。过去的10年，俄罗斯经济快速增长，一个重要因素是得益于原油及资源品出口价格的不断攀高。俄罗斯依靠高油价积累起比较厚实的"家底"，成为可以和美国抗衡的强大对手。

希拉里发出警告：必须对高盛进行严厉监管。

在美国12家航空承运商的总裁给客户的一封信中，他们对高盛联合石油商人操纵油价表示异常愤怒，认为正常的市场力量正因为不规范的市场投机行为而受到威胁。

2008年5月，美国商品期货交易委员会首席经济学家杰弗里·哈里斯在给美国参议院的证词中指出：近期原油价格的上涨是在投机净头寸没有明显变化的情况下出现的。哈里斯的证词说明石油价格的疯涨就是人为的炒作，高盛做高石油的证据已经被希拉里曝光。即使高盛没有做高石油，操纵舆论信息一样也要受到惩罚。默提的天价石油报告并不是其东家真正看高石油，而只是一个抽身的策略。

国会山上回荡着"赌场论"

希拉里的报告在美国国会引起了强烈的震动，高盛被推向了风口浪尖。

2008年5月6日，这一天高盛公布了默提的200美元一桶石油的疯狂报告，这无疑是给了希拉里一记响亮的耳光。高盛利用之前105美元预言成真的"公信力"来吸引资金跟风炒作，意在告诉金融界，我高盛永远是对的。但是，默提的天价报告激怒了美国参议院的议员们。

5月8日，美国参议院参议员卡尔·拉文、戴安·费恩斯坦联手向国会提交了

美国参议员戴安·费恩斯坦

《石油贸易透明法案》。这两位政客就是希拉里手上那份神秘调查报告的作者，是美国参议院能源和自然资源委员会的骨干。他俩在2006年的调查报告中收集了翔实的信息和证据，分析了石油跟天然气价格暴涨的各种因素，最后将矛头直指投机重地——**美国洲际交易所**，认为洲际交易所交易平台对大额交易没有执行透明有效的监管，结果导致机构的投机和操纵价格行为泛滥，这是推动能源产品价格不正常高速上涨的一个重要原因。

事实上，洲际交易所真正的控制人就是高盛。希拉里的神秘报告已经明确指出，洲际交易所最大的赢家正是高盛，交易所最大的投机交易也是高盛的手笔。

原来高盛在做空以雷曼兄弟为首的华尔街次级债大亨之前，就已经深度操纵石油期货市场了。至此，导演“疯狂的石油”这出好戏的神秘人终于被揭露出来，这才是石油疯涨的真正内幕！

深度阅读……

美国洲际交易所

美国洲际交易所（Intercontinental Exchange，ICE）成立于2000年5月，总部位于美国亚特兰大，投资者来自7家商品批发商。2001年，该公司在伦敦收购了国际石油交易所。洲际交易所将是继国际证券交易所（ISE）、Arbinet-thexchange（ARBX）和Archipelago Holdings（AX）上市之后最新上市的交易所。

石油期货

石油期货（Oil Futures）指由交易所统一制定的，规定在将来某一特定的时间、地点交割一定数量和品质的石油的标准化合约，是期货交易中的一个交易品种。或可简单理解为以远期石油价格为标的物品的期货。

国会的介入让高盛一下子陷入了被动局面。美国众议院能源商务委员会主席丁格尔的“赌场论”在国会山上空飘荡。

高盛做高石油的根据到底是默提的神奇预测还是在赌博呢？在石油涨到147美元的时候，默提是华尔街的预言大师，是波斯湾的石油信使，也是俄罗斯、委内瑞拉这一干美国对手的招财童子。高盛在华尔街是神话，是点油成金的圣手。无论是卡尔·拉文、戴安·费恩斯坦，还是众议院丁格尔，他们的调查报告都有一个共同点，即油价上涨并非供求失衡，而是投机资金的炒作。高盛并没有真正的石油需求，那么作为洲际交易所老板的高盛，利用交易平台的便利以及在华尔街的威信，再加上默提报告的开路，在石油市场获利数十亿美元，自然就成为千夫所指的投机分子。

美国民主党参议员卡尔·拉文在国会山炮轰高盛的报告中异常愤怒地批驳说，油价突破100美元没有正当理由，商品期货市场已经成为投机者的天堂、贪欲的狂欢节。美国能源信息局局长盖尔·鲁索也跟着站出来炮轰高盛，他耐心地从供求关系、市场的石油需求增长再到油价的增长，进行了系统分析，最后指出油价每桶90美元比较合理，超过90美元都是过分投机行为的结果。鲁索最后来了温柔一刀：“难道全球经济都要为资本巨头的过度投机埋单吗？”

2008年6月3日，索罗斯出现在国会山的作证席位上。在**石油期货**上，索罗斯没少投机，旗下的五只对冲基金一度疯狂地游走于石油期货市场，成为高盛做高石油的同道中人。

可深谙投机之道的索罗斯也没有给高盛留面子，虽然书面证词没有直接点名，但是字里行间对准了高盛神奇的预言家默提。索罗斯非常肯定地告诉议员们，机构投资者对于石油市场的预测是不诚实的，它将产生难以估量的经济后果。

继索罗斯作证之后，2008年6月17日，美国商品期货交易委员会主席沃尔特·卢肯也被传讯到了国会山。自从参议院2006年开始调查，这一场纷纷攘攘的石油操纵事件就一直困扰着沃尔特·卢肯，因为一旦他承认石油价格被操纵，自己就有失察之责，但也不能否认石油被操纵，因为事实上投机已经泛滥，现在再也不能首鼠两端了。最后，面对参议员们咄咄逼人的追问，沃尔特·卢肯不得不承认，大宗商品交易市场已是投机行为泛滥。

排山倒海的抨击，措辞强硬的指控，使高盛跟洲际交易所的一切行为彻底暴露在舆论的枪口之下。

高盛，实在是高

面对质疑声浪，高盛沉着应对，找准了最佳时机，一举扭转了颓势。

默提报告吸引了大批在次级债上亏损累累的投机者将资金转移到石油市场上，再加上美国财政部对两房的拯救，导致市场上的流动资金越来越多，油价越来越高。就在大家都在慌慌张张争抢石油的时候，高盛已经悄然退出了石油市场。低位买进，高价卖出，高盛又大赚了一笔。

为了高盛老东家在做空次债上大赚，也为了自己，保尔森以保护纳税人的利益为借口，拒绝了伯南克以及考克斯的苦口婆心的劝告，将拯救华尔街的计划一拖再拖，最后导致雷曼兄弟凄惨地“死掉”了。雷曼兄弟一倒下，华尔街的风险就完全暴露出来，默提也终于找到了下调石油价格预期的台阶。

2008年10月7日，默提发布了一份报告，将2009年原油价格预期从之前的每桶140美元下调至每桶110美元。10月13日，不到一周的时间，默提又再次发布报告，一改之前的狂傲，非常悲观地宣布，国际油价将会跌到70美元。这个价格在高盛内部并不是最低的，默提在内部报告中更是警告油价最低可能会降至50美元。这一次的默提报告让整个华尔街都傻了眼，这是怎么回事？油价难道坐了电梯了？一会高一会低的，心脏不好的人估计早就挂了。

事实上，在保尔森优柔寡断的决策下，高盛完成了一场漂亮的豪赌：在石油市场全身而退，次债市场大赚一笔。

2009年1月20日，高盛花巨资力捧的奥巴马宣誓就职。第二天，也就是21日，默提又站出来了，宣称由于全球石油需求的恶化情况将比预期更加严重，预计2009年第一季度油价将跌到每桶30美元，并将全年均价下调至每桶45美元。

油价又下跌了，华尔街哭了，高盛笑了。最后关头，默提站出来为高盛的面子挡箭，非常虔诚地忏悔自己的狂妄：“我们过去低估了全球金融危机的深度和持续时间，及其对经济增长和商品需求的影响。”

高盛，实在是高。从一开始到最后，无论是面临怎样的质问，无论是面临怎样的危局，高盛都能准确地把握机会，化危机为转机，做得无可挑剔，天衣无缝。

这是一次完完全全的胜利，在保尔森、鲁宾这些高盛老掌柜的配合下，高盛在石油市场上进退自如，最后全身而退，成为操纵世界油价的真正赢家。◘

定价权何时能有中国强音

在国际石油市场上，最残酷、最关键的不是油气资源的争夺，而是油气定价话语权的争夺。

2010年7月30日，北京石油交易所股权重组后正式运营，成为继上海、大连石油交易所之后的全国又一家石油交易所，中国在争夺油价话语权的道路上又迈进了一步。

今天，中国成为世界第二大石油消费国和第二大进口国，石油净进口超过1亿吨，石油消费每年以10%以上的速度递增。尽管目前“中国元素”一直备受热捧，但由于中国没有国际石油定价的话语权，因此每年要多掏巨额美元的“溢价费”。过去战争期间，我们在被动地挨打；现在则是在市场上被动地挨宰。

其实，我国的大庆、胜利原油价格曾经在东南亚地区被作为基准定价。当时东南亚地区的原油，如越南的白虎油、马来西亚的米纳斯油（MINAS）、印度尼西亚的塔皮斯油（TAPIS），在定价时都要参照大庆出口石油的挂牌价来决定价格。遗憾的是，2004年我国完全停止石油出口，这种国际价格计价权也完全丧失。

那么中国现在石油产品如何计价呢？ 我国现有

深度阅读……

石油交易所

1993年，中国曾在上海、北京、大庆先后成立石油交易所，交易品种为原油、汽油、燃料油等。其中上海石油交易所日均交易量达30万吨，成为继伦敦、纽约之后的第三大石油期货交易所。1995年三家交易所因政策原因被关闭。尽管上海石油交易所2006年重新开市交易，但其地位已经被新加坡、东京等交易所取代。

的成品油定价机制采用“原油成本法”，以布伦特、迪拜和米纳斯三地原油现货价格的加权平均值为基准，在此基准上再加上关税、消费税、增值税、运费、炼油成本和适当的利润，形成国内成品油零售基准价。

定价权的重要性已被越来越多的高层人士认识到。俄罗斯在争夺定价权方面更是不遗余力。2007年11月14日，普京宣布在圣彼得堡建立石油交易所。4个月后，圣彼得堡石油交易所正式开盘，从而扭转了俄罗斯国内石油产品交易完全依赖国际石油交易体系定价机制的局面。俄罗斯正计划推出原油国际交易的计价定价体制，把圣彼得堡石油交易所打造成国际石油商品交易所。乌拉尔原油（Urals）目前是作为布伦特的附属计价交易产品进行国际买卖的，俄罗斯期望把Urals打造成能够与WTI、布伦特分庭抗礼的基准原油。

中国的石油交易所想要加快发展，占有国际市场的一席之地，还有很长的路要走。这对中国经济的隐性影响非常重要。

国际原油、天然气的定价权之争，如同国家的制空权、制海权一样格外重要，且更为急迫。■

上海石油交易所

第四章

高股价“跳水”到底怨谁

P107

顶着“亚洲最赚钱企业”名头的中石油登陆A股，为何没能让大多数股民赚到钱？有人调侃，中国股市的金牛一头栽进了油井中，钻出来一只黑色的狗熊。

是回归后的中石油变小气了，还是我们原本就理解错了？原来，中石油的上市，正赶上了中国股市从牛市步入熊市这一市场景气周期的转折期。

好股票能否赚钱，得看你是买在了“天花板”上，还是买在了“地板”上。中国股市也有规律，行情在绝望中产生，在犹疑中展开，在欢呼声中结束；当市场群情振奋一片看好时，离悬崖也就不远了。股市中的逆向思维永不可缺。

16.7元的发行价从何而来？48.6元的开盘价又是怎么产生的？中石油上市后的遭遇反映出中国股市种种“无法承受之痛”。2008年，中国证监会主席尚福林多次表态：“我国建国马上60周年了，我们积累的国民财富都让人家去定价。从这个意义上讲，我们必须要有一个强大的资本市场，不管这个市场起伏如何，但这一条不会变。”

不错，定价权，就是国际商战中的“制空权”！

社会转型期人们怎么了

先说点似乎与股票无关的题外话。当今社会竞争激烈，工作生活压力重，无论是普通人，还是有钱人，甚至是官员，都难免有时会在脸上有意无意地透出一种焦虑。《环球时报》上的一篇报道，道出了一些缘由。

这篇报道说，十多家媒体联合做的《2009幸福指数调查报告》出炉，超过一半的受访者认为，赚到钱才能“赚”到幸福。就是说，钱就等同于幸福。当人们都在追求同样的价值时，人生价值就必然一元化、同质化。这种情况下，竞争能不激烈吗？压力能不沉重吗？

普通人为求学焦虑、为就业焦虑、为人际关系焦虑、为房子焦虑、为爱情婚姻焦虑、为孩子的“起跑线”焦虑，因而不断有“房奴”、“车奴”、“孩奴”等新名词出现。

有钱人同样焦虑，钱少时为差钱焦虑、为蜗居焦虑；有房了，为别墅焦虑；有车了，为豪车焦虑；百万了，为千万焦虑；坐拥千万了，可看看人家已是数亿、数十亿了，同样还是焦虑。

当官风光吧。2010年全国人代会小组讨论会上，人大代表杜德印发言说，现在的领导干部容易陷入一种政绩和升迁的心理焦虑中。也是，看着与自己差不多的人升迁了，能不焦虑吗？

媒体曾披露一份《中产家庭幸福白皮书》，说在经济发达的深圳、北京、上海等地，中产阶层的幸福指数最低，被称为“伪幸福”。郑智化有首歌唱道：“我的包袱很重，我的肩膀很痛，我扛着面子流浪在人群中……我的欲望很多，我的薪水很少……是不是就这样平凡到老，我的日子一直是不坏不好……”

一则《史记·80后传》的网络名帖，将80后的生存遭遇与20世纪90年代以来中

焦虑

国社会的历史境遇紧密结合在一起，80后的焦虑恰好是共和国在社会转型时期焦虑的一种体现。

这种几乎弥漫于中国社会各个阶层的焦虑，难道是一个转型国家的人们必须要走的心路历程吗？

显然，这一代人的焦虑深深植根于历史转型之后中国社会目前所处的矛盾纠结之中。由于大量大型资本被系统控制，人们不仅缺少管理资本的有效途径，往往还被资本所左右，甚至陷入牺牲个人利益以服从资本的窘境。

这种焦虑，不仅仅存在于社会各个阶层的各类人群中，也存在于央企以及央企的各种利益相关者当中。尤其是央企大盘股的IPO，除不得不面对这样的焦虑外，还不得不承受其中的无奈。这是因为，中石油等企业的IPO并不是一个简单的资本市场的故事，更多地讲它是一个关于国企改革的故事，涉及的人和事很多，行动后的结果往往有些并不符合当初的目标，故只能默默承受其中的无奈。

总也守不住的发行价

2010年9月16日，挣扎了两个月后，中国农业银行跌破发行价。

2010年7月15日，中国农业银行在上交所挂牌。当日，从14点48分到收盘前的12分钟时间里，近20亿巨额资金围绕着农行2.68元的发行价展开保卫战。最终在承受住10亿元的抛售后，农行得以在发行价上方2分钱处收盘。这种没有硝烟的保发攻坚战背后有着圈内人心知肚明的共识：谁也不想再陷入央企上市破发的怪圈！然而，守不住的发行价就像一个魔咒一样，当护盘资金撤离之后，农行破发。神华破发、中石油破发之痛再现。

中国农业银行上市倍受关注

在中国股民圈子里，"中石油"是一个标志性的参照物，衍生出一系列浓缩中国股市的称谓或术语。

2007年11月5日，中国石油天然气股份公司股票在上海证交所成功上市。中石油A股首日股价高开于48.6元人民币，收盘价43.96元，较发行价上涨163%。当日该股H股报收于18港元，A股比H股溢价约2.5倍。

中石油此次发行40亿股A股，发行价为每股16.7元，筹资668亿元。A股发行市盈率为22.44倍，吸引了约3.37万亿元认购资金，创下当时新股申购冻结资金之最。这是当年全球市场规模最大、当时中国股市规模最大的IPO。**中国石油天然气集团公司**是中石油股份公司最大的股东，控股比例为86.29%，因此中石油仍是一家国有控股公司。

首日成交量15.48亿股，换手率过半（以30亿股首日可流通的A股为基数计算），成交金额为699.9亿元，这意味着以16.7元中签的投资者中，超过一半的中签股首日卖出。即使以当日最低价41.7元卖出，每股获利也在25元。

那么，那些上市当日买入的投资者所付的40多元钱中，高于16.7元的部分都被卖出者赚走了。新买入者要盈利，就只能等股价高过买入价之后卖出。在交易首日买了中石油股票的人，基本上被套。

中石油在香港的市盈率当日在24倍左右。截止交易首日收盘，中石油的市值已经达到1.003万亿美元，而当时埃克森在纽交所的市值仅为4880亿美元。中石油上万亿美元的市值，也已超过当时俄罗斯的GDP。

面对这种情况，香港金英证券石油市场分析师Larry Grace表示，中石油A股股价上涨不完全基于中石油未来开采和生产的前景，更多的是由投资者的资金和市场的高涨情绪推动的。事后证明，中石油的股价确实被投资者的乐观情绪高估了。

深度阅读……

中国石油天然气集团公司

中国石油天然气集团公司是一家集油气勘探开发、炼油化工、油品销售、油气储运、石油贸易、工程技术服务和石油装备制造于一体的综合性能源公司。2008年，中国石油在美国《石油情报周刊》世界50家大石油公司综合排名中，居第5位，在美国《财富》杂志2010年世界500强公司排名中居第10位。2010年5月30日，根据英国《金融时报》研究机构的报告显示，中石油当时市值达到3293亿美元，位居全球500强企业榜首，成为当时全球市值最大的公司。

回归内地A股之路

中石油终于回归了，这个“回家”的故事讲了7年。2000年境外上市后，中石油便一直想回归内地A股。海外上市7年，苦等7年难回。

2006年后，国内股票市场迎来了战略性转机，一度跌破千点的A股一路直奔5000点。直到2007年，对于类似中石油的“航母”级央企，回归内地市场的技术障碍才逐渐消除，使中石油等终于可以“回归”。

2007年8月10日，中石油的股东大会通过了公司回归A股的决议。此时，上证综合指数已经站在4700点以上。不过，这只是回归A股的第一步，接下来要获得监管机构的批准，特别是对于中石油这样的超级大盘股，不是说想来就能来的。

如果一切顺利，9月底中石油将登陆A股市场。至于每股价格，中石油表示，要让每个股民都能买得起。当时的情况是参照其近期的港股价位，预计中石油A股每股定价在10元左右。然而，即便是以这个价发行，这只回归本土的超级股，也将以其“大块头”给市场以震撼。

中石油年报显示，2006年净利润为1422亿元，若与2006年沪、深两市所有上市企业的总体净利润3665亿元相比，中石油一家的利润，就占两市上千家公司净利润总值的近四成。一旦回归，对于中国境内资本市场的指数结构、上市公司结构有很大调整，将使其更趋合理。

在当时的A股市场背景下，中石油回归还蕴含着另一层深意。当时，国内货币流动性泛滥，A股不可避免地染上“股价高涨、投机盛行”等病症。如果盈利能力强的H股回归，除了可以分流部分闲置资金、扩大股市规模，更主要的可以引导市场向理性、价值投资的方向“回归”。股市管理层希望通过增加像中石油这类蓝筹股，以达到稳定股票市场、防止大起大落的效果。甚至有人分析，在当时国内股市

中国石油天然气股份有限公司2009年度股东大会

过热的情况下，让中石油等大盘股回归，政府不无给国内股市降温、抑制泡沫增长的意图。

面对股价已今非昔比的中石油，人们几乎已回想不起，它当初境外上市时的举步维艰。

2000年中石油的海外上市，是在中国企业海外上市遭遇“四连败”的情况下，奉命出征的。但天时不利，当时，互联网经济受到追捧，而石油石化等传统行业不被市场认可，加之一些中国企业海外上市后形象不佳，中石油好不容易才在股票交易所敲锣开盘。开盘后，股价走势平缓。

实际上，2000年时中石油利润也不低，但陌生的中国国有企业的面孔，让境外投资者们敬而远之。那个时候，就像被钉牢在水池的池底，中石油的股价始终徘徊在每股1.28港元至1.8港元之间，浮不出水面。

深具投资慧眼的“股神”巴菲特，这位超级投资大腕瞄准了中石油，“带头”购买了中石油约1/7的流通股。投资者的热情瞬间被激发了出来，许多著名机构纷纷购买中石油。2003年之后，随着中国经济快速发展，能源股价值倍增，中石油股票开始一路凯歌。

巴菲特效应，同样有“硬币的两面性”。在中石油股价开始暴涨之后，国内公

众开始关注这只境外股票，责备之声同时渐起：“为什么如此优质的国企股票只能让海外投资者独占？本国公众为何不能分享？中石油的利润都被外国人拿走了。”其实，事实并非如此，即使中石油A股上市后，中石油的国有控股比例仍为86.29%，红利仍是中国拿大头，海外投资者只占约6%。

2003年，考虑到大盘股发行对市场的影响，中石油的回归一直得不到放行。

进入2006年，中石油回归之声已经变得空前强烈。一则市场传闻称，因香港特区政府忧虑这些H股回归内地A股市场会影响香港的国际金融中心地位，故游说内地暂缓回归计划。一时间，对于中石油、中国移动等能否回归A股的传言满天飞。中石油信息披露平台的点击率骤增。

2007年9月20日，中国证监会突然宣布，四天后将召开发审会审核中国石油A股IPO申请。9月24日，中国石油顺利通过发审会。中石油回归国内A股终于水落石出。

巴菲特

上市的焦虑

再说一说2007年中石油A股上市交易中的焦虑。

中石油，一世英名差点被A股拖累，因为它在A股上市后套牢了很多投资者，市场上也留下“问君能有几多愁，恰似股票满仓中石油”的网络流行语。

中石油A股上市时，中国股市刚刚涨到疯狂的最高点6100多点，这个时候安排中石油回归就是来稳定市场的。中石油每股16.7元的发行价，被抬到48.6元的开盘价。有投资者认为，他们在中石油首日交易中高价买的股票，钱都被中石油拿走了。股民们可能真的不知道，中石油拿走的仅是发行价每股16.7元，而高于16.7元的那部分，则是被二级市场上的其他投资者赚走了。

在所有的责难声中，一项最大的指控是说中石油对境外投资者回报慷慨，而对A股投资者吝啬相待，甚至有人说中石油是把中国人的钱收集起来送给外国人。有一个流布甚广的传言称，当初中石油在境外上市融资不过29亿美元，而上市四年海外分红累计高达119亿美元。事实果真如此吗？这个不靠谱的说法怎么会有那么多人相信，并且以讹传讹呢？

这主要是因为大多数人不掌握中石油境外上市时的完整资料。中石油首次境外发行了175.8亿股H股，每股发行价1.28港元，融资29亿美元。中石油还在美国发行了**存托股份**，存托股份并非真正的股票，一份美国存托股份相当于100份H股，它的发行并不增加股本，但是投资者持有存托股份在分红上享受与A股、H股股东相同的权利。而且即使根据常识判断，所谓募集29亿美元4年回报119亿美元不太可能，如果公司这么赚钱，那就完全没有必要上市了，哪有肥水硬要流到外人田的道理呢？

那么，中石油到底有多赚钱呢？

年报资料显示，中石油发行A股之前，2005年和2006年两年合并报表的净利润分别为1333亿元和1422亿元，这两年H股的每股分红分别为0.338元和0.357元。发行A股后，2007年和2008年合并报表的净利润分别为1467亿元和1144亿元，这两年的每股分红分别为0.362元和0.281元。由此可见，中石油的红利分配也并没有过分之处，一直相对稳定。

从中石油这4年的红利分配情况看，每股按照2元钱买入价格计算的4年平均回报率为16%。如果你是按每股10元钱买入中石油股票，那么，你4年的平均回报率为3.34%，虽然人们觉得不算高。虽然人们觉得中石油的盈利总额很高，但盘子太大，平均到每一股上，就显不出多来了。

就算此前几年的利润再高，怎么会有每年按IPO投资额100%回报的好事呢？有一家媒体甚至言之凿凿地说，“仅2005年中石油就向香港、纽约等股民撒掉600亿元的真金白银”，这600亿不知怎么算出来的。中石油2008年按总股本1830亿股为基数的分红总额也只有273.67亿元，而2005年的每股分红仅比2008年多5分钱，且当时还没有发行A股，总股本基数比2008年要小，怎么可能仅向香港、纽约交易所的股民就分红600亿元呢？这显然是将中石油给全体股东的分红误解成仅仅是给境外股东的分红，别忘了，国家是占八九成比例的大股东，分红得拿大头。

显而易见，关于中石油给境外投资者红利分配远超募资额的说法是不真实的，严重误导了广大投资者。特别是当时巴菲特买入中石油H股狂赚500%的暴利效应，使得大家都深信中石油是亚洲最能赚

深度阅读……

美国存托股份

ADS，英文全称：American Depository Share；中文全称：美国存托股份。

ADS，是指根据存托协议发行的股份，代表发行企业在本土上市的股票 。存托银行根据持有的ADS发行ADR。 ADS是ADR所代表的实际的股票。

美国存托股份并非是真正的股票，一份美国存托股份相当于100份H股，它的发行并不增加股本，但是投资者持有存托股份在分红上享受与A股、H股股东相同的权利。

钱的公司，导致很多投资者为这么好的公司只在境外上市而愤愤不平，不断呼吁中石油回归A股市场，让大家分享投资回报。其实，“最赚钱”和“最能赚钱”是不同的，虽然后者只比前者多了一个字。

国内上市这一次，中石油命里注定地踩不上时间点。中石油在海外市场发行后，从1块多涨到10多块，股票是被各方看好的。海外上市不久，中石油就筹划在国内上市，可是因为盘子太大，国内市场怕承受不了，不让上市。到了2006年底2007年初时，国内的资本市场过于火爆，在大盘三四千点的时候，就有很多人说要上万点，非常的热。当时有种观点，要让海外上市的大盘蓝筹股回归，作为稳定大盘的基石，从而给国内的投资热降温。正是从这样的角度以及回报国民的愿望出发，启动了中石油国内上市。

现在无论如何都无济于事了。因为，不是回归后中石油变小气了，而是我们原本就理解偏了，对股票回报的期望太大了。

让我们回顾一下中石油A股上市初期市场的疯狂吧。

2007年11月5日9点30分，上证交易所的屏幕上出现了一个崭新的代码：601857-中国石油！这个占据上证综指权重达24%、A股当时最庞大的IPO在海外上

股民关注股市震荡

股市涨跌牵动着股民神经

市七年后，终于登上中国股市的舞台！中石油上市创造了当时的一系列之最，申购冻结资金最多（3.37万亿元）、首发募集资金最多（668亿元）、股市权重最大。

一时间，紧张与兴奋的情绪在人们的血液中不断地扩张，几乎所有的目光都集聚在“601857-中国石油”的身上。48.6元！凭借这个超乎预料的开盘价，中石油将同行巨鳄埃克森-美孚赶下了全球市值第一的宝座。股民们沸腾了，看来中石油的确是个不折不扣的金股，48.6元的开盘价比16.7元的发行价狂升了191%之多，后市也许真的会像神华股票一样迈向“百元时代”。此时不进，更待何时？然而，股价在开盘冲高至48.62元之后盘旋而下，最终收于43.96元，较开盘价下跌了9.6%，超过七成的首日买进者被套个正着。

中石油第一天的表现并没有使散户们失去信心。正所谓小不忍则乱大谋，要成大事者，岂能因股价的一点波动就抛之弃之呢？“中石油H股不也是有一段低潮期吗？现在股价不也涨六七倍了？”“开盘价高了点，自然要回调，这是为了以后更好地拉升。”许多投资者依然看好中石油的前景，义无反顾地买进中石油。

巴菲特曾经说过，在别人贪婪的时候我们需要恐惧，当人们恐惧的时候我们贪婪。投资者们近乎疯狂的热情难以抵挡大盘的颓势，在大盘绵绵下跌的大势之下，中石油独木难支。2008年4月18日，上市半年后的中石油跌破16.7元的发行价；2008年底，更创出了9.71元的最低价。目前中石油的股价始终在10元到13元之间徘徊，比发行价还低。

一路盘跌使众多中石油的投资者叫苦连连，单是中石油上市第一周，套牢资金就达近百亿元。许多中小股民原本想借中石油回归大赚一笔，谁能想到，心中的发财梦还未实现，手中的钱袋却已干瘪。

面对低迷不振的股价和持续缩水的市值，散户们久久不能释怀。买了中石油的人怨中石油，有些没买中石油的人也有不满，他们把中石油视为中国牛市的终结者。2007年10月，中石油上市前一个月，上证综指顺延“5·30”后的强力反弹，一度上冲至6124点的历史最高位，然后开始下跌。11月中石油在5800点左右上市，上市当天大盘跌到5634点，之后股指一路重挫，月末报收于4778.72点，较10月份最高点下跌了1300多点，延续了近两年的大牛市彻底转“熊”。

此后一年多，股市持续走低，一度下滑至1664点的低位，直到2008年11月股市才出现了复苏。股指的暴跌代表着股价的狂泻，这一轮熊市众多股民损失惨重。许多人不明就里地把罪名扣到了中石油头上。在他们看来，中国股市的金牛一头栽进了中石油挖掘的油井中，钻出来的是一只黑色的狗熊。

中石油上市，在自己不能挑选的不合时宜的时间，被推上了A股的风口浪尖，似乎很有些生不逢时，甚至惹来诸多骂名。一时间，本着“回馈国内投资者”想法的中石油被舆论推到了风口浪尖，给中石油的形象造成了严重影响。

其实，没有中石油上市，股市也已经展开了调整。2007年10月底，上证指数冲高到6000多点时，股市的平均市盈率已达到45倍，比其他成熟市场的市盈率高出一倍多，够疯狂的。此时再乐观的情绪也支撑不了不合理的股价，市场深幅调整是必然的，谁也难以逆转。而中石油的上市，也不幸地赶上了中国股市从牛市步入熊市这一重大市场景气周期的转折期。而中石油则因其规模和权重的万众瞩目，被有些人视为压垮大盘的“最后一根稻草”。

16块7的发行价从何而来

中石油上市出乎意料的结果发生后，引起了国家相关机构的高度重视和国内证券业的集体反思；而连续的暴跌和众多股民深套其中，更引发了投资者的强烈不满。对中石油暴跌内因的追问，甚至引发了“机构操纵市场，外资投行做局”等多种质疑。

数据显示，上市后仅仅34个交易日，中石油股价就累计下跌三分之一；上市半年，就下跌了约三分之二，跌破了发行价。造成股价持续下滑的根本原因是当时中国股市处于从牛市步入熊市的重大转折，另一个重要原因就是在当时市场高涨情绪下大家看高了股价。如果按当年中石油每股净利润0.74元来计算，48.6元的开盘价，其市盈率高达65倍。虽然股市的火爆和中石油的发展使股票价值大为提升，但如此高的A股价格必然有回调的压力，而许多散户却没有看到这一点。这也难怪，在当时市场沸腾的高涨情绪下，很容易高估。尤其是之前不久上市的神华，上市首日的市盈率就达到了70.3倍，市盈率最高点曾逼近100倍大关，制造了示范效应。

那么，16.7元的发行价和48.6元的开盘价是谁造成的呢？

先说说这16.7元发行价的由来吧。

2007年初，中石油上市前的半年时间，H股股价低于10港元。9月20日，中国证监会突然宣布将审核中国石油A股IPO申请。消息公布后，中石油H股开始悄然上攻，到四天后发审会顺利通过时，中石油H股股价已从10港元左右顺利突破到了12元上方。上涨并没有结束，一向走势稳健的中石油H股继续狂飙，一度摸高至20港元附近。到10月22日中石油正式开始A股路演时，中石油H股股价虽有所回落但仍收于18.76元。

从2000年上市后直到回归A股前，7年时间，中石油的股票很少在短时间内出现如此大的涨幅。很明显，这只股票在回归期间一直受到大资金的关注。其原因则如业内人士的分析，中石油回归内地的预期对其H股是个利好，也直接地抬升了其H股的关注度和股价，A股和H股之间呈现互相影响、互相抬升的微妙关系，给一些资金以可乘之机。

有趣的是，就在中石油H股出现狂飙初期，巴菲特果断减持了中石油，但投资大师的离场并没有阻止股价涨势的继续。可以说，当时已经没人能阻止二级市场的奇异涨势。

为什么呢？因为，按照当时H股公司回归A股发行的惯例，国内A股发行价往往高于香港H股价格，H股价格越高，A股的发行价也就水涨船高。这种看似合理的定价方法却隐藏着投机黑手们攫取利润的机会。A股发行价越高，发行承销人的收益也就越高。因此，承销商也有积极性支持高股价。

原本中石油的发行价并不高，若按照9月20日中石油上发审会前的价格计算，A股发行价大约在10元左右。但短短一个多月，中石油H股迅速被抬高到18~20港元。按照A股路演时18.76元的H股价格和国内当时资本市场的火热现状，A股发行价要是低于十六七元，资本市场绝对不能同意，企业肯定会被扣上贱卖国有资产的帽子。这个发行价实际是由于A股与H股的联动效应、H股的拉高和国内市场的火爆几者形成的综合因素作用下，而被迫“水涨船高”的。

时势逼人啊， 谁能打破惯例、背负贱卖国有资产的骂名压低发行价格呢？有人质疑中石油不得不面对进退维谷的窘境。有人质疑，在这个过程中，中石油的发行商是否做了文章？

由于中石油H股短短一个月内出现了近100％的涨幅，各家券商研究所给出了中石油A股上市首日的定价报告，保守的也说至少30元，激进的说至少60元，较之中石油在香港证交所的股价，亢奋情绪表露无遗。

与国内投资者被套牢形成鲜明反差的是，相关投资机构却利用中石油A股发行赚得盆满钵满。有报道称，不仅瑞银集团旗下的瑞银证券作为联合主承销商能从数亿元的发行费用中分得一大杯羹，而且瑞银集团全资的资产管理公司、金融服务公司等10多家机构，早在中石油A股招股正式公布前，就已联合潜伏中石油H股中并在A股发行前后依次采用收集、拉升、减持、沽空等手法，影响中石油H股股价大获其利。此报道笔者无法考证真伪了。瑞银集团则严正声明：不认为媒体报道有任何实质性价值。同时，接受上海证券媒体采访进行反驳。

2008年1月8日，一份瑞银集团关于“中石油”上市情况的说明报告，送到了北京和香港两地证监会。这份报告称，跟踪调研结果表明，并没有证据证明瑞银在中石油交易中存在内幕交易。尽管有人认为瑞银不厚道，存在争议，瑞银还是全身而退。瑞银在中石油A股上市期间究竟起到了什么作用，也就隐藏在迷雾之中。

中石油曾于2007年8月提出要“平民化发行”。但参照后来近20元的H股价格，则发行价格被大大提升。如果说2000年中石油到海外上市，是因为中国的资本

链接1

《中石油股价暴跌背后：瑞银联手机构做局敛财》

2007年12月25日，《21世纪经济报道》刊登《中石油股价暴跌背后：瑞银联手机构做局敛财》一文，解析中石油股价暴跌之谜（笔者摘录时做了大幅压缩）。

掘金魅影

中石油回归A股不仅是投资银行发行承销的盛事，而且给中石油H股带来巨大的投资机遇。在国际资本大鳄纵横博弈中石油H股的阵营中，却能发现瑞银集团频繁游走其间。

香港交易所公开发布的信息显示，9月26日，瑞银集团账户首次买中石油H股11.09亿股，占已发行股本的比例为5.26%。瑞银集团进出中石油H股引人注目，完全因为由瑞银集团实际控制的瑞银证券担任中石油A股发行的联合主承销商。交易所披露瑞银集团持股比例首次达到5%以上。换言之，9月26日披露的股权信息未必就是全部在这一天买入的，有可能买入的时间会更早。

香港交易所披露的中石油H股的股东权益资料显示，在瑞银集团名下的股票虽然部分属于瑞银美国证券、瑞银澳大利亚证券经纪业务席位持有，但这两个席位最可能是客户委托买入的股票数仅占瑞银集团名义持有总数一小部分，大部分的中石油H股为瑞银集团100%控制的投资机构持有。这些机构分布于英国、美国、奥地利、瑞士、新加坡、中国香港等国家和地区，从世界各地同时进驻中石油股份。

一位中国证监会发审委委员认为：“瑞银集团控制的机构在中国石油A股发行上市前介入中石油港股是不合适的，除了证券公司账户买入中石油H股可以用客户指令解释清楚，资产管理公司、金融服务公司则很难摆脱利用内幕信息牟利的嫌疑。”

9月26日到10月12日间，在各投行的增持下，中石油H股股价从13.80港元迅速飙升至20港元。

荷兰银行亚洲主管黄集蔚于11月2日接受记者采访时断言，中石油H股股价在巴菲特减持期间一路上涨，在很大程度上跟一些国外资金着眼中石油A股回归有关；20港元的目标价位已经实现，买入资金使命已经完成，中石油未来的上涨动力应该有限。

11月2日之后中石油H股股价节节下跌的走势证明，此言非空穴来风。

短线震荡后，11月20日，瑞银集团控股的机构们又继续增持中石油，大举买入3.28亿股H股，持股比例从4.81%增至6.24%。与此同时，瑞银将中石油H股的评级从中性上调至买入，目标价位由12港元升至17.6港元。耐人寻味的是，在瑞银发布买入投资评级报告后不久，瑞银集团账户自11月29日大举减持，持股比例半个多月降至5.16%，并持续降低。中国石油股份的股价一路走低。

跨域监管难题

招商证券一位投行人士说：“一些投行明显利用两个市场监管框架的差异进行套利交易，随着国内市场的开放，国际大行在国外可资利用的各种令人眼花缭乱的操作手段将会在国内上演。”

香港某中资机构投资银行执行董事对目前跨市场融资监管存在的漏洞表示担忧。该执行董事指出，虽然香港对内幕交易监管、控制十分严格，但是只要相关金融产品不在香港市场上交易，则给予相关利益方很多豁免特权，或许这是一些投行担任主承销商期间，其相关机构账户持有H股频繁异动没有引起香港监管当局关注的根本原因。（**记者 朱益民**）

市场盘子不够大的话，到2007年A股上市时被推高，则反映了中国的资本市场缺乏有影响力的自主定价权。

就是说，无奈与尴尬不仅对于中石油是如此，对于中国资本市场更是如此。2008年，中国证监会主席尚福林在多个场合作出如下表态："新中国成立马上60周年了，我们积累的国民财富都让人家去定价。从这个意义上讲，我们必须要有一个强大的资本市场，不管这个市场起伏如何，但这一条不会变。"

的确，A股定价权无论是对企业融资，还是国家金融安全都有着非同寻常的意义。掌握了资产定价权，就可强化市场在资源配置中的基础性作用，更重要的是，合理的定价反过来也能使资本市场得到健康发展。

中石油两次IPO的境遇表明，目前中国的资本市场不仅仅需要市值的硬增长，更需要自主定价权等软条件的培育。

众多散户被套的现实同时表明，投资者教育的缺失以及投资者队伍建设的滞后也需要A股市场深刻反思。

链接2

瑞银反驳做局敛财说

因国内财经媒体《中石油股价暴跌背后：瑞银联手机构做局敛财》的报道，几乎是一夜间，全球最大的金融服务机构——瑞银集团（UBS AG）被推到风口浪尖。

对此，瑞银集团投资银行中国区负责人回应称，把中石油A股股价下跌归咎于瑞银很"不公平"，此举不排除是竞争对手利用媒体恶意攻击。

该负责人接受采访时指出，由于内地资本项目一直没有开放，A股市场是按照其固有的规律运作，其与H股两地市场也没有互动的可能，把A股下跌归咎于H股炒作的说法很不负责任。

瑞银集团投资银行中国区负责人对《上海证券报》记者表示，从瑞银在海外发布的中石油H股研究报告就可看出，瑞银其实一直是建议投资者买入的，从来没有发布过抛售中石油H股的建议。他认为，中石油"A股的股价下跌与H股没有必然联系"。

该负责人同时还反驳说："瑞银是全球最大的股票交易商，每八只股票中就有一只在瑞银交易。因此，买卖中石油H股的瑞银客户当然占很大一部分。把这种正常交易归结为瑞银设局是不正确的。更何况，买卖的收益也归客户所有，瑞银赚的只是手续费。这在任何一家资产管理公司都是如此。"他表示，仅从交易数据得出结论是很不专业的。

该负责人还澄清说，瑞银集团在投行部与资产管理部、经济业务部之间设置了一道名为"中国墙"的防火墙。他称："在瑞银，这道墙是不可逾越的，没有人会冒险。"

在接受上海《第一财经日报》采访时，该负责人还表示，瑞银集团及其旗下子公司瑞银证券2007年承销了中国国企多项IPO大单，成绩优异。他表示，瑞银集团将不惜一切代价搞清事件真相，并向全球发布澄清公告。**（引自金牛财顺，上海证券报报道）**

48块6的开盘价怎么产生的

那么，开盘价48块6的幕后黑手又是谁呢？

客观地说，开盘价的高低是不在中石油掌控范围之内的。一旦股票进入二级市场，股价的高低就由市场的供需杠杆来影响与决定。

在整个证券交易过程中，有两大集团包办这其中绝大多数的交易额，即机构和散户。同散户相比，机构的实力与影响力显然大得太多。如果留意一下就会发现，在每只新股的上市过程中，机构均会表现出极大的热情。

在中石油上市之前，很多投资机构、证券推荐媒体、股评家都在火上浇油，对中石油给予很高评价，极力鼓励投资者买入。有些机构甚至表示“中石油一定会成为百元股”，市场乐观情绪的蔓延使股民有了比较高的期望值。

中石油网上申购的前一天，上证指数狂跌4.8%，数百只股票一度跌停。机构评价，很多股民为申购中石油，纷纷抛售手中股票。一些机构投资者则更为疯狂，从资本市场短期融资来申购，致使上海银行间同业拆放利率中的两周利率从2.35%飙升到8.46%。如此高的融资成本，也决定了他们在开盘后必然采取高举高打的手法，在获取巨额差价后将资金迅速撤出以归还借款。

据说，中石油上市首日，仅大庆当地的营业部就买进中石油股票4个多亿，其中很多是石油职工，怀着对自己公司的热忱和信任，纵身跳入了一些金融机构挖出的巨大陷井。很多人从未炒过股，就因为申购中石油才开户踏入股市，甚至一些“老石油”也因为要买中石油而平生第一次买股票。

中石油上市首日，一大批散户筹资申购中石油却未能中签，此时更是奋不顾身地买入。而之前中国神华以68元开盘、连续三天涨停、最高至94.88元的示范效应，更使人对中石油未来的股价产生无限大的想象力，让人深信“买新必赚”的市

疯狂炒股的股民

场效应，甚至出现了“神华过后不看股，石油归来不看神（华）”的坊间传言。

连中国神华都能成为中国神话，中国石油归来，岂能不再度演绎神话。而各路专家、机构甚至一些让人敬仰的经济学家，都纷纷在媒体上高调看好中石油，这让很多身在牛市却未挣到钱的散户看到了机会。许多股民听信了专家们之言，揣着发财的梦想，欲在中石油身上挣一把。

这是中国股市最为疯狂的时刻之一。2007年中国证券市场沸腾到了顶点，年内上证指数涨幅一度达到129%。随着一批蓝筹股的进入，2007年1月9日沪深总市值突破10万亿元，8月3日突破20万亿元，就在中石油上市当日，更是突破了30万亿元。

正所谓物极必反，乐极生悲。就在散户们跃跃欲试要买进股票、成为中石油的忠实“粉丝”之时，一些机构却在磨刀霍霍，计划着大赚一笔后悄然离场。

让我们尝试着还原一下当时的真实场景吧！

新股上市第一天怎么定价呢？上交所新股的开盘价由集合竞价方式产生，技术上有被操纵的可能。上市首日的9点15分至9点25分期间，一些机构可以利用其资金、持股优势，通过自买自卖的对敲手法，创造集合竞价阶段“最大成交量”及其

市民在证券公司购买股票

对应的成交价格，从而有可能“创造”拔高的开盘价。

2007年11月5日中石油的开盘就十分蹊跷。9点15分，集合竞价第一笔单48.50元，有310多万手（3.1亿股）买单;第二笔为48元，有5万多手买单。9时25分交易系统显示中石油开盘价为48.6元，显然中石油的天价开盘价最终由机构制造。

中石油上市当天，有两个机构分别买入4.8亿元和2.4亿元中石油股票。作为专业的投资机构，为何会在超市场估值的高位反而巨资买入中石油？这一反常现象原因不明。但可以确定的是，正是上述两家机构的“冒死”行为和自我牺牲，成就了当天抛售机构的暴利套现。

上证交易中心的数据显示，中石油上市当日的9点25分到9点30分之间，也就是在集合竞价阶段，中石油的成交量高达189万手（1.89亿股），成交额92.29亿元，占全天成交量的13%之多，如此高的成交量显示机构的手腕和散户买盘的踊跃。在这近190万手的成交量中，绝大部分来自券商、基金、保险等金融机构，抛售前几名的都是机构投资者，动辄数亿元。据说中国人寿卖出了36.2亿元，中信建投卖出30.2亿元，平安保险也卖出数十亿元。机构借此分批抛售手中的中签新股，将散户们留在了高高的围城之中。

资料显示，中石油上市第二天，流通股筹码中机构投资者持仓就仅剩下4.4%。到2007年底，中石油流通A股股东180多万户，中小散户持股3/4，保险公司、基金和券商等机构合计持股仅5.3%。很显然，机构投资者已在高位大量减持申购到的中石油股票，而中小投资者仍在前赴后继地买入中石油股票。

而对被指责高价攫取利益的中石油来说，对于48.6元的超高开盘价，只能是爱莫能助，望而兴叹了。

其实，中石油首日48.6元的开盘价，比发行价暴涨191%也让一些研究机构大跌眼镜。国泰君安报告显示，11月2日，中石油A股上市的前一个交易日，中石油在香港H股的收盘价为19.66港元，根据有H股的A股公司75.4%的平均溢价率，国泰君安估计中石油上市定价为33.18元，估价40元以上的研究机构只是少数。券商们估计中石油的合理价位平均在38元左右。

很有意思的是，随着中石油的下跌，券商们又把合理价位调低到了30元以下，并且还一路下调。高低都是机构说的，到底哪个对？天下熙熙，皆为利来；天下攘攘，皆为利往。看来有些机构也是惯于看风使舵的，因此也别太把有些专家当回事。

痛定思痛，新股发行迎来变革

中国证监会办公楼

那么，又是什么原因让这些机构能操控市场、攫取暴利呢？

2008年初，证监会曾专门召开了一场小型座谈会，专门研究这个事。来自券商、保险公司、基金公司的高层一致认为，中石油高开暴跌背后的原因主要是制度缺陷。谁也没曾想到，中石油上市会直接推动证券监管机构对发行制度的改革。

问题主要出在新股发行制度上。当时新股的发行执行的是2006年9月证监会颁布的《证券发行与承销管理办法》，其中规定，包括**公募基金、保险资金、券商、QFII**等在内的多家机构，都可享受“多账户”的配售待遇；而且，机构还可以通过网下配售另外申购到一定的新股股份。

按照上述规定，等于说机构申购新股的数量没有上限。在当时这种条件下，少数机构能利用资金优势，在新股发行的过程中，操控一只新股。这些机构能从一级市场获得大量筹码，在二级市场上市时，又可以通过合谋推高开盘价，再高位派发，获得超额利润。在国外有的资本市场上，上市公司对本公司发行股价有一定主导权。在国内资本市场上，相比能在发行中以巨资申购拿到大量筹码的投资机构，上市公司不仅没有话语权，反而成了任人宰割的肥羊了。

这种发行制度，是2006年新股加快扩容后，在市场需求不足、资金匮乏的环境下制定的，是为了确保新股发行成功，向机构投资者抛出橄榄枝的应急之举。在市场环境和格局大变的情况下，到如今资金暴增超额认购、“逢新必打”甚至诞生一批专门打新股的机构和股民时，这一制度的缺陷就暴露出来了，为二级市场输入了“泡沫”。发行定价不早日真正实现市场化，其泡沫就会如同倒啤酒那样迅速膨胀开来。

再回顾一下中石油的申购：高达3.37万亿元的申购资金，中签率仅为1.94%，平均86万元才能中一个签。为保证中小股民的中签概率，中石油还是动了一番脑筋的，中石油在中小股民可以申购的网上发行规模占75%，高于一般网上发行70%的平均水平；并且设置了回拨机制，使得网上网下中签率基本一致。这样，在一级市场上机构近8000亿元资金申购12亿股；在机构和普通股民共享的网上申购中，2.57万亿元资金申购28亿股。中签率一样，但资金量大者自然中签多，大型机构凭借雄厚资本，垄断大部分筹码。对于普通的中小股民来说，因资

深度阅读……

公募基金

公募基金是受政府主管部门监管的，向不特定投资者公开发行受益凭证的证券投资基金。这些基金在法律的严格监管下，其行为须符合信息披露、利润分配、运行限制等行业规范。

保险资金

保险资金泛指保险公司的资本金、准备金。资本金是保险公司的开业资金。准备金是按照一定的比例从保费中提留的资金。

券商

券商，是指经营证券交易的公司，或称证券公司。在中国有申银万国、银河、华泰、国信等。它们其实就是上交所和深交所的代理商。

QFII

QFII（Qualified Foreign Institutional Investors）是“合格的境外机构投资者”的简称。QFII机制是外国专业投资机构到境内投资的资格认定制度。

中国人寿、中国平安、太平洋保险三大保险公司

金少，一年中一两次签已算幸运。

在疯狂打新股的战役中，手握巨资的保险公司等金融机构成为最大受益者。据统计，2007年有56家保险机构参与了新股申购，累计获配的投入资金达743亿元，占A股IPO及增发总融资额的9%。保险机构为“打新”动用资金达2.63万亿元。其中，中国人寿、中国平安、中国太保这三家就占了一半比例。

这样就勾勒出“一条龙地操控股价牟利”的路线图：由于发行规则有利于大资金，对于机构，询价时出高价没有优先权，便尽可能压低发行价；申购时，机构利用资金优势，取得控制权。开盘时，同样基于共同利益，有动力也有可能操控开盘价，获得暴利。新股发行成为机构投资者的盛宴，对于散户而言，申购成功概率很小，更多的是饱尝苦涩的结果。这在国外完善的市场中是难以做到的，于是黑箱十分钟给投机商钻了空子，长期以来制度性缺陷造成的损失，就由国内还不成熟的股民埋了单。

中石油的股价表现，凸显出我国新股发行领域存在的问题。目前国际上通行的累计投标询价制度，到了中国似乎“水土不服”，在中国这种存在非理性成分的投资市场、在过于充裕的资金支撑下，新股的询价没有实现公司的价格发现目的，而是蜕变成了拼抢新股的博弈报价游戏，从而使新股一上市就面临高估值风险。而市场上盲目乐观，数倍甚至数十倍于发行总额的申购资金，又为高价发行奠定了基础。

看来，在当时的市场条件下，中石油想要回馈国内普通投资者的愿望必然会大打折扣、难以实现。但中石油还是在权限范围内做了最大努力，比如特别调整了申购时网上和网下的发行比例，采用回拨机制，从只能由机构申购的网下市场的12亿股中划出2亿股，增加到普通投资者能够申购的二级市场，希望能让普通股民更多地申购到中石油A股。但即使这样，大量的新股仍然落入持有巨额资金的机构投资者的手中。

在散户忙碌一年却收获不多的同时，机构投资者却赚得盆满钵满。2005年，大多数机构和私募基金平均的资金年收益率只有百分之十几到二三十；到2007年，有些机构的资金年收益率达到了百分之二三百。

中石油抱着回报股民的愿望从国外回到国内，最后却造成了意想不到的结果。尽管如此，还是要充分肯定中石油回归的积极的一面。

从资本市场的角度来说，正是由于中石油上市后的异常表现，促使原来非常有利于机构投资者的发行制度开始进行调整，使后来的散户受益，机构投资者也乐极生悲，为自己的疯狂付出了代价。

从国企改革的角度来说，中石油这样的蓝筹股回归A股，企业的发展将更紧密地和中国经济融合在一起，荣辱与共，对中国资本市场和企业本身都有着重大意义，利在长远。这一点，明天会比今天看得更清楚。

中国证监会随后也开始进行相应改革。2009年6月，证监会发布《关于进一步改革和完善新股发行体制的指导意见》，推进了新股发行体制改革。改革采取分步实施、逐步完善的方式，分阶段逐步推出各项改革措施。2010年8月20日又发布了《关于深化新股发行体制改革的指导意见》（征求意见稿），启动新股发行后续改革，推出进一步完善报价申购和配售约束机制等四大改革措施。

客观地说，始终在聚光灯下的证监会，一直在舆论风口浪尖上承受着巨大压力，也成为中国最透明开放的部委之一，为中国资本市场的发展和完善做出了巨大贡献。瑕不掩瑜，毕竟，一个时期有一个时期的使命，不同的历史时期，不同的内外部条件，必然有不同的难题需要克服，亡羊补牢，中国的改革正是在这样渐进的过程中前进的。只不过，我们期望这样的进程能够更快一些。◘

好股票还得有好价格才能赚钱

中国非理性、充满投机氛围的股票市场，急需理性回归。巴菲特2007年卖出中石油时，很多人在猜测原因，大部分人认为他不对，甚至嘲笑“股神”看错了。当时巴菲特抛售的平均价格在13~14港元，因为他认为，在这个价格之上是缺乏安全边际的。当时的国际油价在不断走高，是他买入中石油时油价的两三倍。

反观巴菲特是怎么买入中石油的。事实上，巴菲特只看了年报就买了中石油20多亿股。2003年之时，国际油价30多美元，那时中石油的价格只有2007年价格的十分之一左右。估值偏低，这就是巴菲特买入的根本原因。

巴菲特也看出中石油是中国的好公司。确实，成功的股票投资必须同时兼顾好公司和好价格，关键要看价格是否具有吸引力。中石油是支好股票，但其股价在一个阶段内也有“天花板”和“地板”两极，如果买在了“天花板”价格上，短期内必然只能是赔钱；如果能买在“地板”价上，那躺着也赔不了，肯定能挣钱。股市的投资更重要的是看时机、看阶段、看买入的价格和何时卖出。买中石油如此，买所有的股票都是如此。

在中石油A股上市时，看空的观点在国内媒体上是很难看到的，当时连分析巴菲特卖掉中石油H股的具体原因的文章，也难在报纸上看到。新股上市，与其利益相关的群体非常多，他们往往拥有较大的话语权，所以中石油被集体“唱高”的背后，也有市场潜规则的问题。

痛定应该思痛。中石油是个好公司，但由于当时中国股市存在着一系列顽疾，同时中国股市市场景气周期也发生了重大转折，好公司的上市却给很多股民带来损失，同时企业自身的形象也受到了影响。正如很多专家所言，中石油的上市或许会成为中国股市走向理性和规范的开始，为中国股市规范发展当了梯子。若把中石油

股民愁对下跌的股价

上市当成简单的一出戏来看，只能说明你还没有真正弄懂投资。因为中石油作为最具代表性的个股，恰恰将中国股市存在的一些问题暴露出来。比如非理性的投机氛围等。但如果把中石油A股下跌完全归罪于机构操纵，那也同样是不公正的，任何事情都是在多种因素综合叠加作用下产生、发展的。

中石油的回归已成为历史。重要的是，投资者要从这场投资课中学到知识，积累经验，充分认识市场的风险和挑战，绝不盲从，逆向思维，相信自己，理性投资。

炮轰“三高两荒”是否打错了靶

全国“两会”期间举行的记者招待会

在高利润等问题上被舆论指责，中石油不是孤家寡人，其他带“国”字头的央企因该类问题也频频见诸报端与网络，社会对它们的评价往往是诟病多于溢美，质疑多于表扬。石油企业的“三高两荒”（高油价、高利润、高股价，油荒、气荒）只是其中的典型问题。

这几年，央企利润之所以引起关注，实际上是因为现在央企的盈利能力确实表现良好。每年国家政府部门公布央企利润又增加了多少，相比我国的GDP和其他行业利润，显得异军突起。更重要的是，近些年我国经济增长很快，但社会发展也非常不均衡，收入差距不断拉大。我国基尼系数已经超过了国际警戒线，社会出现了不平衡甚至有断裂的倾向。老百姓对收入分配十分关注，陈志武教授写过一本书叫《为什么中国人勤劳而不富有》，畅销一时。老百姓就是有疑问：经济增长那么快，为什么我们还不富有，钱都到哪里去了?

央企利润，表面上看是高低问题，实际上是社会各个阶层的利益纷争，是对自己利益的一种诉求。央企利润被关注，原因主要有二：

一是收入分配越来越成为公众关注的社会焦点问题。我国央企是市场化过程当中传统体制和当前市场相结合的产物。在市场经济条件下，资源为王，谁拥有资源，谁的日子就好过些，谁就占据了经济的"高地"。央企很大程度上控制着我国关键性资源，无论是中石油、中石化，还是铁路、电信等等，背后支撑的都是资源，这是传统体制向新体制转变过程中自然带过来的。央企利润之所以高，一定程度上是因为它们掌握着资源。

《为什么中国人勤劳而不富有》（陈志武 著）

二是央企动了一些其他社会阶层的"奶酪"。央企要在国民经济当中起到主导作用，这是国家的大政方针。央企控制力增强的结果带来的是效益的提高。然而，我国社会的其他群体对个人利益的关注度也很高。有些还接受过高等教育，懂得追求自身利益的方式方法，是当前网络世界的主要发言群体，关注央企等各种热点问题并提出意见。他们认为央企的高利润损害了他们的利益，是**帕累托改进**中利益**"相对受损"**的典型代表。所以网络上出现嘲讽央企的现象是有其基础的。

其实，各方存在观点上的激烈交锋与认识上的差距并不可怕。可怕的是，公众、媒体和企业并没有意识到，一个问题不能只从一个方面、一个视角去看，而要全面、综合、辩证地去看待，要多些换位思考。

石油企业有着自己的甜，就是资源优势和利润，但利润可以说是大而不高，不是暴利。石油企业同时也有自己的酸、苦、辣、咸。酸呢，是企业在承担着艰巨的经济、政治、社会三大责任的同时又被扣上了垄断的帽子。苦呢，一方面是保供的压力，另一方面是石油生产一线的自然条件和员工的工作是十分艰苦的。辣呢，就是安全环保的压力压得喘不过气，企业始终处于舆论的聚光灯下。最后一个是咸，就是指企业的公众形象被误解，企业知名度很高，但急需提高美誉度。

说说央企高利润这档事，归结起来无非集中在三个方面：

一是市场化，要按市场的规则办事。企业要追逐利润，市场也会给出利润，这是任何一个企业都要做的正常的事。产生了利润，产生了多少，只要来路正、来得合理，那就是正常的事情，没有必要过于纠结。

二是油气定价机制需要不断改进。我国对成品油价格采取目前的政府定价机制，出发点首先是稳定，中国经济的平稳发展经不起油价的大起大落，目前的有限接轨控制了油价的波动幅度，是合理的。此外还有对石油行业以及其他行业发展环境的综合考量，油价气价是一手托几家，确实需要综合考虑确定，考虑CPI和物价指数，这是阶段性发展的需要。但是，现有定价机制的缺陷也是明显的，如何更好地引导社会合理消费来促进节能十分必要，典型的例子就是油价倒挂、气价不合理等问题影响了中国能源结构的优化。从某种意义上说，石油企业在所谓的高油价时代也和大家一样成为了受害者，高油价给企业的形象造成了很大影响。

深度阅读……

帕累托改进

指的是在不减少一方的福利时，通过改变现有的资源配置而提高另一方的福利。

“相对受损”

指的是尽管人们的实际收入从绝对值上看都有所提高，但由于利益分配规则与格局的改变，人们在收入分配关系中所处的相对关系发生了变化。过去的高收入阶层，可能变成低收入阶层，对他们来说，虽然绝对收入提高了，但相对收入却下降了。这同样会使人们感到自己的利益受到了损害。除了物质损失是可以量化、可以测定的，还有不可量化、不可测定的精神损失。这本身就是一种主观的感受，在许多情况下并不能用金钱或物质的东西直接度量。利益受损不仅仅表现为经济收入下降，还包括社会地位下降、政治权势的削弱、荣誉感的消失等。这些也是“相对受损”的一种表现。

三是不要只看到高油价，也要看到微利时代的严峻挑战。石油资源越来越短缺，石油开采的特点是先易后难，国际上石油行业的微利时代已经来临。对中国的石油业来讲，未来的日子不太好过。所以，中国的石油企业以及关心中国经济发展的人，不应把眼光只放在目前的高利润上，更要未雨绸缪，关注在未来的微利时代中，中国的企业怎样才能更有竞争力，如何才能保证合理利润，这才是中国的石油行业真正要面临的挑战。

这样就形成了一个太极图：当一个国家需要稳定的经济环境的时候，当老百姓需要良好的社会环境的时候，市场缺位问题就会凸显出来。而以石油企业为代表的央企的作用和价值就能够得到充分的体现。政府调控市场的时候是一手托两边的：一手牵着企业要发展，另一手牵着百姓要民生。老百姓的需求和消费是央企发展最坚实的土壤。

在一个稳定和谐的社会中，企业、政府与社会公众之间应该形成相辅相成、互利共生的稳定“三角结构”，连接它们的就是媒体本身。从总体来看，企业利益、国家利益、公众利益这三者的根本目标是一致的。这样一来，企业的利润高与不高等事情，其实和公众的利益关系并不相悖离。如果过分地将企业的利润作为社会舆论批评的靶子，那这个靶子可真是有些竖立错了。

第五章

央企遭遇舆论旋涡

P139

这些年，让央企头疼的事实在不少，负面报道一条接一条。

为什么有些媒体似乎总是在与央企“作对”？为什么央企社会形象与其实力、地位之间有如此大的反差，并有因此扩大社会鸿沟、激化对立情绪的倾向。

原来，如今的央企早已不是人们思维定势中的那个“老国企”了，但新央企在埋头经营企业之际，却忽视了身边的环境也在变。随着媒体市场化和网络、手机、微博、推特等新型传播工具的发展，“新媒体时代”已经到来，细小的风吹草动，经过舆论的推波助澜，也会成为社会关注的焦点。

一位传播学学者说：“我们看到的世界，是被大众媒体选择和解释过的世界。”这意味着，一方面，更自由的环境、更大的影响力、更文明的社会需要更有责任感、更专业的媒体；另一方面，新央企要与时俱进，学会与公众沟通，学会与“新媒体”打交道，把媒体监督作为镜子和动力，做好自身的工作。

“12·23”，安全事故催生新制度

纵观人类社会发展史，许多巨大的进步都是以沉重的灾难和教训为代价换来的。发生在2003年末的“12·23”特大安全事故，对中国石油工业来说，既是一次沉痛的教训，也是中国石油工业安全管理工作上的一个转折点。

“12·23”再回首

十多年前，中石油就提出并践行“创造能源与环境的和谐”的理念。然而，进入21世纪以来，中石油发生事故的频率虽在降低，可一发生事故往往就是惊天动地的安全环保事故，这让中石油很是尴尬。媒体也在发问，为什么“灾星”偏爱中石油?

2003年12月23日深夜，中石油川东北气矿罗家寨16H井突然发生井喷，含有硫化氢剧毒的天然气喷涌而出并迅速扩散，加上人员疏散不力等综合因素，最终造成了243人死亡的惨剧。2004年也因此成为中国央企安全管理元年。“12·23”事故直接导致了中石油成为中国第一个建立新闻发言人制度的中央级国有企业。

安全事故催生了制度，制度的完善又促使安全事故大幅度减少，只是付出243条生命的代价太过惨痛，时隔多年后，回忆往事仍令人心有余悸。仿佛老天在冥冥中已注定了那天的劫数。井场周围村民居住的地方地势低洼，当天又正是大雾天气，几个因素的叠加加快了毒气向低处四面蔓延的速度，由此造成了这起中国石油史上绝无仅有的特大井喷事故——243人死亡、近10万人转移。

事后分析，这次事故的发生是因六个环节疏于管理所致，其中任何一个环节若能把住关，都不至于发生如此惨剧。如果每个环节发生问题的概率是1/10，那么事故发生的概率就只有几十万分之一，但就是这六个环节都没有管好的极小概率事

中石油川东北气矿井喷事故发生后的抢险现场

件，最终酿成了一起100%的大灾难。例如美国的挑战者号航天飞机，就是因为发生两个零件连接错误的小问题，从而造成了震惊世界的重大航天灾难。

事故发生后，措手不及的中石油忙于救灾，难以意识到一场更严重的**新闻危机**正在逼近。

2003年是不平凡的一年，留给中国人的记忆很多。也正是在这些重大社会事件的推进下，中国的新闻传播模式开启了深刻的变革。

2003年1月21日，央视《焦点访谈》节目对山西临汾阳泉沟煤矿隐瞒矿难死亡人数进行了报道。3月底至4月初，“非典”时期的媒体经历了从连续几个月屏蔽疫情传播的真实信息到深入病房、信息透明的蜕变。而被视为中国新闻舆论监督进程中里程碑式的事件则是当年4月发生的**“孙志刚事件”**。2003年4月25日该事件由《南方都市报》率先报道后，全国多

深度阅读……

新闻危机

在信息时代，新闻危机对企业的打击力度大大加强，如果处理不恰当，企业将会遭到毁灭性的破坏。新闻危机的种类有很多：记者的采访曝光，监督部门将企业问题公开发布，消费者向媒体投诉，网络贴吧、论坛上有关企业的负面消息等。

家知名媒体也陆续发表了相关报道。中新网、新华网、新浪网、凤凰网等各大网站紧密追踪事件进展，积极配合公众讨论，《人民日报》也发表了评论员文章。

中国新闻媒体在为弱者们争取一个说法的同时，也使得传统媒体对于网络媒体的态度开始由抵触、怀疑转变为信任和合作，网络开始成为传统媒体的“报料平台”。中国的新闻传播模式也就此发生了重大转变，“报网互动”引发舆论风暴的负面报道模式初见雏形。而这种模式产生的巨大力量，央企们日后将深有感触。

此时，经历了2003年**“新闻舆论监督”**胜利的新闻媒体们早已是激情昂扬。“12·23”特大井喷事故让它们在2003年年末再次集结出动：事故发生后，全国几十家媒体反应迅速，赶到事发地后立即包围了为抢险救灾忙得焦头烂额的中石油。

然而，脱胎于传统国有工业企业的央企在应对突发事故方面经验丰富，但在媒体面前却显得十分生疏和不自信。井喷事故发生后，现场救灾人员忙的焦头烂额，无暇他顾。四川油气田现场安排了一位新闻联系人，但他面对几十家媒体长枪短炮的围追堵截有些怯场，结果到事件发生了五六天后，很多媒体还没有见到过这位新闻联系人。于是，那么多家媒体的记者，开始到街头巷尾寻找新闻线索，以便写作“真相”。可想而知，他们道听途说的事故报道必然会更加引发公众的愤怒，并不断升级。

果不其然，事故曝光后，中石油被千夫所指。《中国新闻周刊》刊发的《重庆开县井喷 243条生命为何而逝》、《21世纪经济报道》登载的《为什么是中石油》、《瞭望东方》的调查报道《八问中石

深度阅读……

“孙志刚事件”

孙志刚，原籍湖北黄冈，被广州市政府执法机关以三无人员名义收押，拘禁期间被收容所员工殴打身亡。此事件虽经官方声称为收容所员工犯罪的个案，却引发了中国国内对收容遣送制度的大讨论。中国政府之后颁发新法规，废除了被广泛认为具有各种弊端漏洞，并有违宪内容的收容遣送制度。

“新闻舆论监督”

新闻自由是新闻舆论监督的灵魂，然而2003年突如其来的“非典”灾害再次显示出新闻媒体的无力。切实发挥新闻舆论监督作用，是制约权力的有效途径之一。认真总结、吸取抗击“非典”过程中的经验和教训，对于加强新闻宣传工作，特别是开展新闻舆论监督和反腐败斗争具有重要的作用。

油》等，均把矛头指向了中石油。

"12·23"事故发生之后，中石油官方网站上并没有立即登载有关此次井喷事故的信息，后来才刊登了一封致井喷事故受灾群众的公开信。事实上，央企一直坚持低调处理危机事件是有其历史原因的。脱胎于计划经济体制下国营企业的央企向来有宣传要求，即一般在未弄清事实之前不披露事故信息。所以，一旦发生事故，央企一般都谨言慎行，采取没有新闻就是好新闻的"鸵鸟"策略，一头扎在抢险救灾和处理事故、善后事宜的沙堆里，对外界舆论尽量以静制动。

然而随着斗转星移，时代变迁，社会舆论环境也在随之改变，信息不对称成了一柄"双刃剑"，一旦企业错失说话的最佳时机，"话筒"就会落到别人的手里，话语空间也会被各种各样捕风捉影的谣言、小道消息甚至是不实消息填补上，而由此引发的舆论浪潮，足以击沉企业。

灾难是人类最好的老师

历史的经验教训应该吸取。

1989年3月，埃克森公司的瓦尔迪兹号油轮在美国阿拉斯加发生溢油事故，造

王家岭煤矿矿难现场，国家安全总局局长骆琳（前排左一）接受媒体记者采访。

BP石油公司墨西哥湾海上原油泄漏

成3.8万吨原油泄漏。有文章奚落道：“威廉王子海湾刹那间成了世界上最富饶的产油地。”

埃克森公司却采取“鸵鸟”政策，不理不睬，不予置评。事发后第十天，埃克森公司在媒体上发布了整版广告，向社会公众通报整个事件和应急措施。由于埃克森公司首席执行官劳伦斯·罗尔以及公司缺乏有效的应对危机的机制，给公众留下了傲慢的负面印象，很多人因此拒绝到埃克森加油站加油，上万人把埃克森的信用卡退还给该公司以示抗议。

事故发生14天后，罗尔才姗姗来迟地到达事发地安抚渔民。但此时，被激怒的媒体已不再报道他的“善举”。企业与媒体、公众间的对抗就这样一步步升级。结果，埃克森公司缴纳的罚金、清理费，以及股票下跌的市值缩水等损失累计超过70亿美元。而且，埃克森公司为此次危机公关付出了大量的资金和时间，但收效甚微，昔日辛苦赢得的声誉一朝丧失殆尽。

与埃克森相似的悲剧21年后再次上演。2010年4月20日，石油界航母级企业——**BP石油公司**的海上钻井平台发生了爆炸，四天后水下原油管道破裂，原油大量外泄。墨西哥湾沿岸居民失去了昔日美丽的海湾，BP股价也随之大跌，原本良好的声誉毁于一旦。

在业内人士看来，海上钻井平台爆炸这种事可能发生，但不可能发生在BP身上，因为它是“三好生”——技术好、制度好、风险管理好。1965年，BP打出了北海第一口油井，这是石油工业走向海洋的标志性事件，BP也因此成为深海石油开采的标杆式企业。然而对BP而言，成也深海，败也深海。

20世纪90年代末到21世纪初，BP通过几次大手笔并购，完成了战略性升级，成为世界石油工业高端企业的典范。然而，盘子越大，风险也越大，BP做大做强的同时，也蕴藏着风险。

BP是一家百年老店，有45年的海上作业经验，但就是它也难以实现规模扩张与风险防范的同步发展。2000年以后，安全事故不断的BP成为被媒体高度关注的公司。换句话说，BP虽然不是中国央企，但面临着与中国央企同样的问题——负面新闻缠身。为什么会这样？简单说，是因为BP想做的事情太多，管理上却难以迅速跟进；管理目标太大，现有制度的制衡力度又太小，而且很多制度没有在基层得到真正落实。因此，此次爆炸事件的发生在偶然中似乎也蕴含着必然。

具有百年油企资历和经验的BP，是不会对安全管理缺乏认识的，而提供钻井平台服务的瑞士越洋钻探公司，和爆炸前20小时刚完成一项关键工序的美国哈利伯顿公司，以及提供防喷器的卡梅隆国际公司，这几家当中的每一家都是行业内的佼佼者。无论各自的责任孰轻孰重，正如BP集团离任首席执行官所言，“显然是一系列复杂事件，而不是单一错误或失误”导致了这场悲剧。

恩格斯说：“没有哪一次巨大的历史灾难，不是以历史的进步为补偿的。”只是有时候，处于事

深度阅读……

BP石油公司

1909年，BP石油公司由威廉·诺克斯·达西创立，最初的名字为Anglo Persian石油公司，1935年改为英（国）伊（朗）石油公司，1954年改为现名。BP公司由前英国石油、阿莫科、阿科和嘉实多等公司整合重组而成，是世界上最大的石油和石化集团公司之一。BP的太阳花标志是根据古希腊的太阳神标志设计的。

故漩涡中的人们难以看清历史的走向，而纠结于眼前的利益归属。也如有的媒体感叹的那样，“原油泄漏和人类的自我惩罚一样”，安全环保是人类生存发展的基石。对于能源企业来说，安全环保的责任大于天，重于山！

能否绕开的安全魔咒

长期以来，央企“敏于行而讷于言”，重大安全事故发生后更多的是专注于抢险，现场除了救灾和善后这两套“马车”，往往缺了一套应对媒体的“危机公关”马车，没有与媒体和公众进行良好信息沟通的意识。央企往往认为，事情已经发生了，如何把损失降到最小、如何保障受害人的利益才是一个负责任的企业所应该做到的，至于事故认定和信息发布则是政府的事情，企业作为当事人不便多言。

“12·23”事故的惨痛教训让人永远不能忘怀，这给中国企业的安全生产敲响了警钟：如何痛定思痛，在安全理念、操作规程、应急防范体系等方面尽快完善以实现本质安全。“12·23”事故是沉重的一课，经过这次阵痛，中国石油安全管理跃上了一个新的台阶。

安全事故的发生还有更深层次的原因。满足油气的供应与需求被视作国家大事，因为国家缺油缺气，所以一旦发现了油气田就得立即开采，往往来不及充分论证，忽视了潜在的安全隐患，川东北气矿罗家寨16H井发生的事故就是一个典型

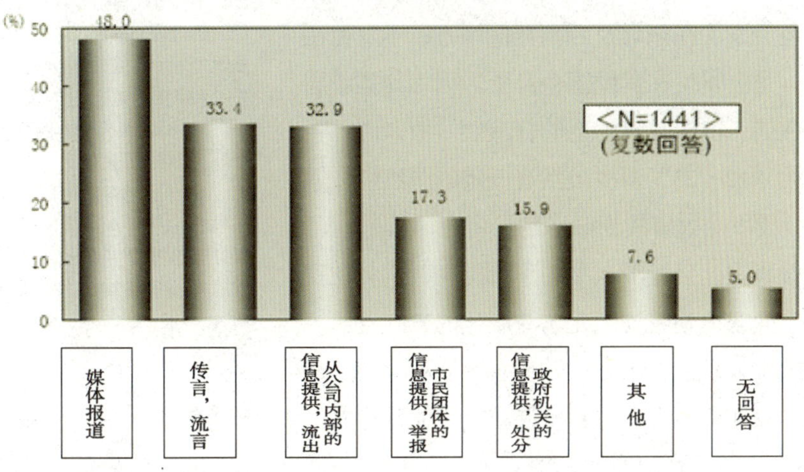

事例。

重庆境内的罗家寨地势高低不一，地下有丰富的天然气，却是有名的高含硫气田，因受制于技术而开发困难。但为什么仍要上这个项目？因为下游急着用气，重庆到武汉的管线正在修建，气从哪里来，非罗家寨不可。下游等米下锅，所以上游只能加速开发气田。

此时，对于经历了重组改制、工龄买断后的中石油而言，国企发展过程中所积累的矛盾已经成为影响企业发展的风险因素。工龄买断使很多有丰富经验的一线技术工人离开了岗位，一线职工数量锐减，大量农民工顶上。由于缺乏有经验的人员，有些井队不得不减少一个班，实行三班两倒制，几个月甚至长期每天12个小时的重体力劳动，使人身心俱疲。在经营业绩的压力之下，企业实施低成本战略，大力压缩钻井成本，设备陈旧难以更新，各种因素的叠加，使事故风险在不断酝酿和累积。

“12·23”事故就是企业内部矛盾积累的一次集中爆发。可以说，不发生“12·23”事故，也会发生“10·23”事故、“11·23”事故；不发生在重庆，也会发生在东北及西南其他地方；不发生在中石油，也会发生在其他国企身上。因为此类矛盾的累积在国企内部具有一定的普遍性。所以说，中石油发生“12·23”事故虽然有一定的偶然性，但中国企业要发生大事故却似乎是必然的。

随着我国社会经济水平的不断提高，企业在安全生产方面必须朝着规范化、法制化的方向发展。经过这次重大事故，中石油转变了发展观念，其发展观念由以往单纯强调快速发展转变为速度与科学发展并重。

深度阅读……

问责制

问责制，是指问责主体对其管辖范围内各级组织和成员承担职责和义务的履行情况，实施监督并要求其承担否定性后果的一种责任追究制度。

新闻发言人制度

新闻发言人作为一种“制度”，其内容涉及政府的重大事项、重要活动、社会关注的热点问题、海内外关注的问题、重大突发事件等所有与公众利益直接相关的问题，是针对这些内容所提供的一种接受公众公开咨询、质询和问责的制度安排。

2008年6月开始，国资委开始研究制定相关规定，以推动央企建立规范有效的新闻发言人制度。前不久，国资委在其网站上公布了包括中国移动、国家电网等在内的120家央企新闻发言人的信息，包括新闻发言人的姓名、职务、办公电话、工作手机、传真及工作邮箱等等。

出了这么大的事，总得有人负责才行。中央对事故处理非常重视，也很慎重，从井喷事故发生到中央宣布接受马富才的请辞，历时113天。马富才也因此成为**问责制**实施以来第一位引咎辞职的大型央企一把手。当晚，中央电视台《新闻联播》播出了此条消息，这也是国家电视台首次披露大型企业领导的辞职新闻。

马富才1998年执掌中石油帅印后，如履薄冰、殚精竭虑，无论周末还是节假日，大都是在办公楼里加班，看各个企业的财务报表和报告，很少参加应酬。六年总经理生涯，他从接任时的一头黑发变成满头华发。

经验往往在惨痛的失败中获得才更加让人刻骨铭心。2004年3月，中国石油报社的建议被采纳，中石油建立了**新闻发言人制度**。“12·23”事故留给整个中国石油工业的是深刻的教训，以及痛彻心扉、无法磨灭的记忆。

“渤海二号”海上井架

老一辈的石油人无法忘记，1979年，也是一个羊年，也是在一个年末，用巨额外汇从国外买进的“渤海二号”海上井架被台风刮翻后沉没，72名石油工人丧生。尽管其中有自然灾害和设备故障等因素的作用，但事故不能原谅。该事故令上任不到两年的石油部部长宋振明被免职，当时主管石油的国务院副总理、中国石油工业的老一代领导者康世恩也被记大过。

人们不禁感慨，石油企业身处高危行业，不出事则已，一出事往往就会使举国震动。因此，石油行业在安全要求上不能打一丁点儿折扣，稍有疏忽就可能酿成大祸。但有的时候，直接导致灾难发生的因素却是企业无法完全控制的。

新媒体时代，掌握“第六种能力”

事故处理善后的过程往往也是反思的过程。血的教训一定要下血本解决。比如，英国北海阿尔法钻井平台大爆炸后，所属石油公司两年内在相关地区投入了60亿美元，以改善钻井平台的安全状况。

2005年底，笔者到上海进行考察时注意到，拜耳公司园区内每个装置区都有自己的雨水和污水收集池，整个园区又有一个总的污水收集池，1.5平方公里的园区内污水收集池的总容量为2万立方米。这些收集池平时收集冲洗设备的污水和雨水，事故发生时还可收集消防污水。2005年11月13日，吉林石化双苯厂发生爆炸，针对事故抢险本身的应急措施本还不错，但消防污水进入松花江所引发的次生灾害却是大家事先没有考虑到的。翻遍国内的相关设计标准和规范，都没有对此作出明确要求，发生事故的装置在设计时对防止发生污染这一问题考虑得实在太少，国内业界在设计理念上忽视了这一点。

按照墨菲法则“可能会发生的都会发生”的理论，类似松花江水被污染这样的灾害发生在中国是难以避免的。拜耳公司能有这方面理念上的领先，是与其1986年发生的莱茵河有毒化学品污染事件有着直接联系的。

“11·13”事故，经历了“安全生产事故—环境污染事件—公共安全危机—国际影响事件”的不断变化和升级。这其间，突现出了危机管理的关键作用，应急预案的执行在事故发生初期发挥了较好作用，防止了爆炸事故的进一步蔓延。

“11·13”事故演变为松花江水污染事件，反映出一个深层次的问题：长期以来我国单纯以经济增长为中心，而相关观念、意识和制度没有与之配套发展。“12·23”和“11·13”事故扩大的原因，很大程度上也在于相关标准及规范不完备、不科学。我国的相关标准和规范应该进一步修订和提高水平，这方面我们和欧

美发达国家间的差距还很大，不仅仅落后在意识上，还落后在技术和规程上。可喜的是，“11・13”事故发生之后，国家有关部门立即对相关标准和规范进行了修订，这无疑是个进步。另外，一些学者也开始探讨“11・13”事件中，媒体及政府信息披露的缺位以及它们所应当承担的责任。

随后发生的事情当中最引人注目的是，松花江水污染事件竟使一个正部级高官引咎辞职，这实不多见。2005年12月8日《南方周末》头版头条报道说，从11月13日爆炸发生直至23日因为停水引发哈尔滨市民众抢水风波，距爆炸发生已整整10天后，环保总局才召开新闻发布会直面污染事件。中办、国办在12月2日发布的通报中称：松花江重大水污染发生后环保总局作为国家环境保护主管部门，对事件重视不够，对可能产生的严重后果估计不足，对事件造成的损失负有责任。

事件中还有一个容易被人忽视的问题，就是当地政府信息公布的时间问题。黑龙江省政府在事故发生之后曾公布一个总结，其中说：“事件发生之初，确实出现了群众恐慌和怀疑，一个原因是我们以‘管网检修’为由发布的停水公告不到十个小时，我们就纠正了这个‘善意的谎言’，向群众公布了真相，得到了群众的谅解。通过这件事，我们感到，在突发事件来临时，必须维护群众的知情权和参与权。群众了解真相后，认为政府是正确的，就能与政府一道，共同战胜困难。人民群众的理解、信任和支持，对于战胜这次突发的水污染事件十分重要。”

但让人扼腕叹息的是，2005年11月27日下午四点，时任黑龙江省省长的张左己按照先前的承诺，喝下了哈尔滨市恢复供水后的第一口水；当天晚上，黑龙江省还特地举办晚会来庆祝“抗污”成功，就在喜悦的笑容还未从人们的脸上退去的时候，当天晚上9点40分，位于哈尔滨市东北方向不远的七台河东风煤矿又发生了爆炸。

煤矿方面称有221名矿工被困井下，但当天的考勤表上清清楚楚地写着254位下井矿工的名字。尽管公司负责人解释说，多出的33人在爆炸发生前已经升井，并不在井下，时任国务院矿难事故处理小组组长、安监总局局长的李毅中还是连说了好几遍“我不信”，并要求重新核实。经过一遍遍认真的核实，最后确认井下矿工人数为242人，生还人数仅为73人。作为煤矿管理者，连下井人数都弄不清，用“极度混乱”来形容其管理状况也不为过。东风煤矿这样一家省属重点煤矿的管理尚且漏洞百出，可想而知，其他煤矿的管理又会是个什么样子。

诚实是危机应对的基本原则，同时也是首选策略。因为在当前多渠道的信息传播环境下和多元化的社会价值体系中，各种各样难以厘清的利益关系缠绕纠葛，真相总是晦涩不明的。一句谎言需要十句谎言来圆，而一个又一个谎言更会把事件主体卷入到更大的冲突漩涡中，导致发生更大、更持久的灾难。与之相对的是，“了解真相”是利益相关者和公众的基本权利，同时“公布真相”也是事件主体的应尽义务。当事件主体发布的真相越充分、越有说服力时，媒体和公众的猜测、质疑就越少，社会滋生传言谣言的空间也越小。事实上，对于公共关系策略选择和危机处理来说，没有比及时、准确、有步骤地告知公众真相更好的策略。早在200多年前，美国总统林肯就说过：“让人民知道更多真相，国家就会长治久安。”

当前，央企的很多问题成为全社会关注的热点和焦点，如油气供应与价格、电信资费等更是事关群众日常生活和切身利益的大事，更需要建立并落实好新闻发言人制度，以公开、诚信、务实、亲民的态度，表现出央企的责任感和大局意识，树立起一个“想负责任、能负责任”的央企的良好公众形象。

对事故的反思是防范危机的起点。经历了两次重大安全事故的中石油，虽然交了很多学费，但也学到不少东西。同样是有毒气体的泄漏，2006年3月25日发生的渗漏事故就确实将损失降到了最低，与三年前发生在同一地区的“12・23”事件形成鲜明的对比。

3月25日，中石油西南油气田位于重庆开县的罗家寨2号气井，受到高浓度硫化氢的腐蚀发生渗漏。井队马上给镇政府应急办公室打去电话，通知附近村民立刻转移，又立即向油田领导汇报了现场情况。接到报告后，相关各方立即展开行动，不到五个小时就将一万多名群众转移到了安全地带，并及时披露了相关信息。

三年前，该地区曾发生了“12・23”事故，“3・25”渗漏发生后，如果现场控制不好可能会出大事。经过七天七夜的奋战，抢险人员最后使用一种新研发出的智能型凝胶堵漏剂成功地将气井封堵。

“3・25”没有酿成悲剧。据媒体描述，七天之后气井堵住了，转移的乡亲们可以回家了。家住白杨村的廖大娘一吃过午饭，便早早地收拾包袱。车还没到，她便拉着孙女在门口焦急地盼着。下午一点，运送返乡群众的车队缓缓离开，车上的老乡们与这几天一直照顾他们的志愿者挥手告别。

同样的回家，心情却不一样。“12・23”转移后的那次回家，车内一片死寂。二百多亲人朋友、乡里乡亲说没就没有了，人们难以接受。“这次就不同了，我们早早就被转移到了安全地区，乡亲们连受伤的也没有，政府还安排人替我们喂养了

企业要进行沟通的对象如此之多，最便捷有效的沟通渠道是媒体。

牲口。”廖大娘欣慰地说。

“12·23”井喷发生后，中石油出资800多万元援建的灾区公路，这次紧急转移也派上了用场，过去三个多小时的路程缩短为一个小时。“3·25”的成功，赢在应对得当、赢在信息对称。付出了代价，换回了今天的进步。

在经历了“12·23”和“11·13”两次事故之后，中石油提高了处理危机的能力，“3·25”渗漏中的表现则印证了这一点。事故发生后，井队人员能够积极稳妥地处理危机，及时与公众沟通，这就是个很大的进步。

2011年伊始，中石油高层领导更明确强调，要及时、妥善做好突发事件的预防预警和处置应对，企业主要领导要第一时间赶赴现场、第一时间采取措施、第一时间报告情况、第一时间发布信息。

古代先哲荀子曾说：“先其未然谓之防，发而止之谓之救，行而责之谓之戒。防为上，救次之，戒为下。”

2009年3月，习近平同志在中央党校春季学期开学典礼上强调，领导干部要具备六种能力，除了要提高协调发展的能力、开拓创新的能力、知人善任的能力、应对风险的能力、维护稳定的能力之外，必须要掌握的第六种能力就是要提高同媒体打交道的能力，尊重新闻舆论的传播规律，正确引导社会舆论，要与媒体保持密切联系，自觉接受舆论监督。

结构调整期，社会转型期，事故多发期

什么是结构调整期的“安全魔咒”？这是指当经济发展到一定程度的时候，事故会多起来。若处理得当，过了这个阶段，事故就会逐渐减少。能源行业是个高危行业，该时期“安全魔咒”的影响在该行业更为凸显。回顾20世纪世界六大安全污染事故的发生情况，也许能给我们一些启示。20世纪的六大安全污染事故集中发生在1976年~1986年的这十年间，而这十年正是发达国家经济发展的结构调整期。

中国安全生产科学研究院研究员刘铁民在谈到这个时期的特点时指出，工伤事故死亡人数与经济发展速度密切相关。2004年，国家安全生产监督管理局新闻发言人黄毅用“365×365”来描述我国的事故总量，意思是说，每年365天，每一天平均有365人葬身于各类事故之中。这就是形容经济发展的转型时期，也正是重大事故的高发时期。这是工业发展的一个规律，任何国家难以规避。我国经济起步较晚，目前刚发展到这样一个时期。发达国家1976年至1986年这十年间，正处于人均GDP快速增长的转型时期。与之对应的是，我国人均GDP从改革开放初期的200美元，发展到2003年的1000美元、2006年的2000美元和2008年的3000美元。

进入这个时期后，我国的经济发展速度很快，经济总量扩张很快，但相关的意识没有跟上（如2003年10月才正式提出科学发展观）；相关的法律法规、规章制度也不配套（如2006年1月才正式出台《国家突发公共事件总体应急预案》等）。这种情况下，一个企业难以独立于社会发展的大环境之外独善其身，不可能独自超越社会本身的发展水平，因而就出现了一方面中石油是中国企业中安全生产管理做得很好的企业之一，另一方面这样的“优等生”身上又发生了“12·23”、

“11·13”等重大安全环保事故的矛盾现象。

当前中国所处的经济结构调整期与社会转型期正容易成为各类事故的高发期，对此我们不能以偏概全，而应客观理性地看待这一现象。尤其近十年间，正是中国经济发展的重要转型期，人均GDP刚刚超过3000美元；对于能源、安全、环保、可持续发展等问题，社会和企业却还没有深刻的认识，还在片面强调经济发展，这样“安全魔咒”的问题便凸显出来。

从“渤海2号”事件到“12·23”事件，再到“11·13”事件，这些事件的发生本身有一定偶然性，但从发展的历史阶段看，从我们对发展的认识逐步深入的角度来看，这些事件的出现又有一种必然性。对于重大突发事件，企业要有一个适度、正常、平和的心态，不能过于紧张、过于谨慎、畏首畏尾；社会也不应该因为发生了这几起重大事故，就怀疑甚至否定央企这些年改革发展的成果，关键是要通过付出血的教训，体悟和学习到科学发展和可持续发展的真经。

一个企业、一个民族、一个国家，都是在教训中不断成长起来的。现阶段我们所经历的安全事故，可以说是经济高速发展和社会转型时期的副产品，是必经的阵痛。打一个不太恰当的比喻，就像小孩出麻疹一样，没种过水痘的人难以有免疫力，想要不出麻疹必须要种水痘。如果没有20世纪60年代大庆油田一个注水站的一把火，就“烧”不出大庆油田的岗位责任制；如果没有英国北海阿尔法平台大爆炸，没有卡伦爵士的深入调查和对政府的106条建议，也难有海上安全管理体制的变革和创新，现代HSE理念的出现可能还要推后很长时间。

讲到安全，还有一个行业不得不给予特别关注，那就是中国的煤炭业。这个行业在发展过程中与石油、电力、电信等行业相反，打破了央企独大的局面。“六五”初期，国家通过放宽办矿政策，大力发展乡镇煤矿，增加了产量。在

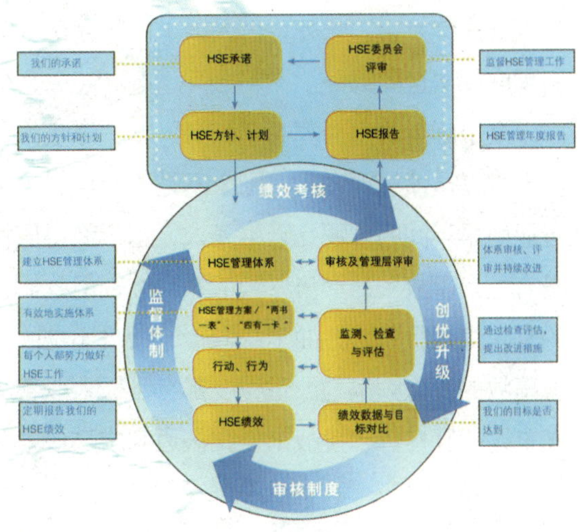

HSE实施程序示意图

声势浩大的媒体攻势

“有水快流”的方针下，到1988年，仅乡镇煤矿就达到了八万多座，产量占全国总产量的43%，很快形成了国资、民资等经济成分自由竞争的局面。

由于数量众多的小煤矿难以监管，便出现了小煤矿乱采滥挖，破坏资源和生态环境，人员频频伤亡的严重问题。仅2004年10月至2005年2月，不到四个月的时间里我国就连续发生三起死亡百人以上的特大矿难。这三起特大事故连发的严重性和频密程度都居世界第一。

一个个鲜活的生命葬身“煤海”，“煤吃人”的说法在中国大地上广为流传，以至于有官员愤怒地说：“国家不是不要煤，而是不要带血的煤！”两相对比，石油行业由早年间的“哪几天不死人，这天都得庆祝一下”，到现在“有时连续一个月没有亡人事故”，形势尽管依然严峻，但我们也能看出其中的明显进步。令人欣慰的是，煤炭行业“九曲十八弯”，最终还是回到了提高行业集中度的发展模式上来，事故的发生频率与严重程度都有了极大改善。挫折、苦痛和教训是我们成长的营养剂，战胜挫折和挑战则是我们迈向成功最为关键的一步。

能否安全，96%取决于人

美国杜邦公司通过对全球100多家公司，10多年事故数据统计表明，96%的事故都是由于人的不安全行为造成的，物的不安全状态所导致的事故只占4%。所以，安全管理的关键是把人培养成为安全管理的主体。科学发展观的核心是以人为本，人的安全素质决定了企业的安全状态。

那么，所有的安全事故存在共性吗？人类社会真的无法破除事故频频发生的魔咒吗？ 我们先看看杜邦公司的经验。

作为世界上安全生产状况最好的企业之一，美国杜邦公司却是以生产黑火药起家的，它成立于1802年。火药时刻会爆炸，尽管杜邦公司的创始人在厂房选址、车间设计上考虑到了将爆炸造成的损失减少到最小，但重大伤亡事故仍然频频发生；尤其在1818年，100多名员工中有40多人伤亡，企业一度濒临破产。

惨痛的教训让杜邦体会到，设备设施的安全不能杜绝安全事故，真正的安全，必须要以制度和意识作保证。因此，他们作出了今天看来堪称影响世界企业发展史的一系列决策，树立了“以人为本”的安全管理理念，让员工们真正认识到，安全生产并不是对他们生产行为的约束与纠正，而是对大家人身安全的真正关怀与体贴。

杜邦公司认为，大多数事故都是由不安全行为造成的，有专职安全管理人员是非常重要的。但是，安全不仅是安全管理部门的事，企业的全体员工，从最高决策者到第一线的生产人员，都必须积极参与；安全不只是花钱，而是一项能给企业带来丰厚回报的战略投资。也就是说，无论是战略的设计，还是标准、规范、规程的制定，还是管理方法和理论的选择，其成效如何最终都取决于人的认识水平。只有人的认识水平不断提高，这些先进的战略、标准、规范、规程和管理方法才能发挥出最佳效果，人们的意识仍然是实现本质安全的根源和决定性因素。物的本质安全是基础，管理是重要的手段，而人的安全意识是最核心的本质安全，要实现人的本质安全，关键因素在于提高人的安全意识水平。

说完了杜邦，再来看看日本的企业。日本企业的经营理念包括：每个员工成长的总和是企业发展的基础，每个员工的自豪感和成就感是企业发展成长的动力。日本企业在发展的战略、目标、基础和动力等方面对员工作用的一些认识和定位，更多的是对人“精神方面”的鼓励和激励。同时，日本企业也把员工个人的安全训练程度与企业的不安全状态进行了对应分析。

从下页图中这几个小人的色彩变化可以看出，人的训练成果、安全状态与安全事故发生的概率成反比。分析中国企业发生的一些事故，可以看出，源自岗位员工主观故意制造的事故基本没有，事故发生的主要原因还是员工对风险的认识不足，把一些“应防可防”的安全风险变成了“意外”事故。

一些日本企业，要求“每一位员工都是风险管理人！所有在场的人都是风险管理人”，力图在理念上把员工培养成危机管理的主体。因为员工个人在查找风险的过程中，也就“认识了风险”，把“意外”变成了“预料之中”，成为最了解岗位风险的“风险专家”。这才是企业应对风险最可靠、最坚实的保证，而不能只是投入大量资金就觉得高枕无忧了。

中国企业没有把寻找和识别岗位的风险，作为培训员工的首要工作。员工所认识到的风险，不是自己发现的，而是领导告诉的，是制度和预案中写的；

深度阅读……

杜邦安全管理十大理念

1.所有安全事故都可以预防；
2.各级管理层对各自的安全直接负责；
3.所有危险隐患都可以控制；
4.安全是被雇佣的条件之一；
5.员工必须接受严格的安全培训；
6.各级主管必须进行安全审核；
7.发现不安全因素必须立即纠正；
8.工作外的安全和工作中的安全同样重要；
9.良好的安全等于良好的业绩；
10.安全工作，以人为本。

风险管理

当企业面临市场开放、法规解禁、产品创新之时，均会使经营状况的变化波动程度提高，连带增加经营的风险。良好的风险管理有助于降低决策错误的概率、避免损失的发生、相对提高企业本身的附加价值。风险管理作为企业的一种管理活动，起源于20世纪50年代的美国。目前，风险管理已经发展成企业管理中一个具有相对独立职能的管理领域。在围绕实现企业的经营和发展目标方面，风险管理和企业的经营管理、战略管理一样具有十分重要的意义。

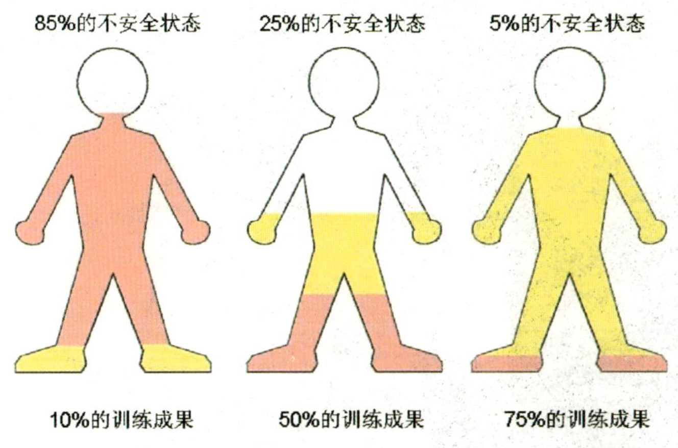

上图中红色区域为不安全状态，黄色区域为安全状态。

凡是制度里没写的，领导没说的，都算“意外”。我们的员工是上级“规定动作”的被动执行者，故难以把“意外”事故变成事前可查出并能扼杀于萌芽中的风险。

日本企业鼓励“查找风险”，它们的一些做法很有意思：在人才价值观上，它们认为能够发现风险的人是企业的优秀人才；要重奖发现风险的人；认为在风险防范方面的智慧，要比抵御风险的知识更为重要。其危机管理的利益驱动方式是鼓励和奖励“风险防范阶段的智慧”和事前行为。事故出现后，也是以谁能找到和查到事故原因为荣，而将对事故的责任定性和处罚作为次要手段。有的企业甚至提出，“过分的追究责任不利于事故的真正原因查找和改进”。

相反，中国企业的安全和危机管理，往往事前不罚但也不奖，只靠事后的追究和重罚，关于事故处罚的规定繁多细致；事前的奖励规定，很少企业才有。管理员工靠事后罚，管理干部靠事后撤，使干部、员工尤其各级管安全的人压力很大。我们安全管理的驱动方式，还仅仅是事后的处罚行为，这一点，需要反思，需要改变。

从危机发展观的角度看，杜邦公司和日本企业强调“以人为本”的危机管理理念，是一种着眼于人，强调社会系统可持续发展的危机管理观，这与科学发展观的核心有相通之处。所谓发展观，就是社会主体对社会发展的根本观点和看法。每一个时代的发展观都有其独特的原则和主张，都刻上了时代的烙印。人与物的关系，是发展观的核心。西方工业革命以来，以物为中心的发展观占据了人类社会发展的主阵地，尤其在强调市场导向的资本主义国家，其崇尚的“效率哲学”被发挥到极致：强调对资源的最大占有、开发和利用，通过技术进步提升财富创造的效率，促

美国杜邦公司专家对安徽省淮北矿业集团公司朱仙庄煤矿进行安全管理评估。

进社会经济增长。这种发展观在人类社会生产力水平相对较低的阶段，确实创造出了工业腾飞和经济奇迹，但因之而积累起的问题也日益明显：自然危机、社会危机，以及人自身的危机，社会关系碎片化和共同信仰规则的缺失，使得社会似乎永远处于惴惴不安之中，人们却找不到从根本上消除这些危机的方法。痛定思痛，我们还是应该走到以人为中心、通过“物”的发展来实现社会和人的全面发展的道路上来。“12·23”、“11·13”事故反映出的现实问题是：井队的一个当班司钻、车间的一个班长的行为和素质，都最终可以对一个员工上百万、产值上万亿元的大企业产生重大的影响。按照“薄板漏洞模型”理论，任何重大事故的发生，都是多个环节或关口失效、出现漏洞的结果，最核心的问题就是人的防线被轻易突破，未能实现人的本质安全。

失败是最痛苦的学习方法，模仿则是最容易的学习方法，而孔子提倡的“沉思”是最高明的学习方法，也是我们必须要掌握的方法。中西方企业的管理体制、员工素质、企业文化差异较大，照搬照抄西方经验是不行的，我们的企业必须要对别人先进的理念、技术进行深入思考和消化，形成自己独有的安全文化。

痛苦的磨砺告诉我们：人类文明发展史与世界企业发展史，都是人与企业不断应对并战胜各种挑战和危机的历史。弱者在挑战和危机中衰落、被淘汰；强者在挑战和危机中成长、提升。

被冷落的“世界500强”之首

2011年新年伊始，《人民日报》发表《2011年关于新媒体的11个猜想》文章说，“新兴媒体的发展早已超越了人们对‘媒体’的传统界定，渗透于日常的无数角落，深刻改变着生活形态。”的确，包括微博客、搜索引擎、社交网络在内的互联网环境已经日益复杂，已成为当今时代思想文化信息的集散地和社会舆论的放大器。而网络具有的“沉默的大多数”现象让网络民意与现实民意不能完全挂钩。这就是社会舆论形成过程中奇妙的“沉默的螺旋”效应。网络上表现出的，也许只是公众心理冰山露出水面的部分，而非全部。

2008年，中国经济实现了8.7%的增长，远高于全球经济1%的增长水平，央企保持强劲增长，成为中国经济“保增长”的中坚力量。

然而，即使逆市飘红，央企也没获得多少掌声，社会上批评与指责之声不绝于耳。傲慢、低效率、竞争力缺失、垄断、暴利、分配不公……这些负面评价仿佛已成为央企的固定标签。一些媒体对央企的关注，似乎也形成了一种奇怪的现象：只要是有关央企负面的、失败的、坏的消息发生，媒体大都会产生兴趣并进行“围追堵截”式的持续报道。也许，央企高管们只能在心底里无奈地认同一句西方新闻业的行话：“没有新闻就是最好的新闻。”（No news is good news）

央视著名主持人白岩松在评价国企为何负面新闻缠身时对笔者说：“没办法，只要沾上‘国’字就难以正面；但只要沾上‘国’字，又永远都是最牛的。”这充分表达了央企形象在新闻舆论中的尴尬。

海尔集团张瑞敏最有名的一句话要数1995年他所说的那句“进军世界500强”的豪言。当年的明星企业海尔，是全中国第一家憧憬“世界500强”梦想的企业。那时，成为“世界500强”，是中国企业的一个信仰坐标、一份“图腾”追求，更是内心的一种骄傲，一种为国人争光的骄傲。

然而，时过境迁，当中国的企业成为“世界500强”榜单上的常客，甚至登顶榜首时，得到的却是一片排斥和指责之声。

对中国人来说，2010年5月30日早晨，一份榜单不期而至。那是英国《金融时报》发布的“全球500强”企业排名，中石油超过国际石油巨头埃克森—美孚公司，成为全球市值最大的企业。中国央企“全球第一！”令全世界瞩目。

作为中国最大的油气生产供应商，中石油近年来发展势头正旺。榜单显示，2010年“全球500强”上市公司的总市值达23.5万亿美元，比2009年增长了50%。中石油以市值3293亿美元占据榜首。

然而，掌声尚未响起，网络上已“板砖”齐飞。新浪网上“您如何看待中石油登顶全球500强”调查显示，2/3的参与者认为中石油市值被高估，82.3%的参与者表示不会购买中石油的股票。其他网站论坛中，也是口水与“板儿砖”齐飞，网民情绪之激烈，蔚为壮观。

此间各种媒体的评论与观点，大致可以分为以下几类。

关键词一【虚胖】：

市值第一并不体现实力第一

2010年5月31日，《中国企业家》杂志刊文《中石油问鼎全球500强：“虚胖”的光环》中指出：“在市值这个瞬息万变的变量中，夹杂了过多诸如希腊主权债务危机、环太平洋板块地震的偶然因素，对于衡量一家企业的实力，只能充

当一个参考量。尽管中石油'航母'的块头已足够规模，但乘中国股市扶摇直上只是一层表面，距离真正具备国际竞争力的'超级舰队'尚需时间。"

关键词二【垄断】：

造就世界第一

2010年5月31日，央视特邀评论员杨禹在《共同关注》栏目中谈道："尽管企业增长从微观层面体现国家增长，但是造就中国石油第一的背后还是行业垄断。"

《南方都市报》评论《中石油市值全球第一不值得骄傲》中指出："中国大型企业总市值全球排名提升是垄断、政策优势、前三十年财富积累与资产高估的结果。……虽然中石油等企业总市值冠于全球，但从其他指标来看未必有竞争力。"

关键词三【责任缺失】：

承担的社会责任与第一的名号不匹配

2010年5月31日《武汉晚报》刊登的评论《国企成为全球翘楚责任何时跟上》一文指出："每每面对国企的优异成绩单时，总有种说不出的酸楚之味：既希望国企不再拖后腿，成为公共财政的巨大包袱，又希望国企不能挟垄断之威，与民争利。虽然在去年底国家社科院发布的年度企业社会责任报告里，国企成绩又一次位居前列，但国企民间视角的'广义责任'无不令国人颇感纠结。"

同日《重庆商报》刊登的评论《中石油登顶世界500强，"夺冠"为何少人喝彩？》一文指出："在企业社会责任方面，中石油近几年也进步不小，但与市值年年上升甚至成为500强之首相比，还是显得太慢。……企业的社会责任要求企业须超越把利润作为唯一目标的传统理念，强调在生产过程中对消费者、对民众生活、对社会的贡献。中石油已经成了'带头大哥'，但如果不能迅速补好社会责任的'课'，将来喝倒彩的或许就不止国内大众了。"

在一些媒体和公众看来，央企的生存逻辑是：依靠政策"保护伞"垄断市场，不顾民众利益而最大化自身及企业员工的利益。并由此形成一种"刻板印象"（指个人受社会影响而对某些人或事持稳定不变的看法，一经形成很难改变），因而自动过滤掉央企在企业改革、社会责任履行、GDP贡献等方面作出的贡献，夸大负面情绪在央企形象评价中的渲染作用，让央企陷入了舆论怪圈：成绩越大，因而，

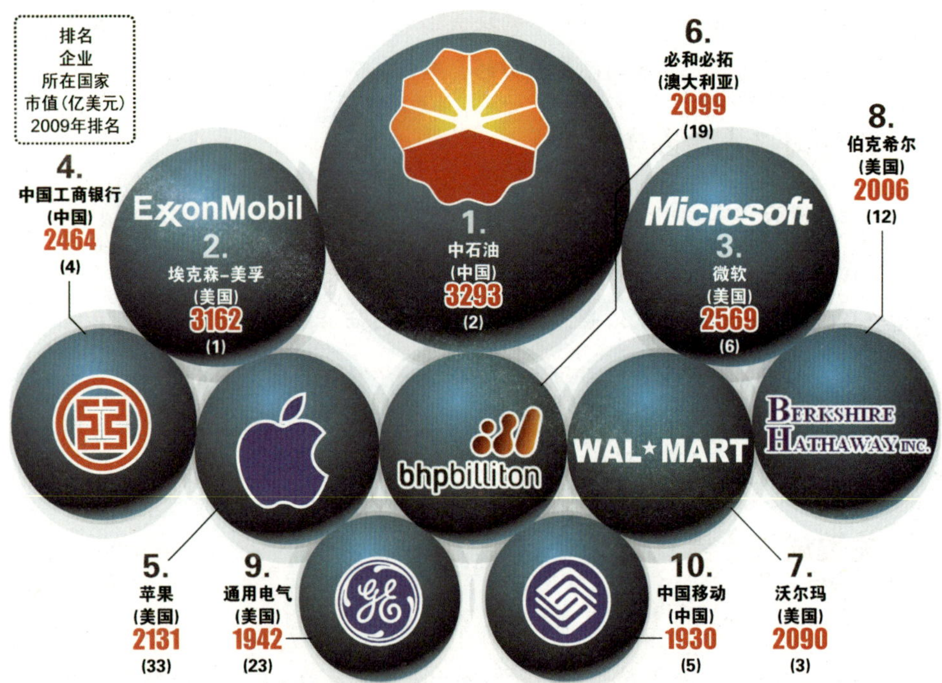

2010年《金融时报》全球500强前10强企业

似乎恶评越多。

应该说，这些评论和报道的出发点是好的，不乏恳切之词和理性思辨，目的是希望中国的央企能做得更好。但文中的有些论据和论证，则有片面偏激之嫌。这也反映出人们对于央企实际情况缺乏了解，社会舆论以讹传讹。

实话实说，中国企业成为“世界500强”排名第一，这在十年前还难以想象。这个“500强第一”也没有如一些人臆测的那样，是把利润偷偷揣到自己口袋里才偷得的。有些人认为央企“用了国家的钱，肥了自家的田”，对中石油而言，这实在是百口莫辩的不白之冤，更不用提有些人想当然的论断：央企挤进“世界500强”是“为了500强而500强”。

2010年，中国经济已超过日本成为全球第二大经济体。这意味着，多年来我国通过对外开放，形成了巨大的市场，在此基础上培养出有一定规模的大型企业，是有市场保证的。比起1998年，今天的央企早已不是当年的那个模样了。

也有人认为，央企是大了，但仍不强，是虚大。

研究问题要用历史的眼光，过去的事情要放在过去的环境中探讨。央企强或者

不强，也应该放在相应的参照系中来衡量。与自己比，中国央企比十年前强多了，这点毫无疑问；与国外的某些大企业对标分析，中国央企固然有劣势，但也不要一概妄自菲薄，央企也具备很多优势。以中石油为例，它的很多技术、很多制度居于国际前列。因此，许多国外大公司弃之不用的老油田，在中石油手中焕发新生就是明证。中国央企用自己的技术，不仅采出了油，而且打出的很多井还是高产油井。

实际上，中石油高层对这个“榜首”桂冠的认识非常理智：市值登顶不代表什么，企业还是要脚踏实地地干好主营业务，尽心尽职地履行好社会责任。

退一步讲，网上骂声一片，是否社会大众对“中石油登顶500强”也是一片骂声呢？这也要理性分析。南非世界杯正如火如荼地进行时，有一个段子流传很广：

“南非世界杯原来是二战翻版——法国早早投降出局了，剩下英格兰独抗德国，美国登陆了，意大利先投降了，日本还在负隅顽抗。而中国呢，正在坚持本土作战！”

最后一句，可谓点睛之笔。中国足球队缺席了世界杯，大家还不忘调侃一下。这反映了什么？反映了国人对国家足球队没能进入世界杯、没能进入国际顶尖赛事心理上的失落。

同样道理，我们的央企就如同中国经济领域的“国家队”，它们要在全球经济“世界杯”的赛场上与外国企业一争高下。如果在全球经济“世界杯”上，没有中国“国家队”亮相，国人又会作何感想？中石油等企业跻身“ 世界500强”前列，就是要在全球经济“世界杯”上展现中国经济的实力，维护中国的利益。

网络和媒体上一片“棒喝”，而公众中的实际情况却并没有那样一边倒。很多事例反映出社会上大部分人对中石油等中国央企上榜，还是感到欢欣鼓舞的。

社会舆论形成过程会受一种奇妙的“沉默的螺旋”效应的影响。2004年美国总统大选，小布什和克里竞选总统，当时媒体舆论和民调多是克里占有优势，但当大部分人认为克里将获胜时，小布什却赢了。为什么？这就是“沉默的螺旋”效应发挥了作用。

2010年《中国互联网络发展状况统计报告》显示，我国网民规模已达3.84亿人，互联网作为人们日常交际工具的价值正在日益提升。在“沉默的螺旋”效应和个人“从众心理”的作用下，网络舆论中的热闹呈现出“众人狂欢”的现象。

尽管在媒体和网络上看到的对中石油“500强登顶”的评论，八成以上是骂声，但这“八成”仅是在网上留言者中的比例，未必就是全社会的主流观点。在网络上积极发表意见的大多是青年，还有很多人是“潜水”一族——只上网，不发帖，有不同意见也不愿或者没空来发帖表达，尤其是那些岁数大的人。现实生活中的公开表达，与网络上的舆论发泄有时也大相径庭。相对隐蔽、自由的网络是一些人释放情绪的渠道，这里的理性沟通少一些。说来说去，网络表现出的只是部分已发言网友的观点，只是公众心理冰山露出水面的那“一角”，而非全部。

所以，中石油被“棒喝”，应该说是被部分人“棒喝”，或者说是被网络上的部分人“棒喝”，还有不少国人是闻讯则喜的。毕竟，中国的企业在“世界500强”榜单上出现得越多、排名越靠前，就越意味着中国经济的腾飞和国力的增强，国人对此总是高兴的，这应该是主流的声音。

然而，一些媒体抓住中石油被网民“棒喝”的新闻，就像是用一个取景器“框”住了一些网民的牢骚和情绪宣泄，呈现出一片倒彩的“媒体的现实”。

中国有句俗语：“好事不出门，坏事传千里。”在新闻传播领域中现实就是“1：13”的关系，即“好消息向前走一步，坏消息就可以走十三步”。此外，现在有种新闻娱乐化倾向，因为中石油等央企是赚钱的大企业、带“国”字头的，所以有些人也有“娱乐国企”、“娱乐央企”的心态。

当然，面对棒喝，央企们也应该全面理解，这其中也有公众“爱之深、责之切”的成分。它们也是想给央企提提醒：中国的央企越大、责任越重，就越要像公众人物一样以更高的标准来要求自己，更多地造福社会，在业绩上升的同时更应保持清醒。

总之，不容置疑的是，央企和公众、媒体间的沟通十分重要。□

八万人裁员，只是一个传说

当前媒体的激烈竞争，非常需要吸引人眼球的新闻故事。然而，这种生动的“故事”如果严重脱离了客观事实，那么新闻“故事”也就可能变成为新闻“事故”，给故事里的人物平添困扰。

中石油这次就是被“故事”了一把。2008年7月25日，《每日经济新闻》上刊发了一篇报道， 从而引发了一场有关“八万人大裁员”的风波。

2008年7月中旬，中石油在延安召开了一个例行的领导干部会。《中国石油报》刊登了总经理的工作报告，其中有这样一段话：“要加强劳动组织和用工管理，控制机构编制，控制员工总量，控制员工成本，员工总量三年内要削减5%。”淹没在上万字报告中的这几句文字，远非重点，但就是某些人对这段话的解读引出了一场轩然大波。

谁说报纸新闻只有一天的生命？当远离会场的某记者看到相关新闻时，已经过去四五天了，不能算是什么新闻了。于是只能用一个引人注目的标题和标新立异的解读使有关此次会议的新闻“死而复活”。这位记者认真地做了如下的数学计算：“按中石油官方网站统计，2007年员工总数为167.3万人，以此基数计算，裁员总数将超过8万人。”记者从北京发稿，文章经修改后以《为控制成本三年内中石油裁员总数将超过8万人》的标题刊登。中石油报告原文的“控制员工总量”便演绎成了“裁员”，平地一声雷，中石油被生生地拽进了舆论的旋涡之中。

接下来几天，该报道被媒体纷纷转载，竞相评论，最后连新华网、人民网这样的权威媒体都发出了相关报道，网络上更是一片非议之声。

参加此次中石油延安会议的石油系统外媒体只有新华社的记者。该记者也赶紧打来电话询问：“裁员八万的事，会上怎么没有听到，什么时候说的？”虽经中石

在延安召开的中石油领导干部大会，参会人员步出会场。

油方面反复解释，这不属实不能写。这位记者还是无奈地说：“这是任务必须得写，领导都批评了，说我在会场怎么都没抓到这条新闻，人家不在会场都抓到了，得写一条中石油裁员八万人是怎么回事的报道。”

2008年7月28日，裁员报道出炉后的第一个工作日，中石油有人出面接受《上海证券报》记者专访进行辟谣：首先澄清“裁员”一词并不确切，报告中的表述是压缩机关人员，控制员工总量，从而达到削减5%员工总量的目标，报告通篇没有提及“裁员”二字。其次，八万人的数字也只是媒体的推测，5%是控制的目标，并不是真实的指标。压缩人员的几条途径主要包括：正常退休，控制新进人员，劳动优化组合，采用新技术整合一些岗位。最后强调了压缩人员是公司应对冗员和经营困难，为了优化劳动结构，提高劳动生产率而采取的各项措施之一。

此外，这则“裁员新闻”的诞生有着特殊的时间背景。2008年，国际油价暴涨，但中国特殊的成品油定价机制造成油价倒挂，炼油环节出现数百亿元亏损。与此同时，2008年上半年，中石油缴纳的特别收益金达到2007年同期的三倍多。中石油效益下滑，出现了经营困难，同行业的另一巨头中石化甚至有现金流断流的危险。因此这次领导干部会议在延安召开，就是要提倡艰苦奋斗，并提出一系列应对困难的举措。除了控制人员规模外，还提出了加快技术进步、推进管理创新等措施。

事实上，上文中提到的职工退休、合并岗位、控制新进人员等都只能算作自然减员，真正的裁员则是削减正式编制岗位，报告中压根儿没提到。以大庆油田为例，若以5%的比例计算，大庆三年需要减少1万人左右，而大庆每年仅自然退休就约六七千人，三年自然减员近2万人。整个中石油160多万人，三年里的退休人员就将达十五六万人，是所谓裁员人数的两倍。

辟谣效果不佳，传言仍然沸沸扬扬。有个别媒体人曾说，只要事关中石油，事关央企，就能有新闻上头版。

7月29日，上海证券报发表了《中石油辟谣："裁员"说不确切，8万人只是推测》的报道后，北京奥运会的到来让人们暂时淡忘了此事。

8月25日，奥运会闭幕第二天，另一波危机再度袭来。某报刊登《控制成本，中石油裁员引发公众热议》一文。该报道声称"中石油裁员的快刀已经发挥作用，内蒙古、山东、河北等地加油站已经开始了裁减"。

9月4日，上海一家报纸刊发了《中石油裁员8万拿油站"开刀"》一文。开篇第一句话便是"中石油来真的了"。这篇报道最引人注目的是披露出北京分公司要裁员近万人的消息。这篇报道被许多媒体转载，网络上再次吵翻了天。

舆论形势迫使中石油做出回应。就在9月4日这篇报道与读者见面几个小时后，中石油便接受了《每日经济新闻》的采访。有意思的是，本次采访记者正是这场风波的始作俑者。

针对报道中关于天津、河北公司最先动刀的说法，中石油说明，主管北京、天津、河北的华北销售公司并没有裁员，只是进行了正常的业务链重组，分流部分人到油库和加油站工作。而公司本身正处于发展阶段，各加油站还存在人数不够的情况，并未考虑过裁员。至于北京销售分公司裁员近万人的消息更属子虚乌有，实际上这个公司总的人数只有4000多人，何来万人可裁?

在第二天题为《中石油否认裁员万人称只是机构调整》的报道中，这些内容得到了准确和客观的报道，各大媒体依样照转不误，网络上的非议逐渐平息下来。也许解铃还须系铃人，一场风波终于尘埃落定。

这场风波颇为典型，其浓厚的戏剧色彩令人难忘、引人深思。■

网络围观“门事件”

古人言“众口铄金，积毁销骨”，当前中国企业所面对的舆论环境越来越复杂，公众舆论对企业的影响逐步增大。

2010年中秋节前，天涯社区网上出现了不少晒中秋国庆福利的帖子，私企、事业单位、国企等众多单位的福利政策纷纷“亮相”。其中，所谓中石油的“豪华”福利不可思议得让人咋舌，引起了众多网友的热议。

该帖子称，据内部员工爆料，中石油某分公司的福利如下：中秋节，过节费正式工1.8万元，非正式工3000元；另有8000元购物卡、3000元月饼券、1箱红酒、2箱水果。国庆节，8000元旅行费用，1台苹果Macbook air笔记本电脑。对此，网友“爱无法伪装”称，“我一年也就挣这么多啊，泪奔ing……”也有少数网友持不同意见：“我是中石化的正式员工，我觉得楼主说的应该是假的，我的同学基本在全国各个油田都有，从来没听说过有这么好的福利。”而不少中石油员工在面对亲朋好友关于此豪华福利的询问时，如同丈二和尚摸不着头脑外，心里也在纳闷，怎么没有听说啊？

原来，这不过是中石油碰到的许多桩“乌龙”事件中的一件。事情经查实后发现，这不过是一名外国留学生冒充石油人发的帖子，根本不是中石油或其他国企的职工。但几经转载和演绎，竟演变为“天价福利门”事件。而中石油只能再咽下这枚“莫须有”的苦果。

“苦果”有多苦？事实上，从2009年起，接踵而至的“门事件”就让石油巨头陷入舆论危机。

2009年8月，国资委副主任黄丹华表示，将指导央企加强和改进新闻发布制度建设工作，包括设立新闻发言人以及相应的新闻发布机构等。

谁料，消息刚见报，舆论便一片哗然：央企新闻发言人不能为“辟谣”而设；丑闻逼出央企新闻发言人制度；新闻发言人难消央企“负面新闻”；新闻发言人不是“消防员”，新闻官难治“央企病”；等等奇谈怪论就一拥而上。

一项正常的加强信息公开、透明的制度，为何又引发一边倒的负面解读呢？这不禁让人联想起，自2009年上半年起就频频登报的一系列“门事件”。仅中石化半年内就遭遇了**裸油价门**、**吊灯门**等事件，而随后又爆发了CCI贿赂门、中石油购房门等。针对央企的各种“负面新闻”和敏感议题纷至沓来，在此背景下推出新闻发言人制度，所以引发人们的联想、误读和质疑。

所谓“门”事件，起源于迫使美国总统辞职下台的“水门事件”。如今网络中时兴将近期发生的有重大影响力或娱乐性的事件，取名为“××门”，其中就透着对事件的娱乐和炒作心态。而央企在媒体上的负面新闻，往往就是以“××门”的形式出现。这一道门接着一道门，令人目不暇给，有些是确有其事，但被夸大了；有些却是被捕风捉影、跟风炒作出来的，其间充斥着被公众误读的无奈。

以裸油价门为例。以裸字打头的裸奔、裸聊，都是些不雅的事，而对油价的澄清与解释被戏称为“裸油价”，令人哭笑不得。

2009年7月8日，有媒体报道国内油价“虚高”，并已高于美国。对此，中石化一位权威人士提供了一份详尽的中美两国成品油价对比数据清单。清单列明，7月6日，美国汽油零售价每加仑261美分，税占价格比例为15.36%，经过折算，不含税的汽油价格是每升3.99元。当天，国内90号汽油

深度阅读……

裸油价门

据《上海证券报》2009年7月8日报道，中国上一个月内连续两次上调成品油价后，有舆论质疑国内油价“虚高”，并指责中国油价已高于美国。对此，中石化一位专家向媒体提供了一份详尽的中、美两国成品油价对比数据清单，力证剔除税收后的国内裸油价并不高，与美国油价相差无几，结果遭到了舆论的口诛笔伐。

吊灯门

一网友爆料中石化大楼购置了一盏价值1200万元的吊灯，再次把中石化推上了舆论的风口浪尖。此帖随后被各大论坛转载，迅速成为网上热点话题。

零售价每吨7543元，其中包括3732元的增值税、消费税和城建税等，税占价格比例达36%；经过折算，不含税的国内汽油价格为3.47元/升，比美国低13.03%，不含税的柴油价格为3.38元/升，比美国低11.75%。

这样，中石化的专家给公众传达了一个不含税的油价概念，这个概念迅速被演绎为“裸油价”。“裸油价”一出，网上一片哗然。

网络评论员王毅发表博客文章《中石化谈裸油价，全世界都笑了”》。文中称我国国民收入不足美国的十分之一，让中国去与美国比较裸油价的高低，是“一件非常可笑的事情”。

评论员盛大林质问：“中国油价比美国高，仅仅是因为政府的税费太多吗？”他认为，“权威人士”的这笔账仅仅是从表面上算的，其背后的成本问题，比如原油的结构、生产的成本、油品的质量等等，却完全被“忽略”了……对自己有利的算得很清楚，对自己不利的却只字不提。中石化算账“心太偏”，怎能证明油价不虚高呢？

中国油价高不高，本书第三章中已经作了分析。实际上，那位专家的对比口径不当，如果按照93号汽油相比，2009年7月6日，北京市场零售价格为6.37元/升，不含税的汽油价格则为4.07元，比美国高8分钱。其实，中美两国油价并没有太多可比性，因为中国有原油的亚洲溢价和相对高昂的物流成本，两国的成品油品种标号和定价机制都不尽相同，尤其是税收的构成。

中国油价中的赋税低于欧洲，高于美国，剔除税后的油价，各国差异不是很大，而中国、美国的确是其中相对较低的两家。

为何又会产生争论呢？网友认为，原因在于石油成本不透明，央企是依靠垄断地位牟取暴利，否则不能解释我国的石油企业为什么会成为亚洲最赚钱的公司。

中石化的这位专家的观点显然被曲解了，但公众处于义愤填膺的情绪中，哪还能理性地讨论这个问题。风波平息一段时间后，发改委和很多专家对这个“裸油价”一词进行了“正名”：美国由于国情特殊，油价在全球都是低的；中国油价近期比美国一些州高，主要高在税收上，中国成品油的税负约是全美平均水平的两倍。此外，中国炼油厂的原油成本相对美国炼油厂的原油成本要高。中美成品油价格没有太多可比性，因为两国成品油价格构成不同。在中国，成品油价格一直采用政府指导价，终端零售价不完全反映生产销售各环节的成本和收益情况，事实上国内油价曾长期低于国际市场价格。

一波未平，一波又起。中石化还未从裸油价门的舆论漩涡中缓过神来，天价吊灯门又从天而降。

2009年7月13日，一名网友在网易论坛上发出了“朋友去中石化参观了价值1200万元的天价吊灯”的帖子，爆料中石化购置了价值1200万元的天价吊灯。此帖一出，“天价吊灯”一石激起千层浪，不少网友将油价上涨与“天价吊灯”传言自动对接，认为“中石化一边哭穷，一边却大兴土木”，有“忽悠老百姓，忽悠政府，忽悠油价”之嫌。此帖发出后只过了五天，有人在google上输入了“中石化天价吊灯”字样，就获得84万多条查询结果，可见网友的关注程度之高。

其实，油价暴涨的受害者不仅是全体民众，某种意义上也包括石油企业。消费者面对成品油等产品价格的上涨和并未鼓起来的腰包而出现了心理落差，这也许就是民众对天价吊灯门的怨气缘由。事实上，中石化后来辟谣“天价吊灯1200万元”的说法与事实不符，全部成本是156万元，但此时公众已不在意具体数字，石油、石化企业阔气的印象已经在他们脑海里打下烙印了。

深陷舆论泥潭的不只是中石化，中石油和中海油等央企也未能“幸免”，在美国CCI公司行贿门闹得沸沸扬扬之后，中石油“购房门”事件也登场了。

2009年8月25日，中央电视台《东方时空》播出了“中石油20亿团购房令人羡慕”的新闻。由此开始，有关中石油“购房门”的新闻大战延续了近三个月。

购房门到底是怎么回事呢？简单地说就是因为中石油员工在分房上没踩到点，很多人蜗居在北京十年都未分房，刚团购一把，就赶上北京房价猛涨，让全国人民都知道他们买房了。

事实是，1999年中石油重组上市，因业务拓展组建新公司，大量外地员工进京，同时还要招收新员工，由此有近万名职工住在出租房中，成了京漂一族。很多人就近租房，导致六铺炕地区的租房价格比其他地区要高上许多。十年未分房，职工及家属渐渐有了怨言。又由于新进京员工中有八九成都没有北京户口，所以也没资格买经济适用房。

2003年底，在“三讲”学习教育活动进行过程中，员工们给中石油党组提意见：“这么多年无房住，石油总是先生产后生活，希望这次能考虑解决职工住房问题。”考虑到确实还有很多老职工住在筒子楼里，一大批新职工没有房住的实际困难，中石油党组责令相关单位帮助协调解决。

购房小组在北京看了很多地方，但由于缺少首付资金等问题而使购房屡屡流产。太阳宫项目是从2004年时开始谈的。于是，2004年开始，很多人等着分房，等啊，盼啊，眼瞅着谈判没结果，北京房价却一路上升。好多人说，等“团购”等来了高房价，果然后来“团购的”价格比当时自己买要贵。为员工团购房，因为上面没有政策所以公司也给不了补贴，房款得由员工自己负责筹集。团购谈成了，当时太阳宫还比较偏僻，8000多元的价格也不算低，但要建好才能分。而且是2005年之前进入北京的石油员工才能参与团购，或等待循环调整出的旧房。因房源少，人多，还有一大批人仍未分到房。房子建了两年多，时间就到了2008年底。

谁知2008年下半年北京房价开始飙升，到2009年已翻了一番。2009年8月，中石油职工购房被曝光时，正赶上了房价的新高点。媒体此时的曝光，确实不在点上，社会观感不好，使正在为买房发愁的老百姓心里不爽，购房门事件成为社会情绪的宣泄口。至于这是用房价低迷时买的价格与涨起来后的价格比，则谁也不去关心了。

中国人民大学舆论研究所所长喻国明教授认为，央企大多分布在关系国家安全、国民经济命脉的重要行业和领域，是公共服务产品的提供者，与老百姓工作、生活密切相关。此外，很多央企涉及的领域是非竞争性的领域，因此，社会关注度更高，热点问题更多，社会对于其信息发布的要求也更高。央企还是有必要改进相关工作，进一步将舆论、民意评价引入到生产经营管理中来。

从某种意义上讲，央企不单纯是企业，更是社会公众性角色，所以需要面对更高标准、更严格甚至是挑剔的要求。央企也必须适应这种状况，本着“有则改之，无则加勉”的态度，重视社会的关注，提升企业的美誉度。因为有个浅显的道理，那就是：能力越大，责任越大。

危机管理，现代企业的必修课

中国的危机管理研究还处于起步阶段。一个典型的现象是，很多的中国企业还缺乏深刻持久的“忧患意识”，缺乏应对危机的一整套管理体系和方法。它们在平安无事时，很难有“未雨绸缪”的防范意识和战略考虑，不善于与媒体沟通；即便出现了影响企业发展的突发的负面事件，也往往是“病急乱投医”，根本谈不上“有序管理危机和果断采取行动”。

2006年底，国资委组织了13家大企业19人东渡赴日取经，对企业公共关系与危机管理进行全面的学习考察，这加速了国有企业的危机管理机制建设。

考察团发现，中国企业对企业发展目标、发展基础和发展动力等方面的认识还是初步的，与日本等发达国家的企业还有差距，离科学发展观的要求、离真正实现以人为本还相距甚远，尤其是在危机管理领域。对比中国和日本，以及国际企业的做法后可发现，危机管理不是危机处理，它实际上是一项事关企业整体的综合性工作。下面让我们来对比一下：

关于企业的发展目标——

○中国企业发展目标往往是建设“一流的和具有国际竞争力的企业集团”。

○日本企业发展目标是把公司建成“超一流的全球性企业集团和能使员工引以为豪，并充满活力奋发工作的企业集团”。它们更注重把企业发展目标与员工的个人价值实现结合到一起，让员工感到企业发展目标不只是企业的，也是自己的。

关于企业的发展基础——

○中国的企业认为，企业发展的基础是先进的机制、优秀的管理等。

○日本企业和一些国际公司认为，每个员工成长的总和是公司发展的基础。公司的重要任务是创造出一个激发员工工作热情、自豪感，并愿意长期工作下去的良好环境。只有把企业办成员工的家，员工才不会拿企业当旅馆。

关于企业的发展动力——

○中国企业认为，企业发展的动力是市场的需求和先进的技术等。中国企业对以人为本的理解，更多的是对人的物质方面的关爱和保护。

○日本企业认为，每个员工的自豪感和成就感是公司发展成长的动力。它们认为以人为本的理念，体现在企业中就是以员工为本。企业在发展的战略、目标、基础和动力等方面，更多的是对人“精神方面”的鼓励和激励。比如松下提出，在制造产品之前，先制造人，“人永远是第一位的”。

“每一次危机既包含导致失败的根源，又孕育着成功的种子。发现、培育，以便收获这个潜在的成功机会，就是危机管理的精髓。”

中国企业目前所进行的危机管理，主要是在做危机处理的事，还是一种传统的抗灾救灾观念。日本企业的危机管理比较注重由“危”向“机”的转化，尽力在危机中寻找转机和生机。

在汉语中，危机一词也可以理解为是“危险”和“机会”两词的缩写语。危机处于危险和机会的中间点上，同一件事既处于危险之中也处于机会之中，关键要看你如何应对。处理不当就是危险，会造成灾害；处理好了也可以转化成机会。当前，中国的企业应该更多地学会如何“危中求机”、“化危为机”。■

深度阅读……

危机管理的“八必原则”

3F原则（First person，First time，First place）：在突发事件发生初期，企业主要负责人或安全负责人应尽可能地在第一时间到达第一现场。

3P原则（Person，Person，Person）：人，永远要放在危机发生之后的第一位。

3O原则（Only One speaks Out）：只有一个声音对外。以组织为唯一权威的信息来源体，不要人为制造“无头苍蝇”。

3T原则（Tell your own tale，Tell it fast，Tell it all）：危机处理时，应坚持以我为主提供情况，尽快提供情况，提供能公开的全部情况。

SAS原则（See And Seen）：看与被看到，让公众看到你所采取的抢救措施。

WC原则（We Care）：对所发生的事故表示遗憾和关心。

KISS原则（Keep It Simple & Stupid）：在危机传播中要诚实，不要推断，不要推卸责任。

PASS原则（Partner All Shareholders & Stake-holders）：要找到所有的利益相关者，并尽快形成联盟。

聚光灯下的“垄断收入”

除了“垄断”，“调整收入分配” 在2010年的中国官方表达中也十分抢眼。种种“信号”表明，从深层次对收入分配问题进行调整是政府当前面对的重要任务之一，也是决定“结构调整”成败的关键环节。

胡锦涛总书记在谈到转变经济发展方式时，把“加快调整国民收入分配结构”放在了首位。温家宝总理、李克强副总理也先后提及要“通过合理的收入分配制度”“让全体人民共享改革发展的成果”。

温家宝总理在与网友在线交流时表示，把社会财富这个“蛋糕”分好，关系到社会的公平正义。按照温总理此前提出的改革国民收入分配的要点，中国政府将加快调整国民收入分配格局，逐步提高居民收入在国民收入分配中的比重、劳动报酬在初次分配中的比重；加大税收对收入分配的调节作用，深化垄断行业收入分配制度改革，进一步规范收入分配秩序；对城乡低收入困难群众给予更多关爱，保障好他们的基本生活和基本权益，继续抓好扶贫工作。中共十七届五中全会上，中央关于“十二五”规划的建议更是将“富民”和“内需”提高到了前所未有的高度。可以说，中国新一轮收入分配制度改革已经拉开帷幕。

对政府相关部门来说，“调整收入分配”的目的是解决公平问题，是个牵扯到各个阶层、各个群体利益的调整以及社会利益格局划分的事关全局的大问题，其间的困难和阻力可以预见。

就拿《关于加强收入分配调节的指导意见及实施细则》这份文件来说，它已经酝酿六年，数易其稿，围绕如何实现公平分配，对包括起点干预政策体系（竞争环境和竞争能力）、过程干预政策体系（初次分配过程）和结果干预政策体系（再分配过程）等核心制度框架皆展开了深入调研和论证。

而对于社会舆论来说，“调整收入分配”就是应该打破社会贫富不均、消除一些行业不合理的工资现状。

在人们的印象中，垄断行业的工资福利与其他行业相比，似乎是有着天地之间的差别。垄断行业收入过高，灰色收入未能规范，甚至有很多非法收入，这些都扰乱了分配秩序。有一位政协委员更厉言道：“垄断行业高薪扰乱分配秩序。目前，中低收入人群的钱袋子还不够充实，如收入不能有效增加，消费需求就很难刺激，消费市场很难搞活。”

另一位委员批评国企高管收入过高，影响社会公平，认为国有控股集团及其所管理的大规模国有企业高管与企业职工收入差距日益拉大，需引起高度重视。

全国政协一位委员说：“国”字头企业职工收入太高。目前政府在微观层面的干预很多，但在宏观领域的一次分配中，就没有规定国家、企业、劳动者三者间的关系，“现在是国富民穷，劳动者的比例越来越小，‘国’字头的越来越大。目前三者是三分天下，可是普通劳动者的人数有多少啊！”

根据人力资源和社会保障部的统计，目前，电力、电信、金融、保险、烟草等行业职工的平均工资高于其他行业职工平均工资。而20世纪八九十年代，金融、电力、电信等行业与制造加工业工资水平差不多，最近这些年才快速地超过了其他行业的工资。

很多人看到了这几年石油、电力、电信行业收入的增长，却未注意到这些行业对职工长期的历史欠账和石油行业“高投入、高风险”的特性，而且这种投入和风险仍在不断递增。

以石油管道局职工为例。过去一年修管道大约3000公里，现在一年要修6000公里，但是工资总额指标是限定死的，并不能增长。这意味着原来对工人实行计件工资制，焊一条焊缝挣多少钱，可现在这个钱却没办法足额发。企业工资总额指标是层层下达的，国资委给央企限定工资总额，各集团公司又把工资总额限定给下属企业，企业自己没有多少收入分配自主权。这就好比总的盘子是限定死的，你干3000公里还是6000公里的钱都差不了太多，客观上造成了因工作量激增，一线员工干的活增加很多，甚至超负荷，多劳但难以多得，也有些影响一线人员的积极性。

由于工资总额的限制，人员也难以增长，人力严重不足。2010年，管道局从苏丹回来的队伍春节都没过，就从机场被直接拉到了西二线东段的建设工地上，连家

都没回。央企此时面临着一方面被外界批评说高收入、高分配；而另外一方面，内部的分配面临工作量大幅增长，工资总额却难以增长甚至要减少的困境。

事实上，社会上很多人指责央企高管的收入问题，有些是因为了解得不全面。央企是和全世界的公司竞争，但是在人才吸引和稳定上，根本与人家不在一个层级，这也是央企面临的一个困扰。试想一下，一个难得的人才，凭什么不去有着百万年薪的企业，非得来到只挣几万十几万年薪的地方呢？这是个难题。

现在一些人指责央企的高管拿上百万甚至千万的年薪，实际上这是财务报表当中的数据，大多数人拿的是名义工资，实际拿到手的只是其中一小部分。因为外国投资者认为高管不拿这么多的钱，不可能对公司真正负责任。此外，大多数中国企业的管理层还是有奉献精神的。比如中国的石油企业在海外与其他国家联合投资成立的合资公司和项目，中国人跟外国人服务于同样的岗位，工资本应该是一样的，但中国人真正拿到手的钱，只有老外的几分之一甚至是十分之一。国外投资者要求高管必须要拿高工资，拿期权，中国的企业当然不能这样做。可能有少数央企高管的工资不菲，但对大多数央企来说，员工工资并没有外界认为的那样丰厚。但这其中的缘由和苦涩又怎能说得清？

深度阅读……

央企美誉度问卷调查

中央相关部委委托中介机构连续两年对中央企业美誉度状况做问卷调查。调查表明，在媒体记者中认为中央企业“美誉度好”的只占8%，认为“美誉度较好”的占21%，认为央企“美誉度一般、较差和差”的占70%以上。媒体记者的感知必然通过新闻报道不自觉地在报道中流露出来。这也不难理解在央企负面舆情涉及的行业中，能源、航空、电信居前三，其中能源企业就占了四分之一。

《南方周末》对相关社会意见领袖和公众进行的调查问卷表明，公众对央企新闻的关注度高，对央企社会形象的负面评价占多数，而其负面评价主要集中于垄断、安全事故频发、机构臃肿、效率低下和管理落后等问题。

意见领袖一般是指在社会中有影响力并拥有较多的信息渠道的人，他们一般最先接触媒体发布的信息，然后再把信息传给公众，同时潜移默化地用观点影响公众。因此，意见领袖的问卷看法也反映了社会舆论中的主流观点。

新闻头条是怎么产生的

新闻头条是如何产生的呢？用新闻学理论来解释，就是新闻价值最大的事实往往会成为当天头版的重要新闻。

中国人民大学陈力丹教授概括的“新闻价值十要素”，代表了当前新闻工作者新闻选择的专业“标尺”。我们在此结合中石油遭遇的“八万人裁员风波”，来看一条新闻怎样可以登上头条。

反常、变动——裁员就是变动，且在任何国家的企业中都不可能是常事。

利害关系、亲近性——2008年是全球金融危机“山雨欲来风满楼”之时，中国人对于下岗、裁员的心理阴影早已存在。

影响力——“八万人裁员”牵涉面会很广。

显著性——中石油是知名企业。

冲突——“裁员”本身就是冲突。

人性——可以想象“八万人裁员”会牵涉多少人与多少家庭啊！

反差——2008年国际油价暴涨，中石油应该利润不菲，竟然还要“裁员”！

这则新闻若是真的，“十要素”中占据七八个怎么可能不上头版呢？

这场风波恰恰也反映了一些媒体常用的操作模式：新闻来源望文生义，再经转载、渲染，便以讹传讹地传播开来，激发社会情绪，造成不良影响。

毛泽东在《实践论》中写道：“你要知道梨子的滋味，你就得变革梨子，亲口吃一吃。”然而，一些媒体人快节奏工作，无暇作深入调查，往往用望远镜远眺一下，便来评价梨子的滋味。只有“大胆假设”，却很少“小心求证”，其后果往往是，失之毫厘谬以千里。这种流水线、快餐式的报道手法，加大了文字与实际的偏差以及新闻事故的频发。这其中，当然也有一些“梨园”是否能让人近距离观察、品尝梨子滋

味的原因。

事实上，不实的新闻不能称之为“新闻”，有些可称其为传言甚至“谣言”。令人遗憾的是，目前媒体上“新闻”与“传言谣言”大量并存的乱象，并不鲜见。

在社会生活的多个领域中，传言谣言的存在成为一个常态。法国传播学者让·偌埃尔·卡普费雷在其著作《谣言——世界最古老的传媒》中，将其定义为，“在社会生活中出现并流传的，未经官方公开证实或者已经被官方所辟谣的信息”。

1947年，美国社会学家特·希布塔尼有个著名的定义：

谣言=（事件的）重要性×（事件的）含糊不清。

1953年，美国的克罗斯又对此进行了修正。他认为：

谣言=（事件的）重要性×（事件的）模糊性×公众批判能力。

这两个公式都表明，重要性越高的事情和事件主体，往往容易成为传言谣言的攻击对象。而越是重要的事件，其信息往往越不透明，这种模糊性便助长了谣言的产生。如果公众批判能力不高，以讹传讹的情况就会更多。公众的成熟度也是一个社会理性和成熟的重要基础。

从历年“两会”热点问题的报道

深度阅读……

兰成渝管道未中断，报道便不给力

2008年汶川大地震期间，中国石油兰成渝管道与强地震带几乎平行，距离震中仅20公里至100公里。地震后由于光纤断裂被迫紧急停输一天，但并未出现重大损坏和人员伤亡。这并非侥幸，而因为是从管线建设之初就把安全置于首要位置的工作理念所打造出的放心工程。事实上，最初设计的管道路线有一大段途经地震易发带，由于及时采纳了专家“为了安全宁可绕行一段”的建议，反复多次优化线路设计躲开了地质灾害易发区，既提高了安全性又降低了投资，并经受住了强震的考验。

管线紧急停输后，中石油冒着余震频频的风险，第一时间开展抢修。与此同时，远在大连学习培训的中石油高层密切关注管线抢修工作，远程指挥。考虑到只靠公路运输无法保障川渝上亿人口及抢险救灾的用油，中石油高层冒着一定风险毅然下令重新启输，同时部署做好应急保障工作。紧急停输22个小时后管线恢复运输，做到了山塌路断油不断。也由于未断油，兰成渝管线的奇迹未引起关注，就像人身上正常工作的器官多不被关注一样。

与此类似的是，2008年1月，浙江、江苏、安徽等19个省区遭遇大范围低温、雨雪、冰冻灾害，路不通、水断了、电断了，但天然气供应没有断。中石油管道运行单位克服停电停水等不利因素，迅速启动应急预案，采取措施，保障了近百个重点城市的燃气供应。“天然气没有断”当然只能被媒体一笔带过。

究其原因，前全国政协主席李瑞环提过的“老太太哲学”似乎可以解释这些现象：对于纷繁芜杂的社会万象来说，老太太只关心家里的煤气能否“点火就着”，而不太关心那些事件背后的数字、原因或规律。

的确，保障民生是央企的社会责任，要时刻保障全国百姓生活的能源供应并不是像有些人想象的那么简单。老百姓即使天天都在用、餐餐不能少，但谁也不会去特别关注油气保障背后央企承担的责任和付出的辛劳。不过，这些也不要紧，这本来也是央企应该做好的。

中，有心人会发现，媒体关注的议题往往与公众议题具有高度相关性。其实，这体现了又一个著名的传播理论——议程设置理论。

1968年，美国传播学家麦库姆斯和肖两人对总统大选进行了调查，看媒介报道议题对公众议题有多大的影响。1972年，他们提出了议程设置理论。该理论认为，大众传播往往不能决定人们对某一事件或意见的具体看法，但可以通过提供信息和安排相关的议题，从而有效地左右人们关注哪些事实和意见以及他们谈论的先后顺序。也就是说，传媒如果对受众“怎么想问题”指手画脚，不一定能成功，但它对受众“想什么问题”进行控制却并非难事。

根据这个理论反观国内，我们发现，当收入分配、国企拿地、高速公路收费、垄断、“国进民退”、信息不对称等等问题，被置于版面的首要位置时，尽管政府在努力宣传多年来国家如何在“保增长”的同时“保民生”、“调结构”，如何在“讲效率”的同时“重公平”，如何在防范及规避国际地位提升的同时带来的威胁

上报摊的报纸，新闻头条抢眼至关重要。

和风险，如何突破技术瓶颈让“中国制造”转变为“中国品牌”，而中国老百姓的生活幸福指数还是感觉降低了，从年轻人到老年人都在感叹：东西越来越贵，房价越来越高，收入差距越来越大，生活节奏越来越快。

有媒体人指出，中国媒体面对全国“两会”报道的“富矿”却挖不出多少有分量的“金子”来。不少媒体把镜头对准明星代表、委员，把版面堆满“雷人”的“炮手言论”。于是，往往在一场“媒体盛宴”之后，老百姓才发现，有些媒体“在一堆口水泡沫中转移了社会对真正问题的关注”。

当然，媒体议题与公众议题之间也是相互辉映的。

中国社会正处于转型期，各种情绪不安、冲突，甚至局部矛盾激化随时会发生，并容易被扩大。这种社会内部的焦虑，是社会转型期的特征。同样，中国的媒体正在经历市场化改革，媒体商业化造成的焦虑和隐忧也日益凸显。一方面“收视率为王”的市场诉求使一些媒体的内容充满了炒作、渲染、甚至虚假报道；另一方面，外国资本和民营资本也开始带着自己的利益诉求“曲线”介入媒体投资，甚至有国外势力想通过媒体平台“妖魔化”中国国民经济的根基。这是一场舆论争夺战。央企不仅要努力了解这一新的发展环境，而且也要适应媒体的市场化转变，要重视企业宣传，更要认识到传统的宣传工作要向企业形象建设工作转型，尤其是要学会与新兴的市场化媒体打交道、与网民打交道，加强沟通，加强企业品牌形象推广。

事实上，人们看到的世界是媒体“构建”的世界。美国著名学者、国防部前部长助理约瑟夫·奈把这种权力称为“软权力”。他认为，在全球传媒时代，媒体的力量得到了前所未有的增强，它可以让突发事件不致演变为不可收拾的危机；与此同时，也可以使危机升级，毁灭现有的价值体系。

也正因如此，掌握了话筒的媒体更应慎用手中强大的话语权，影响力越大责任也越重。占据道德高地的媒体是直接推动社会进步的积极力量，是保证社会健康发展的重要力量。

现代中国急需更多的能产生广大社会影响力、有责任感的强势媒体。传媒业的发展与社会文明的发展同步而行，前途光明但并非坦途。而对当今中国传媒业人士来说，需要谨记的是，在新闻守则上与“新闻真实”并列放置于职业操守首位的还有“社会责任”——对处于不同历史时期的社会而言，媒体都要起到融合文化、稳定社会的作用。中国媒体不断前行，任重道远。◘

及时擦去雕像上被泼的颜料

有一个案例，说一尊雕像被泼上颜料，泼完了，事情似乎结束了。但由于没有清理，经过的人看到的仍是被泼上颜料的雕像。这个故事有什么深刻寓意呢？

实际上，企业就如同一座雕像，“颜料”可以看做是媒体的批评报道和公众舆论。不管是有意泼上去的，还是无意洒上的，报道过了，企业往往习惯性地沉默，再也不做回应了。但事情结束了吗？并没有。因为只有把事实澄清，把误解消除，主动擦掉“被泼的颜料”，真相才会被大家所了解，这才是真正的结束。

这样一个道理，对于中国的企业来说，目前仍然是一个需要重视的问题。首要问题是要重视和改变“新央企还没有新形象”的现状。改革开放以来，我们的央企无论从经营管理机制还是市场竞争力方面，都朝着现代企业迈进。但由于一些央企仍停留在埋头干事、多做少说的观念上，一些公众对央企的印象仍然停留在过去的机构臃肿、管理落后、机制僵化的老

伦敦市政工人清洗被“污染”的塑像

央企上。发生新闻危机时，公众往往容易被媒体负面报道引导，激化抵触情绪，这是央企必须正视的问题。因此，央企应该重视媒体的批评，主动清理“被泼的颜料”。

中石油集团副总经理王福成曾在相关会议上强调，现代社会，媒体监督是无法回避、不可或缺的社会制度。对媒体来说，就是要客观、公正、全面地报道。作为企业来说，不要只看到媒体报道的负面作用，不要把媒体当成对手，而应该积极与媒体沟通，以媒体为“媒”，通过媒体这个平台构建央企新的形象。

深度阅读……

企业的社会形象

企业的社会形象是企业精神文化的一种外在表现形式，它是社会公众与企业接触交往过程中所感受到的总体印象。这种印象是通过人体的感官传递获得的。企业社会形象能否真实反映企业的精神文化，以及能否被社会各界和公众舆论所理解和接受，在很大程度上决定于企业自身的主观努力。

他认为，企业应该以媒体监督为动力，主动积极应对，加强企业内部管理工作。身正才能不怕影子斜。只要企业内部管理做好了，各项工作做到位了，被恶意炒作的风险和空间也就小了。所以说，应把媒体监督作为企业发展的镜子，企业管理者应该把媒体应对工作放在重要位置。同时应该保持清醒的是，不能本末倒置，企业的媒体应对替代不了企业自身的生产经营工作，如果自身内部管理不到位，漏洞百出，自然是防不胜防的——本职工作需放在首位。

看来，央企领导对此已有了深刻全面的认识。那么，从媒体的角度来说，媒体也应该客观看待和处理央企的相关问题，更多地成为中国央企发展的助推力而不是减速器。媒体的不实报道虽然不是出于恶意，但如果以讹传讹，放弃认真查证事情的来龙去脉以及深层次问题，也是一种浮躁的表现。如今，一些传媒有一种危险的倾向：把镜头和版面聚焦在细枝末节上，语言非理性、情绪化，这既不符合新闻从业人员的职业操守，客观上也忽视了应从大局出发的深层次的报道和分析，眼光不够长远，视野不够宽广。如果只把眼光投射在960万平方公里内的“家长里短”，必然容易忽视国际赛场上国家、民族的话语权和长久利益。媒体是社会公众认识世界、监测环境的眼睛。一些媒体的非理性和短视，难免加深社会各个阶层间的鸿沟，加强民众的急功近利和社会的浮躁失衡。这样难以成为负责任的媒体。

因此，及时擦掉“被泼的颜料”，无论对于央企，还是对于媒体、对于公众，都是一件重要的事，是大家共同的责任。

要想头不疼，烦心事少，央企最重要的是要注意到现代的传播舆论环境已经变了，一个小事件有可能就衍生为大的舆论漩涡，央企必须适应这种新的环境。

美国国务卿希拉里在中国接受凤凰卫视采访，谈到如何面对公众时，主持人解读说，美国政治家最头疼的往往不是对手，而是号称第四权力的媒体。在我国，汉语中媒体的“媒”字不是倒霉的“霉”，而是媒婆的“媒”，这就意味着我们应该把媒体当做企业联系公众的桥梁和纽带。这就要求央企增加信息透明度，改变目前信息不对称的问题，如此才能减少公众误解、误读的诱发因素。当央企在市场运作中，对媒体感到有所不适应的时候，很多情况不是因为做得不够好，而是因为说得不够多、说得不到位，没有认真倾听公众和媒体的声音并予以真诚回应。

人民日报　广告　9

坦诚面对挑战，用心承诺明天。

bp

www.bp.com.cn

墨西哥湾石油泄漏事件发生后，BP公司便公开信息并及时更新发布。2010年12月，BP公司又在全球的媒体上密集刊发形象广告。

媒体也应该理性地、积极地面对企业，认真查证，客观、全面地报道。面对出现的问题，一味指责并不能解决问题，只会加深误解和鸿沟。媒体也不能拘泥于细枝末节的新闻炒作，而要善于把握从国家的总体战略角度看待现实问题。国内有些媒体追踪的热点，往往都是战术问题。希望媒体在这些方面更关注国家大的战略利益，引导全社会，使国人多养成从大战略上着眼问题的习惯。只有从大战略着眼，才能使我们更加深刻地认识我们自己的国家和时代。

科学的危机管理要危中求机，化危为机。新央企必须与时俱进，改进和提升沟通能力，才能建立新制度，提升美誉度。

第六章

“国进民退”大论战

P187

伴随着以央企为代表的国企的爆发式增长和集体性崛起，“国进民退”和“央企凶猛”等种种指责不绝于耳。有人指出，这一观点是否陷入与俄罗斯私有化改革前相似的迷途；也有人担心，“国退民进”别成为“国退洋进”。

在质疑者眼里，国企特别是央企今天的良好发展局面，只是偶然的、暂时的现象，不值得称道；中国国企的崛起与西方经济学关于市场经济的“常识”不符，因而是要不得的；甚至，在个别全国性专业论坛上，每当发言嘉宾调侃了国企，台下就报以一片掌声与笑声……

国企“错”在何处？“国进民退”是否是个伪命题？央企真相与人们脑海中的刻板印象相距多远？

黑格尔说，在公共舆论中，真理和无数错误往往直接混杂在一起。

“国有化”浪潮来袭

2007年8月次贷危机席卷全美，美国第二大次级抵押贷款机构新世纪金融公司破产，贝尔斯登公司所属两家对冲基金机构倒闭，股市大跌。至2008年9月，次贷危机演变成百年不遇的金融危机。

危机爆发后，美国推出了一系列经济刺激和金融稳定计划，其中包括前总统布什推出的7000 亿美

漫画——《金融危机》

深度阅读……

次贷危机（Subprime Crisis）

次贷危机又称次级房贷危机，也译为次债危机。它是指一场发生在美国，因次级抵押贷款机构破产、投资基金被迫关闭、股市剧烈震荡引起的金融风暴。它致使全球主要金融市场出现流动性不足危机。美国“次贷危机”是从2006年春季开始逐步显现的。2007年8月开始席卷美国、欧盟和日本等世界主要金融市场。次贷危机目前已经成为国际上的一个热点问题。

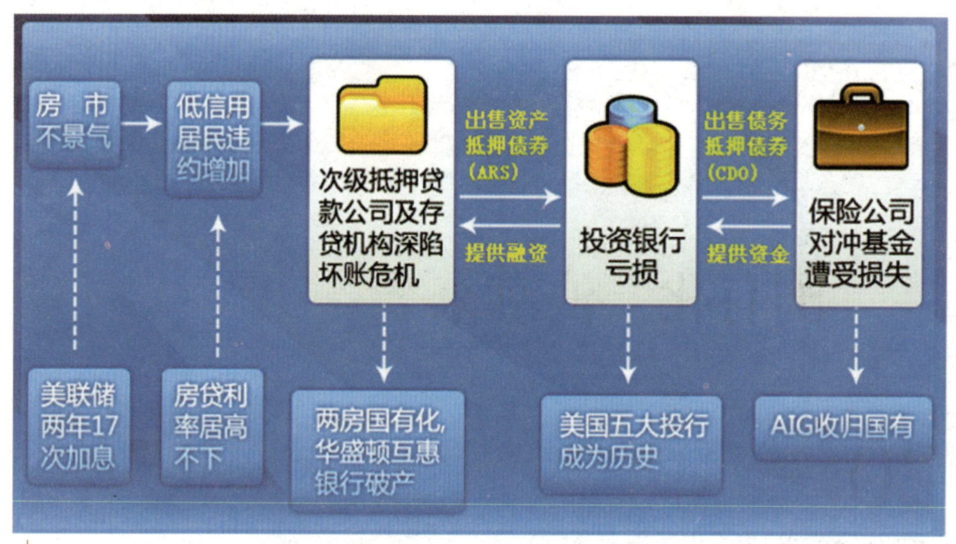

新浪财经网登载的"次贷危机演变示意图"

元不良资产救助计划，现任总统奥巴马推出的7870 亿美元的经济刺激计划，美联储推出的8000 亿美元救市方案和美国财政部高达两万亿美元的金融稳定计划。

美国政府也同时向危机中的企业伸出"看得见的手"。房产金融机构"两房"（房地美、房利美）和美国国际集团（AIG）被政府接管；五大投资银行解体，其中一个破产（雷曼兄弟），两个被兼并（美林、贝尔斯登公司），两个改为银行控股公司（高盛、摩根士丹利）并转由美联储监管。三大汽车公司面临破产，美国政府紧急救助。一场不期而遇的国有化浪潮，在资本主义世界掀起轩然大波。

中国是"世界工厂"，外贸已占我国GDP比重近70%，金融危机对我国冲击巨大，政府救市的力度也是空前的。我国实行积极的财政政策，两年投资4万亿；实行宽松的货币政策，2009年新增贷款达95829亿元；实施汽车、钢铁等十大产业振兴计划。

这一系列政策的实施，国企、央企随之得到快速扩张，媒体惊呼"国进民退"，学界展开激烈论战。

“进”“退”问题的由来

改革开放30多年来，经济体制改革和经济发展总体上呈现“国退民进”的趋势。1978年到2008年，国有及国有控股工业企业资产总额占全部工业企业资产总额的比重从92%降至43.8%，下降了一半还多。

当年，对国有企业改革也是形势所迫。在计划经济时期，国企被捆住了手脚，越搞越糟，拖垮财政、拖垮银行。没有办法才进行破产、重组、放小、改制，对“国有企业进行战略布局调整”，即国有企业的布局从一些竞争性领域中退出，然后把国有企业的职能定位在公共产品和基础领域。这些改革举措俗称“国退民进”、“抓大放小”。党的十五大以及1999年《中共中央关于国有企业改革和发展若干重大问题的决定》里面都有“国有经济布局进行战略调整”的表述。

2002年11月，党的十六大召开。十六大报告中指出：“必须毫不动摇地巩固和发展公有制经济。”“必须毫不动摇地鼓励、支持和引导非公有制经济发展。”“坚持公有制为主体，促进非公有制经济发展，统一于社会主义现代化建设的进程中，不能把这两者对立起来。”各种所有制经济完全可以在市场竞争中发挥各自优势，相互促进，共同发展。

在党中央的精神鼓舞下，著名经济学家厉以宁教授率领全国政协“民营经济调查组”，从2003年开始，重点对辽宁省和广东省以及多个省市的民营企业作了大量的调查，走访了多位民营企业家，汇成报告《关于促进非公有制经济发展的几点建议》，提交到国务院温家宝总理手中。这就是著名的“非公经济36条”的雏形，随后国务院经过两年多的座谈以及问卷调查等方式调研，经过十余遍的修改，2005年1月12日，在温家宝总理主持的国务院常务会议上，《国务院关于鼓励支持和引导非公有制经济发展的若干意见》（即“非公经济36条”）经讨论原则通过。

2005年2月25日，国务院正式出台《关于鼓励支持和引导个体私营等非公有制经济发展的若干意见》，这是新中国成立以来首部以促进非公有制经济发展为主题的中央政府文件，因文件内容共36条，通常被简称为“非公36条”。

主要内容有：放宽非公有制经济市场准入；允许非公有资本进入垄断行业和领域；允许非公有资本进入公用事业和基础设施领域；允许非公有资本进入社会事业领域；允许非公有资本进入金融服务业；允许非公有资本进入国防科技工业建设领域；鼓励非公有制经济参与国有经济结构调整和国有企业重组；鼓励、支持非公有制经济参与西部大开发、东北地区等老工业基地振兴和中部地区崛起；加大财税支持力度；加大信贷支持力度；拓宽直接融资渠道；鼓励金融服务创新；建立健全信用担保体系；完善对非公有制经济的社会服务；大力发展社会中介服务；积极开展创业服务；支持开展企业经营者和员工培训；加强科技创新服务；支持企业开拓国内

外市场；推进企业信用制度建设；完善私有财产保护制度；维护企业合法权益；保障职工合法权益；推进社会保障制度建设；建立健全企业工会组织；贯彻执行国家法律法规和政策规定；规范企业经营管理行为；完善企业组织制度；提高企业经营管理者素质；鼓励有条件的企业做强做大；推进专业化协作和产业集群发展；改进监管方式；加强劳动监察和劳动关系协调；规范国家行政机关和事业单位收费行为；加强对非公有制经济发展的指导；营造良好的舆论氛围；认真做好贯彻落实工作。

“非公经济36条”公布之后，社会上又出现了“玻璃门”、“弹簧门”的议论，即虽然对民营企业的准入门槛放开了许多，但是有很多领域，从政策上看是开放的，但实际上却进不去。

2003年成立的国资委，其主调是将国有企业“做强做大”。2006年国务院办公厅转发的国资委文件《关于推进国有资本调整和国有企业重组的指导意见》，这个指导意见明确提出，七大领域如军工、电网电力、石油石化、电信、煤炭、民航、航运国有资本要绝对控制；另外，装备制造、汽车、电子信息、建筑、钢铁、有色金属、化工、勘探设计、科技九个行业，国有资本要有较强控制力。有人认为，这个指导意见把党的十五大以来的关于国企改革的成果以及“非公经济36条”都“架空”了。从此，关于“国进民退”的争论更加激烈。

现象离真相有多远

2009年下半年的时候，媒体上开始频频出现“国进民退”四个字，有的报刊还做了头版头条或封面专题。一些专家们在急着赶场，从相关的研讨会到恳谈会，忙得不亦乐乎。

2009年12月24日，发行量很大的《南方周末》刊登了一篇盘点2009年中国经济“如火如荼”的文章：《国进民退：激荡2009》。

“这是一场没有红头文件的自发的而又系统性的国进运动。在这场经济刺激大戏中，‘铁公鸡’（铁路、公路和机场）等基础设施建设是主要的投资战场。”“在今年这场投资大战中，不差钱的地方政府已经没有必要跟往年一样屈身去借助民间资本的力量了。”“山西省政府有钱之后，更是大刀阔斧地对全省煤矿进行整合。”“几场大的土地拍卖中，央企保利地产击败万科，拿下重庆地王，随后更是连夺南京、苏州、成都和长春地王宝座。非央企的国企也表现不俗。上海绿地集团成为上海单价地王后，还转战北京取得了北京大兴地王的称号。”

文章比较了2004年和2009年对钢铁行业的整治。2004年是要抑制投资，防止经济过热；2009年是要鼓励投资，保持经济增长。2004年时，地方政府是瞧得上民企的；但2009年，有钱了的地方政府更加青睐来自国企特别是央企的投资，民企陷入集体失意。同样在钢铁行业，2009年，在山东省政府主导下，民企日照钢铁被国企山东钢铁吞并，这次并购被业界看做是“小鱼吃大鱼”。

文章对2009年航空行业的描述更为形象：“最倒霉的当属东星航空创办人兰世立。刚成立时扛住了几大国有航空公司联合打压的兰世立，最终没能熬过经济寒冬，被获得数十亿元注资的国航收编。其他几家要么停航，要么转型做货运，只剩下春秋航空老板王正华蜗居上海市场，靠过苦日子坚持着，还得用嫉妒的眼光看

搜狐博客 blog.sohu.com　搜狐财经 business.sohu.com

新视角 经济学人论坛

SOHU ECONOMIST FORUM

本期由人大公共政策研究院、搜狐博客、搜狐财经联合主办

第11期

新一轮国进民退之殇

[综述]11学者同批国进民退 警惕权贵国有化

【拷问政府职责】

王建勋:国家直接涉足工商业 最易导致权钱交易

雷颐：低价强行收买民企让政府失去信用

【国进民退根源何在】

新望:中国衰退非美国引起 根源在民营经济危机

姚中秋：不是完全反对国企 而是警惕权贵国有化

刘军宁：私企被赶出一切利益最丰厚的经济领域

冯兴元：“国进民退”正从局部蔓延至整体

李人庆:国企垄断基础设施上游产业 民企处弱势

刘业进:国企能随便拿走优质资产 这鼓励不正义

李炜光:危机下财政收入暴增 民间消费投资压缩

【国进民退成必然趋势】

高全喜：在中国目前情况下 国进民退是必然

夏业良:国企不是靠经营取胜 是靠优势资源垄断

本期主办：人大公共政策研究院 搜狐博客 搜狐财经

【独家综述】11学者同批国进民退 警惕权贵国有化

【独家策划】国进民退：新一轮国进民退势起

手无一例外扮演了主导角色。对民营经济而言，这不啻是对生存环境及未来信心的致命打击，更令人担忧的是，做为改革开放核心方针的中国法治与市场化改革，是否会就此倒退……

【专题策划】国进民退：经济复苏 市场倒退

【财经观察】给民企信心，给国企黄金

论坛简介 introduction

究竟谁是这一轮国进民退大潮的背后推手？国企兼并重组民企真的就可以解决当前经济危机吗？我们需要什么样的国企和民企？中国的国企改革是否出现了后退？……作为一个维护公正、公平市场的有着公信力的互联网新媒体，搜狐将持续关注“国进民退”，并推出系列的访谈、策划及观察手记。

沙龙嘉宾

▸ 刘军宁 文化部中国文化研究所研究员 【进入刘军宁博客】

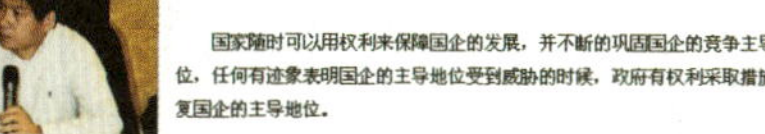

· 刘军宁：私企被赶出一切利益最丰厚的经济领域

国家随时可以用权利来保障国企的发展，并不断的巩固国企的竞争主导地位，任何有迹象表明国企的主导地位受到威胁的时候，政府有权利采取措施恢复国企的主导地位。

▸ 王建勋 中国政法大学法学院副教授

· 王建勋：国家直接涉足工商业 最易导致权钱交易

国家就适合提供一个公正或者是正义的环境，或者说提供这样的规则，确保公正和正义可以形成的规则，发展经济绝不是国家的任务。国家涉足商业领域的话，最容易导致的后果就是权利和金钱的交易

▸ 高全喜 北京航空航天大学法学院教授

· 高全喜：在中国目前情况下 国进民退是必然

所以我觉得解决国与民的问题，无论是国有企业还是私有企业，或者是更广泛意义上的社会职能，还是市场经济的职能问题，要重回古典政治经济学的框架下，我认为这是解决目前“国进民退”的唯一道路。

▸ 姚中秋 独立学者 【进入姚中秋博客】

· 姚中秋：不是完全反对公有企业 而是警惕权贵国有化

控诉再国有化不代表完全反对国有化，可能在某些领域里面建立一些公有企业什么不是不可以，而且就市场秩序本身而言，就是私有企业和国有企业同时可以作为合格的主体。

▸ 夏业良 北京大学外国经济学说研究中心副主任

· 夏业良：现在国企不是靠经营取胜 是靠对市场和优势资源垄断

国进民退带来的不仅仅是经济领域中所有权的转换，最关键是它会不仅让中国的经济带入到一种将来很难复原的深远影响，而且它会对中国整个社会包括收入分配、未来的发展造成不可挽回的损失。

▸ 雷颐 社科院近代史所研究员 【进入雷颐博客】

· 雷颐：低价强行收买民企让政府失去信用

当你认为用低价强行收买的民企，以为付出的是很便宜的成本，实际上政府信用搭进去了，这是很高的成本。

▸ 李炜光 天津财经大学财政学科首席教授 【进入李炜光博客】

· 李炜光：危机下财政收入暴增 民间消费投资在压缩

一个是财政收入的暴增，绝对不是民间消费增长、经济好转导致的，而是给生掏出来的，查税风暴还在继续。第二个非税收的财政增长对中国公共财政体制的损害是非常巨大的。

▸ 刘业进 首都经济贸易大学副教授 【进入刘业进博客】

· 刘业进:国企可以随便拿走优质资产 这是鼓励不正义

无论是知识产权还是经济业绩以及在税收各方面，民企的权力常常得不到到保障，他们的权力受到侵害以后，他们的救济渠道非常狭窄。一个经济秩序可以良性的运行应该基于简单的财产权的统一规则。

▸ 新望 《经济观察报》研究院院长

· 新望:中国衰退非美国引起 根源在民营经济危机

中国有衰退甚至有危机，但不一定是美国金融海啸引起的。中国目前的经济如果要说有的话就是民营经济的危机，目前的衰退就是民营经济的发展遇到了阻力而造成的。

搜狐博客 blog.sohu.com

搜狐博客，是中文世界最强劲的互联网品牌搜狐公司的核心Web2.0产品。依托门户频道资源优势，本着物以类聚，人以群分的理念，采用国内领先的博样技术，博览天下，粹取精华，迅速形成一系列与财经、传媒、娱乐、汽车、房产、IT等产业结合的博客群。

搜狐财经 business.sohu.com

搜狐财经(business.sohu.com)是中国高端读者中最具影响力的互联网财经新闻资讯平台，也是中国广大投资者投资理财的首选专业门户，是中国品质领先、流量最大的财经网站

媒体报道

· **证券时报：**
国企利益集团化妨碍共同富裕

· **第一财经日报：**
“国进民退”蕴含较大风险

· **经济观察报：**
国进民退的“硬币效应”

· **投资者报：**
需要怎样“看得见的手”？

· **21世纪经济报道：**
国企不能靠资源垄断挤压民企

· **东方早报：**
煤老板走了，晋官是否还难当？

· **时代周报：**
中国国有企业的边界在哪里？

· **中国新闻周刊：**
山西煤炭行业不公平的国有化

· **上海证券报：**
从东星航空破产看“国进民退”

着东方航空和上海航空两个亏损大户获得注资并合并。对他来说，接下来的竞争将更激烈。

一些文章还抨击2009年颁布的**“十大产业振兴规划”**。这些文章认为，该“规划”列出了具体的国企名字和要开展的并购重组计划，是明显偏向于国有企业，尤其是央企。例如，汽车产业振兴规划提出要重点支持国有的“三大三小”（中国一汽、东风汽车、 上海汽车三大轿车基地；北京吉普、天汽、广州三个小型轿车基地）”；船舶工业规划也明确提出要重点发展“两个龙头企业”——中国船舶和中船重工。

现象的背后是真相，喧嚣的背后是利益。

4万亿元的巨大资金和近10万亿元的信贷投放，这是一个巨大的馅饼，国企、民企都想争，而且在经济不景气的非常时期更要争。

关于“国进民退”的争论，在今天看来，就像一场分配馅饼的争论，是利益之争。这在媒体开放和言论自由度高的市场经济时代，是再也正常不过的事了。言者姑妄言之，听者姑妄听之。

深度阅读……

“十大产业振兴计划”

金融海啸来了，中国经济怎么度过“冬天”。2009年1月14日至2月25日，国务院常务会议先后审议并原则通过汽车、钢铁、纺织、装备制造、船舶、电子信息、石化、轻工业、有色金属和物流业十个重要产业的调整振兴规划。这种大规模、高密集的产业政策发布，为新中国经济发展史上所仅见。

相关统计显示，除物流业之外，其他九大产业工业增加值占我国全部工业增加值的比重近80%，占中国GDP总额的比重约为三分之一。十大产业的运行状况，直接关系中国经济能否实现平稳较快发展。从此次出台的产业振兴规划可以看出，政府的长远目标应该还希望通过淘汰落后产能，鼓励科技创新、兼并重组来最终实现多年来一直倡导的产业提升和优化布局，从而使中国经济真正既大又强。

经济学家的担忧和统计局长的回答

2009年10月24日，在2009浦江创新论坛上，著名经济学家吴敬琏就通货膨胀、“国进民退”、经济增长方式转变等热点问题阐述了鲜明观点。他指出，为了支撑经济而大量放贷，大量放贷就会出现金融风险。因此，银行等金融机构为了自保，就有区分、有类别地选择企业来发放贷款。10万亿元贷款（注：2009年贷款总量肯定超过10万亿元）一下去，主要是贷给了各级政府和国有大企业以及拥有国家项目的企业，大量民营小企业贷款日益艰难。这样就出现一个“挤出效应”，发生了“国进民退”。这并非好状况，应充分注意。世界各国的经验表明，70%以上新的技术创新都出自小企业。如果我们热心于创新的话，一定要帮助中小企业，给他们信心。企业是技术创新的主体，中小企业更是主体中的主体，应充分发挥中小企业在技术创新中的关键性作用。

吴敬琏的担忧并不是个别的。另一位著名的经济学家许小年提出：“国进民退”与改革开放背道而驰，需尽快停止。许小年在2009年9月26日接受《东方早报》记者提问时，把国家宏观调控与“国进民退”联系起来，认为拉动内需几乎全靠政府的

深度阅读……

许小年评“救市”

许小年认为，欧美国家出现了暂时的金融国有化，因为雷曼兄弟倒台后，市场信用不灵了，只好临时用政府信誉作为替代，防止整个金融体系的崩溃。我们的金融体系和国民经济受到些冲击，但不存在崩溃的危险，在这样的情况下“国进”就没有必要；另一个区别也很明显，欧美国家的“国进”是临时措施，有“进”有“退”，危机过去了就退出。美国政府最近要分批出售手中持有的金融机构股份，准备退出。我们的“国进”是有进无退，永久性地进入，既没有说退出，也不准备退出。

基础设施投资项目来实现，很自然的，政策和资源就会向政府项目倾斜。在拉动内需的宏观政策执行过程中，政府迫使银行发放贷款，银行不得不放。但在经济下行的时候，银行放贷存在巨大的风险，只能把贷款投向看上去比较安全的政府项目、政府担保的项目以及国有企业。在宏观调控中，国企得到的政策优惠和资金支持多，经营状况相对比民企好，于是就成了银行贷款的重点。于是，包括“4万亿投资”“十大产业振兴规划”都有扶持重点企业、增加行业集中度的倾向，重点企业、排名前几位的企业，不是央企就是地方国企，照顾不到民营的中小企业。

吴敬琏、许小年等经济学家的忧虑很快得到官方的回应。2009中国经济学家年度论坛于11月22日在中国人民大学逸夫会堂报告厅举行。国家统计局局长马建堂说：“总体来讲，我们感觉到从统计数据来讲不支持‘国进民退’的趋势。”

马建堂选取了2005年以来几个指标，企业单位数、工业总产值、资产、利润总额、税金总额、从业人数。马建堂举出上述六个方面的数据均不支持“国进民退”的说法。马上有人指出，马局长不支持“国进民退”的数据有一定片面性。邓聿文等学者认为，看“国进民退”不能只看产出，还要看投入，要看占有资源与所作的贡献的比例。非国有企业占国家资源不到40%，创造GDP是70%，吸纳劳动力是80%；占整个社会资源60%以上的国有企业，对GDP的贡献却不足30%，吸纳劳动力不到20%。从国有企业占有的相对资源来讲，它的贡献是不成比例、不对称的。

随后，马建堂在2009年12月25日的新闻发布会上说：“去年和今年确实也存在一些媒体上或者社会上所称的‘国进民退’的现象，我并没有否定这些现象的存在。我是讲的总体上不存在，我不否定存在着一些个别案例、一些现象，大家把它称之为‘国进民退’。”

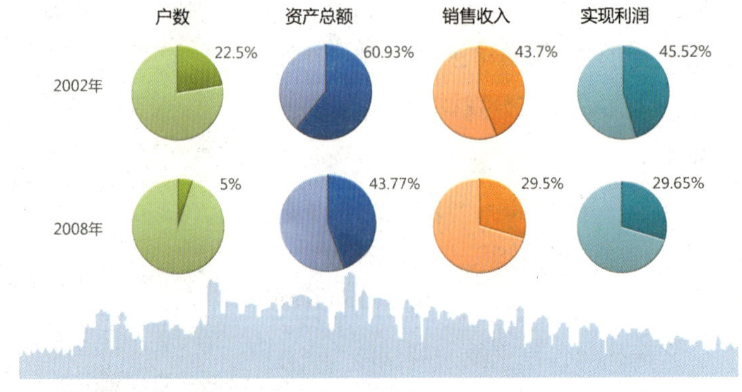

2002年和2008年国有及国有控股工业企业户数、资产总额、销售收入和实现利润变化示意图

“两会”报道的新焦点

2010年“两会”前夕，北京理工大学经济学教授**胡星斗发表文章**，建议两会审议和制止“国进民退”。胡星斗认为，目前中国正处在改革的十字路口，尤其在经济领域出现了大规模的“国进民退”的狂潮，在钢铁、化工、煤炭、民航、公路、电力、金融、房地产等几乎所有的有利可图的领域，民营企业都被挤垮或被强制低价收购。

胡星斗分析，“国进民退”产生的背景包括：中国从来没有打算搞真正的市

2010年3月6日，十一届全国人大三次会议首场记者会在人民大会堂三楼金色大厅举行。

场经济，而是搞所谓的以国有为主导的社会主义市场经济，其实就是权贵市场经济；中国一直没有遵循以“大市场、小政府”的原则重构社会，政府继续既当运动员又当裁判员，控制着主要的社会资源；民营企业长期被挤压，经营环境恶劣，经营活动不规范甚至违法，导致社会上对于民营企业的妖魔化，仇富情绪蔓延，“国进民退”有了虚假民意的支持。胡星斗的文章一石激起千层浪，使学界对2009年的围绕“国退民进”的争论进一步提升到立法层面。由于文章语言犀利，观点鲜明，在网络被大量传阅。

3月2日下午，全国政协十一届三次会议举行新闻发布会，大会发言人赵启正回答记者的提问时认为，“国进民退”之说不成立。他列举了2009年全国私营企业和国有或国有控股企业的几个主要数据：工业增加值方面，私营企业是18.7%，国有企业是6.9%；总资产方面，私营企业增长20.1%，国有企业增长14%；从业人数方面，私营企业增加5.3%，国有企业增加0.8%；总利润方面，私营企业增长17.4%，国有企业却下降了4.5%。这样一看不是“国退民进”了吗？

参加两会的代表也纷纷发表自己的看法。如政协委员刘永好认为：“‘国进民退’这并不是国家政策的主旋律”，“总的来讲，我认为所谓的‘国进民退’，是个伪命题。国家是支持国有企业发展的，国家也是支持民营经济发展的。我认为这没有问题，我作为全国政协经济委员非公有制经济调研的参与成员之一，走访了广东、深圳、珠海、大连、沈阳等等地区，我们调研的结果觉得还是应该继续鼓励、支持和推动非公有制经济的发展，我觉得这样对国家更有利，对于社会更有利。”

一些地方官员在被记者问及“国进民退”问题时都表示，此问题纯属子虚乌有。如山西省省长王君表示，从整体上看，山西煤炭业并不存在社会上质疑的“国进民退”现象，目前山西国有、民营、混合所有制煤矿企业的比例为2：3：5，股份制企

深度阅读……

胡星斗建言“两会”

胡星斗说，中国国有企业（非金融）的总资产从几年前的几万亿发展为2008年的42万亿元，估计2010年将达到近百万亿元（注：据财政部数据，2009年全国国有企业总资产实际为53.5万亿元）。经济逐渐被国有“官营化”；“长三角”高速公路民营资本正被清退；中国航空业出现“国进民退”，民企面临全军覆没；内蒙古、山西煤炭业推行国有化；陕北一些油田被地方政府强行收归国有；中粮入股蒙牛；河北钢铁集团成立之后，山东也迅速组建了钢铁集团，完成对民营钢铁的收购；国有企业纷纷巨款拿地，成为“地王”等等。这些“国进民退”现象“不能不令人对中国的市场经济何去何从产生极大的忧虑”。

繁荣的新重庆

业是主体。重庆市市长黄奇帆则直称“国进民退”是个伪概念，在应对金融危机过程中，“政府拿出财政资金救民于水火之中，救企业于患难之中，政府的拨款进了社会，你说是‘国进民退’，还是在救灾救难？”“金融危机这个当口，事后诸葛亮，说什么‘国进民退’都是看人挑担不吃力。”

重庆是全国国有资产保值增值的领跑者，“国”与“民”的进退颇有说服力：2003年，重庆国有资产1720亿元，到2009年底，重庆市属国有重点企业资产总额逼近万亿元大关，达到9480亿元。与此同时，重庆非公经济占该市GDP比重由直辖市成立之初的26%提高到2009年的60%，这充分说明在重庆国有经济高速发展的同时，非公经济也实现了快速发展。

“两会”期间关于“国进民退”，学者的高调质问和与会委员特别是官员委员的否定形成鲜明的反差。胡锦涛总书记在2010年“两会”期间参加了民建、工商联界委员联组讨论会上胡锦涛总书记从正面充分肯定非公有制经济，并对非公经济发展提出了新要求。

“国进民退”还是“优进劣退”

山西煤炭企业管理制度改革是我国经济体制改革的一个缩影。自20世纪80年代以来，随着山西煤炭市场的放开，小煤矿迅速崛起。小煤矿最初并不是私人的，而是村里或乡政府的，后来，乡里或乡镇政府纷纷将煤矿承包给私人经营。再后来，承包的矿就基本上变成私人的了。那时候关于乡镇企业的发展模式有**“温州模式”和“苏南模式”**的争论，临汾就采取了温州模式，也就是个体经济模式。小煤窑从崛起到承包再到私有，山西的煤炭企业走了和其他地方企业发展、改革一样的道路。

但是，山西煤炭行业出现了两个特殊的现象：一是煤炭价格从2003年开始扶摇直上。二是矿难事故不断发生，安全压力不断加大。例如，山西省临汾市的煤炭政策从2002年开始改革就没有停止过。先是关闭整顿，不奏效；于是提出明晰产权，还不行；再提出产煤方法改革，以至到后来的“五证”变“六证”、“标准化矿井建设”和换发新证等一系列措施接连出台，但仍未能改

开采中的小煤窑

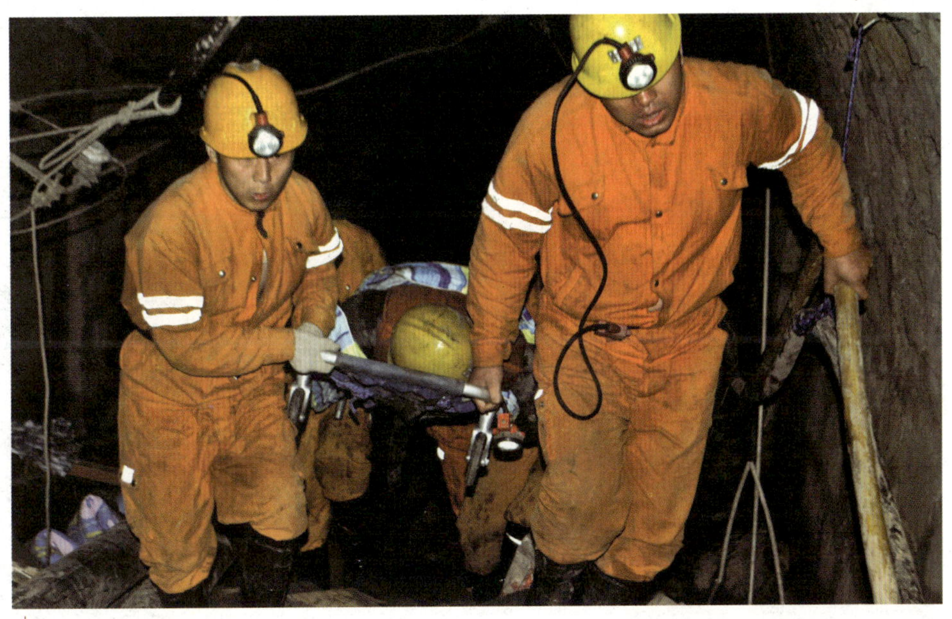

煤矿矿难救援

变矿难频发的状况。煤炭价格的起落和矿难的频繁发生是煤炭行业“反复折腾”的直接原因。

2004年开始，山西开展煤炭企业改革。第一，政府对煤矿资源估价，然后由矿主一次性买断。第二，关小上大，年产9万吨以下的煤矿全部关闭。当时这一改革根治了“顽疾”。首先煤矿属于国家资源，不能免费使用。其次，煤矿经营者买断矿产后，成为矿产主人，对于安全设施就会增大投入。第三，行业准入门槛提高后，很多没有资质和实力的矿主就无法进行煤矿开采，从而可提高煤矿生产的安全性。

这次改革争议很大，尤其是没有经过拍卖竞价的过程，国有矿产资源能卖一个合理的价格吗？实际上，随着煤炭价格的上扬，缴纳资源费成为寻租的温床，利益私下交易一时流行。2007年临汾一年三次矿难，面对高层问责与舆论考问，临汾市在痛心疾首的同时，也在进行彻底的反思。临汾市新任

深度阅读……

“温州模式”

温州模式是指浙江省东南部的温州地区以家庭工业和专业化市场的方式发展非农产业，从而形成小商品、大市场的发展格局。小商品是指生产规模、技术含量和运输成本都较低的商品。大市场是指温州人在全国建立的市场网络。

“苏南模式”

苏南模式通常是指江苏省苏州、无锡和常州（有时也包括南京和镇江）等地区通过发展乡镇企业实现非农化发展的方式。其主要特征是：农民依靠自己的力量发展乡镇企业；乡镇企业的所有制结构以集体经济为主；乡镇政府主导乡镇企业的发展。苏南模式本质上是“政府超强干预模式”。

领导痛定思痛，决定改革煤矿经营体制，引进省内外煤炭大企业、大集团，采取代购、控股、租赁、托管等方式，通过关小上大实现规模升级，通过资源整合实现经营重组，通过两权（所有权与经营权）分离实现专业生产，保障安全生产，促进煤炭工业可持续发展。

2009年山西全省煤炭资源兼并重组，基本做法是大幅提高行业准入门槛，为兼并重组主体限定了条件：或为大型煤矿企业——具备年产300万吨，而且至少有一个年产120万吨机械化开采矿井的地方骨干煤矿；或有一座年产90万吨及以上矿井作支撑，兼并重组后生产规模不低于年产300万吨，所属矿井至少有一座不低于年产120万吨。高门槛在一定程度上把小煤矿挡在门外，让有实力、产业水平高的优质企业获得更大的发展空间。

2010年“两会”期间，山西煤炭整合被认为取得成功。当时山西省委书记张宝顺说，经过近一年的努力，全省安全生产事故下降四成，死亡人数较上年下降近三成，百万吨死亡率由先前的超过0.5 %，降至0.3283%。山西省省长王君回答记者提问时强调：目前，山西产能在30万吨以下的煤矿已全部淘汰。“重组整合之后，国有办矿占两成，民营占三成，混合所有制的股份制企业占五成。目前，山西的煤炭产能已恢复到最高水平。山西的生产能力是12亿吨，今年可以生产7亿吨。关了小煤窑之后，现在全省11个重点城市，空气质量二级以上天数达到344天，二级天数就是晚上可以看到星星的天数。”山西煤炭整合得到中央部门的大力支持，国务院秘书长马凯力挺山西，认为煤炭整合成果来之不易。

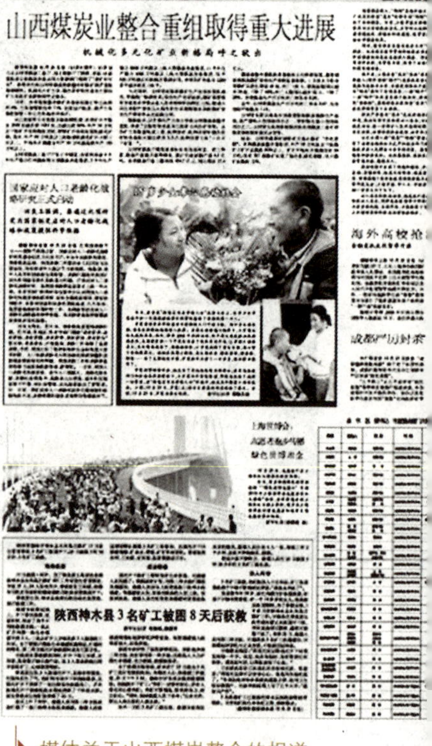
6 国内新闻

山西煤炭业整合重组取得重大进展

陕西神木县3名矿工被困8天后获救

媒体关于山西煤炭整合的报道

官方对山西煤炭整治积极评价并没有平息舆论的质疑，“国进民退”的指责不绝于耳。特别是在山西煤炭整治中浙商损失惨重，500亿的浙商投资如何退出一直是被关注的热点。

“山西省政府其实有权力来决策。为了煤矿安全，为了改变小煤矿多、小、散的现状，为了规模化和产业化，我们认为这些目的其实是正确的。”上海政法学院副教授、行政法专家陈海萍说。“山西省的问题在于采用的手段，也就是煤炭资源兼并重组这个手段，是不是达到这个目的的唯一途径？……兼并重组这一手段对于投资者和中小企业损害特别大。”《人民日报》的“人民观察”专栏曾发表记者文章《怎样看待山西煤炭重组》，其中山西省社科院副院长潘云发表意见认为，小煤矿退出，并不意味民营资本从煤炭产业的退出。社会上所传山西整合重组大搞“国进民退”的说法是不准确的，应该是“大进小退”、“优进劣退”，这样做，更有利于优质煤炭企业做大做强。

其他一些“国进民退”的案例，知情人士和学者也给出了不同的说法。

对于国家刺激经济发展的4万亿资金，绝大部分落在了国有企业身上，国民经济研究所所长樊纲认为：“这一轮国家采取刺激政策，刺激政策的资金首先当然是给国企。大家会问，为什么民营企业拿到的钱比较少？因为，国家的钱直接拨到民企是要有一套制度保证的，至少得先给国企，再由民企来分包。”樊纲说，在国外，国家的钱要拨给民企，必须经过国会，由国会立法批准设立一个项目再审计，非常复杂。“而制度的设立需要时间，我们现在没有这样的制度。加上国企的规模比较大，

深度阅读……

浙商投资山西煤炭行业

浙商是2000年以后进入山西煤炭行业的，由于多数投资是在90万吨以下的小煤炭企业，浙商投资的煤炭企业几乎全部被指定的兼并方兼并重组。2009年10月30日，以“市场经济与浙商进退”为主题，由浙江省浙商研究会和《东方早报》等联合主办的“浙商转型会长论坛”在杭州举行。会上对在山西煤炭“国进民退”大潮中，浙江煤老板的境遇特别关注。浙商中多数是温州商人，他们希望浙江省有关领导和山西方面沟通，并把材料提交给了省政府。

樊纲

在短期的经济波动当中，政府的刺激计划更多依靠国企的体制，也使得国企在这一轮的调整当中、在应对危机当中有更大的发展。”

摩根大通中国投资银行副主席龚方雄也认为：这一轮国有企业的壮大，很大程度上是因为这次的危机是国家主导救市，全世界都是国家在花钱，民企、私人企业不敢花，在这样的情况下必然是“国进民退”。

对于房地产行业作为“国进民退”的“地王”现象，万科董事长王石认为，虽然北京土地市场上出现了几个央企地王，但是从全国范围来看，房地产业并不存在“国进民退”的现象。虽然现在被大型国企拿走，但结果还要看两三年以后的运营情况。王石希望别太多地关注企业所有制问题，应更多地着眼于企业自身竞争力来提升整个产业的发展。 王石认为，中国的改革开放是渐进式的，前些年“民”突飞猛进，此时慢一点，而“国”进一点，下一步“国”再缓一点，“民”再进一点，无非这样一个循环的过程。如果撇开政治的因素不讲，不必太在意谁进谁退。而抽象来讲，一味呼吁“民进”未必合理，“民”在资金能力、人力能力等方面做好准备了吗？如果没有做好准备，就意味着俄罗斯的再翻版——财产的掠

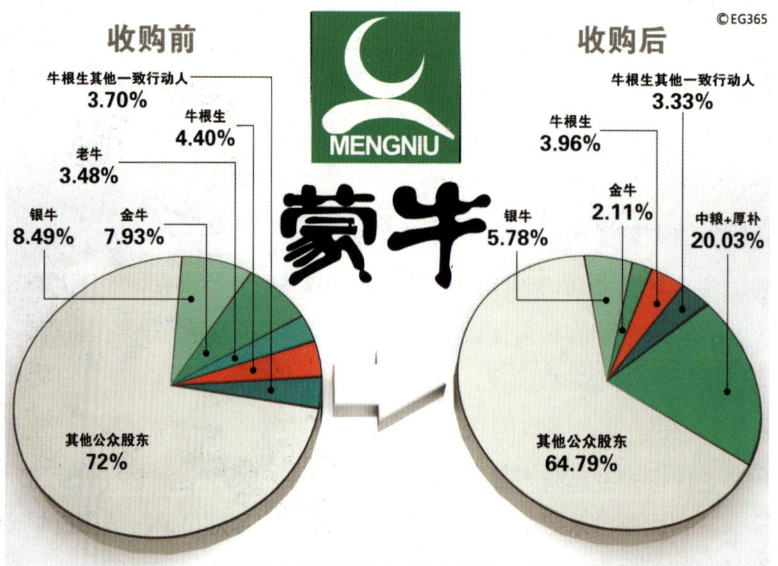

蒙牛股权变动情况示意图

中粮入股蒙牛

夺性转移。

对于中粮入主蒙牛的案例，国务院参事室特邀研究员、 中国民（私）营经济研究会顾问保育均认为：中粮入股蒙牛和国有企业炒地皮是两个不同性质的事情，不能混为一谈。中粮的主营业务和蒙牛的业务有一定的关联，在蒙牛困难的时候，中粮入股，但是不参与蒙牛的经营。国有企业和民营企业相互参股、结合、发展成为混合所有制企业，这是一种大趋势。将来无论国有还是民营都可以相互参股，平等协商，没有长官意志在里面，不是拉郎配。从实际效果说，中粮入股帮助蒙牛解决了资金困难。中粮入股蒙牛不是以大吃小，是大帮小，国帮民，这是值得鼓励的事情。一些媒体把这也归于“国进民退”，这是混淆了概念，不是一回事，这是中粮和牛根生“自由恋爱”的结果。

根据中央党校经济学部主任王东京的分析，2008年发生的“三聚氰胺”事件，蒙牛也受其拖累，2009年财务出现了巨亏，加上由于前些年过度扩张，2009年现金流又突然断裂，祸不单行，蒙牛几乎陷入绝境。中粮这才联手厚朴基金以61亿港元收购蒙牛20.03%的股权，照理，中粮是雪中送炭，而蒙牛也因此峰回路转。无论怎么说中粮都不应遭到指责，即便就算“国进民退”，那也总比见死不救强吧！

关于注资东方航空公司却让**东星航空公司破产**的问题，财政部财政科学研究所国有经济研究室主任文宗瑜认为：这里涉及一个更广泛的社会、政治体制的问题。我们现在处于一个非常时期，就是在全球金融危机的大背景下，中国经济周期性调整带来经济发展的减速。占有2/7市场份额的东航一旦破产倒闭会带来严重的社会问题，而不仅仅是经济问题。任何国家一般不会轻易让大型企业破产，不仅仅中国给东航注资，美国也给国内的大企业注资。东星公司想要不破产，可以自己找投资人，让出自己的部分股份。自己找不到，就看地方政府能否做媒了。这是操作问题，不是什么“国进民退”的意识。

关于**山东钢铁并购日照钢铁**一案，中共中央党校经济学部主任王东京认为：山钢收购日钢是市场行为，不值得大惊小怪。人们今天之所以有诸多非议，从媒体评论看，大家担心的是国企挤压了民企。然而据我所知，这两家企业联姻是完全出于自愿，并不存在谁逼谁。而真实的原因，则是日钢之前屯集了大量铁矿石，可2008年金融危机爆发，钢材价格大跌，企业由此损失惨重。大祸临头，日钢怎能坐以待毙？而此时政府为保就业促山钢出面援手，日钢求之不得，你情我愿，于是一拍即合。

深度阅读……

东星航空公司破产事件

2005年6月成立的东星航空有限公司，是继奥凯、鹰联、春秋航空等之后，中国又一家投入运营的民营航空公司。2009年3月，东星航空公司经营陷入困境。在中国国航重组东星航空公司失败后，由武汉市政府提出申请，东星航空公司停飞。

山东钢铁并购日照钢铁案

2009年9月，山东钢铁集团有限公司与日照钢铁公司签订资产重组与合作协议，山钢以现金出资，占67%的股权，标志着山钢如愿吞并日钢。由此，中国又一个钢铁业巨无霸横空出世——根据2008年中国钢铁产量排名，重组日照钢铁后，山东钢铁的产量将超过2931万吨，仅排在上海宝钢和河北钢铁之后。在刚刚公布的中国企业500强的钢铁企业中，重组后的山东钢铁集团营业收入将超过河北钢铁，跃居第二位。

“国进民退”是不是个伪命题

面对“国进民退”的舆论渲染，更多的经济学家也在进行着思考。中国人民大学卫兴华教授、教育部社科中心张福军在《马克思主义研究》（2010年第3期）上撰文明确指出当前“国进民退”的论断不能成立。他认为，对所谓“国进民退”掀起的批评浪潮，实际上涉及对国有经济的地位和作用的认识问题。当代西方国家为实行政府对经济运行的调节，也会建立和发展一定数量的国有经济，在应对金融危机中，采取一些国有化的措施，更显示出它的作用。2008年下半年以来，为控制金融危机的快速蔓延，避免对实体产业造成更大冲击，西方国家政府先后采取措施，对本国的大型企业进行救助。其中，美国、英国、德国等采取的国有化措施比较典型。

文章强调，对社会主义国家来说，国有经济的存在和发展，具有双层的重要作用。首先，它是社会主义经济制度即生产关系体系必要的基础和内在要求，动摇或否定了包括国有经济的公有制，就动摇和否定了社会主义经济制度。其次，以国有经济为主导的公有制经济，又是国民经济运行的需要。国有经济是国家对市场经济实行宏观调控的经济力量。这次应对国际金融危机，我国的国有经济发挥了重要作用。

这个观点代表相当一部分学者的看法。中国人民大学张宇教授撰文认为，“国进民退”论的基本观点不符合客观事实，理论上缺乏依据，在实践上是有害的，是一种严重的误导。他认为，“国进民退论”有五个方面的危害：渲染“国”与“民”的对立；违背所有制结构的客观实际；否定我国的基本经济制度；歪曲国有经济改革的方向；影响非公有制经济的健康发展。

厉以宁2010年7月在《人民日报》发表“国企民企进退机制的前提应该是公平竞争”的观点。他认为，国企和民企的进退机制的前提应该是公平竞争，竞争力强的企业把竞争力不强的企业淘汰掉。

厉以宁认为，从国企的角度看，民企既是竞争对手，又是合作伙伴。大型国企，离开一大批民企怎么能发展起来？计划经济时代国企没有竞争对手，自身也难以有大的发展。现在有了竞争对手，在市场中各自应取长补短，才能有所提高。

从民企的角度看，民企也并不需要追求“国退民进”。尤其在国际市场上，无论是国企还是民企，都是中国的企业，都是民族企业。无论哪个企业，只要竞争力强，能打入国际市场，扩大市场份额，就是我们的骄傲。

世界银行首席经济学家林毅夫认为，政府现在投资的基本是基础设施，这本来就属于公有部门做的事情，对民营经济并没有挤出效应。利用这段经济疲软时期进行投资，等这些项目建好，经济恢复以后，民营经济经营环境和空间会更大，效益会更高。总体上，表面看好像是“国进民退”，实际上给民营经济未来更快速发展打下了一个很好的基础。

国资委国有重点大型企业监事会主席季晓南认为：理解党中央关于国有经济布局和结构调整的精神，至少应该把握这样几个要点：一是要增强国有经济的活力、控制力和影响力；二是国有经济是有进有退，有所为有所不为；三是国有经济要向关系国家安全和国民经济命脉的重要行业和关键领域集中；四是其他行业和领域的国有企业要在市场公平竞争中优胜劣汰。将党中央关于国有经济布局和结构调整的精神理解为国有经济无所不为，只进不退，显然是不对的；理解为一味收缩，只退不进，显然也是不对的。

季晓南认为，国有企业的定位有四个方面：一是国有经济是构成社会主义制度的重要经济基础。二是国有经济在国民经济中发挥主导作用。在社会主义市场经济条件下，国有经济在国民经济中的主导作用主要体现在控制力上，体现在对整个社会经济发展的支撑、引导和带动上。三是国有经济承担了部分国家和社会职能。在社会主义市场经济条件下，政府的主要职能是经济调节、市场监管、社会管理和公共服务，在政府履行这些职能受到一定客观条件限制时，重要的依靠力量就是国有经济。四是国有企业是中国共产党执政的重要基础。理解和认识了国有经济在社会主义市场经济中的定位和功能，就不难理解为什么中央在鼓励、支持和引导私营经济发展的同时，强调要继续发展和壮大国有经济。

季晓南对“国进民退”争论的话题进行了深入分析。他认为，现在的国有企业和传统的国企已经有了很大的不同，如政企分开和政资分开取得了实质性进展，公司制股份制改革加快推进，投资主体多元化已成为普遍形态。现代企业制度建设迈

厉以宁

房地产市场，“央企地王”被关注。

出重大步伐，公司治理发生深刻变化。国有企业已经成为中国特色社会主义市场经济中的独立法人和竞争主体。因此，一味指责国有企业的市场行为有失公允。

国资委副主任邵宁认为：在中国现实的国情条件下，不能够再沿用国有中小企业改革阶段的操作方式让国有大企业简单地退出。为什么？首先是要退给谁。第一个方向是退给国外的跨国公司，问题是这些国有大企业大都关系国民经济的命脉，由国外公司控制中国的经济命脉，对中国的长期经济发展、对国民财富的分配不是好事情。卖给民营企业，又受制于我国民营企业的发展阶段。现在有一种把民营企业理想化的趋势，认为只要民企介入，一切问题都解决了。实际上，民企也有一个发展阶段问题，也有一个现代企业制度建设的问题。我们的民企总体上还处于一个家族企业的阶段，家族企业有长处，效率非常高；也有缺陷，内部的制度化建设比较差，内部形不成制衡机制。家族企业的形态经营中小企业没有问题，但不太适合于大企业的管理和治理的要求。

国民希望我国的民营企业可以加快进行现代企业制度建设，五六年之前，这是社会上的热点问题。在温州调研发现，引入职业经理人到民企之后，他们把企业情况搞明白了，往往带着一个团队跳槽，到外面建一个同样的企业，跟原先的企业竞争，使原企业损失很大。中国家族企业向现代企业制度上走的第一步就没有走顺。如果说中国民营企业通过引入职业经理人搞现代企业制度建设是一个胸怀问题的话，那么它是一个短期性的问题。但如果它涉及一个阶层的职业操守问题，再和我们国家整个法制化建设联系在一起，就不是一个短期的问题。估计中国的民营企业会在家族企业的形态上停留一段时间。

下一步国有大企业怎样改革？邵宁认为不能一味的“退”，因为：第一，退给国外企业不行；第二，退给处于家族企业阶段的民营企业，不但有一个职工能不能

2010年11月18日，美国通用汽车公司重返华尔街。16个月前通用陷入破产保护，接受了美国政府500亿美元的援助资金。

接受的问题，而且企业的治理、管理、文化很可能出现倒退，对大企业的健康发展不利。所以在现实的国情条件下、在国有大企业改革的现阶段上，已经不能够再把这些大企业简单地退给别人。改革的方式需要一个转变，这就是在国有体制下直接进行市场化改革，依托资本市场改制为公众公司，实现国有企业的多元化、市场化和国有资产的资本化。

从大的布局上，现在国有和民营已经逐步在分开，有互补的一面，也有相互竞争的一面。邵宁认为，如何判断"进"与"退"的得失，坚持平等竞争、优胜劣汰的原则最重要。这几年央企因竞争不利而退出的案例不少，但有竞争力的央企不应该主动地去退。去争论谁进谁退没有意义，不如研究一下如何保持和改善平等竞争、优胜劣汰的体制和市场环境，这一点对国民经济发展可能更有意义。

担心确实不是多余的。学者江涌认为，由于国内很多产业领域民营经济的发展缺乏基础和准备，"国退民进"的结果变成了"国退洋进"，国退之后，跨国垄断资本长驱直入。国务院发展研究中心的报告指出：在中国已开放的产业中，每个产业排名前五位的企业几乎都由外资控制；在中国28个主要产业中，外资在21个产业中拥有多数资产控制权，技术密集的高附加值产业如网络设备、计算机处理器、程控交换、移动通信电话等越来越多地被跨国公司控制。

争论也许还会持续下去，以央企为龙头的国企也还存在这样那样的弊病，但有一个基本原则是不能够动摇的：国有经济在我国的基础地位不能改变，这是我们的立国之本。国有经济是社会主义制度的重要基础，也是社会主义市场经济的基石；是国民经济的主导力量，也是部分国家职能和社会职能的承担者；是建设小康社会的重要保障，也是共产党执政的重要基础。

第七章

没有行政保护，海外干得咋样

P213

注：上图中标为淡黄色的国家为中国石油在该国有投资项目和工程技术服务业务的国家，标为淡蓝色的国家为中国石油在该国拥有工程技术服务业务的国家。

19世纪末，当煤油灯在中国还只有皇家贵族用得起时，标准石油公司已把油卖到了中国、卖到了全世界，成为世界上最早最大的跨国公司之一。

百年后的1994年，美国一个代表团来到中国，提出“中国进口石油将会对世界产生什么影响”的问题。中方当时被问得一头雾水，因为中国1993年石油净进口不到900万吨。

还是1993年，中石油正式走出国门。国际石油市场历经百年争斗，格局早定，后来者，没有优势，有的只是一个个强大的对手、不利的游戏规则和全方位的后发劣势。

中石油南美练兵、苏丹起飞、中亚亮剑，提出建设“海外大庆”的战略构想……

在这个不可能得到保护、竞争白热化的海外市场上，央企干得怎么样？

后来者，要想吃肉得先啃骨头

作为工业的血液，“黑金”石油成为20世纪以来政治、经济、外交领域争夺的重要资源。正如美国作家丹尼尔·耶金在《石油风云》中所说，现代世界历史就是一部石油争夺史。历经了150多年“大鱼吃小鱼、小鱼吃虾米”式的残酷争夺之后，各国的石油公司形成了各自固有的势力范围，别人要想分一杯羹，难度可想而知！

中国的石油工业起步较晚，但是发展迅速。1963年，周恩来总理在人民大会堂宣布，我国需要的石油，现在可以基本自给了，举国为之振奋。然而，随着经济的快速发展，我国的石油需求量猛增。仅仅过了30年，这顶被我们甩到太平洋的缺油的“帽子”就又漂了回来。1993年，中国虽然跻身世界五大产油国行列，但石油消费量却已是30年前的20倍，中国又成为石油净进口国。

国际上有一个评判经济的准则，一国石油消耗量的多少，是跟国家的经济总量成正比的。目前中国已经成为世界第二大经济体。专家原先对2020年中国石油需求量4.5亿吨的估计肯定要突破，预计达到6亿吨。那时国内产量可能稳定在2亿吨，中国对海外石油资源的依存度将达到约2/3，超过目前美

深度阅读……

《石油风云》

《石油风云》是一部以石油为题材，描述世界石油史的大型纪实作品。作者丹尼尔·耶金是美国世界石油问题和国际政治专家，也是一位擅长纪实小说创作的作家。他经过七年精心调查研究，掌握了大量鲜为人知的内幕材料，以小说家的笔触、讲故事的技巧写出了这部八十多万字的巨著。1992年该书获普利策纪实文学奖。

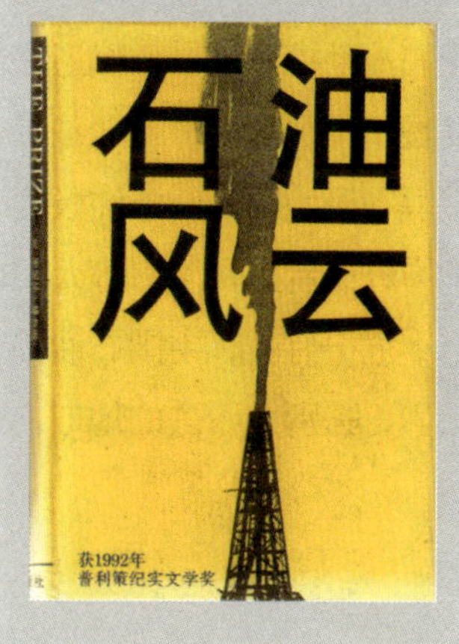

国的水平（58%）。

美国的石油对外依存度高，美国可以凭借其世界霸主地位以及其拥有的强大石油公司，如埃克森、雪佛龙、康菲等巨型石油公司，来保障本国的能源供应安全。中国怎么办？不走出去经历国际市场的风雨洗礼，成长为和跨国石油公司比肩的石油巨头，增强对全球石油资源的控制力和话语权，石油就会拖国家发展的后腿。但是“走出去”知易行难，谈何容易！在国际石油赛场上，中国是个迟到的竞争者，与国际大型石油公司相比，中国石油公司的技术和管理相对比较落后。中国石油公司的“块头”当时只有跨国大石油公司的几分之一，要想挤进竞争激烈且残酷的国际石油市场，参与世界石油资源的开发，必然会遇到强大对手的竞争。跨国公司能甘心将已占有的资源拱手让人吗？绝不可能！就在中国成为石油净进口国后，西方迅速作出反应。1993年5月的美国《国际先驱论坛报》便毫不隐讳地推测说，中国为了保持经济快速增长，对能源的需求必然日益强劲，很可能导致与西方关系紧张，中国会用各种办法寻求从伊朗、伊拉克和沙特等中东国家获得石油。

谁都想吃肉，没人想啃骨头。但问题是，中东很难进去。即使面对西方大石油公司，沙特也是不开放上游资源的，外国公司只能做贸易；去美国等发达国家采油，更如同天方夜谭。中国要走向国际市场，能去哪里？这是个费脑筋的事。

让我们来回想一下石油开采的美好时代。20世纪三四十年代，延长油矿的油有些是从岩石缝隙中涌出来的，拿着油桶就能捞到油。而现在已没有这样的美事了，都是打井打到几千米以下，甚至要通过压裂才能采出石油。人类为了寻找石油，容易采出的油几乎都采遍了。150多年间，为了寻找石油，人类动用了最先进的科技设备。全球计算速度最快的计算机除了模拟核爆炸以外，还要模拟石油形成过程用于石油勘探。如果人们还停留在50年前发现大庆油田时的技术水平，那么现在几乎发现不了什么油田。埋藏浅、容易发现的油田已经没有了，剩下的要么是在高山、荒漠、极地等自然条件极为恶劣的地方；要么就是在政治风险大，不能安全进出的地方；或者是在深海等人类现有的技术无法达到、没办法开采的地方。

危中有机，中国石油要走出国门，就得去啃硬骨头，打硬仗。只有不怕苦、不怕累，去别人不去的地方，我们才有机会。■

秘鲁征战，掘出第一桶金

1993年，细心的中国人能够发现，国内商店中的外国品牌开始多了起来，这是跨国公司大举进军中国的一年。邓小平南方谈话之后的中国，在那一年迎来了新一轮的经济发展加速。

正当国际资本大规模涌入中国的时候，国内有远见的企业已经开始将目光投向外面的世界。就在这一年，中国从石油净出口国再次转变成为净进口国。为了保障中国的能源安全，中国石油人义无反顾地迈开了走出去的步伐。

谁家娶媳妇，不愿意娶个如花似玉的大姑娘？但中国石油走出去，却娶回来一个百岁的“老太太”——秘鲁塔拉拉油田六区块和七区块。这个百岁的“老太太”比中国境内所有油田的年龄都大，而且“改嫁”了四次。

海外开发石油，风险最大、收益也最大的是风险勘探，即所谓的打野猫井，颇有点要瞎猫撞上死耗子的意思。一旦勘探失败，投入资金可能会颗粒无收，但勘探成功，也会赚得盆满钵满。风险低点的是开发油田，也就是在别人发现有油的地方开采石油。风险最低的是接手像塔拉拉这种人家开发过，肉基本吃完了，骨头缝里还剩点肉丝的老油

深度阅读……

秘鲁的石油工业

秘鲁第一油口开钻于1870年，由此发现索里托斯油田，并开始生产，使秘鲁成为南美最早的产油国。20世纪40年代前，秘鲁石油工业发展缓慢。1952年，秘鲁颁布石油法，鼓励在热带雨林地区开展石油勘探。20世纪50至70年代，秘鲁石油产储量不断提高。1977年北秘鲁输油管道建成，成为秘鲁石油工业的转折点。20世纪70年代末秘鲁石油产量达到高峰（1037万吨/年），此后，由于后备储量不足，产量下降，2009年全国产量仅725万吨。

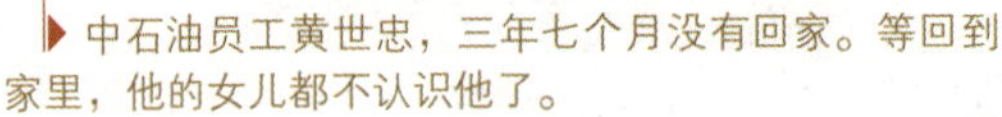

中石油员工黄世忠，三年七个月没有回家。等回到家里，他的女儿都不认识他了。

中石油接手前的秘鲁塔拉拉油田

田，寄希望于通过提高老油田采收率获得收益。

初出国门，中石油睁开好奇的眼睛看世界；由于没有可借鉴的经验，只能摸着石头过河。风险大的咱开始还玩不起，也没有那么多钱，只能从风险最低、花费最少的开始，于是选定了秘鲁的塔拉拉油田来初试锋芒。塔拉拉项目的风险低到不能再低的程度，中石油娶这个“老太太”，需要的“聘礼”很少，几乎可以忽略不计，对于当时的央企来说，资金很不充裕，最差的就是钱。

不过，这个“老太太”也是真够老的。与“她”同龄的油田几乎都枯竭了，“她”也到了被废弃的边缘，先后被耕耘了四轮，在300多平方公里的土地上钻了4000多口井，每走500米左右就能碰到一口油井。这个地区已经是千疮百孔了，在外国人看来几乎没有再出油的可能了。“老太太”年轻风光时，每年产油500多万吨，而等到中国石油接手时，年产油不足5万吨，不及高峰产量的1%，而且是分布在300多平方公里的面积上。说这一区块是鸡肋一点也不过分，放在中国，也就一个采油队的产量，对世界上其他大石油公司更是没有任何吸引力。

当时中石油领导到美国埃克森公司考察，对方勘探部一位经理说：“实在搞不明白，你们中石油那么大实力，为何要去搞秘鲁那个项目？那个项目太小！”其实，中石油对塔拉拉“情有独钟”，就是要以此项目练兵，一试身手。

当时，在中石油总部每周的调度会上，国内几百万吨的大油田往往都没有汇报

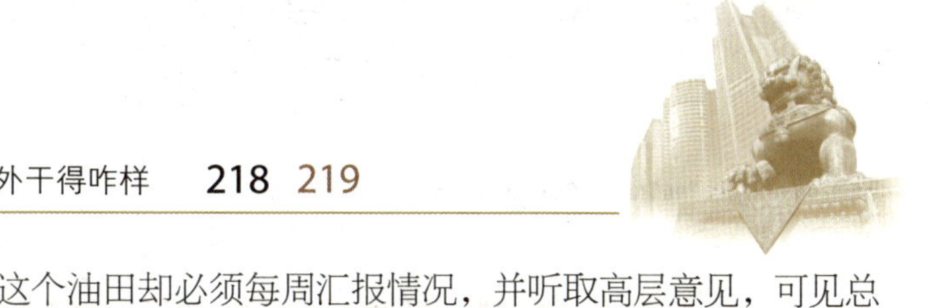

机会，这个油田却必须每周汇报情况，并听取高层意见，可见总部对其的重视。

接手之后，油井在哪儿，成了困扰人们的首要问题。由于很多油井已经被废弃多年，那里又是荒漠地带，连路都没有，尽管记录上显示有4000多口油井，而能看到的只有400多口。中国人要深入研究地下的油藏规律，首先就要找到井，然后才能通过井与井之间的关系进行研究。

找井可费了大事了，此时中国石油人的“铁人”精神再次发挥了重要作用。黄世忠在秘鲁，一个人找到了1400多口井。

就是靠着这样一股勇于拼搏的劲头，中国人在别人放弃的地方找到了宝贝。办法总比困难多。还真是这样，中国人在对秘鲁的油井反复研究后发现，这里的油藏和中国北方的油藏地质特点大致相似。这可真是如获至宝。

事实胜于雄辩。当中国人通过精细研究，把地下的情况研究透了，利用中国的技术打出新油井时，竟然是一口日产千桶的自喷井。这简直是奇迹，太不可思议了。当时的秘鲁总统是日本后裔藤森。他十分不解，也不相信，亲自跑去看。等到了现场，他被深深震撼了，连连竖起大拇指说：还是中国人行！

“老太太”重新焕发了青春，最高产量增长了10多倍，达到了70万吨。中石油当初的投资仅仅为370万美元，而现在每年的收益都在数千万美元以上。更为关键的是，通过这个项目，中国人发现了自己的优势在哪里。

多年的封闭，让中国企业往往是怯生生地看着外面的世界，一说起与国际接轨，似乎就代表着放弃自我，那是因为对“国际先进水平”怀着膜拜、敬畏的心理。

中国人走出去，既不能盲目自大，更不能妄自菲薄，而要与世界产生真正的心理平视。而心理平视的基础，则是准确定位自己。通过秘鲁这个项目，中国石油人找回了自信，也找回了自我，坚定了走出去的信心。这虽然是个很小的项目，但在中国企业走出去的历程中却是分量很重的一个项目。■

建“海外大庆”的战略构想

在1998年年初召开的中国石油工作会议上，中国石油天然气总公司（中石油集团前身）的领导在讲话中，提出了建设“六个大庆”的战略构想，即到2010年，在国内国外共形成6个年产5000万吨油气田的规模，其中四个在国内，两个在国外，要在海外建设一个“油大庆”、一个“气大庆”，并使中石油跻身世界十大石油公司行列。

那天会场上全是来自各油气田企业的“一把手”，很多人认为这是头脑风暴，“六个大庆”，尤其是海外的油大庆、气大庆可能是领导为大家鼓劲。那时，使用天然气还是件非常拉风的事，天然气还被称为富贵气，中国人能用得起吗？建设海外油大庆气大庆，对很多人是想都不敢想的事情！

要建设海外油大庆、气大庆，就需要走出去。

1997年，国际油价一路走低，各大跨国公司也快撑不住了，开始收缩战线。壳牌从泰国退出；埃克森出现了亏损，这是在埃克森的百年历史上少有的事。各大石油公司已经出现了重新洗牌的趋势，埃克森要和美孚合并，雪佛龙要和德士古合并，BP也要收购阿莫科公司。国际大石油公司在大幅度收缩上游战线，扩大炼化业务，石油开发快无利可图。在这种形势下，中国石油人还要走出去吗？还能走出去吗？

再说当时的国内形势也不乐观。中国石油企业身上包袱很重，机构臃肿，经营上市场化程度不高、行政命令色彩明显，并且国企走出去的成功案例不多。

建设海外的油大庆、气大庆，是畅想还是宏图，大家都在思考这个问题。什么叫机遇，大家都能看见的东西就不是机遇，等大家都看明白了，机遇也就过去了。一个真正的领导者，或者说真正的好的领导者，就是善于在大家都没有看到机遇的

时候发现机遇，早做准备早入手。

六个大庆，尤其是建设海外油大庆、气大庆的设想，开阔了中国石油人的视野，坚定了走出去的信念。

时隔十多年后的今天，可以说“六个大庆”的设想已经基本变成现实。国内石油产量2010年已突破2亿吨。仅中石油中石化两家的海外油气作业产量当量就已突破了1亿吨，而中石油也早已跻身世界十大石油公司行列，名列第五。

土库曼斯坦天然气项目

委内瑞拉石油项目

哈萨克斯坦油气项目

苏丹石油项目

委内瑞拉练兵，在美国的后院淘金

委内瑞拉盛产美女，更盛产石油。在秘鲁的成功坚定了中国石油人走出去的信心，但中国人也意识到，这种低风险的小项目不解渴，也不能充分反映自身参与国际竞争的综合实力。要想更快更好地提高自己，就必须走向更宽阔的天地，与强手同台过招。委内瑞拉正是这样一个舞台。

位于南美的委内瑞拉是世界第三大石油出口国、欧佩克的元老，是国际石油巨头云集之地。在与西方大石油公司几十年打交道的过程中，委内瑞拉形成了一套严格的监管控制措施。如果中国石油能够在这样强手如林的地方站稳脚，那才算是真正进入了国际赛场。

1997年11月，委内瑞拉拿出28个区块进行国际招标。这些区块当然要比秘鲁的塔拉拉区块肥多了，吸引了很多世界大石油公司前来竞争。埃克森、雪佛龙、道达尔等公司都来竞标。结果，中石油一举夺得了其中的两个区块，一个是马拉开波湖项目，另一个是英特甘博项目。

这次中国石油的投入远远超过了塔拉拉项目，总标值达到3.59亿美元。要知道，1996年中国的外汇储备才刚刚突破1000亿美元。

深度阅读……

欧佩克

石油输出国组织，音译为欧佩克，成立于1960年9月14日。其宗旨是协调和统一成员国的石油政策，维护各自的和共同的利益。现有12个成员国：沙特阿拉伯、伊拉克、伊朗、科威特、阿拉伯联合酋长国、卡塔尔、利比亚、尼日利亚、阿尔及利亚、安哥拉、厄瓜多尔和委内瑞拉。

国际招标

是指在相适应的国际领域内公开货物、工程或服务采购的条件和要求，邀请众多投标人参加投标，并按照规定程序从中选择交易对象的一种市场交易行为。

委内瑞拉马拉开波湖项目钻井平台

马拉开波湖号称石油湖，面积相当于一个北京市，130多年前委内瑞拉的石油工业就诞生在这里。宽广的湖面上采油站、井架、磕头机比比皆是，湖底还铺设有长达4.2万公里的各种管道，像蜘蛛网一样，密密麻麻。

这里是西方大公司独霸的舞台，又是美国的“后院”，如今中国人来了。但当时的情况是，西方大公司并没有把中国的石油公司放在眼里，我们自身的压力也很大。中国人都熟知委内瑞拉现任总统查韦斯。查韦斯是个强硬的反美派，发动过政变、蹲过监狱。查韦斯对毛泽东的理论尤为推崇，熟读《毛泽东选集》，“伟大的舵手毛泽东”、“帝国主义都是纸老虎”、“在战略上要藐视敌人”这样的话经常脱口而出。他上台仅8个月就访问中国，在毛泽东的水晶棺前他毫不掩饰敬意：“我崇拜毛泽东。”

尽管委内瑞拉的总统推崇毛主席，可“Business

深度阅读……

没经历过抢劫，就没在委内瑞拉工作过

美国CNN列出全球治安最差的十个城市，第一是巴格达，第二即是委内瑞拉首都加拉加斯。连外国驻委大使馆都遭到过武装抢劫，更何况普通外国人，当地电视报纸上充斥着绑架、抢劫、枪击、敲诈勒索等案件。

为了保证安全，中石油员工驻地都装上了铁门，围着电网，养着大狼狗，有荷枪实弹的保安保护，活动空间只是办公区和驻地。尽管如此还不能幸免。有一次，两名中国人在油田现场巡井时被歹徒用枪劫持到山里，绑在树上，钱物被洗劫一空，连外衣也被抢走。还有一个夜晚，一伙歹徒切断电网，控制了保安，翻墙进入驻地。他们拿来气焊装置，割开防盗门，剪断电话，翻箱倒柜搜索钱财，抢劫完还到厨房酒足饭饱后才扬长而去。

is business”（生意归生意）。中石油的两个项目开发难度极大，因为委内瑞拉与西方大公司打了上百年的交道，经验十分丰富，监管措施严格。比如委内瑞拉规定，一个在委经营的外国公司雇佣一个外国人，就必须雇佣7个本国人。所以，每从国内派去一个员工就得在当地雇佣7个委内瑞拉人。这不仅是成本问题，更直接考验中国人的管理能力。委政府对质量安全环保（HSE）方面的监管尤为严格，一项不合格就面临被停工的危险。而委内瑞拉为每个投资者设计的利润本身就薄，项目经营风险很大。

另外，委内瑞拉国内的土地法规定土地私有，而油田要钻井就要一家一家地跟地主谈判，有些土地归弟兄六七个人共有，就得与这六七个兄弟一个个谈。这是国内没有遇到过的新问题。可以说，每办一件事都要费尽周折。更严峻的是，当时委内瑞拉的政局非常乱，抢劫、绑架、游行是家常便饭，这也额外增加了企业的压力。

但是，中国人有自己的撒手锏，就是低成本，精打细算。今天少投入，明天就可以早见效益，从国内移植过来的经验发挥了作用。结果，中国人接管的时候，油田原油产量才15万吨，但干了两三年后，却增长十倍。中方总结出的综合研究等一系列新技术得到委内瑞拉国家石油公司的称赞和推广，被称为“中国石油模式”。中石油在那轮招标中，是生产成本最低、增产幅度最大的，原来很傲慢的西方人也改变了对中国的看法。委内瑞拉国家石油公司总裁直言，在第三轮招标的区块中，中国人干得最好！

通过这个舞台的练兵，让中石油真正体会到了什么是国际赛场，什么是走出去。现在在海外工作的很多骨干，都是从委内瑞拉项目上摔打出来的。石油工业是高危行业，HSE是通行的入门证，迈不过这道门槛，即使走出去也会被赶回来。而在委内瑞拉，有着最严格的HSE管理，连上十几米高的储油罐之前也要量血压、系高空安全带，不然不许上。每个普通员工都随身带着安全帽、工鞋和防护眼镜。这些都成为后来海外发展的宝贵经验。

可以说，央企走出去后的感悟之一，就是我们在接触国际规则、国际玩法的同时，自己也在不断学习、不断进步。

海外创业，从苏丹腾飞

2008年8月8日，是中国人格外自豪的日子。这一天，奥运会在北京开幕，中国用最隆重的礼仪接待了各国嘉宾。这一盛事上有个细节颇值得玩味。当天开幕式上，作为世界第一强国的美国的体坛高手如云，谁将手执星条旗带领美国代表团进场？NBA巨星科比还是泳坛神童菲尔普斯？

当答案揭晓时，全世界都跌破了眼镜，美国竟然把旗手这一重要位置给了来自苏丹达尔富尔的拉蒙，这个成绩一般的1500米长跑选手刚获得美国国籍才13个月。拉蒙这个“迷失的苏丹男孩”一夜之间完成了“从青蛙到王子”的跳跃，西方媒体把拉蒙的照片和他“美国梦”的故事放在报纸的头版，大肆炒作。

西方媒体在四年一次的焦点时刻“青睐”拉蒙事出有因，苏丹、达尔富尔等，一次次被重新翻出箱柜成为热词。那么，苏丹究竟是一个什么样的地方？苏丹和石油、和中国有什么关系？

苏丹是一个油气资源比较丰富的国家，与石油富国沙特阿拉伯隔着红海相望。和那些陷入资源诅咒的国家一样，石油在发现之初并没有为苏丹人民带来财富，反而成为后来持续20多年的内战导火索。连年的战乱导致丰富的资源没有得到充分的开发，苏丹人捧着金饭碗却在要饭吃。

20世纪50年代，意大利阿吉普公司和英国壳牌公司就来到苏丹勘探，但一无所获。60年代初，美国雪佛龙公司进入苏丹，花费十多亿美元和十几年时间，才发现了两个小油田，但还不具备商业开采的价值。尤其是在雪佛龙公司营地遭袭，三名美国工程师遇害后，加上苏丹国内实施伊斯兰教法，双方关系紧张，雪佛龙公司撤离了苏丹。于是苏丹开始积极寻求其他国际大石油公司介入，以引进石油资本和技术，中国人也利用这个好机会，开始跟苏丹接洽。

1995年9月，中石油获得苏丹穆格莱德盆地六区块的勘探开发权；1996年11月，又通过国际招标获得1/2/4区块石油开发权。但对于当时缺少海外勘探开发经验的中国石油来说，要进入这片西方公司耕耘几十年也没有大发现的地方，无异于一场豪赌。正如哈默所说，石油公司从事勘探开发，一定意义上也是赌博。这就要求石油公司有一定实力承担风险，敢于冒险才行。

中石油中标苏丹1/2/4项目后，为了分散投资风险，与马来西亚国家石油公司、加拿大SPC和苏丹国家石油公司共同组建了联合作业公司——大尼罗河石油作业公司。尽管如此，中国石油仍然为这个项目投入了7.5亿美元的资金，持有40%的股份。虽然中石油是最大的出资方，但一开始却没有多少掌控权。由于大多数中方技术人员是第一次参加海外联合作业项目，所以勘探部经理、副经理等职位都由加拿大人和马来西亚人担任，勘探决策权也主要掌握在外方合作伙伴手里。

联合作业公司面对的首个难题，就是在两个月内完成该区块126平方公里的三维地震解释并提供一批探井井位。这个几乎不可能完成的任务，却给中方技术人员提供了崭露头角的“机会”。定井位是个检验技术水平高低的工作，一旦失误，打了干井，上千万元的投资就打了水漂。当时，合作伙伴信不过中国公司，各个公司抢着定，最后只好按股权来定，中国公司分到了9口井。中方承担定井位任务的是个年轻人——苏永地，后来被同事们尊称为“苏丹永远的地质师”。由于当时依据的资料还是雪佛龙公司1983年采集的，很陈旧也很简单，所以要在两个月内掌握大

1995年中石油中标苏丹6区项目签字仪式现场

量的石油地质资料，完成精细构造图，拿出井位，非常困难。苏永地本人不善言谈，只是潜心于工作。他把自己关在办公室里，春节都顾不上休息，仅用一个多月就拿出了结果。实际一打井，9口井口口出油。

加拿大公司分到了4口井，2口打中，成功率50%。而马来西亚公司分到8口井，先定了4口井位，只有1口出油，另3口干井。一看中国人定的井位口口有油，最后4口井他们说啥也不自己定了，硬是求中国人来定。一时间，外方态度大转弯，许多外方技术人员看到中方技术人员就竖起大拇指，搞不清中国人究竟有什么“秘密武器”。后来，联合公司还破天荒地为苏永地特设了一个勘探部“高级技术主管”职位，并且不需要像其他职位一样必须各国轮换。苏永地也被称为“石油神探”，苏丹1/2/4区新增石油储量近一半是由他牵头发现的。马来西亚等一些公司纷纷想高薪聘请他，都被他婉言谢绝了。

在苏丹1/2/4项目上，中石油在联合公司中担任作业公司，但对于西方的管理制度还很模糊。“当时都不知道什么是国际石油作业，只能将白天听到的管理数据和商务术语计下来，晚上回宿舍再琢磨。”中国人就是在干中学，学中干，一步步跨越了国际石油公司几十年走过的路程。

1999年6月，中国人仅用11个月时间就建成了1506公里的输油管道，创造了世界管道建设史上的奇迹。苏丹人视这条管道为“生命线”。有了这条管道，苏丹就可以通过石油出口获得巨额石油收益。

1999年6月30日，时任国土资源部部长的周永康作为中国政府特使出访苏丹，在油田现场与苏丹副总统塔哈共同开启了输油闸门。7月1日晚，在中苏石油合作庆祝会上，周永康讲话结束前，深情地现场赋词一首：

这是一场殊死的拼搏，这是一场国际的较量。

你们战胜了常人难以想像的困难，你们是共和国的脊梁，是中华民族的英雄。

你们创造了人间奇迹，树立了中苏友好的新丰碑。

祖国不会忘记你们，苏丹人民不会忘记你们。

我们为参加苏丹石油合作项目的所有建设者而自豪！

1999年8月30日，满载第一批石油的油轮驶出红海，红海岸边人们集会庆祝，苏丹巴希尔总统带头、数万人载歌载舞，欢庆持续了整整两天。作为民族经济独立的象征，苏丹人将这一天定为“石油节”，年年欢庆。苏丹的石油开发成功了，巴希尔高兴地称赞说：“苏丹石油开发，贡献最大的是中国，干得最出色的是CNPC

（中石油）！”

过去，苏丹成品油全靠进口。1996年第一批中国石油人准备去苏丹时，还没有中国到苏丹的航班。当时喀土穆的道路也不多，甚至都没有红绿灯，因为确实也没有多少车。不过，现在故事有了新篇章。喀土穆街头装上了红绿灯，即便如此，路上也时常塞车。2009年，北京到喀土穆的直航航线也开通了。苏丹也成为原油和成品油的出口国，实现苏丹成品油出口的，就是中国人用中国技术标准建设的喀土穆炼油厂。2000年5月16日，喀土穆炼油厂建成投产。这是苏丹唯一一个现代化炼油厂，这座银灰色的钢城在一望无际的沙漠中非常醒目。

1997年3月，中苏双方商议，要在尼罗河畔建一个250万吨的炼油厂。但中国人去考察时，陪同的苏丹政府官员竟然迷失在茫茫戈壁滩中，找不到按政府规划确定的炼油厂的位置。当时，那里除了难以承受的高温和取之不尽的沙石，什么都缺，几乎没有社会依托，甚至连钉子都要进口。

为了建设这座炼油厂，从中国一共运去了17船的物资。从苏丹港到施工现场还有800多公里路程。当时苏丹几乎没有铁路，全靠公路，而公路也是坑坑洼洼，再好的汽车时速也只能达到三四十公里，运输十分艰难。

中国石油勘探开发油田、建设管道、建喀土穆炼油厂，这三项重大工程，改变了苏丹的面貌。初建时，有西方公司告诫苏丹政府：“你们和中国石油合作，不出一两年他们就会干不下去，就得撤出。”事实胜于雄辩。同样是这家公司再次访问苏丹时，只能改口说：“你们选择中国石油，选择中国是选对了。”

6区块是中石油进入苏丹的第一个项目，当年通过中国科技人员的努力，打下的第一口井即获得高产。但谁也没想到，这里的石油竟然是稠油，运输和加工都非常困难，在国际市场也卖不了好价钱。而加工这种油，国际上还没有先例。2006年6月，喀土穆炼油厂二期扩建，同时这里还建成了世界上第一套处理加工高含钙含酸原油的延迟焦化装置。6区块那些不被看好的稠油，就在这里实现了高价值。延迟焦化装置也成为苏丹石油工业的骄傲。

2010年，喀土穆炼油厂投产10周年。十年间，苏丹石油工业从无到有，发展成上下游完整的石油工业体系，改变了苏丹一穷二白的面貌，先后有20多个国家的总统、总理访问苏丹时访问喀炼，目睹了中国石油人的技术和实力。苏丹石油工业发展的故事成为中石油在非洲的最好广告，迅速引起了其他一些非洲国家的“石油冲动”，成为中国石油撬动非洲石油市场的支点。

2003年，中石油进入尼日尔和阿尔及利亚。2004年进入突尼斯、毛里塔尼亚，2005年进入利比亚，2006年进入尼日利亚和赤道几内亚。苏丹3/7区法鲁杰世界级大油田的发现，堪称奇迹。这一区域曾是雪佛龙勘探后判了“死刑”的地区。然而，中国人不迷信，不放弃。接手后，克服各种技术挑战和施工困难，利用中国人自有的勘探理论认真研究，在一年时间内就发现了法鲁杰油田，该油田储量达5亿吨以上，成为当年国际石油勘探界的大新闻。

“石油神探”苏永地

2006年开始，苏丹石油探明储量大幅增长，从5.63亿桶增至50亿桶，增长八倍。中国人在苏丹的巨大成功，牵动着其他公司的神经。曾经选择退出的西方石油公司，十分懊悔当初的决定。

既有“过五关”，也有“走麦城”。按国际惯例，业主就是“上帝”，合同就是“宪法”，对于严格实行甲乙方体制，按国际标准规范施工，一些中国公司并不能很快适应。如国际施工管理注重用过程控制来保证结果，对标准执行十分严格;而国内施工特点是重结果而不重视过程，弱点是对国际标准不熟悉。例如原来在科威特集油站项目中需要使用的各类国际标准就有700多个，而我们在国内曾使用过的国际标准只有70多个。一些建设队伍对合同了解得不深不透，还不会用合同来保护自己，干了不少不该干的活，却忘了及时索赔，吃了“哑巴亏”。苏丹项目中也暴露出我们的商务意识还较弱，在国际项目施工组织、施工管理、技术运用、标准规范、吃透合同等方面还有较大差距。在按国际惯例运行的接轨中，中国石油施工队伍逐步进入“角色”。

深度阅读……

美国轰炸苏丹制药厂

美国1996年开始对苏丹实施经济制裁，并鼓动联合国实施了对苏丹的制裁。1998年底，克林顿政府以苏丹喀土穆的一家制药厂（由本·拉登投资）生产化学武器、支持恐怖活动为由，从几百公里外游弋于红海的驱逐舰上发射三枚导弹，轰炸了该制药厂。三枚导弹炸了三个大坑，方圆一平方公里的制药厂内建筑全部倒塌，十分精准。

2000年5月，近万名苏丹群众聚会庆祝喀土穆炼油厂竣工投产。

部分别有用心者指责中国公司在苏丹掠夺资源。事实上，目前在苏丹的马来西亚国家石油公司、印度石油公司每年从苏丹获得的石油收益也不比中石油少多少。法国道达尔石油公司也在苏丹南部有项目，但一些西方媒体选择性地遗忘了，只关注中国石油从苏丹获得的石油资源，并且对中石油促进苏丹经济发展，援建苏丹公益项目，造福苏丹人民，逐步消除苏丹战乱根源——贫穷的作用只字不提。

根据2006年的统计数字，中国从包括苏丹在内的非洲进口的石油，仅占非洲石油出口量的8.7%，仅此就被指责为掠夺非洲的资源了，那么美国进口占多少呢？美国进口占33%；欧盟呢？欧盟进口占36%。

2011年1月9日，苏丹迎来了一次具有决定性意义的公民投票，近400万苏丹南方登记选民开始在全国各地和8个海外国家投票。2月7日结果公布，98.83%的选民支持南部地区从苏丹分离。按计划苏丹南部将在7月9日宣布独立。

南部独立，围绕油田稳定发展、开发管理、收入分配等问题的解决，将考验着南北双方政府的智慧。但毫无疑问的是，苏丹的石油业仍将继续造福南北各方民众。苏丹南部宣布，独立后建立的新国家为“南苏丹”，之所以确定在新国名中有苏丹这个名字，是为了反映南北部之间的深厚联系，同时也是为未来实现统一打开希望的大门。

中哈合作，构建能源新“丝路”

中亚被形容为第二个中东，里海被认为是第二个波斯湾，有西方石油公司称：“谁掌握了里海战略资源的控制权，谁就能主宰21世纪的国际能源市场。”

哈萨克斯坦是中亚最大的国家，油气资源丰富，地理位置十分重要，处于各大国、各种力量角逐的中心，具有重要的地缘政治意义。

BP2010年能源统计显示，截至2009年底，哈萨克斯坦探明石油储量53亿吨、天然气储量1.82万亿立方米。哈萨克斯坦正力争到2015年成为世界第六大产油国，将能源工业作为振兴经济的支柱，也常常把国际能源合作作为外交筹码。而且，哈萨克斯坦油气产量增加迅速，国内消费量有限。对于中国来说，中亚的油气资源无须经过海上的长途运输，便可直接通过陆路运输到中国，这是最安全的能源战略通道。一个是油气资源供给大国，一个是需求大国，中哈两国油气合作潜力巨大。

进入哈萨克斯坦，对中石油来说就如同在中亚这一棋局中投下一枚关键棋子，既可以深刻影响欧亚大陆尤其是中亚地区的能源格局，也为中亚国家增加了一个新的能源出口通道，使之有了更多的选择，是个双赢之举。

过去，哈萨克斯坦出口油气的主要三条管道都向西经俄罗斯过境，管道输送能力有限，方向单一，制约了哈国的出口外运能力和议价能力，直接阻碍着哈国油气立国发展战略的实现。中石油进入后，特别是中哈管道修成后，欧亚大陆桥、古丝绸之路真正成为能源之路，也使中亚各国多了一个能源向东出口的方向，大大提升了哈萨克斯坦的地区中心地位。正如哈《真理报》所评论的：“中哈管道施工，中国公司的努力已经在经济发展、降低我国的失业率等方面作出了很大贡献。中国公司与哈国合作领域不断扩大。”

阿克纠宾油田

中石油刚刚进入时，哈萨克斯坦是什么情况呢？当时苏联解体不久，幅员辽阔的哈萨克斯坦几乎没有现代工业，经济落后。俄罗斯专家全部撤走后，哈萨克斯坦的石油工业也陷入了停顿。失去了石油业的收入，国内经济更加困难。

当时，俄罗斯无暇东顾，正在进行“休克疗法”，实力大减。但深受俄罗斯影响的哈萨克斯坦依葫芦画瓢，也学“休克疗法”，对开发的油田实行私有化。第一批私有化的油田有两个，其中一个就是阿克纠宾油田，但由于投资者不看好，没人出价。

1995年底，西方某公司总裁来中国访问建议中石油去参与竞标。对此，中石油也早有此意。仅仅一个月，中石油就组建了一支30人的团队到哈萨克斯坦进行调研。

1996年，中石油做了整整一年的功课。1997年，当哈萨克斯坦再次对阿克纠宾油田进行拍卖招标时，中石油便积极参与。那时，北京还没有到哈国首都阿拉木图的直达航班，投标组成员先到达乌鲁木齐，再到霍尔果斯口岸，坐新疆油田做跨国贸易的运输车，长途跋涉赶到阿拉木图。

参与竞标的还有美国的阿莫科公司和德士古公司。7月，评标结果出来，中石油中标。10月，中方人员就开始接管油田。

等中方人员达到哈萨克斯坦之后，才真正体会到当时哈国条件的困难。哈萨克

斯坦还停留在我国20世纪六七十年代的水平，缺电、缺食物，观念陈旧。当时，中石油员工所住的阿克纠宾宾馆，算是当地比较好的宾馆，但浴缸和马桶不是堵就是漏，市场上物品奇缺，几乎看不到商场，一个小商店只有三包烟，还不能全部买走。吃的食物只有洋葱和土豆。中方员工第一次去这里过春节，想吃饺子，跑遍整个阿克纠宾市，也只买到一棵发蔫的白菜。中石油员工去的时候已经是冬季，零下40多度，没电没有暖气，很多人的耳朵都被冻肿了。

不仅如此，接管阿克纠宾油田后，中石油自己也陷入了困难境地。当时国际油价一路走低，中石油资金非常紧张，员工工资都被迫拖欠。阿克纠宾油田中方员工11个月没有发工资，也拖欠了当地员工8个月的工资。当地员工不干了，开始大罢工。为了鼓舞士气，当时提出的奋斗目标就是一定要让大家都能吃上“别斯巴玛拉克”（手抓肉）。

导致阿克纠宾油田陷入困境的最根本原因还是以往遗留的经营问题。阿克纠宾油田过去20多年一直生存在计划经济体制下，油田只管生产不管销售，即使销售也是易货贸易，国家把油调出去，需要钻机就调回几台。现在要经营，就必须按市场规律办事。中石油去了之后，第一件事就是打破计划体制，进行市场销售。

但是要在市场上销售石油阻力很大，这个公司还没有国际市场销售权，中石油反复争取，最终拿到了许可证。另外，一些销售人员没有责任心，肥了个人损害了公司。中国石油通过打击腐败，解决了公司现金回款率低、拖欠款严重、机制不透明等问题，让公司能够健康运转。更重要的是，中国石油是一个专业门类很齐全的公司，在国内有丰富的油田开发经验，尤其是新疆油田离得近，地层相似，很多经验可以借鉴，勘探开发技术一亮相，就让当地人十分佩服。

真正在当地引起极大轰动的，是肯基亚克盐下油田的开发。

肯基亚克油田的开发是世界级难题，油藏埋深地下4000多米，但中间3000多米是盐膏层。钻头打下去，温度一高盐岩就熔化，井壁就垮塌了，这可是事故。苏联时期在这里打了42口井，正常生产的只有两口井，其他40口都失败了，甚至有一口井发生井喷，连钻机都烧毁了，无奈放弃了。欧美石油公司尽管也眼馋，但来之后，了解到这些情况，还是耸耸肩走了。

当时哈萨克斯坦方面对中国人的技术也不相信，依然认为中国是跟在俄罗斯专家后面的“小弟弟”。因此，肯基亚克油田是作为“添头”给中石油的，什么也不要，言下之意是，玩得转就是你的，就是看你行不行！

肯基亚克油田有上亿吨储量，至少可以达到每年200万吨的产能。这是块肥肉，但能不能吃到嘴里，就看中国人的本事了。中石油把肯基亚克油田当做“金蛋”看待，从国内调集了优秀的钻井、开发等各方面的专家，进行多专业、多学科联合攻关，系统研究，形成了一套高效开发配套技术，一举攻克了开发难关。

2004年2月，在肯基亚克开钻的8081井打到3500多米时，已有油气显示。再向下钻时，由于地下压力太大，上面盐膏层比较松软，发生了井下涌流。因为该油田富含硫化氢，一旦发生井喷是要造成人员伤亡的。钻台上员工四散奔逃，但中国钻工朱爱军奋不顾身抢上前去，按照程序操作，不但制止了井喷，还抢救了8081井。朱爱军的举动在当地被广为传扬。这口井试喷后，日产量达到了1000多吨，创造了一个奇迹。

在中国技术成功运用下，肯基亚克盐下油田钻井口口成功，口口高产，在当地引起了轰动。简直太神奇了！中国技术被刮目相看。中国人更高兴，因为香喷喷的“肥肉”吃到了嘴里。

油田产量高了，为了解决石油运输难题，中国石油人在哈萨克斯坦修起了铁路：从肯基亚克到州首府的铁路。这条铁路投资很大，在当地产生了轰动效应，不仅方便了油田职工上下班，还成为当地的一条“致富路”。

阿克纠宾州靠近里海，冬季寒冷漫长，由于进口天然气昂贵，许多居民只能“望气兴叹”。为了给当地居民送去温暖，阿克纠宾公司拨出专款修建通向当地千家万户的输气管道，以优惠价格供气。阿克纠宾公司还投入160多万美元补贴阿克纠宾州面包厂，以稳定食品价格。

哈萨克斯坦政府提出了一个“进口替代”政策，就是在同等条件下，要求优先选择采购哈国本地企业提供的商品和服务。仅2006年一年，阿克纠宾公司在哈的采购就达7亿多美元，间接创造了上万个就业岗位。

坎德阿加什市位于阿克纠宾州穆加尔扎尔区中心，位于阿克纠宾市以南95公里，当地人还习惯地称之为“十月城”。这里曾经是哈国最大的军火储存地之一，也是全国最重要的粮食中转站，在卫国战争期间有过辉煌的历史。原阿克纠宾公司的分部就设在这里。20世纪90年代，由于资金短缺，人才匮乏，十月城大批居民外迁，城不像城。中国石油来后，先后在这里建立起了物资供应处、运输处、采油厂和机修厂4个基地，中哈长城钻井公司还为当地居民打水井，建立地面供水系统。当地员工说，自从中国人来到十月城之后，新建了员工宿舍，还盖起了食堂和面包

房，工人的生活条件改善了，员工们再也不用提着一袋土豆来上班了。

现在，阿克纠宾州70%的财政收入来自于阿克纠宾油田，15%的人口在油田就业。依托石油的繁荣，这里也从一片萧条一跃成为哈萨克斯坦最富庶的州之一。中国石油人带动了当地的蔬菜大棚种植，让当地人一年四季吃上新鲜的蔬菜。中国人也受到了当地人的尊重和支持，公司搞活动，往往州长和副州长都来出席。2010年年底，阿克纠宾公司还获得了哈国纳扎尔巴耶夫总统亲自颁发的最佳社会责任奖。

有了阿克纠宾项目的成功，中国人在中亚、在哈萨克斯坦扎下了根，也把中哈两国关系进一步拉近。近几年，中哈关系升温很快。中国和哈萨克斯坦先后签订了一系列重要文件。2005年，中哈宣布建立战略伙伴关系，双方合作不断扩大，其中，能源领域的合作是重要组成部分。

对中国来说，进口通道的单一直接影响石油供应的安全；对于产油国来说，出口通道的单一，也同样威胁到其经济安全。于是，哈萨克斯坦政府一直希望能在过去只有向西输送原油的管道的同时，再建立一条向东的稳定的能源出口通道，这也很符合中国的利益。中国通过铺设输油管道，可与中亚地区的油气管道网络接轨，把石油供应国（中东、中亚国家和俄罗斯）与亚洲的主要石油消费国，如中国、日本、韩国等连接起来，使中国处于“泛亚全球能源桥梁”的战略枢纽位置。

在中石油阿克纠宾公司资助的夏令营里，孩子们绽放出灿烂的笑容。

早在投资阿克纠宾油田的1997年，中石油就与哈方达成了实施中哈原油管道建设项目的协议。这条管道西起哈萨克斯坦里海沿岸城市阿特劳，途经中石油经营的阿克纠宾油区，横穿哈萨克斯坦全境，东至中哈边境的阿拉山口，全长约3000公里，规划年输油2000万吨。这无异于使两千多年前的古丝绸之路又重新焕发了青春。

但是，当时国际油价低迷，加上中俄管道开始前期运作，哈石油产量也难以满足赢利性运转所需要的最低2000万吨的供油量，管道建设计划暂时搁置。

管道建设的可行性研究仍在继续，到1999年完成时，双方决策者也没有停止沟通与谈判。2001年12月，中哈两国各持股50%合资组建公司，运作**中哈原油管道**。这条管道既是哈萨克斯坦第一条直接与国际市场相连的管道，也是中国第一条跨境原油管道。

建设这条管道的设想无疑对相关国家在里海的原油争夺添了一把火。2001年，在俄罗斯的主导下，从哈萨克斯坦西部田吉兹油田到俄罗斯黑海沿岸新罗西斯克港口的田新管道正式启用。

与此同时，由美国主导的、号称“最具政治意义的管线”——巴库—第比利斯—杰伊汉输油管道也于2002年8月开工，2005年5月25日正式竣工输油。美国对哈萨克斯坦，一方面加大经济援助，另一方面不断对哈施加压力，目的只有一个，让哈政府做出每年向巴杰管线供油2000万吨的承诺。

中哈石油管道的建设不会一帆风顺，但中国人的努力一直没有放弃。

2003年3月28日，这条管道的西段工程，即肯基亚克至阿特劳的输油管道建设完工。东段工程于2004年9月开工，2005年12月建成投产。

这是中国真正意义上的第一条跨国输油管道，是一个互利双赢、造福后代的世纪工程。如今，这条管道已累计向中国输油3000多万吨。中哈原油管道的中段工程仍在紧锣密鼓建设，预计2012年年底全部完工。到那时，这条油管就可以直插到里海边。

这条管道对哈国同样十分有利。中国成了哈最重要的石油进口国，使哈萨克斯坦拥有一个稳定的大市

深度阅读……

中哈原油管道

2002年，专家组提出了分阶段建设的设想，解决了困扰中哈管道建设的关键问题。管道分三步走。第一期工程，即西段工程，建设从哈萨克斯坦的阿特劳到肯基亚克管道，全长448公里；第二期工程，即东段工程，建设从哈萨克斯坦的阿塔苏到中国新疆的独山子管道，全长1300公里，可以输送哈原油到中国；第三期工程，即中段工程，建设对接肯基亚克、阿塔苏两地的管道，全长约1340公里。三段全都建成，里海市场及阿克纠宾油田的原油等，可以一路向东销售到中国。目前中哈原油管道已累计向中国输油超过3000万吨。

中哈原油管道首站

场，大大减少对其他国家的依赖。有了它，哈国由此掌握了同里海周边的其他管道竞争的主动权。

中国2000年到2002年进口的原油中，有一半来自中东地区。世界能源机构预测，到2020年，里海地区的原油产量将大幅度上升。中国进口原油中，主要依赖中东原油的局势不会有太大变化，从非洲进口的原油比例也将得到保持。可以说，俄罗斯和里海地区是开拓新增原油进口的重点地区。所以，中哈原油管道的建设不仅必要，而且极为重要。随着中哈原油管道的建成，中国从里海地区进口的原油也在不断增加。

中哈石油管道一建成，结束了我国原油进口过度依赖海运的潜在风险，增强了供应的稳定性和多元化。更为重要的是，中哈石油管道建成，意味着中国与中亚国家及俄罗斯等国家建立了深度关联，中国获得中哈石油管道项目的意义还不只在于推进了石油进口的多元化和稳定化，而且借此也与中亚五国开展了更为深入的实质性的合作。如果说，海权是中国未来崛起的重要保障，那么与中亚毗邻的中国西部陆权的安全稳定，也是中华民族生存发展的重要命脉。通过石油合作以及以上海合作组织为主导的与中亚五国共同进行的“反恐”军事战略合作，保障我国有一个强大、安全的陆权，将为中国营造良好周边环境夯造坚实的基础。

与中亚各国关系友好了，有利于我国西部大开发和维护西北边疆地区的安全与稳定。

在这场无声的竞争中，中国，要占据主动。

竞购优尼科，不可忽视的商业因素

成功的重要途径是要先经历很多的失败。做大做强是优秀企业的永恒追求。2005年，作为中国最国际化的石油公司——中海油收购美国优尼科公司“探宝船”的行动却引起轩然大波。

优尼科1890年诞生在美国加州，是美国第九大石油公司。由于大量的已探明石油无力开发，公司亏损严重，2005年1月正式向美国联邦法院申请破产。

“购买优尼科”，让中海油心动。因为优尼科的优势是天然气，现有储量的70%在亚洲，是中海油在东南沿海实施天然气战略的理想气源地。

2005年1月，国内外媒体开始报道，中海油要报价130亿美元收购优尼科，报价相对其股价溢价10%。这一报价创当时国企海外收购纪录。优尼科也很有诚意，两家企业互换了机密资料。埃尼公司、戴卫能源公司、西方石油公司等都对收购表达了兴趣，中海油出价最高，条件最优惠。此时，劲敌雪佛龙出场了。雪佛龙是美国第二大石油公司，业务遍及全球180个国家和地区。4月4日，雪佛龙公司出手，宣布以164亿美元收购优尼科。报价足足超出中海油25%，溢价近40%收购优尼科。

机不可失。跟优尼科公司再次接触之后，中海油果断加价：185亿美元，全现金收购。一石激起千重浪。中海油的重新报价在美国引起了轩然大波。美国担心，这背后是否有国家意志的支撑？一连串诘问接踵而来。雪佛龙不愧是商战高手。6月24日，《纽约时报》刊登雪佛龙总裁罗伯森的评论：“我们与中海油的竞争不是商业竞争，而是在与中国政府竞争。”当天美国国会能源商业委员会主席乔·巴顿致信布什，要求政府确保美国能源资产不出售给中国。当日雪佛龙还鼓动在竞选中资助过的41名议员联名向总统布什递交公开信，要求对中海油并购计划严格审查。

7月6日，傅成玉在《亚洲华尔街日报》亲自撰写《美国为何担忧》一文，对美国人的担心逐一做出回应。文章有理有据，赢得很多人支持和理解。但当时美国的主流舆论已经形成。《华尔街日报》评论：在美国有些人从根本上反对中国，北京常常被置于双重标准之下。

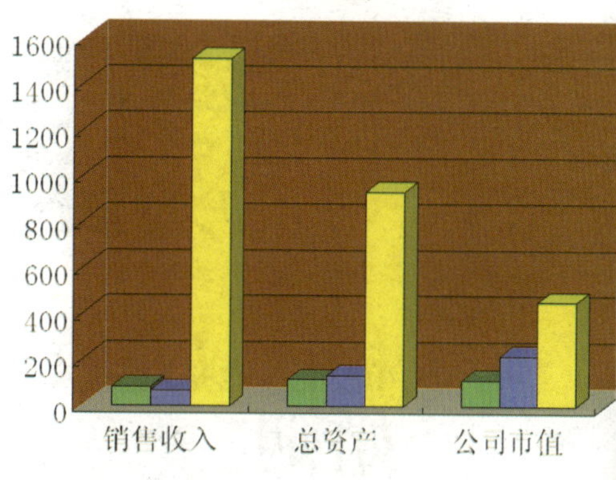

数据来源于2004年各公司年报

在愈演愈烈的政治风暴之下，7月30日，美国参众两院通过能源法案新增条款，为中海油收购设置了不可逾越的玻璃门。8月2日，中海油宣布正式放弃对优尼科的收购。8月10日，优尼科和雪佛龙合并的协议获批准。

笔者在美国学习期间曾研究过优尼科收购案例，发现中海油收购失利，政治因素是主要原因；同时，商业因素的重要影响也不可忽视。对中海油来说，优尼科这个目标显得有些庞大了，中海油与优尼科的规模（销售收入和总资产）基本相当，但与竞争对手雪佛龙相比则差了一个数量级，若是一家实力更强、规模更大的公司来收购，成功可能性会增加。在影响跨国并购成功的诸如企业规模、企业文化等八大因素中，企业规模这个因素十分重要。国际并购的竞争如同“摔跤场”，轻量级选手和重量级选手摔跤肯定要吃亏，赢的概率要小得多。虽然不乏“蛇吞象”的案例，但那只是个案。因此，优尼科最终选择了重量级油企雪佛龙。

相同的一幕在2009年6月又一次上演，中铝注资力拓战略协议被力拓单方面撕毁，力拓投入必和必拓的怀抱。2009年，中铝的资产总额3548亿元，销售收入只有1356亿元，只有竞争对手必和必拓营业收入的30%，却开展近1400亿元的收购，这需要借助外部力量。中铝融资主要有政府背景的国家开发行和进出口银行，澳国内借机质疑中铝的商业行为背后有中国政府的意志。

有意思的是，就在中海油主动退出收购的当天，中海油在纽约的股价上升了6%，达到当时上市以来的最高点，而雪佛龙股价也上扬88美分。中海油的退出成了刺激两个对手股价共同上扬的利好消息，市场的反应说明这起收购案并非表面上的非赢即输那么简单，而是一个多赢结果。优尼科借鹬蚌相争，卖出了一个好价钱；中海油不仅借收购收获了知名度，40天内市值也激增1/3（80亿美元），更收获了宝贵经验。傅成玉也上榜美国《时代》周刊2005年度14 位世界最有影响力人物。

商战中，当政治喧嚣沉寂之后，商业因素的本质仍将成为主导。

秘铁双龙收购，有钱买不来幸福婚姻

中国人喜欢大团圆，所以在中国传统戏剧里，一对新人历经坎坷、冲破阻挠终成正果，洞房花烛，一场大戏也就落幕了。至于大喜之后，新人是否幸福就没人再关注了。其实，国际收购也就像结婚一样，“抱得美人归”只是万里长征的第一步，双方结合是否幸福才是根本的，而这段路程更加艰难。

戴姆勒—奔驰和克莱斯勒汽车长达九年的联姻在2007年瓦解，双方在产品、品牌、商业模式和管理架构上的理念矛盾无法调和。2005年6月8日，明基—西门子并购案受到媒体热捧。然而仅一年多，振兴乏力的台湾明基宣布放弃明基德国手机公司，并申请破产保护。类似国际并购案的失败效果，凸显出跨国并购的巨大风险。麦肯锡公司统计，全球61%的并购是以失败告终的，这其中70%是由于“婚后不幸福”导致的，并将此称为“并购魔咒”或“赢者魔咒”。完成收购不是目的，做好整合、释放出协同效应才是跨国并购成败的关键，也更显英雄本色。

秘铁收购：带刺的玫瑰

首钢在1992年8月刚获得外贸自营权、融资权，11月就走出国门投标收购秘鲁矿山。等到投标揭晓，首钢傻眼了，自己1.18亿美元的报价，足足高出秘鲁政府开出的底价2000万美元近6倍。首钢当时刚刚取得外贸权，尚不知外面水深水浅，一下开出了大价码。报价高了，成本也就高了，经营难度自然就大了。

1993年，首钢终于正式接管了秘铁公司，大戏开幕了。

接管后，首钢雄心勃勃，提出要按照首钢的传统模式管理秘铁公司。首钢在秘铁成立了职工代表大会。谁料，职代会上职工代表一口气提出了35项福利条款，就连首钢人没有享受的——70岁退休、男子的情人或同居者经中介组织证明也可以享

首钢车间

受首钢补贴——这些秘鲁的特色福利，也让首钢接受。

此外，秘鲁的矿业工会也是块难啃的骨头。工会历史长、势力大，该组织依靠工人的会费生存，自然全力为职工谋取利益。当秘铁工会提出要增加工资的时候，首钢采取息事宁人的态度，满足了增加工资的要求，结果反倒令工会的威信陡然提高。首钢的每一次让步，都使工人更加抱团，工作难度更大，一旦要求得不到满足工人就开始罢工。

秘鲁矿业工人工会号称是“秘鲁最有战斗力”的工会组织。他们领导下的罢工活动，实际上就是四处游行、喊口号、砸玻璃、烧汽车、暴力情结相当严重。

连续不断的罢工事件已给首钢造成严重的经济损失，更可怕的是工人消极怠工、出工不出力和浪费行为。首钢从国内派去的管理团队受不了这种压力，走马灯似的换帅。首钢甚至一度想甩掉秘鲁钢铁公司这个包袱。

呛了很多水后，首钢终于摸着了门道：依法办事。首钢开始潜心研究秘鲁的劳工法、投资法、企业组织法等，从中找到保护自己的依据。

首钢刚接管时，考虑在各个生产班组都要配备中国班组长带班。但是，秘鲁法律规定，外国公司到秘鲁经营，当地员工要占企业用工总数的90%以上，剩余岗位只留给外国高管。当时首钢一下子过去150多人，让当地人产生中国人抢夺他们岗位的想法；而去的这些中国班组长，因为语言问题，与当地矿工无法交流，对工作很不利。后来，首钢逐步撤出普通岗位上的中国人，改用秘鲁人管理秘鲁人，只在关键岗位留下中国骨干管理人员，起到了以一顶十、顶百的作用。去的中国人少了3/4，企业在当地媒体中的形象反而好了。

首钢通过加强管理，逐步抑制工会的势力，运用法律法规驾驭企业的能力逐步提高，秘铁经营状况逐渐好转，产量和盈利能力也不断提高。到2004年，首钢秘铁公司终于实现了盈利。工厂效益好了，工人们的收入待遇也在秘鲁所有钢铁企业中名列前茅。

首钢秘铁公司的兼并过程，是一堂生动的MBA案例课。现在首钢的足迹已经踏遍了很多国家，在巴基斯坦、印度、伊朗等国家，也相继建立起铁矿石供应基地。其中的大多数高管都是经历了秘铁公司管理考验的人员。

上汽：巨资买教训

中国企业迫切希望在国际同行面前作出成绩，但若急于求成往往适得其反。

2004年7月，上汽以2003年度117亿美元的销售收入首次进入财富世界500强，列第461位。这个旗下有着上海大众、上海通用等经典品牌的中国三大汽车集团之一的大型国企，终于进入了世界大块头企业行列，顿感扬眉吐气。

韩国双龙汽车公司一直是韩国最负盛名的SUV、RV等多功能运动型车生产商，排名在现代、大宇、起亚之后，是韩国第四大汽车制造商。然而，随着全球油价上涨和韩国大排量汽车消费税增加，专门生产“油老虎”的双龙公司的效益受到很大影响；加上前几年由于债务缠身，资信不好，难以获得贷款开发新产品，市场销售也出现困境。2004年，双龙汽车的销售额只有30亿美元，企业濒临破产。

在此关头，上汽英雄救美，出资5亿美元收购了双龙汽车48.9%的股份，也借此巩固了其在世界500强的地位。这是国内车企第一次以控股方身份兼并国外龙头汽车公司，被看做是中国汽车业跨国经营的标志性事件。

然而，上汽此次并购，犯了一个战略性的失误。由于SUV耗油量非常高，随着国际油价的快速上涨，SUV销量急速下跌。中国消费者并不认可双龙品牌，国内市场也迟迟无法打开。

最终，2008年爆发的全球金融危机成了压死骆驼的最后一根稻草。现代、大宇等韩国主要车企均面临危机，纷纷减产裁员，此时的双龙也已经到了发不出工资的境地。上汽与双龙管理层一起提出了减员增效、收缩战线的方案，却遭到了双龙工

会的强烈抵制，如狼似虎的双龙工会根本不理解企业的困境。韩国职工围攻中国高管，甚至架起铁丝网，垒起沙袋，和警察打起巷战。他们甚至以举报中方偷技术、扣留中方管理人员等方式来胁迫上汽。

上汽无奈向韩国首尔法庭申请双龙破产保护。这意味着双龙的大股东上汽集团永远失去了对双龙的控股权，也将无法收回对双龙的投资。教训不可谓不深刻。

可见，钱不是万能的，买得起能管得好吗？中国企业大举走出去的时候，买，并不难；管好，才是最困难最有挑战性的功课。

国际并购，是对企业国际化经验、企业文化、控制能力等综合实力的检验。正是因为有收购韩国双龙汽车等的这些先驱者的付出，才为走出去的中国企业提供了更多借鉴和启示。

2006年，上汽控股的双龙推出新型SUV车“雷斯特II”。

中石油式收购，买得上还得玩得转

美国经济学家、诺贝尔经济学奖得主乔治·斯蒂格里兹说："一个企业通过兼并其竞争对手的途径成为巨型企业，是现代经济史上一个突出的现象。没有哪一个西方大公司不是通过某种程度、某种方式的兼并而成长起来的，几乎没有一家大公司主要是靠内部扩张成长起来的。"

在中海油收购优尼科失利的同时，中石油也在紧锣密鼓地进行着一场在哈萨克斯坦收购PK公司的"战役"。

PK公司是加拿大版的优尼科，公司在加拿大注册，总部设在伦敦，公司的主要资产在注册地以外的国家。

PK公司是哈境内最大的综合性石油公司、第三大炼油商及第三大外国石油生产商。2004年，PK公司原油生产量约700万吨，当时公司尚有剩余可采储量8000万吨。但PK管理层不是石油勘探开发的行家，而是资本市场的高手，设置的股权结构、法律架构十分复杂。复杂化的目的就是方便从资本市场圈钱；另外，让外界看不懂，逃避纳税。一个好端端的公司，就这样被资本市场的高手玩得惊心动魄。管理层利用PK公司在资本市场上呼风唤雨。PK拥有42个分公司，192个错综复杂的银行账号，在纽约、多伦多、伦敦、法兰克福以及哈萨克斯坦五地上市，在四个国家和哈国四州市办公。

哈萨克斯坦政府怀疑PK公司是否真心实意发展企业，双方关系恶化。哈国政府三天两头组织税务人员上门审计检查，结果往往就是两个字：罚款！公司的多名高管及雇员多次被提起刑事诉讼，PK公司总裁2001年起，就再也没敢到哈萨克斯坦去过，因为他已经被哈国警方通缉，一入境就有可能被送入监狱，只能在加拿大

遥控指挥，而PK的多名高管又被限制离境。

合作伙伴之间也内斗不止。PK的合作伙伴俄罗斯卢克石油公司，以PK背着自己获取了图尔盖油田的大部分利润为由，将PK公司告上法庭；哈国政府认为PK是掠夺式生产，因此在2005年初对PK下达了限产令，一个700多万吨年生产量的油田，只允许每年生产150万吨原油。

限产令对PK来说是致命的。资本市场剧烈震荡，投资者怨声载道。哈萨克斯坦政府在逼迫PK管理团队从哈国滚蛋。

PK被出售已无悬念。消息传出后，吸引了各大石油公司的目光，最感兴趣的是中国石油，因为中哈管道即将建成，急需稳定的油源，PK是最理想的油源之一。如果收购成功，就能产生很好的协同效应，还可以撬动艰难而又迟缓的中俄油气合作。更重要的是，中国石油以前只进行过油气资产收购，还没有尝试过公司整体并购，这是一个极好的实践机会。

事实上，早在2001年，中石油就在密切跟踪关注PK公司，也一直在寻求着合适时机。当了解到PK的经营环境日益恶化急于出售时，中石油紧急做出了部署。

当中国石油对外正式宣布收购意向的时候，哈萨克斯坦就成了中国、俄罗斯和印度企业的角逐场。三国的石油公司都想收购PK。正如中海油收购优尼科遭到劲敌雪佛龙公司的阻击一样，中石油的这场竞购也注定不会风平浪静。果然，印度的钢铁大亨米塔尔和印度国家石油天然气公司组成“联合纵队”，要与中国石油PK一下。钢铁大王联姻石油大亨，是米塔尔的战略。米塔尔擅长签单，仅凭借其在华尔街的声望就可以使他有能力调集充裕资金。正如印度油气公司的董事长苏比尔·拉哈所说，加速与米塔尔组建合资公司，是希望借助米塔尔在油气资源丰富的中亚和非洲国家的影响，开展石油勘探等业务。在双方协议中，技术专长来源于印度国家石油天然气公司，而跨国业务经验则来源于米塔尔钢铁公司。

中石油总部专门成立了顾问团，对收购PK出谋划策。同时，按照国际惯例聘请国际知名公司对PK公司进行尽职调查。PK高管都是顶尖的资本运作高手，在这么大的资本运作过程中，包装风险、黑箱和陷阱必然是普遍存在的，况且这是国际并购项目上不成文的潜规则。果然，通过中介和自己双线并行的调研评估，发现了其中经营和财务方面的风险都十分突出。

2005年8月22日，在收购报价中，印度“联合纵队”按每股53美元现金出价，约合总价39亿美元，而中国石油通过全资子公司中油国际则报出了每股55美元总计

41.8亿美元的价格。

中石油以微弱的价格优势，惊险地击败了印度“联合纵队”，获得PK公司董事会通过并向股东推荐。印度国家石油天然气公司的发言人随即表示，准备对PK重新发出收购要约。不过，反复权衡后它最终没有出手。

因为在这项收购中，中石油还有一个补偿机制。如果印度“联合纵队”再次出价，既要高于中石油，还要补偿中石油2亿美元，这大大增加了印度“联合纵队”的投标成本。此外，中印的公司面对国际市场，还应该有其他合作机会，何必鹬蚌相争。

尽管这次收购失利，但米塔尔这位钢铁大亨没有消停。据印度报业托拉斯报道，2006年开始，米塔尔通过美国国际钢铁集团，花费416万美元公关费用，利用各种渠道对美国国会议员和政府官员施加影响，说服美国国会立法限制从中国进口钢铁，怂恿美国政府认定中国钢铁出口存在倾销行为。在一轮又一轮美国调查中国钢铁倾销的阴谋里，都有米塔尔的身影。

俄罗斯卢克石油公司则试图通过法律诉讼，阻止中石油的并购。该公司声称，它拥有对PK公司的合资公司图尔盖石油公司部分股权的优先购买权。为此，卢克公司向加拿大地方法院申请暂缓出售PK公司。本应在10月18日定局的收购交易，被推迟至10月26日做出最后决定。

当时，中石油已在哈国建立起了良好的社会公共关系和美誉度。但在收购紧锣密鼓的紧张时刻，哈萨克斯坦国会上议院通过一项禁止外资转让国家石油资产的法律修正案。根据新的修正案，哈政府

印度钢铁大亨米塔尔

深度阅读……

印度钢铁大亨米塔尔

米塔尔1950年出生在印度。其父20世纪初就开始做钢铁制造生意。米塔尔1971年成立了自己的钢铁小作坊，1975年脱离了家族企业，在印度尼西亚成立了小工厂。从这个小工厂发端，米塔尔的产业帝国开始向世界各地扩张，以擅长收购出名。尤其在东欧剧变后，他把波兰、捷克等国钢铁厂一一收编，建造了一个跨越14个国家的钢铁帝国。2006年他还以332亿美元收购欧洲最大的钢铁集团安赛乐，成为全球钢铁大王，产钢量占到全球的10%以上。他1995年移居英国，连续5年跻身福布斯全球富豪榜前十名。

印度国家石油天然气公司

印度国家石油天然气公司借助印度巨大的石油消费增长，在全球展开大收购，已在15个国家拥有超过25处资产，成为全球增长速度最快的企业之一，也是东南亚和南亚石油上游行业中的领先企业。

哈萨克斯坦PK公司油气处理厂

有权取消违反这一修正案的所有交易。

对此，中石油有着深刻的记忆。2002年12月，俄罗斯要拍卖其第八大石油公司斯拉夫石油公司74.95%的国有股权，中石油在获得俄罗斯联邦资产基金会正式邀请后参拍。然而，这次有希望成功的参拍活动，却因俄罗斯杜马在竞标前一天专门通过的一份有关国家股权超过25%的企业不得参与竞拍的决议草案，而被挡在了门外。

历史会不会重演？在中石油的努力下，10月15日，中石油和哈萨克斯坦国家石油公司签署了《谅解备忘录》。据此，中石油收购后将向后者转让PK公司的部分股份，哈国家石油公司并获得在对等条件下联合管理奇姆肯特炼厂的权力。奇姆肯特炼厂是哈萨克斯坦仅有的三家炼厂中效益最好的，供应了哈40%的成品油和化工产品。取得哈国家石油公司的支持，为中石油收购扫清了最后的障碍。

10月26日，加拿大法院最终做出裁决，批准中石油的收购交易。

喜讯传来，国内沸腾。10月31日，《人民日报》发表署名文章《中石油式收购》，肯定了中石油收购过程中的务实精神。

PK能够收购成功，得益于中石油早走了一步，积累了经验和人才。

比起一些收购的大张旗鼓，中石油此次并购刻意保持了低调，成功避免了媒体炒作。

收购成功只是一幕精彩大戏的序曲。并购协议签订后，更大的挑战如影随形。

PK高管在告别晚宴上不服气地说："这个玩具就留给中国人吧，我们等着看好戏。"PK原来的管理团队留下了两亿多美元的罚单，还有高达涉及20亿美元的诉讼，法律纠纷种类繁多，可以说，是个烂摊子。

整合的第一项工作是先把公司平稳接过来。当时，PK四面楚歌，与哈萨克斯坦政府关系不好，多名高管被起诉。中国石油就采取更换高层、重塑形象的"换脑"战略。"看好了，这位黄皮肤的总经理已经不是你们通缉的白皮肤的总经理了，请别误会了。"

深度阅读……

《中石油式收购》

《人民日报》刊发的这篇文章充分肯定了这次收购。文章写道：中石油式收购，其本质落在一个"实"字上：第一，重视实绩，一步一个脚印求发展，不为了营造"政绩"和"壮举"或者表现个人英雄主义而采取跳跃、膨胀式的增长。第二，科学决策讲求实务。全局、目标、策略、操作，环环相扣，摈弃放卫星式的粗枝大叶和打游击式的零散无章。第三，"走出去"既是姿态也是心态。踏实、平和、不浮躁。唯实而举，其结果自然是实事、实绩、实效。

对于42个子公司和分散的上百个账号，中国石油采取控制策略，能销的销，能并的并，大量裁减。而对员工就要通过宣传稳定军心，使他们看到希望。中国石油PK项目总裁和人力资源部经理走进油田矿区和炼厂车间作演讲，目的只有一个，宣传中石油在PK项目上的发展思路，赢得大家的理解和支持。并购后，PK的本土雇员占到97%，中方只占1.1%，美国、加拿大、德国、法国等西方雇员也比中国雇员多，高级管理层中，1/3是这些人。如何建设和管理好一个国际化团队，也是挑战。"走出去"本身就是求异，绝不是国内运营的简单外移，不是业务的简单扩张，也可以说，假如有一天，这些海外项目基本没有中国人，全靠洋人在给中国人打工，公司还经营得很好，这才是本事。当然，这是理想境界。

中石油派出了在麻省理工学院深造过的高材生带队，组成了精干高效的管理团队进驻PK公司。通过文化融合，中国人的讲究人情味，中和了西方公司的冷漠、独立，架起了相互沟通的桥梁，增强了员工之间的交流和融合。随着公司经营的改善，公司提高了员工医疗保险补贴，这可是公司里许多员工多年的心愿啊。得人心，才能扎下根，干成事。

对于那些纷乱如麻的法律纠纷，中国人采取了赢则赢、不能赢则和的策略。能打官司，不怕打官司，但也要做好公关工作，用非法律手段化解纠纷。PK原来的

管理团队，就是太善于战斗，结果官司越打越多。中国人接手后，50余件涉及总金额达20多亿美元的诉讼，仅仅过了三年，只剩下几件，金额也不足百万美元了。不要以为解决这么多诉讼花了多少钱，实际上，总共花的钱不到1000万美元。

完成整合，处理纠纷，都还是手段，并不是收购目的。接管PK后，根本任务还是要尽快提升油田产量。当时PK已多年没有进行勘探，没有新发现，油田破坏性开采现象十分严重，产量跌入低谷，也无独立的技术研究能力，炼厂设备老化。

苏联专家已在PK的地盘上搞了40多年勘探，再在PK搞勘探，是在别人收割过的麦田里面捡麦穗。中国人能不能捡到？

中石油再次震住了老外。技术专家徐志强，只用一年时间，就在南图尔盖发现了一个大油田，当地人惊叹，这简直是“鬼神油藏”啊！后来，就以“鬼神油藏”命名了该油田。2007年，PK公司的产量从700多万吨上升到了1000万吨，在原产量的基础上增长了近50%，这是PK历史上的最高产量。南图尔盖油田的发现，保证了PK发展的可持续性，也证明中国人在收割过的麦田里还可以再收割。中石油覆盖各产业链的优秀技术力量再次发挥了关键作用。

除此之外，中国人与油田、炼厂所在的州签订了合作备忘录，为当地学校设立奖学金，为地方提供特需农用柴油等。中国人还努力做到PK公司透明化，多次邀请媒体参观公司，解答公众对公司的质疑。结果，舆论环境大变，一片赞扬之声。

2008年哈国总统签署法令，首次设立“最佳企业奖”，表彰在哈国境内积极履行社会责任并且成绩突出的企业，共有296家哈国企业和在哈外资企业参评。12月23日，评奖揭晓，PK公司获得“最佳企业奖”银奖第一名，是所有参评油气行业企业获得的最好成绩，也是在哈外资企业获得的最高荣誉。金奖由两个哈国本国公司获得，壳牌、AGP等七大西方财团组成的里海大陆架集团和雪佛龙田吉兹公司排名第四位和第十一位。

收购PK是当时央企最大的资本出海。整合好PK，除了证明中国人能够玩得转这么一个复杂的公司外，还有一个重要的意义：它向国际石油界表明，中国公司不仅有资金和实力开展国际并购，也有能力管理好复杂的国际公司。▣

中俄管道，黑发谈成白发

尽管中国和俄罗斯关系日渐融洽，但双方关于原油管道的谈判却异常艰难。这场马拉松式的谈判前后持续15年。这其间，国际政治经济格局风云变幻，中俄关系也经历了无数考验，谈判过程跌宕起伏。

那些从最初就参与谈判的人，几乎把一生最美好的时光都投入到了这场马拉松谈判，黑头发谈成了白头发。大国之间的博弈牵动着多方利益，蜿蜒的输油管道输送的不仅是“工业的血液”。它的走向更关系到国家的安全、经济的发展和世界政治的版图。

为了中俄管道的建设，不仅企业层面做了种种艰辛执著的努力，政府高层也费了老大工夫。外交部长磋商，两国总理定期互访，甚至两国元首之间的会面，几乎都离不开中俄石油管道这个重要话题。尽管普京早在2000年时就说，中俄两个国家只有通过钢铁管道联系起来才能建立钢铁的友谊，但事实上，中方费尽努力，俄方仍然相对慢热。为了这条管道的建设，两国政府之间签订的协议有好几摞，两国企业所做的可行性报告摞起来也厚达好几米。

第一回合：苏联解体，中俄初恋，石油管道建设协议签署。

20世纪90年代中期，国际油价低迷，供大于求，“采油不如买油”，俄罗斯急需把油卖给中国，但铁路运输能力不足，成本太高，于是俄罗斯向中国抛出橄榄枝，希望能够修建中俄原油管道。1994年，两国能源部门开始接触。同年11月，俄罗斯首先向中方提出修建中俄石油管道的合作项目。当时，中方负责该项目的是中石油，俄方是俄罗斯石油管道运输公司和尤克斯公司。双方进行讨论、协商和谈判，签订了一系列协议，这条管道的轮廓渐渐展现在世人面前。

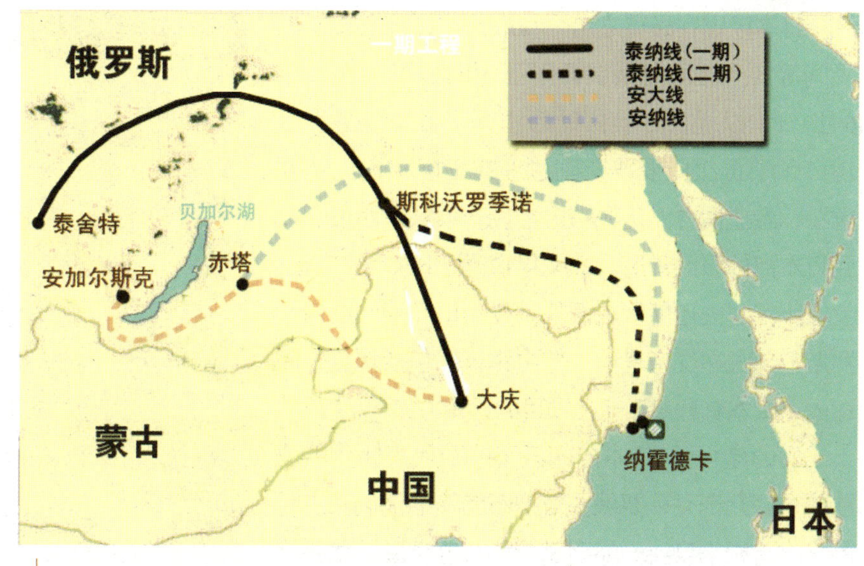

中俄原油管道路线示意图

一晃6年过去了。2001年7月，中俄签订友好条约，当年9月，在中俄两国总理的共同见证下，中石油、俄管道公司、尤克斯公司三方共同签署了《中俄关于共同开展铺设中俄原油管道可行性研究总的协议》。

2002年12月普京访华期间，两国领导人还为此发布了联合声明。中国也一心一意地将“安大线”纳入“十一五”规划，并等待着俄罗斯的石油到来。中俄双方为中俄原油管道协议签署而击掌相庆。

一切都似乎意味着安大线的铁定实施。然而，就在联合声明发表后不久，从莫斯科传来信息，安大线可能搁浅，将修建从安加尔斯克到纳霍德卡港的安纳线。“安大”换成“安纳”的变数在于日本突然加入到俄罗斯石油管道的争夺战中 。

第二回合：第三者出现，俄罗斯移情别恋。

西方媒体说，日本人紧盯着国际石油市场上的中国人，只要有中国人的地方，就会有日本人的身影。日本人盘算到，石油加到日本的发动机里就加不到中国的发动机里，既使自己获得了资源，还可以抑制对方。

日本是一个资源十分贫乏的国家，能源安全一直是其心腹大患。国际上把东北亚弧形圈叫做能源饥渴地带。这个弧形圈，从中国到韩国再到日本，这三个国家石油需求量很大。在中俄签署建设石油管道协议后，日本人急了。

日本以志在必得之势，从政治、经济、传媒、民间等各个层面对俄展开了强大的公关。2002年6月9日，以提供金融援助为诱饵，日本外务大臣川口顺子再次向俄罗斯副总理赫里坚科提出“要求”，希望俄方能优先考虑铺设一条从东西伯利亚到日本海的石油管道。2002年12月，日本经济产业大臣平沼赳夫还就俄东西伯利亚油田开发问题向俄罗斯的部长递交亲笔信。信中称，“包括资金方面在内，日本有意参加这一项目的远东方案”。

2003年1月，日本专门派了一个代表团到俄罗斯待了好几个月，要俄罗斯把石油输给他们。当时的日本首相小泉纯一郎到莫斯科对普京说，如果将管道只修到大庆，就是只给中国供油了；不如修到纳霍德卡港，既可以出口日本、韩国、朝鲜，也不影响出口中国，一个市场变成四个市场。只是这个方案使中国买到的原油价格变高了，因为增加了运输成本。日本承诺，输油管道只要修到太平洋，日本保证每年进口5000万吨，并给予贷款70亿美元，俄罗斯建管线不用出一分钱，日本还准备投巨资开发西伯利亚，以补充油源。

日本列出这样优惠的条件，俄罗斯哪有不动心的道理？何况安纳线的走向也更加符合俄罗斯的利益。随着欧洲原油市场的萎缩，俄罗斯针对欧洲的友谊、阿蒂亚等管道的流量已开始减少，中国和日本都是俄罗斯难以放弃的大市场。

俄罗斯心动了。2003年1月10日，日本首相小泉纯一郎与普京签署了“俄日行动计划”。为此，日本还对俄远东的萨哈林–1和萨哈林–2石油天然气项目投资了80亿美元。如此这般，大局已定的安大线被搅黄了。

深度阅读……

安大线

《中俄输油管道可行性研究工作协议》规定，管线的起点为俄罗斯的安加尔斯克油田，绕过贝加尔湖，进入中国直达大庆。这条管线因此被称为安大线。安大线总长2200公里，中国境内长为800公里。按照协议，中俄双方各自负责本国境内的管道建设，2003年7月动工，2005年交付使用。计划建成后初始阶段每年向中国出口石油2000万吨，从2010年起达到每年3000万吨。

安纳线

安纳线是日本建议俄罗斯修建石油管道的远东方案，就是要其放弃安大线方案，改修一条绕过中国，完全在俄罗斯境内铺设的面向俄太平洋出海口的新线路。具体是从东西伯利亚到俄太平洋港口纳霍德卡的石油管道，简称安纳线，长达3765公里（全部线路在俄境内），建设所需资金约50亿美元。

泰纳线

泰纳线实际上是安纳线的改良版，即在安纳线的基础上作出的远离贝加尔湖的修改方案。泰纳线的起点改在了距安加尔斯克西北约500公里的泰舍特，管线越过贝加尔湖北部，然后沿着贝加尔–阿穆尔大铁路南下，沿着俄中边境地区一直通向纳霍德卡附近的海湾。与安纳线不同的是，泰纳线与贝加尔湖之间的距离225公里，比安纳线向北后撤了150公里，长度比安纳线要长230公里。

第三回合：俄罗斯“脚踩两只船”，霍多尔科夫斯基被捕，尤克斯出局。

对于**安大线**和**安纳线**的取舍，俄罗斯国内争论激烈，各方根据利益展开博弈。俄罗斯政府对两条线都未积极推进，而是以一个“拖”字进行所谓的可行性论证比较。在此期间，俄罗斯想在中国和日本间左右逢源，对任何一国都许诺会对石油管道合作优先考虑。俄罗斯葫芦里究竟卖的什么药?

俄罗斯是在搞能源外交。俄把中国和日本分别作为压制另一方就范的筹码，希望中日竞相贡献更多的政治、经济资源，以保证俄罗斯获取最大的国家利益。

几经权衡，俄罗斯更倾向于采纳安纳线方案，而综合考虑与中国的战略关系和合作后，于2003年3月提出了折中方案。该方案就是将“中俄方案”和“远东方案”的两条线变成一条线，建成一条有支线经外贝加尔斯克通往中国大庆的安加尔斯克—纳霍德卡输油和输气干线，其中到中国大庆的支线将优先开工。这条输油路线将使俄罗斯每天的石油出口能力增加160万桶，将给俄带来更多的外汇收入。管道运行期间，还将为俄预算带来超过5亿美元的税收。

紧要关头，尤克斯总裁霍多尔科夫斯基被捕，令管线建设又生变数。而此前

中俄原油管道国内段开工

向中国供油的一直是这家尤克斯公司，力主建设安大线的，也是这家公司。霍多尔科夫斯基的入狱，打响了普京整治寡头的第一枪。《莫斯科新闻时报》评论说："这是一场俄罗斯最有钱的人和最有权的人的战争。"霍多尔科夫斯基入狱以后，尤克斯公司群龙无首，并很快被破产拍卖，安大线建设失去了一个强有力的支持方。

第四回合：两国总理签署协议，泰纳线一期工程建成投入运行，但国际油价攀升，管道进度受影响。

在安纳线、安大线之争如火如荼之际，一种以这两条管线的建设都会给贝加尔湖带来生态灾难为由的反对声音也越来越大，并得到了俄政府部门的支持。2003年9月，俄自然资源部以破坏贝加尔湖生态环境为由，否决了安大线和安纳线。

在"安大线"和"安纳线"双双遇阻的情况下，2004年3月，俄罗斯石油管道运输公司又出炉了一个新方案——**"泰纳线"**。

2004年6月30日，俄罗斯工业和能源部长赫里斯坚科对外宣布，关于俄远东石油管道的走向，俄方已基本认定泰纳线是可行的，修建至中国的原油管道支线已在俄2020年能源战略中得到确认。

在赫氏放风之后，2004年10月，普京总统在北京与胡锦涛主席会晤时表示：要从计划中的泰纳线，修一条通往中国的输油支线管道。而泰舍特至斯科沃罗季诺将成为泰纳线的一期工程，先行开工建设。2006年1月，普京在一个研讨会上宣布，泰纳线一期工程将在2008年竣工。届时，俄罗斯将通过这条管道向中国供油。

2006年4月28日，泰舍特—斯科沃罗季诺输油管线正式动工。中石油抓住这一机会，努力说服俄方尽早合作开展斯科沃罗季诺——中俄边境管道研究，中俄石油管线计划终于开始实施。2007年11月，在两国总理又一次会晤中，修建中俄原油管道的事宜提上了日程。这次，俄罗斯倒很痛快地承诺：双方将确保该管道于2008年年底建成并投入运营。

2008年也是风云变幻的一年。国际油价从年初的90美元/桶一路飙升至7月的147美元/桶。油价高涨也波及了中俄能源合作。2008年10月，俄副总理茹科夫表示，俄罗斯石油公司对目前向中国出口石油的价格不满。按照俄罗斯石油公司的说法，俄能够以更高的价格向欧洲出口石油。未来俄罗斯石油公司不准备按照已经议定的价格向中国出口石油。俄商务代表则在北京表示，俄中之间的能源合作应能满

中俄原油管道穿越林海雪原

足双方利益。由于油价的困扰，泰纳线管道施工进度并没有按时间表进行。随后，俄罗斯石油运输公司副总裁米哈伊尔·巴尔科夫表示，泰纳线一期工程将推后至2009年第四季度完工。

经历了15年的谈判，中国的能源供应版图也早已发生了巨变。原来一直没有提上议事日程的中哈原油管道，已于2004年12月17日开工，并且在2005年12月15日竣工，与俄罗斯仍在谈判之中的中俄输气管道还未见踪影，此时从土库曼斯坦进口天然气的中亚天然气管道也已投产。起个大早，赶个晚集。原本先行的中俄油气管道已被其他管道捷足先登。

好在，中俄原油管道终于尘埃落定。2010年8月29日，普京总理亲自启动阀门，开始向中俄原油管道注油。9月27日，中俄原油管道全线竣工的庆典胜利举行。

中亚管道建设，速度就是竞争力

各国对石油和天然气资源的争夺，不仅仅在于油气源的争夺，更关键的是对油气管道控制权的争夺。离开了油气管道，资源和市场之间便缺少了可靠的沟通桥梁，资源仍是资源，市场仍是市场。一条油气管道承载的不仅是油气，更是国家的影响力，它将对沿线地区的地缘政治产生深远影响。可以说，世界大国间对油气管道控制权的争夺已成了国际能源战争的第二战场。

2006年4月的一天，土库曼斯坦首任总统尼亚佐夫从阿什哈巴德飞抵北京，开始他第三次对华国事访问。此行的意义对于两国都格外特殊，尼亚佐夫总统与中国国家主席胡锦涛，共同签署了一份关于天然气项目的合作文件。正是以此为开端，中国第一条引进境外天然气的长输管道项目正式启动。这条陆上大动脉，将穿越土库曼斯坦、乌兹别克斯坦、哈萨克斯坦三国，从新疆进入中国，连接西气东输二线，将天然气输送到中国的东南沿海地区，并最终到达香港。

在丝绸之路上修建能源通道绝非易事。因为中亚国家中的不少人对中国的印象还停留在当年苏联反华宣传的阶段，对中国人不信任。新的天然气管道修建将牵动中亚、俄罗斯、中国和西方国家等各方的敏感神经。长距离管道除了要跨越国家间广阔的地域距离，更要跨越语言、思维习惯和各国利益的差异。

苏联解体前，里海沿岸只有苏联和伊朗两个国家。苏联解体后，里海沿岸的国家增至5个，里海的法律地位和归属问题随之而生，并且由于里海被誉为第二个波斯湾而更加复杂化。里海划分争端的实质，也就是里海资源之争。

俄罗斯和伊朗长期控制着里海的石油和天然气的出口通道，沿岸的独联体国家输出油气只能通过俄罗斯。俄罗斯从土库曼斯坦购买天然气，然后运往欧洲赚取差

中亚天然气管道路线示意图

价。土库曼斯坦向俄罗斯出口天然气当时是1000立方米40多美元，但俄罗斯卖给欧洲则是1000立方米130多美元，俄可以从中赚取八九十美元，利润惊人。

这种情况持续了很久。当时土库曼斯坦除了通过俄罗斯管道出口之外，没有其他办法，不朝俄罗斯方向管道输气，天然气就无路可走。20世纪90年代中期，土库曼斯坦和俄罗斯发生了争执。为此，尼亚佐夫曾一气之下下令停止了对俄的天然气供应。这对俄罗斯来说也有损失，但损失更大的是土库曼斯坦。天然气收入占土库曼斯坦预算收入1/3以上，没有天然气的收入，土库曼斯坦受不了。

半年以后，土库曼斯坦还得去跟俄罗斯谈天然气出口问题 。当时的俄罗斯天然气工业公司的副总裁是切尔诺梅尔金。他态度强硬地说：“如果你们不满意我们的这个运输价格，那么你们就用飞机去运吧！”

土库曼斯坦要摆脱这种被动的单向出口局面，必须让能源出口多元化。而中国又是全球经济发展最快的国家之一，有着稳定的市场需求。中国这个巨大的市场又离土库曼斯坦最近，因此，中土能源合作也很符合土库曼斯坦的利益。至此，中亚天然气管道项目终于浮出水面。

2007年7月，在中土两国元首的见证下，中石油与土库曼斯坦国家石油公司继续签订了中土天然气购销协议和阿姆河右岸天然气产品分成合同。

在土库曼斯坦打开局面之后，中国相继与哈萨克斯坦、乌兹别克斯坦两个管道过境国签署相关协议，一条气势恢弘的跨国天然气管道开始清晰地呈现于世人面前。但是，实现跨国管道宏伟蓝图的条件和最严峻的挑战，是过于短暂的工期。

按照协定，从2007年7月项目签署到最终通气，只有短短28个月时间。像这样规模的长输管道建设，一般需要五六年的时间。时间不够，但是别无选择，必须创造性地工作。因为土库曼斯坦也不是只与中国谈管道，对中亚天然气感兴趣的世界主要国家和利益集团，都从各自立场出发对中亚能源外运通道提出各自的方案。

中国媒体刚披露中亚天然气管道项目，俄罗斯就同哈、土签署了政府间协议，将修建年运输能力200亿立方米的天然气管道，并改造原有管道增加外输量。欧洲各国也在积极推动建设跨里海、通过高加索抵达欧洲的管道。印度、巴基斯坦也在积极推动建设将土库曼天然气运抵印巴的管线。

在这种情况下，各国比拼的是将意愿转化为行动的能力和速度。谁建得快，气就是谁的。速度就是竞争力！从纸上的蓝图到建成管道，复杂程度难以想象，长达1833公里的中亚管道，不仅要穿越沙漠、山川的天然险阻，更要克服钢管资源的瓶颈，克服不同国家间的巨大差异。最核心的就是资源和建设标准两个问题。

这两座“大山”横亘在面前，中石油打出“组合拳”，即单线变双线+直缝改螺旋+提前锁定管材+利用国际资源+创新运输方式。

这套组合拳最核心的是两招。第一招，单线变双线。将最初设定的1422毫米口径单线敷设改成1067毫米口径双线铺设，解决了国内生产力量不足和钢材资源不足的问题。第二招，直缝变螺旋。虽然是两个字之差，却有天壤之别。因为这代表着

阿姆河天然气项目

两个标准。中国管道大多使用螺旋管建设，而中亚国家的管道标准是苏联的直缝管，如果沿用直缝管标准，所有管材资源将依赖进口，难以发挥国内钢厂的能力，工期和造价也难以控制。只能说服中亚国家接受中国的螺旋管技术。从直缝管改成螺旋管，就至少省下了6亿美元。

天山以北的阿拉山口是古丝绸之路的重要关口，2008年整整一年中，无数根巨大的钢管就从这里出境，优化的运输方案将原来每节车皮装载4根管改为装载5根。仅1根管的差别，就节省车皮8000节，节省运费4000万美元。可见其运输规模之大。管道建设高峰期，十天焊接的钢材就相当于一座鸟巢的用钢量。而国内同步建设的西二线所用的X80级钢更是国际钢材中的“金刚”。当年，全球80%的X80级钢材都被中国使用，也带动了中国X80级钢生产线的生产。

中亚管道公司的“组合拳”打得漂亮，为项目快速推进起到了决定性作用。这28个月的每一天，对于中国石油人来讲都形同上战场，建设工人们在冬季零下40多度的严寒中踏冰卧雪，在夏季40多度高温下顶着似火骄阳。

在管道建设紧锣密鼓进行的同时，另一路中石油的大军正争分夺秒地在土库曼斯坦建设大气田。中土供气合同中所规定每年输送的300亿立方米天然气，主要由阿姆河右岸大气田承担。合同签署时，这里还是一片沙漠。从勘探、开发高含硫气田，再到在沙漠中建成年处理能力55亿立方米的天然气处理厂，工期只有18个月，而同等规模的工程国际上一般也需要四五年。

中亚管道建设现场

阿姆河右岸，被称为世界上最为干旱的地区。环境恶劣，当地社会依托条件更差、物资匮乏。诸多困难使其同样成为几乎无法完成的任务，许多国际能源巨头投来怀疑的目光。由于资源缺乏，工程需要的水泥、砂石等都要从400公里外甚至国外采购运输，其他工程物资则必须全部进口。该工程总计共输送建设物资达1.4万节车皮，其中大部分物资来自中国。

中标阿姆河天然气项目的中石油东方物探公司，采用24小时不间断的采集方式作业，其中一个工作队创下一个月工作量等于过去“对外合作队”时十个月总工作量的纪录。有位在外国钻井公司工作过的土库曼籍员工则用“惊叹”二字表达了对中国石油人的敬意：“以前我在的钻井队，6年打了5口井，3口报废、1口井喷失控。而你们居然在7个月里成功钻出3口井，太令人惊叹了！”

提速，再提速，和时间赛跑。项目建设高峰时期参建员工达1.5万人。从不可能到现实，中国石油人正是以铁人精神，让空旷的沙漠变成现代化的工厂。中国石油的工人在海外创造出“中国速度”，令各国石油人惊叹。

同样感到惊叹的还有土国总统别尔德穆哈梅多夫。他2008年9月18日到处理厂建设工地时，千军万马刚刚在沙漠深处摆开战场。时隔一年后的2009年11月10日，当他第二次来到这里时，这里已经成为钢铁森林，一座现代化的天然气处理厂拔地而起。走进生产调度指挥中心，目睹精良的设备和先进的生产工艺，总统动情地说：“我不敢相信自己的眼睛，这么多装置在短短一年多时间里建成。你们所完成的工作量是巨大的，克服的困难是难以想象的。处理厂建设得这么快，我没想到。这个项目凝结了两国人民的友好情谊，非常感谢中石油建设者取得这么伟大的成就，衷心感谢胡锦涛主席，感谢勤劳的中石油建设者。”

四国元首的盛会和迟到的贵宾

2009年12月14日，是个激动人心的日子，历经28个月奋战，中亚天然气管道投产。在土库曼斯坦阿姆河畔，四国元首集体亮相，中国国家主席胡锦涛、土库曼斯坦总统别尔德穆哈梅多夫、哈萨克斯坦总统纳扎尔巴耶夫、乌兹别克斯坦总统卡里莫夫共同开启通气阀门，这标志着我国规模最大的海外天然气项目通气投产。

对于这次竣工庆典，土库曼斯坦当做全国的盛典来办，而不仅是一项工程的竣工。将近全国1/4的人口坐着大车小车，或者步行，从四面八方赶到庆典现场所处的这片荒原。许多人从当天凌晨3点多就陆续聚集在现场。时值隆冬，气候寒冷，又没有地方住，大家就围着篝火跳舞，依偎在一起取暖，等了一宿，跳了一宿。

仪式原定上午10点开始，结果11点半还没有开始。因为四国元首的车队受到数万人的夹道欢迎，来宾能感觉到土库曼斯坦整个国家都沸腾了。

土库曼斯坦人民有理由这么高兴。

这条管道首先对土库曼斯坦影响非常大，输送给中国300亿立方米天然气，土国天然气出口量将增加一半以上。土国2008年全年出口商品气才470亿立方米，新增的这300亿立方米气中，将有200亿立方米是因由中国投资和开发建设新增的。中国的庞大市场，也使土国天然气出口效益大增。

中亚天然气的引进，按照一期工程300亿立方米计算，相当于中国2008年天然气总产量的40%。2009年6月，土方又增加了一年100亿立方米的份额，每年向中国的输气量将达400亿立方米。

搭上这条管道巨龙，乌兹别克斯坦也积极向中国出口天然气。2010年，乌兹别

中亚天然气管道在泥泞的沼泽地施工

克斯坦和中国签署协议，每年将向中国出口100亿立方米天然气。哈萨克斯坦向中国出口天然气事宜也提上了议事日程。

这笔资源，对中国的能源结构改善将产生很大影响。现在，天然气在中国一次能源消费中所占的比重仅为3.8%，待每年500多亿立方米天然气引进后，天然气资源在一次能源结构中的比重将达到5%以上。如果按照等热量来折算，使用这些天然气相当于少排放了1.6亿吨的二氧化碳、180万吨的二氧化硫、45万吨的粉尘。有专家形象地比喻，如果把这些二氧化碳、二氧化硫凝固成固体，就相当于在1万平方米的地上，堆起了一个百米高的高山；如果用火车皮拉，则需要1.8万节，可以从北京一直排到天津，这对中国环境的改善作用之大可想而知了。

当北京、上海、广州乃至香港等城市的炉灶上燃起蓝色火苗，你可曾会想到这天然气来自万里之遥的中亚大地，这是丝绸之路上的又一个传奇？

贷款换石油，把握时机最重要

高盛在2008年初发布预测，国际油价将要跃上200美元大关，资源产品的价格将长期居高不下。2008年上半年，国际油价果然如高盛所料，直线飙涨。对于中国这样缺乏资源、经济增长又十分迅猛的大国，如何办？当时，从政府到一些企业，似乎都有些坐不住了。

在国际油价飙涨时，全球到处弥漫着浮躁情绪，并购成为时尚。2008年初，壳牌公司出价59亿加元收购了加拿大一家石油公司的非常规天燃气项目。同年，BP斥资36.5亿美元收购了美国Chesapeake公司的两项天然气资产，康菲公司以50亿美元收购了澳大利亚Orgin能源公司50%的股份。这些收购大都被高位套牢。商务部统计资料显示，中国企业海外并购从2002年2亿美元上升到2008年的205亿美元，占2008年对外投资总额的50%，并购主要在矿产、服务、能源等领域。

收购就像买股票，当市场一片大好、人声鼎沸之时，反而要有逆向思维，需更加谨慎，因为在登上山顶的时候，悬崖也就不远了。当时中石油锁定的一些项目，也出现了价格飙涨。但在2008年，中石油却表现出了难得的冷静和成熟。这一年，中石油始终没有出手。

事情的发展往往出乎大多数人的预料。2008年秋，金融危机全面爆发。俄罗斯预测2009年的财政平衡点油价是75美元，然而2009年国际平均油价已降至60美元，俄罗斯出现了财政赤字。金融危机关头，外资大量撤退，俄罗斯外债达到1700亿美元，远高于国家的外汇储备。由于前几年扩张，俄罗斯几大石油公司的资金链面临断裂的危机，国内各地发生大规模的集会。

俄罗斯寻求与中国合作，当时也有人想找日本帮忙，但在这次金融危机中，日本国内GDP下降12.1%，自顾尚且不暇。

于是，俄罗斯和中国启动了贷款换石油谈判。2009年2月17日，双方签订协议，中国贷款250亿美元给俄罗斯，俄罗斯2010年到2030年每年供应中国1500万吨石油，20年供应3亿吨石油。仅此项目合作每年的供应量就占中国目前石油进口量的8%左右。

中国与俄罗斯石油换贷款的模式，成为一种国际石油合作的新模式。

之后，中国又与巴西、安哥拉、厄瓜多尔、委内瑞拉等国相继签订了贷款换石油的协议。这几个国家在金融危机发生后均发生了资本外流、资源企业融资困难的情况。金融危机面前，应该讲中国的企业抓住了契机，化“危”为“机”，在难得的市场中把握住了机遇，赢得了主动权。

此后，国际油价一度下探到30多美元，在40美元以下低位徘徊。国际油价是否还会走低？美林银行预测世界经济将会继续衰退，悲观地认为油价将会低至25美元/桶。股市行情从来都是在绝望中产生、在犹疑中展开、在欢呼中结束。只有敢于在绝望氛围中出手的人，才是股市里真正的高手。在国际油价高点时始终耐心等待、没有出手的中石油，此时果断出手了。

中石油2008年一直在跟踪哈萨克斯坦的曼格什套项目，该项目包括哈萨克斯坦最大的私营油气田，年产量600万吨左右，另有两个里海勘探区块和400亿立方米储量的天然气田，当时卖方要价超过80亿美元。然而，等到了2009年，曼格什套油田的股价也在大幅度下降，由中国提供融资、中石油联合哈萨克斯坦国家石油公司收购，此时曼格什套项目的收购价仅为33亿美元，中石油掏了其中的16.5亿美元获得50%的权益。仅此一笔，推迟收购一年，中石油就节省了23.5亿美元。

不仅如此，2009年中石油还收购了印尼的Madura项目、加拿大的油砂项目、澳大利亚煤层气项目、新加坡石油公司、日本大阪炼油厂，成功中标伊拉克的鲁迈拉和哈法亚等大项目，2009年被国际石油界称为“中国石油年”。

2008年中石油不盲目出击，避免了高油价时的高成本投资，“有时候，不做比做更重要”。2009年中石油抓住了金融危机和油价下跌的机遇，收购项目时机得当，有所斩获，节省资金数十亿美元。■

中缅管道，为能源安全再保险

2010年6月，在温家宝总理和缅甸总理吴登盛的见证下，中缅油气管道正式开工了。中缅油气管道分为油管道和气管道，两条管道基本并行敷设，油气管道从缅甸马德岛出发由瑞丽进入中国，在贵州安顺油气管道分离，并分别到达重庆和广西。缅甸天然气储量位居世界第十位，已确定的储量为2.54万亿立方米，此外，在缅甸海岸还陆续又有新的发现。中缅管道能够让中国从中东进口的部分石油绕开马六甲海峡，经印度洋和缅甸，直接进入中国，为中国的石油输入增加了一条新的安全通道。

马六甲海峡是位于马来半岛与苏门答腊岛之间的海峡，是由新加坡、马来西亚和印度尼西亚三国共管的连接沟通太平洋与印度洋的国际水道。马六甲海峡的西北端通印度洋的安达曼海，东南端连接南中国海，海峡全长约1080公里，西北部最宽达370公里，东南部最窄处只有37公里。

目前，马六甲海峡是世界上最繁忙的水道，也是重要的战略咽喉水道之一，每年经过马六甲海峡的10万只船只中有6万只驶往中国；中国的石油对外依存度已经超过了国际警戒线的50%，进口石油的80%要经过这里。

但是，马六甲海峡的正常通行却面临着很多风险。海峡通路狭小、海盗猖獗、恐怖主义威胁以及印尼常发生森林大火造成的烟雾等，经常影响着航行安全。尤为严重的是，马六甲海峡海底平坦，而且水流平缓，容易淤积泥沙，所以水下有数量不少的浅滩与沙洲。一旦一两艘大型油轮搁浅，海峡可能会被阻隔。一位美国专家就曾用“马六甲之痛”来形容中国在海运问题上的困境。

中国经济的发展不能把自己能源的通道暴露在如此脆弱的地方，于是建中缅管道的设想应运而生。

中缅石油管道可以使得中东的原油直接通过印度洋，经过缅甸进入中国的西南大后方，同时降低了原油的运输成本，使中国更快捷地从中东和非洲进口原油，缅甸成为中国的“印度洋出海口”，以破解某些国家多年来在太平洋实施的“岛链战略”。据计算，这条安全的通道相比马六甲海峡运输通道，缩短了3000公里海运航程和3天时间，更加快捷，在经济上有着非常大的优势。这条管线经过的路径正是二战时期中国战场上最后的对外战略通道——滇缅公路。滇缅公路穿越莽莽原始丛林，曾是抗战中中国唯一与外部世界联系的陆上运输通道。当年，抗战开始后，成千上万民工自带干粮工具，在没有任何先进机械的情况下，靠着简单的工具，敲碎石、挖土石方一寸一寸地将公路向前延伸，牺牲人员无数。美国大使曾赞扬说，“这种精神是全世界任何民族所不及的。”滇缅公路的通车使得汽车运输取代了马帮运输，成为抗击日军的后勤战略供应线和运输大动脉，国际上援华抗战的物资就从这条线路上源源不断输入中国，和驼峰航线一道，为中国抗战立了大功。

建设中缅油气通道，也是为中国能源安全再上一道保险。管道输送油气不受气

中缅管道施工现场

候变化干扰，有隐蔽性、稳定性、连续性的优点。管道建成后，即使马六甲海峡出现问题，也不会对我国的能源安全造成致命的影响。

然而，从最初提出设想到最终成功落实，中缅油气管道足足“吊”了人们五年胃口，其间经历了重重波折。直到2009年，两国政府才最终签订了修建中缅油气管道的协议。

处于东南亚的缅甸，有着重要的战略地位。中缅合作，也引起了一些国家的疑虑，甚至有国家极力在外交、经济、军事等各个方面拉拢缅甸，试图影响缅甸，避免其与中国走得太近。甚至传说某国愿意免费为缅甸建一个商业港口，其条件就是不要修建中缅油气管道。

为了将天然气资源优势变为经济优势，缅甸政府扩大对外开放，各国石油公司蜂拥而入缅甸投资开发天然气，很多国家也希望得到缅甸的天然气。印度希望能把天然气输到印度，做了很多工作。但要将天然气输到印度，必须经过孟加拉国，无奈孟加拉国不同意，而印度如果绕道北端，则要增加两三倍的距离，很不划算，因此，缅气入印的梦想暂时难以实现。

远在东北亚的韩国也想要缅甸的天然气。在缅甸东海岸开采天然气的是韩国大宇集团，大宇希望在缅甸把天然气液化后输送到韩国去，但受集团财力所限无奈停止了行动。

陈毅元帅曾用“我住江之头，君住江之尾。彼此情无限，共饮一江水”的诗句表达中国和缅甸两国人民的深厚情谊。两国的交界地带，到处可以看到写着表示中缅友好的大牌子。甚至边界上缅甸的母鸡会跨过摇摇晃晃的竹篱笆，到中国这边来下蛋。和平共处五项原则也是当年由周恩来总理首倡，中国、印度和缅甸政府共同支持并在国际关系中共同倡导的。由于和中国一直是友好邻国，传统友谊深厚，近年来中缅经济联系越来越紧密，而且缅气入中国运输便利，又不经过第三国，缅甸政府对此很支持。

其间，尽管缅甸政府经历了很多国际国内复杂政治环境的考验，都没有影响缅甸政府支持中缅油气管道建设的决心。

缅甸将气卖给中国，管道运输成为必然的运输手段。在中缅气管道建设中，中石油“广纳百川”，和气田各投资方共同成立投资公司。中石油担任领头公司，持有50.9%的股权。韩国、印度和缅甸几家公司共同参股，共担责任和获取收益。

中缅石油管道项目运作，也大致经历了这样的一个过程。

油气管道项目正式确定，这只是一个新的开始。庞大的建设资金问题和亟待突破的技术难题是横亘在管道建设者面前的大难题。

中缅管道首先要经过地质构造复杂的横断山脉，除穿过波涛汹涌的澜沧江、伊洛瓦底江等江河外，还需要穿过西双版纳等原始热带森林。位于横断山脉的滇缅公路上有一段险程被称为“晴隆二十四道拐”，路况非常陡险，是全球各汽车拉力赛检验参赛汽车性能的必经路段，也是众多探险者和摄影者的热衷地。这段险程中缅管道也要经过。当年，修建滇缅公路时，曾有人说滇缅公路经过的80%的路段是“没有人吃的东西，只有吃人的东西”的崇山峻岭，毒蛇、昆虫遍布，如今，前一句话成为了历史，但后一句话仍旧没有过时。当年滇缅公路修建被称为血肉筑成的抗战生命线，而管道修建比修公路复杂得多。云南又是地震频发的地区，滑坡、泥石流和山崩事故时有发生，解决技术难题也很不容易。一些自动化设备在陡坡上很难操作，许多工作必须要由人工完成。

但是，以上这些困难相比于中缅油气管道建成后对中缅友谊和对双方经济发展作出的贡献来说算不上什么。中缅油气管道项目将大大促进两国经贸合作、推动项目沿线地区的经济发展。依据规划，中石油将在缅甸马德岛建设一座30万吨的油轮卸载码头，同时配套建设原油储运等设施，包括一座60万立方米的油库。项目建成后将大大振兴缅甸的经济，带动就业，改善基础设施建设，提高人民生活水平。中缅管道建设对中国西南地区的发展同样有利。2010年9月10日，中缅原油管道中国段开工，配套建设的年加工能力千万吨的炼厂也开工建设。从区域经济角度看，中缅管道建设将缓解我国大西南地区成品油供应紧张的局面，同时，带动中缅两国相关产业发展和当地就业，促进沿线地区的经济发展。■

四大能源通道为中国经济加油

面对国内油气产量远远满足不了中国经济发展的需求、进口量快速增长的形势，四大油气战略通道建设的步伐越来越快。何谓四大油气战略通道？西北方向，建设中亚天然气管道和中哈油气管道，以及中俄天然气管道；东北方向，建设中俄油气管道；西南方向，建设从缅甸到中国的油气管道；东部海上，建设石油和LNG的海上船运通道。这四大通道中，陆地的三大通道都由中石油来运作。

2010年9月10日，中缅油气管道中国段开工，而在这年的6月8日，缅甸段已开工建设，标志着这条连通中国与印度洋的能源线路全面开工，预期2013年完工。中缅油气通道建设，被外界解读为我国“破解马六甲海峡难题”的关键举措。目前我国油气船运量的80%以上都要经过马六甲海峡，中缅管道对于改变国内北油南运局面、改善石化行业布局有重要意义。

如今，中俄原油管道建成正式投产，已实现了满负荷运行。2010年8月29日，中俄原油管道俄罗斯境内段投产进油时，普京总理亲自开启了进油阀门。普京说，这个项目“对于中方来说，可以稳定能源供应和能源均衡。对于俄方而言，则获得一个

深度阅读……

LNG

LNG（Liquefied Natural Gas），即液化天然气的英文缩写。LNG是通过将在常压下气态的天然气冷却至-162℃，使之凝结成液体。天然气液化后可以大大节约储运空间和成本，且具有热值大、性能高等特点。LNG是一种清洁、高效的能源。由于进口LNG有助于能源消费国实现能源供应多元化、保障能源安全，因而LNG贸易正成为全球能源市场的新热点。

中国四大油气战略通道示意图

新的、面向具有市场前景的亚太地区的出口，特别是极具发展前景和活力的中国市场”。中俄原油管道中国段同年9月底完工。中俄天然气管道建设谈判也在紧锣密鼓地进行着。

四大战略通道中最先建成的是中哈油气通道。中哈石油管道东段工程早在2005年12月15日就已建成投产，已向中国境内输油3000多万吨。中亚天然气管道也于2009年12月竣工投产。目前，中亚天然气管道二线也已全线贯通。

喜讯不断传来，在海洋方面，2010年8月29日，中国海上油气战略通道的重要枢纽——大连LNG码头竣工。这是中国国内最大的LNG码头，我国沿海地区已投产和规划建设LNG项目共16个，已经建成广东、福建和上海三个LNG项目。多个LNG接收站的建成，将通过接收国际市场LNG资源，形成连接国内输气管网的多气源、多方位的供气格局，我国向“天然气时代”又迈出了一步，海上油气通道也将更加畅通。

四大油气战略通道的建成，将有效化解“所有鸡蛋放在一个篮子里”的风险，有利于实现油气进口渠道的多元化，这既是保障国家能源供应安全的大手笔，更是个百年大计！

第八章

是窝里雄鸡，还是海外雄鹰

P271

“如果你控制了石油，你就控制了所有的国家。”基辛格的名言至今让人警醒。国际资源市场就是没有硝烟的战场，公司之间的商业竞争，仿佛是国与国之间的实力角逐。

石油业最为典型，尤其在资源最集中的中东，行业准入的限制异常严格，战后动荡的伊拉克既有机会又有风险。不入虎穴，焉得虎子。中国一旦缺席，后果很严重。

伊拉克全球招标，中国油企连中大单；石油合作，四面出击、全面开花；并购美国高科技企业，中国话语权渐增。2009年，更被国际石油界称为“中国石油年”。人们不知道，走去出就是豁出去，每笔一锤定音的大单背后是几代人十几年的付出。

如今，央企五分之一的资产和收入、三分之一的利润来自海外，海外年利润高达三千多亿元。央企在没有行政保护、没有依靠的海外市场的成功，证明央企不是一群在自家院里“窝里横”的雄鸡，而是经过学习和成长，能在国际市场上搏击风雨的雄鹰！

不过，这只是个开始。

走出去就得豁出去

解救人质，和西装革履的绑匪谈判

尼日利亚的领土面积和人口数量均相当于中国的十分之一，全国有250多个部族，政党林立，国家动荡，少数民族与联邦政府冲突不断。但作为非洲第二大石油生产国，这里也是世界各大石油公司淘金的乐园。壳牌、埃克森、雪佛龙、阿吉普、道达尔等公司都在这里有油井。

尼日利亚是全球第六大石油出口国，石油收入占政府财政收入的95%。尽管有这么多的石油收益，仅有一小部分收入可归中央政府和地方政府支配，大量石油收入流入到腐败官员的口袋里。2009年该国位居全球贫穷国家第26位，失业率达50%，近一半人是文盲，60%的人口日生活费不足1美元。

贫穷导致这里盗匪横行，堵路、偷盗、破坏、抢劫、罢工、闹事、羞辱外国人员等事时有发生。一些警匪勾结、银行职员与犯罪分子的勾结成为顽症。无论是部族矛盾还是国民对政府的不满、对自身前途的失望，都集中表现在了当地人对油田设施的破坏和绑架外国人质上。壳牌、阿吉普等大公司的安保投入非常大，可仍屡遭劫掠。反政府武装的武器装备水平甚至超过了政府军，劫匪甚至敢在军营里搞汽车炸弹爆炸。

在这里的中国石油东方物探9912队，虽有35名尼日利亚正规陆军、28名武装警察、8名炸药警察和37名保安，共“108将”守卫，可仍旧无法确保物探队中20名中国员工的人身安全。

2007年1月25日早晨6点48分，海上浓雾弥漫，两艘快艇悄悄逼近物探队的住宿船，几名头扎布条的黑衣武装人员爬上船。船上的执勤保安发出警告后，回应的却是武装分子的机枪密集扫射。保安撤回陆地寻求增援，正规陆军、警察和保安赶来加入战斗。

20名歹徒迅速洗劫了财务室并绑架了9名中方员工作为人质后匆匆撤离。

中石油东方物探公司1998年进入了尼日利亚市场，提心吊胆的事经历了不少。2003年，0111队主营地遭到海盗袭击，中国人的居住船被打成了筛子，驻守的尼国海军仓皇逃走，所幸没有人员伤亡。2006年4月25日，驻地四周响起密集的枪声，东方物探公司启动应急机制，但半天不见劫匪的踪影。原来，劫匪的目标是一墙之隔的银行，实属虚惊一场。结果，两名警察和两名过路人被枪杀，160万美元现金被抢。如今的东方物探公司已成为尼日利亚陆上勘探的主力，树大招风啊！

事发后，中石油领导和东方物探公司领导两天内就赶到了距中国万里之遥的非洲第一线。绑匪的目的是什么？人质在谁的手里……这些都是急需解决的问题。一时间，虽然来报信的当地人不少，但有价值的线索几乎没有。各路人马都声称人在他们手中，目的只有一个，就是要钱。中方要求，必须提供人质尚存的确凿证据。

1月28日，一名西装革履的绅士上门来了，拿的名片上写明是某某跨国公司的公关代表，并带来了9名中方人员的签名，但签名没有日期。在中方的坚持下，直到30日上午，营救人员才第一次同被绑架的中方人员代表通了卫星电话，确认9名被绑架人员的生命没有发生意外。

有了准信，大家松了一口气。中国人被劫，当地政府非常着急。但被绑架的外国人太多了，州政府顾不过来，而且政府与绑匪的谈判，让绑匪怀疑政府想武力营救，不断威胁要伤害人质。

国内媒体已经对此事作密集报道，并表示出国内对此事的高度关注，但绑匪也在听广播，边听广播边涨赎金。

营救组与若隐若现的中间人开始了艰苦的谈判。事不宜迟，中石油派出东方物探副总经理郭月良作代表去与绑匪中间人面对面谈判。经过7个小时的谈判，最终达成支付“粮食”赎回人质的协议，绑匪则要求“先付赎金后放人”，而且不要美元，全要当地货币。还好，赎金比当地的“市场价”低了一半。

此时，已经到了2月2日，距事发已经8天。

当地货币不值钱，请吃一顿饭都得拎一袋子钱去，一捆一捆地数。从哪儿去弄那么多当地货币啊？第二天，中国人跑遍了当地所有的银行，几乎把当地货币全兑换空了，整整装了一大麻袋，雇了8个警察押运，连夜赶赴约定的旅馆。

连日的煎熬和牵挂让营救人员身心疲惫。这次交钱是深入虎穴，要求押运赎金的人员每隔3分钟和指挥部联系一次。果然，路上遇到黑帮火并，手端AK47自动步枪的武装匪徒设置了路障，已将六七辆车拦阻后抢劫烧毁。所幸去交钱的员工乘坐的是军车，营救人员果断指挥，硬冲了过去，身后响起匪徒的枪声。绑匪几次变换收钱地点，10多个小时后，绑匪确信真正安全才取走了“粮食”。

随后晚上10点，约定释放人质的时间早已过了，接人的地点却没有一个人影。会不会人财两空？一个小时后，中间人来电话让接人，原来狡猾的绑匪将9名人质放在了另一家旅馆。我方立即将9名同胞接回驻地。

经历了整整9天的骨肉分离，其间发生了多少磨难啊！9名获救人质和同事紧紧拥抱在一起，喜极而泣。这些绑匪，每天给被劫人员吃的就是一块发霉的方便面，喝的就是三角洲里的水，动不动就朝天开枪吓唬人。这9名同志表现得也非常冷静，这主要得益于中石油平时进行了反恐训练，员工学会了如何在危急形势下保全自己。在国外搞石油，必然有风险，关键是要提升自己的风险控制能力，采取有效办法进行规避。

与此同时，一道道报平安的电波迅速飞向国内那些牵肠挂肚的亲人们。

为了避免节外生枝，第二天下午，营救小组将9名同胞立即转移回国。就在上飞机时，营救小组又接到绑匪中间人的电话：“咱们合作得不

东方物探公司员工在尼日利亚进行野外作业

深度阅读……

“5美元”救命钱

在委内瑞拉、尼日利亚等一些治安混乱的国家，中石油员工都随身携带公司发放的“5美元”，任何情况下都不许花掉。这5美元号称应急的“救命钱”，一旦遇到抢劫可以交出，避免劫匪因一无所获恼羞成怒而伤害员工。

5美元纸币

东方物探公司在尼日利亚的9名员工安全获救并与家人团聚

错，交个朋友，下回再见！”中方领导说：“拜拜吧。”

仅仅10天，人质解救成功。这可是尼日利亚历史上最快的解救行动。因为其他外国公司被绑的人员，都三四个月了还没有动静呢！钦佩于中国人的神速，在一个国际大公司组织的“1·25”事件分析报告会上，外国公司的总裁吃惊地问：“为什么劫持的比我们晚的中国人已经救出来了，而我们的人还在绑匪手中？”有人说，那是因为这些公司的人天天坐在办公室里“营救”，而中石油的人深入匪窝与绑匪“面对面”营救。

乍得大撤离

2008年1月底至2月初，乍得发生了武装叛乱事件，反政府武装攻占首都恩贾梅纳，造成700多人丧生、上千人受伤，数万名难民逃入邻国喀麦隆。

事件发生时，中石油在乍得执行项目任务的有6家单位，涉及油田勘探开发业务、地面工程建设及后勤服务，有99人在现场、188人在首都恩贾梅纳（即叛军和政府军交战的中心）。

1月31日乍得时间下午1点30分，中石油总部做出视现场情况决定人员暂时撤离乍得的部署，要求各单位人员集结待命，随时准备撤离。

这也是中石油历史上第一次部署如此大规模的撤离行动。撤离，谈何容易！首先，下决心撤离需要勇气和果断决策。风险到底有多大？需不需要撤离？何时撤，往哪儿撤？回答这些问题需要综合各方面信息后才能做出准确判断。即使撤离，也

要有序撤离，要保证生产的安全和各种资料档案的安全，并做好各种善后工作。

2月1日凌晨，当地移动电话信号突然全部中断，乍得政府军直升机每小时起飞一次进行空中巡逻。反政府军仍在迅速进军，上午已推进到距恩贾梅纳不足65公里处。恩贾梅纳街道实行戒严，军人三步一岗、五步一哨，城内学校、商店等纷纷关闭，大部分当地员工不再上班，空气中弥漫着战争的味道。

此刻，经过一夜的充分准备，乍得项目撤离车辆已进行了彻底检查，燃料充足，准备了能够满足3天以上路途的食品和饮用水，应急药物一应俱全，手机、卫星电话处于24小时开机状态，对讲机调到了指定频道，生产资料封存。在中国大使馆的帮助下，所有撤离人员连夜办妥了撤往喀麦隆的入境签证。

2月1日下午2点，根据国内总部的指令和大使馆的意见，乍得项目公司果断下达命令：向乍喀边境桥撤离！

50多公里的路程显得十分漫长。直到当地时间晚10点30分，89名中方人员和5名国际员工才办完入境手续，安全到达喀麦隆边境小城古斯理的军营内休整。

好险啊！4个小时后，为了避免蜂拥而来的乍得难民潮，喀麦隆关闭了边境桥，两国边境交通中断。

乍得及周边地区

2月2日8点30分，反政府军与政府军在恩贾梅纳交战。远在古斯里，都可以听到隆隆的炮声和密集的枪声。混乱中发生了大规模的抢劫活动，一些暴徒趁火打劫，很多政府机关、外国公司驻地、商场等被洗劫一空，大量房屋和车辆被毁……

在中方员工安全撤离乍得首都的同时，远在600公里之外，坚守在油田现场从事物探、钻井、测井等工作的99名中石油员工也在按照预案，一边停止生产，一边做着撤离的准备工作。

GW125队正在进行完井作业。这口井已投资了数千万美元，并有良好的油气显示，如果立即撤离必将导致该井报废，损失巨大。为了保证井下的安全，作业人员顶着压力，坚守在岗位上。

当地时间2月2日晚9点30分左右（国内凌晨4时半），GW125队突然给国内总部打来电话：接到保安公司报告，有一股不明身份的武装人员正在向井场方向前进，距东方物探的营地只有5公里，距GW125营地和GW134井场不到20公里！为了不暴露目标，井队熄灭了发电设备、人员回到屋里、通讯中断……三个半小时后，警报解除，通讯恢复正常。在电话机旁等候了一夜的国内总部领导，才长舒了一口气。

从2月1日到2月4日的四天里，紧急情况每天不断传来……但GW125队的员工始终在有条不紊地工作着，直到2月4日12点安全地完成了下套管和固井作业任务后，进行了设备封存，剩余人员和甲方监督才放心地登上撤离的飞机。

中方人员从喀麦隆西北部辗转到了喀麦隆西部中心城市加鲁阿市，枪声渐渐远去，和平显得那样的弥足珍贵。当时，国内年关渐近，中石油总部紧

深度阅读……

乍得邀请中石油开发石油

乍得总统代比参观苏丹喀土穆炼油厂后兴奋无比，他将在现场要来的一张中石油高管的名片交给了乍得石油部长，让他速到北京，邀请中石油到乍得开发石油。

然而，当乍得石油部长来到北京表达了总统的邀请后，中石油犹豫了。为什么？乍得还没有与中国复交，中石油能去投资吗?

这个问题被提出来后，乍得政府权衡利弊，要和中华人民共和国复交。因为乍得看到中石油在苏丹建设了上下游一体化的石油工业体系，造福了当地。而且乍得等非洲国家看到，中国公司是实实在在地帮他们实现工业化。

2006年8月6日，外交部长李肇星与乍得外交和非洲一体化部长艾哈迈德·阿拉米分别代表各自政府，在北京签署《中华人民共和国和乍得共和国关于恢复外交关系的联合公报》。

急联系包机，但此时正值国内南方抗击冰雪抢运物资和春运的紧急关头，航空运力十分紧张，最后只得向国际SOS组织求援，启动了全球资源搜索，十多个小时后从法国巴黎租到了一架飞机。2月5日下午，188名中方人员搭乘国际SOS组织调运的包机从喀麦隆转飞至迪拜，远离了战乱。

2月6日除夕夜里10点40分，搭载中石油员工的飞机安全抵京。

春节过后，乍得局势渐趋平稳，中石油人又返回到那片土地继续工作。

低调的丧事

2008年10月发生在苏丹的人质事件，震惊全国。10月18日，中石油9名工人在乘车前往工地的路上，被一伙苏丹武装分子劫持。

中石油领导立即从国内赶赴苏丹开展紧急救援。苏丹政府也十分着急，迅速派出特别行动小组搜救。中石油还发动当地部落长老积极和绑匪家属沟通，争取通过谈判解救人质。

以中国人在苏丹建立的良好形象和在当地的人脉，当地的部落长老和绑匪家属也表示会尽力游说绑匪放人。情况向越来越好的方向发展，苏丹政府一度乐观地表示，安全解救9名人质的可能性很大。

但是，天有不测风云。还正在谈判时，一架苏丹搜救直升机临时降落到一个村庄，飞行员并不知道绑匪就在这个村庄附近，但是，飞机的轰鸣声却吓坏了绑匪。看管人质的绑匪以为政府耍诈，明为谈判实则围剿，气急败坏之下，开枪对中国人质扫射……

搜救部队循着枪声冲了过来，打散了绑匪，找

深度阅读……

石油人非洲当酋长

2008年12月13日，尼日利亚阿穆马拉部落3000人举行集会，现场山呼海啸，10多个演出团队载歌载舞，气氛热烈。这次集会，就是加冕中石油东方物探赵恩会为部落酋长。

酋长是部落的首领，拥有绝对权威，酋长的话就如同“圣旨”。外国人当选部落酋长凤毛麟角。赵恩会作为东方物探西非项目部总经理，已在尼日利亚工作了十几年。他将自己的事业和当地人的生活融合在一起，帮助当地维修道路与教堂、建厕所、打水井，每年为当地提供大量就业机会，受到了当地人的喜爱和尊重。

39位中国石油人长眠苏丹

苏丹自然条件恶劣，经济发展落后，社会依托差，有时还暴发热带病疫，这些都是很多公司不愿去的主要原因。中国石油人在这里创业，十几年累计有39位同胞长眠在了这片土地上。有些是感染了肆虐于苏丹的马来热而不治身亡的，有些是因为恶劣的道路交通而发生车祸牺牲的，有些是因为当地枪支泛滥误伤而死的，还有一些人则因公倒在岗位上。管道局原苏丹项目副总调度长张立福在苏丹原油管道建设中，担负着物资清关、后勤保障和开工准备等大量工作，由于工期紧张，整天奔波在丛林和沙漠中，一天只休息几个小时。长期的过度劳累，加上天气极为炎热，他突发脑溢血抢救无效牺牲。

到了人质。然而，惨剧已经酿成：9名人质中，5名死亡，其余4名获救。

11月5日，5名工人的骨灰和4名幸存者乘飞机回国。飞机降落在石家庄机场，亲属们放声大哭，现场的每一个人都泪流满面。

当时苏丹的国内国际形势极为复杂，各种力量交织在一起正伺机而动。从大局出发，企业内部组织了庄严的悼念活动，对外则相对低调。一名广州的网友在网络上留言说："找点油太不容易了。看到人家把命都丢了，油价高点就高点吧！"当然，这是一个公民个人对遇害员工的深切同情。

中石油在苏丹牺牲人员魂归祖国

二十年努力走进了大油海

2009年3月11日，各大媒体都在报道发生在伊拉克的一件事情。这件事不是关于战争的，而是关于伊拉克政府正式恢复中国企业的艾哈代布项目。这是萨达姆政权倒台后，伊政府第一个也是唯一一个恢复的外国石油公司合同。

诺贝尔经济学奖得主斯迪格雷斯和哈佛大学教授贝尔姆斯针对美国和伊拉克的战争曾撰写文章——《3万亿美元的战争》，认为美国平均每月要花费120亿美元，还牺牲那么多美国士兵的生命，去打这场战争为的主要就是石油。

但战后第一个恢复的石油合同却是中国的。这个合同到底是怎么来的？这引起了很多人的兴趣。

时光回溯到20世纪80年代，两伊战争打了8年，双方损失惨重。伊拉克当时欠下中国北方公司的巨额外债，又无力还债，就提出给中国北方公司一块油田去开发，用卖油的钱还债。但中国北方公司没有开采石油的经验，邀请中石油共同开发。

伊拉克政府作出这个决定也是不得已，萨达姆上台后，早在1972年就把所有的外国投资者赶走了，把油田收归国有，成立了国家石油公司。两伊战争打完了，国家急于重建，才开始重新把油田对外开放。然而，接下来的海湾战争和联合国制裁伊拉克，使中伊石油合作一波三折。

1996年6月4日，中伊合作开发艾哈代布油田的合同终于签订。双方约定，联合国取消制裁后，合同立即启动。

等待是漫长的，也充满了变数。2001年“9·11”事件的爆发，美国把反恐的矛头指向拉登，指向基地组织，随后又指向了伊拉克，美伊矛盾激化，巴格达的气氛日益紧张起来。离绿洲石油公司驻地约有300米远的岗楼上架起了重型高射机枪，街面上的士兵比往常更多了，架着重型机枪的巡逻车出现在街道，响亮、急促且刺耳的警报声也开始弥漫在巴格达上空。

2003年3月20日，伊拉克战争打响。

当时在合同协议上签字的石油部长拉希德，后来成为伊战中美国扑克牌通缉令上的黑桃六，他不仅是伊拉克政府的核心人物，还是导弹专家。更厉害的是他的妻子，人称“细菌博士”，是伊拉克研发生化武器的首席科学家，曾被英美等国称作世界上最危险的女人之一，并遭到全球通缉。

艾哈代布油田的开发始终处于停滞状态，但绿洲公司高层一直坚守在巴格达，执著地等待着开发的时机。伊拉克战争爆发，中国大使馆下达死命令：必须撤离！绿洲公司高管才暂时离开了伊拉克。7个月后，萨达姆政权已被推翻，尽管伊拉克还处于很混乱的状况，爆炸、抢劫一浪高过一浪，中国石油人已经回到了伊拉克，因为放心不下那里的资料和设备。然而，此时的绿洲公司遭受了洗劫，很多东西都没有了。巴格达满目疮痍，政府大楼、总理府、总统府、议会大厦都被炸得稀巴烂，唯独石油部大楼安然无恙，据说是因为石油部大楼里保存着大量珍贵的油田资料。

萨达姆政权被推翻后，联合国解除了制裁。解除对伊制裁是中国石油人最盼望的事情，十多年的翘首企盼，终于盼出了些许光亮。

然而当年6月，由美国委任的伊拉克石油部临时负责人贾德班却发布了一个坏消息：伊拉克将取消或冻结萨达姆政权与外国签署的三项石油合同。

深度阅读……

沙漠风暴

1990年8月2日，伊拉克军队入侵科威特，并宣布吞并科威特。以美国为首的多国部队在取得联合国授权后，于1991年1月17日晨，开始向伊拉克发起代号为“沙漠风暴”的军事打击，对科威特和伊拉克境内的伊拉克军队发动军事进攻。伊方主要以地面防空武器进行还击，并分别向以色列和沙特阿拉伯发射了“飞毛腿”导弹。伊拉克最终接受联合国660号决议，并从科威特撤军。

伊拉克战争

伊拉克战争，是美国以伊拉克拥有大规模杀伤性武器为由发动的全面战争。从2003年3月20日战争打响至2010年8月19日美国从伊拉克撤出最后一支作战部队，该场战争历时7年零5个月。

伊拉克艾哈代布项目

其中，与俄罗斯卢克公司签署的石油合同已经被终止，与中石油签署的艾哈代布合同被冻结。伊拉克新政权要对萨达姆政权遗留下的所有外国石油合同逐一审查，以保证其合法性，并确认伊能从相关协议中获取对等的商业利益。

这么多年来，经历了联合国对伊制裁、美国对伊发动的战争，很多曾与伊签订合同的公司都没有信心了，都放弃了。但中国石油人始终没有放弃努力。现在联合国的制裁解除了，光明要来到了，合同前景却扑朔迷离，这是难以接受的。维权，成为中石油的重要选择。

2003年9月15日晚，在号称“死亡之路”的巴格达高速公路上，一辆汽车正在飞驰，车上的三个人丝毫没有睡意，他们是中石油绿洲石油公司派伊人员。三人重返巴格达的目的只有一个：继续与伊方的合作项目，维护中国公司在伊的权益。

车未到约伊边境便遭遇了五次检查。往往是两名约旦便衣警察一手拿自动步枪，一手示意停车检查。这是约旦为了避免外国恐怖分子从约旦进入伊拉克，加强了对从约旦入伊人员的检查。战争爆发后，伊拉克几乎所有的政府机关都停止了运转，外国人进出伊拉克也没法办签证了，海关人员只是看一下护照就放行。

夜色笼罩下的伊拉克宁静而恐惧。炸毁的路面、损坏的公路护栏……惨烈的战争痕迹历历在目，时刻在刺激着人的神经，提醒着这是一片刚被战争蹂躏过的土地。车辆驶入巴格达后，随处可见高高的水泥路障和美军把守的防御工事，到处是坍塌的高楼和架着重机枪的悍马巡逻车，不时有直升机从头顶掠过，大街上车辆、行人稀少，让人神经绷得紧紧的。

三人来到了伊拉克石油部，门前戒备森严，由美军和伊拉克保安共同把守，所有人进出都要搜身检查。看到中石油来人，伊拉克高官十分惊讶，开口就问："都说我们巴格达是炮火连天的战场，没有公司敢来，你们为什么要来？"看到中石油的诚意和重启项目的决心，伊拉克石油部高层非常感动。

2003年10月，中石油派代表参加了在瑞士举办的伊拉克重建大会，进一步表达了参与伊拉克重建的积极态度。同时，还与伊石油部达成了为其培训技术人员的协议，并于2004年4月正式启动，成为战后第一家为伊石油部提供国外培训的外国石油公司。伊拉克石油部陆续派出了各路专业技术人员和管理人员到中石油华北油田等地参观学习。

苦苦的等待终于迎来曙光。2007年6月20日，伊拉克总统塔拉巴尼带领一个40人的代表团，开始对中国进行为期一周的访问。在访问团队里，伊新任石油部长沙赫里斯塔尼受人瞩目。因为他有一个重要使命，就是和中石油谈判艾哈代布项目重启事宜。沙赫里斯塔尼在北京反复对记者表示："艾哈代布项目没有取消，

战后伊拉克巴格达实景

2009年6月，伊拉克油气田30多年来首次对外公开招标。

只是要重新修订，当我们两家的技术协议达成一致以后，商业条款再进行讨论，很快就会重启项目了。”当时，伊拉克也希望通过艾哈代布项目加强中伊关系。另外一个重要原因，正如沙赫里斯塔尼面对记者所说的一句发自内心的话：“我们痛恨贫穷，痛恨战争，急需要外国的投资者支持我们，帮助我们重建，我们希望中国石油人能给我们的重建以信心。”确实，伊拉克岌岌可危的国民经济，急需通过合作项目的启动给予“输血”。

2004年，为回报美英联军推翻萨达姆政权，伊拉克政府曾给予一些英美石油公司油田技术开发合同，让他们支持比尔亚克油田的开发等，但这些公司拿到合同后，并不积极。为什么有钱不赚呢？因为当时伊拉克太危险了，伊拉克多次邀请都没得到响应。

巴格达缺油缺电，艾哈代布油田离巴格达比较

深度阅读……

沙赫里斯塔尼

核科学家，出身显赫，留学多国，1978年成为伊拉克原子能委员会首席顾问。萨达姆上台后，要求沙赫里斯塔尼帮助开发核武器，但遭到其当面拒绝，因此得罪了萨达姆。1979年12月，沙赫里斯塔尼受到关押和拷问，后被监禁了11年。直到1990年海湾战争期间美军轰炸巴格达，监狱发生骚乱，沙赫里斯塔尼和另外两名囚犯才成功越狱。2006年至2010年，担任伊拉克石油部长。

近，艾哈代布油田的恢复开发，可以给巴格达乃至伊拉克的重建带来希望，带来信心。谈判十分艰难，但双方的友谊在加深，分歧在不断弥合。中国石油人对艾哈代布执著的守望，也让伊拉克政府乐见其成。终于，艾哈代布项目成为战后恢复的第一个战前合同。

2008年11月10日，中石油的代表、北方公司的代表和沙赫里斯塔尼坐在了一起，三方签字，正式宣布启动艾哈代布项目。萨达姆政权与外国公司签了很多石油开发合同，这是唯一一个被恢复的，其他都作废了。

然而，只有站在这一片被战争蹂躏过的土地上，才能深切感受到恢复这一合同的意义。

项目启动后，2009年3月，中国人迅速开展物探、钻井等前期工作。但困扰中方的最大问题，就是安保。于是，每一个井场都围起了铁丝网，有全副武装的保安持枪守护，工人巡井也得坐着防弹车。

油田营地更像个军事基地，有五道防护，壕沟、铁丝网遍布，每隔200米一个岗楼，军警持机关枪监控着营地周边的情况。油田上空，美军的直升机、运输机、战斗机不时低空飞过，飞机有时低得甚至能看清驾驶员的脸庞。

有些反政府武装分子认为伊拉克现政府不是合法政府，与现政府合作的外国企业都是他们的敌人。而且反美武装分子很多，无论是他们袭击美国人、袭击政府，还是美军袭击他们，枪弹不认人，都可能造成误伤，容不得大家有丝毫马虎。载有中方人员的绿洲公司车队，就曾遭遇过路边炸弹袭击，幸无人员伤亡。

艾哈代布油田的左边有伊拉克军队，右边有伊警察巡逻部队，在营地站岗的是伊拉克石油警察，油田附近不到8公里，就有一个永久性的美军军事基地，但与美军基地相伴也并非意味着安全。

在这里的美军也常常是风声鹤唳、草木皆兵。一次，由于没有照明设备，中国工程师借着卡车的灯光在井场安装泥浆处理设备。突然，天空中传来了直升机螺旋桨的巨大轰鸣声，美军的阿帕奇直升机将两束强烈的光柱投射到中国人身上，四五辆军车也围住了作业现场。原来，这里经常发生武装分子摸黑向美军基地发射火箭弹的事件，中国人夜间加班，让美军虚惊一场。但中国人也借着阿帕奇的灯光，一口气上好了需要上的螺丝，修好了设备。

不与外界接触！这是在艾哈代布油田工作的一项铁律。尽管这样还是防不胜防。2010年3月，一名身体绑了定时炸弹的当地男子来到离公司不远的地方求助，

身上炸弹被十多道铁链锁着。排爆专家在解除了几道铁链后，发现已来不及了，赶紧跑开，跑了不到十米，炸弹爆炸，地面炸出一个大坑，穿着厚厚防护服的排爆专家也被气浪掀倒在地。

为了保护员工的安全，中石油特地从国内聘请了保安人员，因为“一定要确保工作人员的人身安全！”

环境非常恶劣，伊拉克物资奇缺，道路坑坑洼洼，战争期间贫铀弹的辐射到处都有。但中国石油人没有畏惧，冒着炮火前进，因为，只有在这样危险的地方，中石油才有好机会，而中石油只要有机会就能创造出奇迹。2009年6月，从大庆派出的钻井队到伊拉克三个月内就打出高产井；2009年底，他们又打出伊拉克第一口水平井，原油日产量上千吨。

就在这个来之不易的项目上，中石油通过努力，展示了中国人的能力。这个项目的启动，为中国的石油企业在伊拉克的发展埋下了伏笔。

中国保安公司队员在站岗

在石油奥林匹克赛场夺金

萨达姆执政时，曾自豪地说："世界上最后剩下的两桶石油中，有一桶就是伊拉克的。"

为了战后重建，2008年6月，伊拉克新政府向全世界发出招标公告，邀请各大石油公司都来参与伊拉克的石油开发。这是伊拉克在20多年闭关锁国后，首次邀请外国石油公司进入伊拉克。

在中东地区，沙特、阿联酋等国严格限制外国公司进入本国石油开发领域。当今国际上容易开发的石油几乎都开发完了，再想找大油田不是潜入深海，就是走向荒漠极地，但这些复杂地区的石油开发在技术上存在着非常大的挑战。而伊拉克是唯一一个油藏埋藏浅、资源又丰富的地方，是常规石油开发的最后一块大宝藏。萨达姆政权受到国际制裁，留下了大油田。

过了这个村，就难有这个店了，机会难得。于是，招标公告一出，全球几乎所有的国际石油公司都发布声明，希望投标竞争，递交申请的就有120余家，其中35家通过了资格预审。中石油也做了充分的准备，但能不能拿到"蛋糕"、吃下"蛋糕"，心里却没底。毕竟，这里不仅处于西方国家传统的势力范围之内，何况美国人刚刚在此付出了4000多名士兵的生命和3万亿美元的军费的高昂代价。

为了取得最有利的招标结果，伊拉克政府规定：各大公司不能单独投标，必须组成联合体投标；投标过程电视现场直播，结果当场公布。

伊拉克政府的决定，让中石油有了信心，而且中石油当年3月启动的艾哈代布油田项目也能起到加分作用。此轮国际招标中，伊拉克政府拿出8个项目招标。中国石油评审了其中的6个项目。这说起来很简单，但背后蕴藏的工作量却十分巨

大。这意味着对每个油田都要做大量的商务、技术和经济评价，包括对油田地质资料、投标规则、合同条款及投资收益等情况进行扎实研究和分析，并提出有竞争力的报价及巧妙的投标策略等等。中石油调集精兵强将足足工作了半年时间，最后决定投标5个项目，即以鲁迈拉油田为主的4个油田和1个气田项目。

联合投标，选择合适的合作伙伴十分重要。中石油希望能和国际大公司合作，这既可以学习先进管理经验也可以共担风险。但中石油以前尚未在大型项目上与国际巨头合作过，他们对中石油的能力和工作方式不太了解。中石油的投标团队就积极向各家巨头们宣传自己。中石油在非洲、南美等地区的成功运作和有着种类齐全、施工能力强大的工程服务队伍，给寻求合作增添了信心。最终中石油与BP组成联合体，投标鲁迈拉油田。

好事多磨。伊拉克第一轮国际招标本定于2009年6月29日、30日两天举行。然而，由于沙尘暴原因，很多参与投标的国际公司人员未能及时到达，投标时间被迫改为30日，这就意味着所有的项目都要在一天内进行投标。中国石油一天内就要投标5个项目，无形当中，使现场决策的难度大大提高。

6月30日，招标大会拉开帷幕。主持这次对外招标的是时任伊拉克石油部长的沙赫里斯塔尼，伊拉克总理马利基也亲自参加。现场投标大厅里不仅聚集了国际

战后的伊拉克鲁迈拉油田

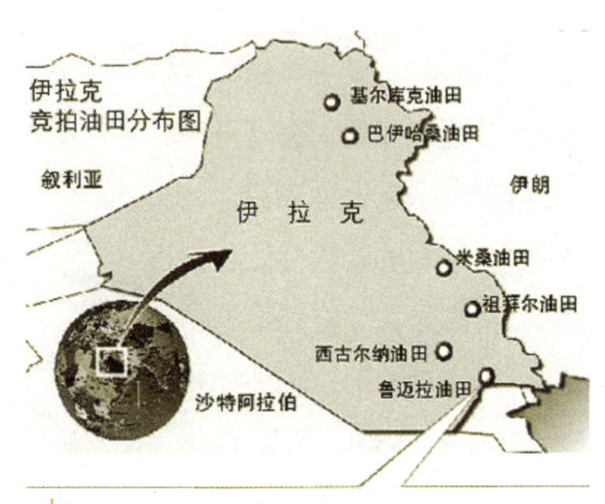

伊拉克鲁迈拉油田位置示意图

2009年11月3日，鲁迈拉油田项目签约。

石油巨头，也聚集了多家国内外媒体，“长枪短炮”全球现场直播。

投标工作组出发前，中石油高层领导专门为他们送行，叮嘱说：“你们是代表中国参加世界石油奥林匹克大会。”进入投标会场前，中石油投标团队的每个人都把中石油的“宝石花”徽章庄重地佩带在胸前。

第一个推出来的就是鲁迈拉油田，这是伊拉克第一轮公开招标推出的明星资产，当仁不让地成了本轮竞标的焦点。

鲁迈拉油田是伊拉克最大的油田，也是全世界第三大油田，储量占伊拉克已探明储量约1/5，比全中国所有油田的剩余可采储量还多。面对这么大的油田，战争期间美军也是慎之又慎，鲁迈拉占领方案制订了好几套，最担心萨达姆败兵像当年撤离科威特时一样点燃油井。要那样可就惨了，因为鲁迈拉油井产量更高，着起火来灭火难度更大，那将是一场世纪灾难。好在萨达姆军队是在自己的领土上打仗，没有像当年破坏科威特油田那样无所顾忌。

全球所有的眼睛都盯着招标现场的大屏幕。现场开标：埃克森美孚等公司组成的联合体报价是桶油报酬4.8美元，不过他们计划的高峰产量超高，远远高出大家的预期，综合得分排名第一；BP和中石油联合体报价增产量适中，桶油报酬3.99美元，综合排名第二。

投标竞争，只有第一，没有第二。在此关头，伊拉克政府代表的现场提问让每一个投标者都竖起了耳朵。

“请问，你们愿意接受2美元的桶油报酬

吗？”

由于埃克森美孚投标的高峰产量目标很高，在高峰产量不变的情况下，2美元的桶油报酬显然无法接受，毕竟谁也不能干赔本买卖。可伊拉克政府只给2美元，埃克森美孚竞标代表电话请示上级后，遗憾地摇摇头。按照招标规则，第一名弃标，稍纵即逝的机遇留给了第二名。

到了中国石油与BP联合体最后的决策时刻，会场的大屏幕上显示出倒计时，还有20分钟。时间一分一秒地过去，退出，还是前进？

由于中国石油与BP联合体对于投标策略的巧妙把握，对于经济效益的精准判断，对于未来产量的客观预测，桶油2美元的报酬虽然比原先预想的略低，但差距不大，没有超过原先的预期范围。中石油投标小组冷静分析、迅速计算在每桶报酬费2美元条件下的项目收益情况，并及时把计算结果传回北京。中石油高层果断决策，充分授权，投标小组与BP迅速达成共识，接受了这一条件。

“BP和中石油的联合体中标！”大厅里，传来洪亮的声音。

10分钟后，通过英国BBC广播电台等媒体，中石油与BP联合体中标伊拉克鲁迈拉项目的消息已传遍世界。

不可思议。一个全球排名第三的大油田的命运，就在这短短十几分钟内戏剧性地决定了，简直就是一部好莱坞大片。现场的记者、各投标公司代表都惊呆了。

伊拉克的第一次对外招标，除鲁迈拉油田之外，其余5块油田全部流标，无人敢接。

中标鲁迈拉项目的消息传来，国人振奋。中石油1993年走出去，今天终于走进了大油海。

成功者必须有过人的胆识，胆识的背后则是雄厚的实力和超前的远见。中石油的果断出手有着自己的底气。

中石油长期实施的是低成本战略，在国内相对贫瘠的地质大观园里练就了真本领，锤炼出许多先进而实用的技术。在鲁迈拉投标中排名第一的埃克森，采用的是国际上最先进的技术，增产幅度最大，上产速度最快，投资也更大，2美元的桶油报酬相对于其投资而言使之无法承受。而中石油的方案，增产幅度、上产速度与投资适中，故其可以接受。另外，这2美元是扣除成本之后的利润，是固定回报，看起来不多，但风险也小了，利润率也不低。

中石油半年前启动了艾哈代布油田，通过与伊拉克方面的合作，中石油对伊方的心理底线有了一定程度的了解，没有想获取暴利的心态，故而能在短时间内下定决心。

中石油还有个不可比拟的优势，它是个综合性能源公司，有着油公司与工程服务公司两个翅膀，这是其他单纯油公司所不具备的。中石油可以通过投资业务的带动，使工程服务业务也进入这个市场，既有战略效益，也可以赚到利润。算总账，也提高了收益率。

除了这里算的经济账，还有更重要的一笔账要从战略角度来算。

中石油的中标，能增加中国在伊拉克、在中东石油市场的话语权。作为国际市场中的后来者，要走到前台，势必要比别人付出更多的努力。经济账要算，但不能只陷入数字和经济评价模型中而一叶障目，可以说，进入伊拉克市场的战略利益更大于经济利益。

当然，也不能说中了标就是在保险箱里赚钱，伊拉克会不会进一步动荡？中标后合同能否顺利执行？这些都是潜在的风险。但是，机遇从来都是给有准备的人准备的，也从来都是与风险成正比的，若等看清楚时再出手，风险没有了，但机遇也就失去了。

中石油中标以后，《华尔街日报》、《金融时报》等西方媒体炸了锅，各种评论都有，第一天还在喊着低价中标，第二天回过神来，国际舆论突然转向一致好评，甚至有报纸指责美国政府没在这次招标中掌控好伊拉克的局势。这下可好，美国公司踏空了，一些人开始炮轰反对美国石油公司进入伊拉克的美国议员。

无论媒体如何看，国际石油公司是最清醒的。与上次形成鲜明对比的是第一轮招标一结束，当伊拉克政府宣布将启动第二轮招标时，中石油这次成了香饽饽，壳牌、埃克森、道达尔等其他公司纷纷找上门来，希望结成伙伴共同竞标，有些西方大公司甚至提出愿意做小股东。从第一轮寻找合作伙伴，到第二轮筛选合作伙伴，看似一小步，实则大跨越。在世界石油舞台上，中国石油凭借实力为自己赢得了主动。

中石油反复权衡，最终选择了与法国等国的石油公司组成联合体进行投标，确定了哈法亚等4个油田项目作为竞标对象。因为同时竞标4个项目，在其他投标项目上，有的公司既是合作伙伴又是竞争对手，沟通工作变得更为复杂。为了不浪费一分一秒，投标小组一般都是利用晚上时间飞行，到了目的地与对方公司交流完，再利用晚上时间飞往另一个地方，在飞机上还要制订出工作计划。负责投标的郑炯几

巴格达经常发生恐怖袭击事件

巴格达街景

乎有一个月没吃过中午饭，赶上午饭时间还在飞机上，还要补一会觉，有一次三天只睡了6个小时，而且那6个小时还是在飞机上睡的。

竞标哈法亚项目，中国石油确定了作业者的身份。哈法亚油田位于伊拉克东南部，剩余可采储量约60亿桶。中石油与哈法亚油田曾有前缘。20世纪90年代，中石油与伊拉克政府签署了艾哈代布项目合同。此后应伊拉克石油部之邀，中石油曾对哈法亚的地质资料进行过研究，还完成了初步开发方案。

但是，当作业者意味着要做出所有的开发方案，这是对技术能力、合同理解能力、国际运作能力等方面的考验，要达到经济与技术的完美结合。为此，项目团队对方案进行反复优化，做了上百个方案，最后拿出最好的方案，努力达到以适中的产量，以最高的每桶报酬费去竞标。另外，合作成功也考验着中石油与伙伴公司的沟通协调能力。哈法亚项目，中石油决定与道达尔和马来西亚公司合作。如何说服对方，并且让他们愉快地接受己方的意向，并不是一件容易的事。就像现在是谈恋爱，为了结婚，将来还要过日子，要考虑的内容不可谓不多。

时隔半年后，第二次招标大会拉开帷幕。这次招标中，伊拉克政府占尽上风。如果说，第一次的扣除成本后每桶油2美元报酬大家认为低的话，这次的招标，许多油田连2美元都达不到，最低的仅有1.15美元，而国际石油巨头，纷纷学习中石油，以务实、双赢的态度进行投标。当然，石油巨头们通过第一轮招标，吸取了教训，已经大大降低了期望值。

就在第二轮招标开始的前一天，12月8日，连续发生五起汽车炸弹爆炸事件，死了200多人。这是伊拉克当年爆炸最频繁的一天，恐怖分子主要针对的就是来投标的外国公司，并给马利基政府施加压力。“基地”组织还发出死亡威胁，声称将爆炸投标现场。伊拉克政府为了安全，投标地点改了好几次。去参与投标的公司所雇的保镖比工作人员还多，刺着文身的保镖荷枪实弹，高管们一人一辆防弹车。

虽然凶险，但中石油的投标小组成员毅然决然奔赴伊拉克进行投标。有些同志行前甚至做了最坏的打算……

进了宾馆房间，玻璃都是花纹状的，那是因为被爆炸震碎了的玻璃还没掉下来，赶紧贴了胶条黏住了。为了安全，窗帘不能拉开，避免外面人看到里面。睡在房间里，时不时能听到清脆的枪声。

这一夜注定是个不眠之夜。由于中石油在本轮投标中欲竞标三个油田，临上阵前，还在与各个合作伙伴走马灯似地进行着一拨拨谈判。在这个油田上的合作伙伴又是另一个油田的竞争对手，争论与妥协、握手又保密，让每一个人神经紧绷。

第二天，紧张又备受全球瞩目的投标在伊拉克巴格达拉希德酒店举行。44家国际石油公司的竞标团队齐聚这里，伊拉克总理马利基等政坛显要也出席。荷枪实弹的士兵，贴身护卫的黑衣保镖，使投标现场的气氛平添了几分特殊的色彩。

这次开标与第一轮不一样，第一轮投标者在报价后，伊拉克招标委员会还会和投标方商量，这次，则完全让投标方在标书上写数，各方同时写，能不能成功，全靠你的报价技巧了。

当第一块油田马基农油田推出时，道达尔公司中东地区副总裁参加投标，他感觉应该有把握，因为为了保证成功，他们要求的桶油报酬仅为1.75美元，已经低于鲁迈拉油田2美元的水平了。

然而，当壳牌和马来西亚国家石油公司的报价一公布，这两家不但全盘照搬鲁迈拉油田的条款，而且报价仅为1.39美元，比道达尔的报价还低了20%多……

震惊！全场震惊！招标现场顿时炸开了锅，许多公司一下子乱了阵脚。没想到连壳牌这样的巨头竟然也会为了吃到肉而急不可耐！

第二个竞标油田——哈法亚油田推出。这一项目本来被安排在第四个，伊拉克政府现场临时将其提前到第二个，4个投标集团参与竞争。

倒计时只有15分钟，11点15分前必须做出决策。谁将成为博弈场上的赢家？

这标怎么投，需要技巧。作业者负责在投标书上写参数，能不能投下来责任重大。因为特别机密，大家马上手挽手挡住别人的视线，把投标参数写在纸条上。在投标现场，有很多张这样的小纸条，而这些纸条见证了惊心动魄的一幕幕。各个竞争公司之间座位前后离得很近，现场不能说话，互相交流通过纸条传递信息，就连数字也要考虑不能写成阿拉伯数字，在这个不见硝烟的战场上，各种因素都要考虑到。

没有太多时间思考，现场投标小组成员迅速分析着各种可能，揣测着竞争对手会做出何种反应。

经过深思熟虑，牵头的中石油果断选择调整策略，提出桶油报酬降低到1.4美元的报价建议，伙伴公司道达尔和马来西亚石油公司也很快认同。现场开标：中石油提出的产量较为合适，桶油报酬最低，挪威石油公司与卢克石油公司联合提出的1.53美元/桶的报价虽然略高于中石油，但是产量目标也远远高出……

现场气氛凝固了。人们屏住了呼吸，静待着最后计算评分结果……“总分第一名是中石油、道达尔和马来西亚国家石油公司联合体！”

“赢了，赢了，我们赢了。”现场的中国人欢呼雀跃起来：好消息第一时间传回了北京。其他合作伙伴也给中方团队鼓掌，有的公司的人竖起了大拇指，过来向中石油代表团祝贺。

“投得漂亮！投得精彩！”这是中石油高层的评价。中石油联合体仅仅以比挪威联合体高出4.6分（满分100分）的微小差距惊险中标，这是伊拉克两轮国际投标中分差最小的。如果挪威石油公司将他们的服务费降低3美分，即以1.5美元投标，结合他们的产量目标，他们将是胜利者。第一名与第二名的分数差距越大，表明第一名为了赢标所付出的代价越大。中石油险胜对手，不仅确保中标，还最大限度地保护了公司利益。完美的投标参数，也给外国人树立起了新的观念：中国人不是靠价格低廉获胜的。

奇迹！但奇迹是不会凭空产生的，奇迹只有在高手之间才能产生。百米赛场上，冠军和亚军的差距不是按秒，而是按毫秒计算的。然而，这个赛场更为残酷，只有冠军没有亚军，微小差距分出的是你有他无的大不同。奇迹背后，看起来似乎是幸运的有无，实际上是实力和胆魄的比拼，是高手的惊险一搏。

为了这次投标，中石油做了多少工作啊！中石油投标小组现场负责人郑炯是当时投标现场唯一的女性，她介绍说：“投标只是表象，决定因素是油田开发方案是否合理，而这需要做大量的调研和分析工作。如果说第一轮招标，许多公司还在犹豫和观望，那么，第二轮招标现场，已经成了各公司肉搏的角斗场，谁能胜利，拼的是智慧和实力。”

道达尔公司事后说：“很感谢你们，要不是中石油的当机立断，我们也拿不到入门券了。”

两轮招标过后，伊拉克推出的六大油田名花有主。中石油是唯一两次中标的石油公司，夺得了最大的鲁迈拉油田和哈法亚油田，其他油田分别为埃克森、壳牌、埃尼、卢克等石油公司获得。也许不是巧合那么简单，联合国五大常任理事国的石油公司毫无例外地都进入到了伊拉克。

穿着防弹衣在巴格达签约

2010年1月26日，中石油集团总经理蒋洁敏一行来到伊拉克签约。面对复杂危险的局势，许多人曾劝阻他们别去伊拉克现场一线了。“做决策，不能只在报告中；支持和关心一线，也不能只在会议室！一线哪里最危险、最需要，领导就要到哪里！”中石油的高管们毅然成行。实际上，这已是蒋洁敏第三次来到伊拉克。

艾哈代布油田地处沙漠，距离巴格达160公里。但地面通道由于可能会有路边炸弹而变得十分危险，只有空中通道较为安全。油田旁边的机场就在美军基地内，而进出美军基地就像踏上美国本土一样，需要经过严格的安检和漫长的等待。

在全副武装的军警保护下，中石油高管一行来到了有五道防护带的油田营地。营地非常空旷，约5平方公里，中间只有稀稀拉拉的几栋建筑。为什么面积这么大？原来是为了让外面看不到营地内的情况，这样，火箭弹的袭击就难以准确击中目标。

在内部汇报会上，一位二十年前就参与这个项目的同志发言。他的声音中透露出难以抑制的激动：“艾哈代布，这曾是我们一个美丽的梦，一个曾经远去的梦，20年后的今天，这个梦终于圆了。”与会者闻之动容。

项目启动仅一年多时间，条件艰苦不用说，还有环境复杂、安全形势严峻的挑战，中国石油人却在这里取得了很大突破。例如大庆铁人的队伍来到这里打出了千吨井，还打出了伊拉克历史上首口水平井。艾哈代布项目进展速度之快被伊方称为奇迹，伊拉克石油部的高官多次来视察这个项目，评价很高。来到现场的中石油高层也深为感动和振奋：“中国人就是能够在艰难的地方，成就伟大的事业。”

1月27日下午，中石油高管一行又飞回巴格达，准备参加哈法亚油田的签约仪式。刚出机场，大家就被套上十公斤重的防弹背心，戴上十几公斤重的厚厚的钢盔。每辆车四个人，其中两个是手持冲锋枪的保安。他们睁大眼睛四处张望如临大敌，提醒你真的已经到了巴格达。

巴格达空旷少人的街道犹如SARS肆虐时的都市，随处可见的水泥障、掩体、机关枪又提醒你，这是战争制造的恐怖。一路无语。签约地点几天来始终在不断调整，到达巴格达后才知道这次在伊拉克石油部大楼内签约。车辆驶进石油部大院，在弯弯曲曲的水泥路障中爬行，全副武装的美军士兵手持探雷装置挨个车辆检查是否有汽车炸弹，结果同行车辆中有一辆车因出现异响而被拒之门外。

石油部大楼内部也是戒备森严，保安林立。法国道达尔公司、马来西亚国家石油公司、伊拉克南方石油公司、米桑石油公司等代表陆续到达会场。工作人员正在进行签约前的最后准备，中石油及合作伙伴的工作人员埋头一口气签了数十个名字来确认合同的最后文本。

下午的签约仪式上，四国代表登台签约，时任伊拉克石油部长的沙赫里斯塔尼主持仪式，他神采飞扬。蒋洁敏承诺："中国石油拥有较强实力的技术、管理和队伍，拥有勘探开发以及工程技术服务和工程建设等较为配套的综合一体化优势，拥有丰富的国际化项目运作经验，可以确保高速度、高质量、高效率地把伊拉克合作项目建成绿色、和谐的示范性项目。"

至此，伊拉克哈法亚油田合作签约完成。中石油在伊拉克再下一城。

2010年1月27日，中石油及合作伙伴在伊拉克签署哈法亚油田开发生产服务合同。

规模发展，布局中东大舞台

有人开玩笑说，在中东的茫茫沙漠里打井找水，打一口井，冒出来的是油，再打一口，冒出来的还是油……这当然是夸张的比喻。不过，当年沙特第一位国王阿布杜·阿齐兹建立王国时，一贫如洗，国库里所有的财富用一匹骆驼就可以驮走。后来沙特为了找水而打井，却发现了石油，沙特也因此“跳下骆驼背，钻进奔驰车”，跃居世界富国行列。

阿拉伯塔酒店，也称帆船大酒店

中东蕴藏着全球三分之二的石油资源。这里因油而富，极尽奢华。这里有全球最豪华的迪拜七星级帆船大酒店，阿布扎比八星级的酋长宫酒店，以及建在炎热沙漠中的全球最大的室内滑雪场，高度达828米的摩天大厦哈里法塔，填海建成的棕榈岛、世界地图岛等，人工美景数不胜数。在美景和财富的背后，是中东已成为大国博弈主战场的事实。

酋长宫酒店

艾哈代布油田、鲁迈拉油田、哈法亚油田，再加上中石油2009年3月在伊朗成功中标的北阿扎德甘油田，短短一年时间中，中石油在中东拿到四个大项目。在中东这个大国博弈、豪门公司角逐之地，中国作为迟到者，本来是很难有立足之地的。

棕榈岛

但伊拉克的两轮国际招标，给中国石油企业进入伊拉克提供了入门券和平台，提供了投身中东市场的跳板。幸运的是，中国石油果敢地抓住了这一千载难逢的机遇。随着参与中东石油开发的石油公司越来越多，竞争会更加激烈，但各种力量尤其是新兴"国家石油公司"的加入，也有希望使多方力量相对均衡，为中东的和平增添一些砝码。

二十年苦等无人问，一夜成名天下知。中石油不再只是站在波斯湾畔望油兴叹的旁观者、门外汉，而是在油海里劈波斩浪的运动健将。有人将2009年称作"中国石油年"，因为这一年，中国石油企业硕果累累。若四个项目完全投产，作业产量将达到上亿吨。中石油的"走出去"战略真正实现了规模化发展，中石油也在国际石油赛场上一跃进入第一梯队。

在不可能有行政垄断、没有政府依靠的国际市场上，中石油找准了自己的位置，成为搏击风雨的雄鹰。

2010年1月28日，中石油伊拉克项目启动会在阿联酋首都阿布扎比召开。这是中石油第一次在海外召开这样的会议，仅中石油的中高层管理者就去了三十多人，各参建单位领导悉数到会，并进行战前动员。

此次中石油在阿布扎比召开伊拉克项目启动会，意在检阅十几年来海外开拓的成果。中石油在这里进一步开阔眼界，以更加国际化的视野、更加宽阔的胸怀、更加豪迈的气魄开始新的征程。

"如果没有中东这几个项目作基础，就是将会议搬到月球上去开也不行，中石油能在波斯湾畔开动员会，这就标志着中石油在中东已经有了立足之

深度阅读……

阿布扎比

五十年前，阿布扎比还是一个赤贫的渔村，人们住在棕榈屋里，靠打渔与采珠为生，没有水电与医疗设施，从井里以羊皮袋打上来的水是褐色的，唯一的交通工具是骆驼，人口仅1万多。石油的发现改变了阿布扎比的命运，一桶桶"黑金"将这块沙漠变身为摩天大楼、商贸中心、海滨别墅林立的现代大都市。"梦想无极限，持续向前"是这里的精神标志。

世界第一高楼迪拜哈里法塔（828米）

地。”有专家作出如上评论。

放眼中东，放眼全球，谋划全局。中石油发出动员令，要努力将中东建成中石油海外重点油气合作区和工程技术服务主阵地，要用三年左右的时间，在中东地区形成一定的合作规模。

进军中东，中石油也面临着巨大的挑战，尤其是对迅速本土化的能力的考验。怎样尽可能多地培训和使用成熟的当地员工，雇员最大可能地实现本土化，这既出于对控制风险的考虑，更是对提升公司管理能力和国际化能力的新要求。

中国公司的国际化能力也需要在中东大舞台上持续提升，因为这不是在国内安全稳定的环境里搞会战。国际化，考验的是公司的管理能力，尤其对于一个开始步入成熟期、规模化发展时期的公司，就更需要靠企业的理念和文化来统领，需要通过少数管理人员和成熟配套的制度和技术，快速大量地培训当地员工，组建起高效率的团队，以完成项目，这才是一个真正成熟的国际化公司。

近百年来的中东，始终是国际石油市场的中心舞台，但中国人一直无缘这里。如今，中国人也登上了这个舞台，从过去只能在中东买油，一跃而变为现在来采油。国外某媒体还发了一个报告说，因为中国石油公司的参与，伊拉克的油田产量翻番将成为现实。这也是伊拉克要求欧佩克提高伊拉克石油生产配额的底气所在。如果伊拉克的生产能力达到和伊朗一样的每日400万桶的额度，国际石油格局都会因此发生深刻变化。

中国石油人站在阿联酋，眺望波斯湾，眺望中东，前路仍漫漫。■

海外找油，为全球新增四亿吨石油

2008年5月16日，美国总统布什飞抵沙特阿拉伯，与沙特国王阿布杜拉会面时，提出了提高石油产量的要求，阿布杜拉拒绝了，这是2008年一年内沙特国王第二次拒绝布什石油增产的要求。沙特石油大臣阿里阿尔黛米说，对于沙特来说，短期内两次拒绝美国的要求实属无奈，想影响世界油价确实很难，不仅是沙特，世界上主要的产油国都面临石油增产困难的问题。

这几年中国石油取得了规模化、跨越式发展的惊人成就，一年一个大变样。美国智库兰德公司专门设立了针对中石油的情报室。为类似中石油这样的企业设立专门情报研判部门，这在兰德公司并不多见。

2010年3月，国际能源机构又一次对中国的石油需求作出评估，指出“增长幅度令人震惊”，随后又发布了“中国超过美国成为全球第一大能源消费国”的消息。对此国家能源局立即出面进行了反驳，不过好像老外们也没听进去。

这几年，总有人宣扬中国能源威胁论，好像中国把世界上的油都买走了。甚至有人还言之凿凿地说全球石油新增部分的80%，都被中国人买走了。

西方世界有人戴着“有色眼镜”，不断散布“中国威胁论”，对中国企业海外发展有着诸多非议，说我们抢资源等。殊不知，中国虽然从世界各地进口大量资源，却主要不是用于自身，而是用于制造企业，中国制造了产品再卖给全世界。这些资源不是中国自身消耗的，而只是全球化生产的一个组成部分而已。中国留下了环境污染的诸多问题和“抢资源”的恶名，西方国家却在享用我们的廉价产品和高质量、低污染的生活方式，还来批判我们，这实在有点不太公平。

不过，石油等能源的不可再生性也迫使我们应该思考发展模式转型。尽管我们要发展经济，要保障能源安全，但石油企业和其他能源型央企也不可能有条件无限

制地永远扩张下去。

实际上，中国不仅是在世界上买油，中国石油人走出去也在为世界增加着石油供应，全世界每年新增石油产量中有相当一部分是中国公司生产的。据统计，走出去的这16年，仅中石油一家中国企业在海外就累计生产石油约4亿吨，而所产石油的区域大多是在战乱频繁、西方大公司不愿意涉足或者放弃并判了“死刑”的地区。

盘点一下这16年，中石油建立起了五个海外油气合作区，中亚和俄罗斯、非洲、中东、美洲、亚太。在这五个合作区共29个国家中运作的投资项目有81个。2009年中石油海外合作区剩余的石油可采储量与国内的剩余可采储量基本相当，2010年油气作业产量达到8670万吨，占我国在海外作业总产量约70%。此外，中石油还基本建成了四大油气战略通道，保证了中国经济的持续健康发展。

值得一提的是，中石油在海外发展过程中形成了一整套自己独特的体系和架构，也就是具有中石油特色的国际化经营管理体系，以及综合性国际能源公司的架构。

中石油的工程技术服务部门有近600支队伍在全世界67个国家开展业务，每年合同额约100亿美元，并带动物资装备出口到127个国家和地区，是全国装备出口最大的企业。中石油实现了海外的油气投资、工程技术服务与国际贸易的协同配套发展。

中石油提出了建设**综合性国际能源公司**的目标。这个目标，与以前所说的依靠“两种资源、两个市场”发展石油工业的战略一脉相承。为达到这个目标，要求中石油在全球范围内配置资源并面向

布什总统与沙特国王阿布杜拉会面

深度阅读……

综合性国际能源公司

综合性国际能源公司是指埃克森美孚等石油公司与哈里伯顿、斯伦贝谢等专业服务公司的综合体。其既有上游的石油勘探开发，下游的炼化、管道、销售等投资业务；还有众多的工程技术服务业务，如物探、钻井、管道建设、油田地面建设等一长串业务，而这些业务都在各自领域内、在国际市场中占有一定份额。在“十二五”规划中，中石油围绕建设综合性国际能源公司提出了要打造绿色、国际、可持续中石油的战略目标。打造绿色的中石油，就是要多提供优质清洁高效能源，特别是大力发展天然气。打造国际的中石油，就是要大踏步走出去，进一步提升国际化水平。打造可持续的中石油，就是要巩固地位，扩大市场份额，实现长远可持续发展。

综合排名	公司名称	总收入		净利润		总资产		雇员人数	
		位次	亿美元	位次	亿美元	位次	亿美元	位次	人数
1	沙特阿拉伯国家石油公司	4	3266.2	--	--	--	--	24	54441
2	伊朗国家石油公司	18	919.22	--	--	--	--	8	115000
3	埃克森美孚公司	2	4414.5	1	452.2	6	2280.5	14	79900
4	委内瑞拉国家石油公司	12	1263.6	12	94.13	12	1318.3	16	78739
5	中国石油天然气集团公司	9	1835.6	11	102.93	2	2632.6	1	1670000
6	BP	3	3624.9	5	211.57	5	2282.38	12	92000
7	皇家荷兰/壳牌集团	1	4583.6	3	262.77	1	2824.01	10	102000
8	美国康菲公司	7	2305.2	82	-169.9	11	1428.65	32	33800
9	雪佛龙公司	5	2631.6	4	239.31	10	1611.65	21	66716
10	道达尔公司	6	2370.5	8	156.33	8	1667.61	11	96959

美国《石油情报周刊》公布的2009年度世界50大石油公司前10位排名

全球市场建立自己的国际油气运营中心。

中石油快速发展，美国《石油情报周刊》公布的世界50大石油公司排名中，中石油的排名不断上升，从十多年前的几十位提升到2009年的第五位，排在了沙特国家石油公司、伊朗国家石油公司、埃克森美孚公司、委内瑞拉国家石油公司之后，位列BP、壳牌、雪佛龙、道达尔这些老牌大公司之前。

有意思的是，20世纪八九十年代，国际石油界流行油公司体制，硬是要把油田、炼油厂这些主营业务和专业工程服务公司拆分开，中国当时也试点了油公司体制，后来没有推行，保持了一体化的模式，当时还被人理解为没有和国际接轨。十年河东、十年河西。如今，这种一体化的公司体制在国际市场上大放异彩，被国际石油同行广泛认可和赞许，过去似乎不够时尚的公司体制被喻为了“中国石油模式”。这也说明了，与国际接轨并不意味着就要盲从，就非要按照别人的打法出牌，有时候，从实际出发，坚持自己的特色才会有核心竞争力。

中国石油人以特有的精神和干劲，给整个世界增加了石油供应，也探索出一条属于自己的路。

做世界工厂，也做中国标准

十几年前，中石油的代表团到世界各国访问时，许多西方公司争着展示高新技术和设备。如今，中石油的代表团想再联系访问这些公司就不如以前容易了。原来，过去给你展示高科技，是为了进入中国市场把你作为客户；现在既然已成为强劲的竞争对手，自然会有所保留。

的确如此，在物探领域，中石油旗下的东方物探公司十五年前还才刚起步，至今却已连续八年占据国际物探陆上市场份额首位。以往在国际物探市场采购设备，西方公司对东方物探十分慷慨大方，而现在全球排名第一的CGG已经好多年不向东方物探出售设备了，出高价也不卖。“有钱买不到导弹，有钱买不到直升机”。东方物探也处于类似被“武器禁售”的境地。

正因为如此，2010年3月23日在北京签署的一份协议引起了各方的关注。这份协议是中石油企业跟美国高科技企业间的联姻协议。

先看看这桩“婚事”中的娶方——中石油东方物探公司，它是全球主要的地球物理承包商之一，中国最大的物探专业化公司，业务范围已经遍布全球5大洲30多个国家，为100多个国际石油公司和国家石油公司提供工程技术服务，陆地物探市场份额全球第一，综合实力居国际物探行业第三位，所有的欧佩克国家都有东方物探的队伍在提供服务。

再看看嫁方——艾昂公司（ION），成立于1968年，是全球顶尖的高技术物探装备制造公司，专注于地震技术解决方案，为全球油气行业提供先进的采集设备、软件及地震处理服务，技术、装备及服务水平处于世界领先地位。

这次“联姻”的具体内容：双方合资成立英洛瓦公司，落户天津，从事高端物

东方物探在蒙古国作业施工

探装备技术研发。艾昂公司将包括技术、产品、资产和知识产权在内的全部陆上装备制造和研发业务注入英洛瓦公司，中方拥有51%的股权。另外，艾昂公司还定向增发股份，使东方物探持有19.99%的艾昂公司普通股，成为最大股东。东方物探提名一位艾昂公司董事，参与公司管理。

长期以来，艾昂公司为东方物探提供陆地和海洋装备、技术。东方物探的优势在于强大的市场占有率和工程技术服务能力。打一个比方，如果把东方物探比喻成开疆拓土的军队，那艾昂公司就是军火供应商，新成立的英洛瓦公司就如同这支军队的兵工厂。两家公司强强联合，打通了产业链，既拥有傲视全球的先进装备、前沿技术和高端人才，也拥有了广阔的市场。按中石油高层的话说，“这次合作使中石油在物探领域多了一个重要的技术杠杆，使艾昂多了一个重要的市场平台。”

虽然这次联姻实现了双赢，各方皆大欢喜，但别忘了，艾昂公司是个高科技公司。它能在几千米的地下发现石油构造，想不高科技都难。超级计算机，除了应用在军事上模拟核武器爆炸之外，还被艾昂公司用在了地球物理勘探上。而中国收购美国的高科技公司，当时而言还鲜有成功的案例。例如，在2010年7月，华为竞购美国私有宽带互联网软件提供商2Wire，尽管出价高于对手，还是被美国外国投资委员会以威胁国家安全为由制止了。同年，华为竞购摩托罗拉移动网络基础设施部

门，也同样被这个委员会“安检”掉了。

看来，和美国高科技企业成就跨国“婚姻”太难了。那么，中石油旗下的东方物探又是如何“求爱”成功的呢？

首先还是实力。艾昂公司有着四十多年的发展历史，拥有国际一流的装备研发资源和技术产品，但最近这家企业流年不利。它先是在国际油价高涨的时候，以全现金方式并购了美国的另一家物探公司，后国际油价大幅降低，物探市场萎缩，艾昂被深度套牢。另外，艾昂的高科技路线由于成本和产品稳定性问题，影响到市场销售。国际金融危机更是让艾昂公司雪上加霜，资金链濒于断裂，艾昂负债率近60%，遭遇破产危机。2009年3月，艾昂公司股价由历史最高的每股18美元跌至历史最低的每股0.83美元，面临被迫退出市场的危险。在艾昂极端困难的时候，中石油伸出援手，决定以过桥贷款名义先拿出4000万美元给艾昂公司，帮助艾昂度过资金链濒临断裂的难关。

其次是时机的选择。收购艾昂，东方物探早有此意，但何时收购，不仅要考虑到代价，还要考虑到能否成功。在金融危机面前，美国外国投资委员会也不得不网开一面，经过半年审核之后最终许可。

最后，就是方式的选择了。“你不能把我吃了，我也不把你吃了。”艾昂希望自己的企业能够生存下来。在双方精心设计和不断努力下，“秦晋之好”的方案终于形成。

西方国家对我们收购高科技公司的限制非常多，中国企业鲜有成功的案例。从这一意义上来

深度阅读……

标准之争

著有《中国震撼》一书的日内瓦外交与国际关系学院教授张维为曾说，当今世界最激烈的竞争是标准的竞争，无论是经济、科技还是政治标准，都是如此。标准竞争有三种战略，一是追随者战略：采用别人的标准，跟在后面生产，这是价值链中最低端的；二是参与者战略，即参与国际标准制定，这明显优于前者；三是领导者战略，就是在国际标准竞争中成为领导者，让人家按你的标准走，这是利益最大化的办法。

一个“文明型国家”的最大特征之一就是它具有标准原创能力。在国际政治中，西方国家一贯奉行领导者战略，在全球范围内推动“西方政治标准”，为自己的战略利益服务。因为西方有话语权，即使把别的国家弄得民不聊生，它也不用道歉，因为它推动的是所谓“普世价值”。

说，收购艾昂不单纯是国际能源界的一次影响深远的并购，也是中国企业走出去历程中具有里程碑意义的大事件。

石油行业有三个标准：美国标准、苏联标准、中国标准。标准是什么？标准就是游戏规则，尤其在经济全球化时代，标准之争就是利益之争、国家之争。

2008年，中国在上网技术方面制定了WAPI标准。尽管这一标准在安全性能等方面优于美国标准，但在国际标准认证组织的会议中，由于美国的全力打压导致对该标准的认证被无限期推迟。因为一旦执行这一标准，在中国销售的所有无线局域网的上网产品都必须按中国要求来做。人们熟悉的DVD核心技术标准，就是由美国公司开发的。中国尽管是最大的DVD生产国，却每台DVD要交十几美元的“标准专利费”，而一台DVD才卖几十美元。可以说，中国DVD行业的命脉就掌握在拥有该标准的美国公司手中。

当时，中亚天然气管道的建设也面临着标准之争。中亚国家一直沿用前苏联标准，但如果按照前苏联标准，想28个月建成管道根本不可能。仅直缝管一项，因中国国内没有那么大的生产量，以致供管都是一个问题。中石油请相关专家到中国来考察，让他们调研后肯定了中国的这个标准是可行的，从而在中亚管道建设中推行。标准看起来只是一个规定，实际上却事关企业利益、国家利益。

如今，中国标准走出去了，在国际上应用开了，我们的话语权也增加了。中石油在苏丹建的炼油厂，就是按中国标准建的，工艺流程、阀门、管线、图纸也按照中国标准的要求，后期扩建也顺理成章地继续使用中国标准。通过项目培养起来的外国石油工程师，也是中国标准的遵守者，因为他们更认同、更熟悉中国标准。东方物探也已经参与到了国际规则的制定当中。

中国标准走出去，才是真正的走出去。中亚管道建设的一个很重要的成果，是改变了中亚地区沿用苏联标准的惯例。中国企业应该多在这方面做文章。中国企业真正的走出去，不是说非要在国外拿多少大单，做成多大的规模，而应该努力成为国际市场中制定游戏规则的参与者甚至主导者。

央企走出去，中国形象大展示

当前，经济全球化已成为一种必然，跨国公司成为经济全球化的重要推动力量。全球有7.9万家跨国公司，全球产值的40%、技术转让量和贸易额的三分之二，还有国际投资的九成都是由跨国公司来完成的。

央企，作为中国企业的代表，不能在窝里横，而必须要走出去，“与狼共舞”，在更大的市场中经受历练。

事实也是这样的。截至2009年底，100多家央企在境外和港澳地区投资设立的企业共有5901户，其中，境外子企业达到了4860户。央企境外单位资产总额为40153亿元，同比增长27%，实现营业收入27953亿元，实现利润3075亿元，占央企全部利润总额的37.7%。有22家央企的纯境外资产总额超过100亿元，中石油、中石化、中远、中铝、中海油等公司的纯境外资产均超过千亿元。

央企走出去做了些什么？

香港迪斯尼乐园、象征中埃友谊的开罗国际会议中心、位列20世纪全球十大建筑之一的香港新机场客运大楼、高达342米的欧洲第一高楼俄罗斯联邦大厦、美国纽约万豪酒店……

这些已经或即将成为当地地标性的建筑，它们都是由中国建筑工程总公司建造的。这家公司已在上百个国家承建了5000多项工程，连续十几年被评为全球十大房屋承建商之一、世界住宅工程建造商第一名，联合国相关组织长期将其列为发展中国家十大跨国公司之一。

中国远洋运输集团创立后就在国际市场的惊涛骇浪中奋勇前行，如今拥有和经营着640余艘现代化商船，年货运量超过3亿吨，船队规模为世界第二。有“COSCO”标志的船舶在全球160多个国家和地区的1300多个港口间穿梭，中国

在《财富》“世界500强”排行榜上，上榜企业的数量一定程度上代表着这个国家的经济实力。图为部分中国上榜企业。

远洋已在国际航运、物流和修造船领域居于世界领先地位。驮着摩天大楼漂洋过海，这是“中远”的绝技。这是指对于国际航运市场上超长、超重、超大的特种货物远洋运输，中远有妙招。这也是中远成为国际顶级航运公司的标志之一。

中国交通建设集团已经在海外竞争的环境中成长为中国最大、世界第三的疏浚企业、全球最大的集装箱起重机制造商、中国最大的国际工程承包商、中国最大的设计公司，在马来西亚、印尼、苏丹、马尔他、埃塞俄比亚、巴基斯坦等国承揽了很多大型工程。其控股的上海振华港机公司是世界港机制造业的领跑者，其集装箱起重机业务占世界市场份额的74%，连续七年位居世界第一。

中国有色矿业集团在赞比亚投资的中国经济贸易合作区，是中国在非洲设立的第一个经贸合作区。其经营的谦比希铜矿也被称为“中非合作的标志性项目”。

2010年7月底，巴基斯坦遭遇80年来最严重的洪灾，受灾人数高达250万人。中国移动巴基斯坦公司全力以赴做好通信保障工作，搭建起一条抗洪抢险救灾的“通信生命线”，得到巴国政府及广大用户的高度评价。

安哥拉内战期间，西方援助国纷纷撤离，安哥拉无法获得建设启动资金。这时，中国国家开发银行向安哥拉提供了40亿美元贷款，并约定用未来开采出来的石油偿付，以此启动了安哥拉的战后重建。此模式被称为中国援助非洲的“安哥拉模式”。 2009年7月19日，中海油和中石化正式确认从美国马拉松石油公司手中收购安哥拉32区块20%的油田权益。在此模式带动下，中国央企又

深度阅读……

人民币国际化，中国企业走出去的战略空军

有人说，全世界都在生产用美元购买的产品，而美国则生产美元。一句话，就把金融、货币的重要性说透了，美元确保了美国的强大。

金融行业就像一个国家的战略空军，没有空中打击力量的支援，地面的各行各业势必陷入到与其他国家惨烈的肉搏战之中，拼价格低廉、拼资源消耗、拼环境污染。

采取外币结算面临汇率波动的巨大风险。人民币国际化程度较低的现实制约了资金的流转。

一个强国的国际地位的基础不只是科技、文化和军事，而只有当该国建立起具备公信力的货币体系和金融体系时，才能立于不败之地。人民币能否踏上世界储备货币之路，关键因素之一，也在于中国企业走出去时能否主动“推销”人民币，多采用人民币结算，推动国际社会对人民币的认同。人民币国际化与中国企业“走出去”是一个硬币的两面，相互依赖。更多的中国企业走出去是人民币国际化的基础和支撑；人民币加速国际化能给中国企业海外发展以保护。这是个双赢。而在人民币升值的预期之下，对人民币的需求也在增加，这是个好机会。

陆续援建了安哥拉机场、港口等基础设施项目。

2003年，国家发改委就已确定了“国家鼓励的境外投资重点项目”政策，支持央企海外发展。作为中国企业的“国家队”，央企就是中国经济外交的具体实践者之一。

2008年，中国政府高层访问希腊，确立了两国的全面战略合作伙伴关系。而作为战略关系的重要体现之一，中远集团旗下公司中标希腊比雷埃夫斯港部分码头的特许经营权，中远集团成为首个在国外获得港口特许经营权的中国企业。

1997年中国政府第一次正式提出“走出去”战略以后，尽管有以海尔、长虹为代表的中国企业启动海外市场攻略，对国外企业进行并购投资，但大部分项目都命运坎坷。2002年，“走出去”战略作为中国经济重要战略之一，进入了“十六大”报告。2003年国资委成立，大型央企的改制基本完成，中国对海外的直接投资大规模启动，而“走出去”的成果，也成为考察央企管理者们能力的主要标准之一。

央企走出去展示的不仅是自身公司的形象，更是中国人的形象。在非洲，按尼日尔总统的话讲，“一些西方公司像蚂蟥一样，吸饱了血就走了，中国人却注重回报当地，实现共赢。”在赞比亚，中国有色矿业集团积极资助当地的公益设施建设，中国水电集团也参与了当地的赈灾捐助。国家电网公司收购菲律宾电网公司未来25年的经营权，向该国输出了先进的电网管理技术和经验。

央企走出去，把中国的技术、中国的标准也传播到了世界各地。比如中国移动发布的TD-SCDMA标准，已成为全球三大3G手机标准之一。

在中国央企走到的地方，说汉语的人越来越多。过去在苏丹当地一看到东方人的面孔就问是韩国人吧，随着中国人越来越多，苏丹人一看到东方人的面孔，就首先问是中国人吗。

央企走出去，承担的大都是关系当地国计民生的基础性建设项目，例如开采能源、修筑公路铁路、盖楼房等，项目建成后都成为当地经济发展的支柱。比如中国水利水电建设集团施工的苏丹麦洛维大坝建成后，使苏丹发电量增加了两倍。

大企业走出去还能起到龙头的作用，一个央企走出去可以带动中国大量的中小企业也走出去，仅中石油带出国门的中小企业就有上千家。为什么中国的高技术企业走出去的少，是因为中国只是输入技术，我们更多的是输出生产，而必须有领先世界的技术产品才能成为输出技术、输出标准的经济强国。

走出去需要大航母，本土化也是核心竞争力

走出国门，大不一定强，但不大一定不强。规模是竞争力的基础，大胜小、强胜弱是常态，而以小胜大、以少胜多是奇迹，而奇迹不是总会发生。中国要在全球一体化的过程中，在经济世界杯中取得佳绩，维护中国的利益，还是需要有规模够大、实力够强的企业。

那么中国企业的规模实力如何呢？在2009年《财富》“世界500强”企业评选中，美国有140家，占28%；日本有68家，占13.6%；而中国内地经过快速发展后也才有34家，2010年中国内地上榜企业增加到了43家。

但500强实际上是500大，只能在一定程度上体现国家和公司的实力，其实还有个鲜为人知的世界品牌500强更能说明问题。

世界品牌500强是由世界品牌实验室每年编制的。在2010年世界品牌500强榜单中，数量第一位的是美国，经济实力最强，经济总量是中国的近3倍，上榜品牌近237席，占到了近一半，第二位是法国47席，第三位是日本41席……中国排名第七位，17个品牌上榜。

再看看中国上榜的这些品牌，第一是CCTV，第二是中国移动，第三是中国工商银行……这些品牌严格说，不是企业品牌，不是以其产品品质或者是服务品质来征服全球，而是国家赋予品牌魅力。

一流的国家是输出价值观念、输出技术、输出文化。

文化是软实力，也是核心竞争力。温家宝总理说：“一个国家当文化表现出比物质和货币资本更强大力量的时候，当经济产业和产品体现出文化品格的时候，这个国家的经济才能进入更高的发展阶段，才具有可持续创造财富的能力。”

这方面，发达国家要高出一筹。美国利用可口可乐、微软、麦当劳、苹果等跨国公司的强大的商业文化影响力，将美国文化渗透到世界各个角落，这就是文化软实力。这些企业也在间接地对外推介着国家的政策主张、价值理念和发展模式。大企业没国界却有国籍，他们本身就是国家的代言人，在没有硝烟的国际竞争中，他们的威慑力不可小视。

“西强我弱”。怎么办？我们的软实力在哪里，我们的比较优势在哪里？中国企业走出去，必须坚持“开放合作、互利共赢”之路。开放首先是思想理念的开放，要以一种开阔的视野、开放的心态去寻找最有价值的合作伙伴，进行广泛深入的合作。合作是为了互利共赢，没有共赢，也就没有真诚长久的合作。

互利共赢是中国企业在海外发展的基本原则， 是我们的优势。互利共赢的重要途径就是本土化，加速本土化则是中国企业扎根海外、融入当地的重要途径。

很多东道国探究中国企业和一些西方企业的区别，他们认为中国的企业注重兼顾当地的利益，把自己的利益和合作方的利益紧紧捆在一起，互利共赢。有一个真实的故事。驻非洲某国的一位欧洲国家大使开玩笑说：“我们在这个国家的最大资产就是使馆的防弹墙。”为什么这么说？这个发达国家在当地开发很多矿产资源，但只拿走资源，并不在当地设立工厂加工，不培养当地的技术人才，连公司都设在欧洲。

确实，西方的一些企业更为注重的是资本的运作，是自身利益而不是当地经济的可持续发展。要更好地实现互利共赢，就要继续发挥我们的传统优势，同时坚定不移地推进企业的本土化。

本土化是一种能力，首先需要公司有强大的管理能力、完善规范的规章制度和体系。靠这些制度、部门和培训体系，去少数人在很短时间就能把当地人员培训成合格员工，把公司和项目运作起来。

本土化另一方面需要企业要能够快速融入当地社会，在当地人

心目中树立起不是外来的公司，而是地地道道的当地企业的形象。大量使用当地员工，带动当地人员就业和培养人才，实现员工本地化。本土化就要能切实支持当地经济发展，让所在国人民感受到需要和依靠，觉得当地的经济发展离不开、当地的就业离不开这些企业。当地居民和社会感到需要就会支持，需要就会依靠，企业就能和所在国一起发展。

此外，中国的企业走出去也要避免单打独斗，要由一只筷子变成一把筷子，形成较为统一的形象和品牌。

中国社会科学院世界经济与政治研究所近日发布的“2011年世界经济形势分析与预测报告”称近两年，尽管中国依然在积极吸引外商直接投资，但是央企走出去的步伐明显加快。

中石油在“十二五”部署中提出了打造“绿色、国际、可持续的中石油”的战略，把“国际”作为一个突出的重点来发展。中石化提出了建设具有较强国际竞争力的跨国能源化工公司的目标。中铁、中冶、中粮、中远、一汽等央企也纷纷发布国际化发展目标。重视国际业务发展，一方面是基于过去的成绩和经验，尝到了甜头；另一方面是看到了自身的优势和广阔的发展前景，更加坚定信心、明确方向。央企大踏步走出去，展示的是国家的实力。

但是，要更好的走出去还需要继续扩大央企的规模实力。

在2009年举行的全球智库峰会的跨国公司分论坛上，国资委坦承，中国目前拥有的跨国公司的数量不多，中国企业的规模和整体实力与其在国际经济中的地位和作用还很不相称。中国必须推动经济全球化进程，加快培育一批具有国际竞争力的大公

深度阅读……

跨国公司的本土化

跨国公司的本土化，就是跨国公司为适应东道国独特的文化和社会习俗、意识形态以及独特的规则和潜规则，将生产、营销、管理、人事等全方位融入东道国经济中的过程。本土化有利于跨国公司降低海外派遣人员和跨国经营的高昂费用、易于树立在东道国良好的品牌形象、与当地社会文化更好的融合、减少当地社会对外来资本的危机情绪。同时，也有利于保障东道国经济安全、增加就业机会、促进管理变革、加速与国际接轨等。

走出去要本土化，就是要利用一切国际资源，站在巨人的肩上发展，而不是关起门来苦练。必须得有世界级企业才能支撑世界级的品牌。怎样才能成为世界级企业，第一是规模，第二是价值，第三是品牌，第四是要有传承，品牌能经过长时间实践考验。

司、大企业、大集团，提高参与全球资源配置和产业整合的能力。中国要想真正的崛起和发展，必须成为一个品牌、技术、标准、价值和文化的输出大国。这样就必须要拥有一批一流的大企业。

走出国门就需要大企业航母。

大的舞台难有小公司的天地。大企业的出海犹如航母出海，会带动各种小舰艇成为编队出海，带动一批小企业发展，同时若没有支持舰、护卫舰、补给舰帮助，仅靠航母单打独斗也没有持续的战斗力。

第九章

是垄断问题，还是行业集中度问题

P317

正当国内有人声讨“垄断”时，为何中国作为大卖主、大买主，却在国际市场遭遇“买啥啥涨、卖啥啥跌”的尴尬处境？为何一百年前美国肢解了标准石油，如今又支持埃克森与美孚合并，为此甚至不惜以贸易战逼欧盟就范？美国为何不再肢解已被判定“垄断”的微软？

原来，面对激烈的国际竞争，已很少有反本国企业“垄断”之说，有的只是控制力，有的只是行业集中度，有的只是国家利益和经济安全。美国管理大师布鲁斯·亨德森有个“三四律”理论：在一个稳定的竞争性市场中，永远不会有多于三个的主要竞争对手，其中最大的竞争者的市场份额不会超过最小的四倍。

中国正在成为崛起的大国，但中国人还需强化“大国思维”和“大国战略”。我们不能只局限于960万平方公里的“大院”内看待各种问题，而要站在全球一体化的角度去考量，因为一荣俱荣，一损俱损。

由于历史的原因，在国际舞台上，能够贯彻大国意志、承担大国责任、维护大国利益的，目前还只能是央企。

民企可以不可以？也可以，但还需要成长。

中国价格为何还是水中月

新“战国时代”：大行业、小企业

在全球化浪潮中，兼并重组风起云涌，大企业时代已经来临。国家之间的博弈逐渐演化成为公司之间的明争暗斗，国际化的企业仍深深地烙着国家利益的印记。我们的行业和企业是选择集中还是分散？需要我们认真地思考。令人忧虑的是，在这个问题上中国人苦苦追寻十几年还未能达成共识。最典型的例子当属深陷铁矿石泥潭的中国钢铁行业。

2003年，中国进口了1.48亿吨铁矿石，花掉了48.56亿美元；到了2008年，中国进口了4.4亿吨铁矿石，却花掉整整605亿美元。铁矿石的购买量增长幅度不到3倍，掏出去的真金白银却增长了12.5倍。

2009年，铁矿石谈判破裂；2010年，实行了近四十年的长协定价模式被三大矿商抛弃，取而代之的是更符合矿商利益的季度定价，中国钢企成为国际矿商的提款机。这一年，我国进口铁矿石6.18亿吨，比2009年下降1.4%，是12年来进口量首次下降，但进口铁矿石平均价涨到126美元/吨，同比上涨60%，为此又多花了近300亿美元。有人估算，这些年中国因铁矿石涨价多掏了1000多亿美元。

作为全球铁矿石最大的买家，我们在铁矿石定价上居然没有相应的话语权。客观来说，固然有中国钢企刚参与国际谈判时，策略与形势判断能力技不如人等因素，但最主要原因则在于我国钢铁“大产业，小企业”的现状：无序的产能扩张，行业集中度低，企业各自为战，最终导致在铁矿石谈判中进退失据。

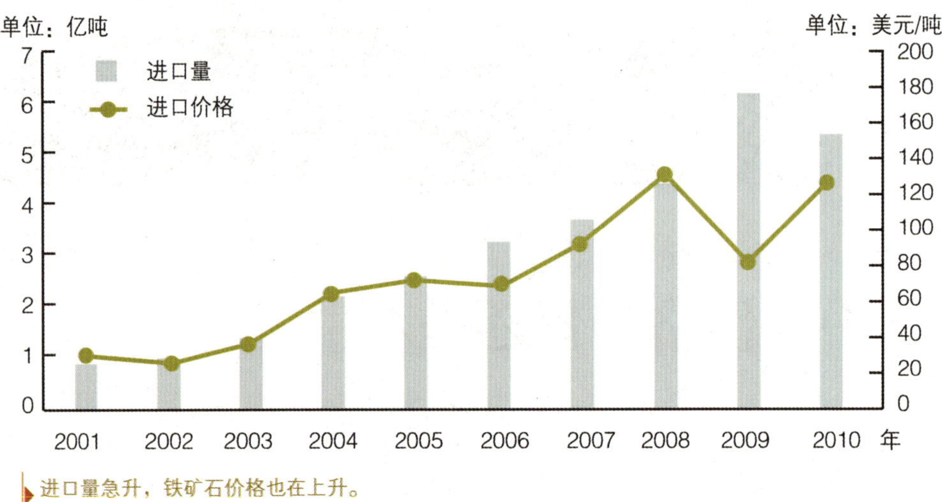

进口量急升，铁矿石价格也在上升。

20世纪七八十年代以后，西方发达国家对钢材的需求趋于平稳，美国钢产量甚至减少了四成，国际上矿石供大于求，采矿企业艰难度日。中国需求开始发力。我国粗钢产量1996年突破1亿吨，2000年中国的钢产量还仅占世界的1/6。2009年，我国已具备年产7亿吨粗钢的产能，当年产量5.7亿吨，约占全球总产量的46.6%。这样庞大的产量是如何堆起来的呢?

过去十年里，中国仿佛又回到了大炼钢铁的年代。钢铁企业如雨后春笋，大江南北，高炉林立。2004年，我国钢铁企业已达871家，一个城市有几家、十几家钢企已不是个别现象，有“中国钢铁第一城”之称的唐山，中小型钢铁厂的数量甚至过千！我国钢企粗钢生产平均规模不足100万吨，形成了“大产业，小企业”的局面。

实际上，在中国中小钢厂“单兵突进”的时候，世界钢铁业结构调整的步伐早已加速。发达国家的钢企兼并重组与战略联盟的势头明显，从同一国家内部向跨国延伸，形成了几个全球范围内的钢铁巨头。它们通过规模扩张和提高市场占有率来强化竞争力，成效显著。2008年，全球最大的钢企安赛乐米塔尔的粗钢产量超过1亿吨，接近当年中国最大钢企产量的3倍；2009年，其产量因为金融危机减少到7300万吨，但仍为中国最大钢企的1.8倍。早在2004年，美国、欧盟等国家排名前4位钢厂的产量占全国比重大多超过60%，日本高达73.3%，韩国浦项集团等2家钢厂产量占该国的82%，而我国仅为20%多。

同时，国际钢铁行业的上游已形成集中之势。铁矿石供应只有淡水河谷、必和必拓和力拓三家企业，几个老哥们容易达成共识。而铁矿石市场加速金融化的趋势，对

中国钢企十分不利。在三大矿商和华尔街金融机构的联手压榨下，中国钢铁行业的利润率让人心碎，2009年的利润率仅为2.43%，2010年勉强有3.5%，远低于各行业平均6%的利润率，在所有行业中垫底。

想赢，就要比对手更大更强

2008年来的金融危机本来给了中国人一次打翻身仗的机会。2009年初，中铝曾与力拓达成协议，向其注资195亿美元以巩固中铝在力拓的最大股东地位。但仅仅四个月后，走出困境的力拓就出尔反尔。

相比于钢铁行业，我国有色金属行业混乱的局面有过之而无不及，铜矿石对外依存度甚至达到75%。进入21世纪，国际铜价不断攀升，而作为全球精炼铜最大生产国的我们，却没能从铜价上涨中获得好处。由于国内冶炼产能的无序扩张，铜精矿紧缺，矿山支付给冶炼厂的加工费不断降低。2010年，铜精矿现货市场的加工费报价走低至个位数，甚至出现零加工费的情况，这意味着中国的铜冶炼企业如果在现货市场采购铜精矿，相当于"义务"为矿山打工了。

如果说受制于资源禀赋，铁矿和铜矿我们缺乏话语权可以理解，但那些有主导优势的资源，比如稀土、锡、锑等金属，我们却同样没有定价权就难以让人接受了。由于缺乏规划，也没有一致对外的"外战"意识，这些中小企业过度开采，互相压价出口。就这样，重要战略资源被贱卖，价格严重偏离其稀缺价值，财富大量流失。

最典型的是被誉为"工业维生素"的稀土。很长一段时间里，中国向全球供应了90%以上的稀土，但我们却没有稀土定价权。2009年，中国的稀土产量达到15万吨，远远超过市场10万吨的需求，比石油还珍贵的"工业黄金"不得不卖出白菜价。这一年，中国稀土储量占全球的份额下降到了36%，产量则占世界产量的97%。与此形成鲜明对比的是，美国2009年的稀土储量占世界13%，产量为零；俄罗斯储量占世界19%，产量为零；澳大利亚储量丰富，产量同样为零。既然有便宜的中国稀土可以用，美国等根本就不开采国内矿山，日本甚至还靠进口建立了供其使用多年的稀土储备。

钢铁业率先敲响了警钟：当越来越多行业的上游资源被他人控制，而下游累积起庞大的产能，钢铁业的困局就有可能蔓延到更多行业。到那时，“等米下锅”的无奈就不远了，国家经济安全也将彻底暴露于上游资源价格波动的风险之中。受伤的不仅是企业自身，中国经济也将不断失血；倘若国内相关行业依然是无序发展，对内恶性竞争，对外一盘散沙，话语权就无从说起，“中国价格”就如水中月、镜中花。

2009年，国家推出了十大产业的振兴规划，几乎所有规划都提出了要提高行业集中度，支持品牌企业进行兼并重组，提高竞争力。2010年9月初，国务院又发布《关于促进企业兼并重组的意见》，首次把稀土列入重点行业兼并重组的名单，随后又成立相关行业协会加以协调并控制稀土出口，引来西方国家的抗议。从鼓噪声中不难发现，他们“忧虑”的不是所谓的“中国垄断”，不是“中国把稀土当武器”；而是中国不再以白菜价格供应稀土，怕在全球高科技经济产业链上失去竞争优势，失去在国际市场上的话语权垄断。

“两岸猿声啼不住，轻舟已过万重山”，中国就必须这样坚定地维护自己的利益。随着经济全球化逐渐深入，提高行业集中度，做大做强领先企业，是未来的发展趋势。钢铁、稀土行业的教训适用于所有控制权不在国内的行业，有色金属行业如此，能源行业亦如此。一根手指有劲，还是一个拳头更有力？合则共利，分则俱损，道理其实很简单。

值得一提的是，确保资源安全是无法通过简单的买和卖实现的，我们必须参与到规则制定中来，争夺定价权。我国企业必须加快“走出去”的步伐，像日本企业参股三大矿商一样，通过资本输出获取资源权益，实现利益捆绑和风险对冲。只有成为游戏规则的制定者，才能在这一场资本游戏中“玩得转”。

“大块头还要有大嗓门”，我们需要全力争取在大宗商品的定价上得到更大的话语权。国际金属价格长期以来以伦敦金属交易所的价格为基准，但在我国推出铜、铝和锌期货之后，上海期货交易所的影响力与日俱增，上海期货交易所已被公认为全球铜期货三大定价中心之一。中国原油期货的推出一波三折，起步艰难，尚待时日。■

明天的石油会是今天的煤炭吗

钢铁、稀土等行业的教训说明，单兵作战去争夺国际话语权只能是空谈。尽管道理简单明了，但“拆分央企、破除垄断”的言论仍然不乏市场。让我们再来看看同为能源的煤炭行业在过去十几年里走过了怎样的轮回。

“人人二百三，共同渡难关”

煤炭是我国最为依赖的一次性能源，近年来一直处于舆论的风口浪尖，矿难频发，官煤勾结，虽屡经严厉整治却起色不大。为什么这么重要的行业却如此混乱不堪？这还得从1997年说起。

1997年，亚洲金融风暴来袭，中国经济也深受影响，煤炭全行业陷入亏损。1998年，国有重点煤炭企业累计亏损41.5亿元，亏损面达80%。就连年产4000万吨煤的山西大同矿务局，也连续数月拖欠员工工资，工人只能领到最低保障金，“人人二百三，共同渡难关”的口号应时而生。

1998年是中国煤炭行业刻骨铭心的一年，也是其快速变化的转折之年。3月，煤炭工业部被改组为国家煤炭工业局；旋即，煤炭行业“下放、关井、监管”三项重大举措被确立下来；7月，煤炭企业下放领导小组成立，煤企下放正式拉开了大幕。

当年8月底，20个国有重点煤矿所在的省、市、区政府签订了企业下放交接纪要，94个国有重点煤炭企业及相关的176个企事业单位、2379亿元资产、320万名职工和133万名离退休人员全部下放地方管理。

煤炭行业从此走上了一条与石油行业截然不同的发展道路，管理权从中央下放到了地方，多种所有制经济成分一起上。应该说，针对当时煤炭行业的困境，下放措施有其合理性。但是，谁也没有料到，我国经济走出金融风暴后上升更为迅猛，煤炭需求猛增，煤炭行业很快就打了翻身仗，而小煤窑遍地开花、行业集中度降到无以复加地步的恶果也形成了，矿难也随之增多了。

风光煤老板，黑色利益链

在小煤窑，矿工彻底被沦为牟利工具，被肆意盘剥：工作时间远远超过8个小时，在老矿井，少则12个小时，多则16个小时，工人累得吐血也不是稀罕事。难以想象21世纪的今天，还有一群人这样活着。

与此形成鲜明对比的是，煤老板大发横财。他们到底赚了多少钱无人可知，但从他们一掷千金的豪气来看，用“富可敌省”来形容似乎不过分。每年的北京车展都是煤老板们的乐园，通常是一次性付清数千万车款将车直接开走，甚至有连车模一起包养带走的传闻。煤老板还爱房子，2009年仅在海南房地产市场就甩出数百亿资金。煤老板们的炫富也早已不算新闻。

在缺乏必要的安全经费投入的情况下，贿赂官员获取资源和保护煤矿运转成为煤老板的必修课。于是，在这一场资本盛宴中，与煤老板同时发达的还有一群“硕鼠”，其中不乏身家数亿的“煤炭官员”。官煤勾结、权钱交易，为小煤窑撑起了一把把“红顶”保护伞，权力寻租和腐败也成了滋生矿难的“温床”。很多官员铤而走险，直接参股煤矿。在山西煤改中，一些官员拒不配合，不断设置障碍，成为煤改最大的“绊脚石”。

形成官煤勾结黑色利益链条的后果极其可怕：某些地区违法乱纪现象突出，遵纪守法者反倒成了受排挤的异类。在山西，有人给小煤矿总结了“四宗罪”：浪费资源、破坏环境、草菅人命、腐蚀干部。

每一位遇难者都有自己的名字

2010年4月25日，美国总统奥巴马和副总统拜登来到西弗吉尼亚州，参加当月遇难的29名矿工的悼念仪式。总统出席矿工悼念仪式在很多人看来太过兴师动众了，但奥巴马仍坚持现身并致了悼词。就在国内有些人为中国GDP超日赶美而振奋之时，观念上的差距更需追赶。

煤矿安全已经成为全国人民心中的痛。我国煤炭事故发生频率之高，死亡人数之多不可思议。1985年~2009年间，我国煤矿年死亡人数6000人以上（这还不包括瞒报漏

报的数据），超过世界上其他主要产煤国的总和。每次事故，原因总会被彻查，责任人也会被追究，但事故始终无法避免。这到底是为什么？

1990年~2004年，我国煤矿百万吨死亡率平均为4.93，其中国有重点煤矿为1.07，国有地方煤矿在2以上，乡镇煤矿7.61。不难看出，行业集中度过低，大量小煤窑是事故“主产地”。它们安保措施落后，开采技术低下，还违法违规作业。同时由于采矿权有年限，小煤窑大多进行高强度甚至是破坏性开采，看重眼前利益，透支未来，加剧了井下作业条件的恶化，导致了事故频发。

那些湮没在黑暗里的生命没能成为后来者的警灯。每个清晨，那些背负全家重担远离妻儿的男人走进黑暗，身后的阳光渐渐暗淡。奥巴马在悼念仪式上念出了每一名矿工的名字；而我们，只能念出一串又一串遇难者的数字。其实我们的每一个矿工，也有自己的名字，有自己的家庭。

不可否认，小煤矿在特定历史时期为经济发展作出了贡献。但是，煤炭业的无序下放、粗放发展导致“散、乱、差”的中小煤矿遍地开花，安全形势严峻。2007年，山西乡镇煤矿事故死亡人数占总数的70%，百万吨死亡率是重点大矿的17.8倍；而国有神华集团产量超过2亿吨，居世界第一，百万吨死亡率却低于美国等发达国家。而同为产煤大省的山东，当年煤矿下放时采取了集中办矿的思路，安全状况好得多，“十五”期间山东煤矿百万吨死亡率就只有0.25，远远低于全国2.81的水平。因此，调整产业结构、提高产业集中度，是破解煤矿安全的钥匙。只有产业集中度高了，安全和技术指标才会相应提高。

我国煤炭行业整合已势在必行。2009年，山西省掀起了史无前例的煤炭整合浪潮，启动了大规模的企业重组，涉及各类所有制企业2200多家。尽管政府主导的行动引起了激烈争论，“国进民退”的说法甚嚣尘上，孰是孰非，一时争执不下。但那些每日与死神“对话”的矿工，还有期盼他们平安回家的亲人，却没有那么多时间来等待。

山西这次煤矿重组中，退出的不仅有民企，太钢等一些不以煤炭为主业的国企也被退出。整合后的矿井中，国有占19%，民营占28%，股份制为主的混合所有制企业占53%，形成了股份制企业为主、国有民营并存的格局，民营企业作为接管主体的比例达30%，三分天下有其一。山西煤炭重组成绩令人瞩目：矿井数压缩至1053座，企业主体从2200多家减少至130家；全省生产事故下降四成，死亡人数较2009年下降近三成；百万吨煤死亡率由整合前2008年的0.423降低到2010年的0.198，已经降为全国水平的1/3。

煤炭业乱局发展到今天，当年行业发展规划的失误不能不提，教训深刻。在煤炭行业整合完成前，阵痛还将继续。前事不忘，后事之师，石油行业肩负着保障国家能源安全的重任，绝不能重蹈煤炭业的覆辙，何况我国还面临着越来越激烈的国际竞争。

不简单的“商品”，不一样的“垄断”

扭亏脱困攻坚战后，石油行业因为保持了集中优化的模式发展壮大，而煤炭、钢铁、有色金属等行业，却因分散导致了无序竞争、矿难不断、资源受制于人等一系列问题。实践说明，做大做强行业领先企业、增强经济命脉产业的核心竞争力意义重大。如果认为中国只是个例，那么国际上是什么情况呢？作为现代石油工业的发源地，美国在对待所谓“垄断”上态度的变化引人深思。

谁肢解了标准石油

19世纪60年代，约翰·洛克菲勒成为时代的弄潮儿。1863年，洛克菲勒与人合伙开了一家炼油厂，6年后这家工厂成为美国最大的炼油厂。1870年，洛克菲勒将其改制为股份公司，标准石油公司登上历史舞台，并迅速扩张。从1872年2月17日开始，短短39天，洛克菲勒一口气吞并了22个竞争对手。1882年，标准石油托拉斯成立，其全盛时期控制着全美各地40多家公司，占当时美国炼油能力的90%，原油产量的15%，控制了近90%的石油运输，美国80%的国内石油产品贸易，石油出口的85%。“福兮祸所伏”，就在标准石油如日中天之时，危险步步逼近。

洛克菲勒的成功刺激了其他行业的资本家，托拉斯在美国蔓延开来，像巨大的恐龙雄踞于各个行业。当时美国政府的力量非常薄弱，经济领域中几乎没有规则，只有适者生存和托拉斯的随心所欲，使社会中下层人士饱受垄断组织不正当竞争之苦。1899年，托拉斯问题被看做是整个美国面临的一场“重大道德、社会和政治斗争”。

1902年11月，专门揭发丑闻的期刊《麦克卢尔》上刊登了连载文章《标准石油公司的历史》，讲述了标准石油公司的发家史。文章的作者是女记者塔贝尔（她

父亲曾在洛克菲勒公司压迫下破产）。尽管文章用98%篇幅详述了标准石油如何创建了惊人的高效率管理、公司在组织和管理中取得的巨大成就，比如标准石油掌控石油行业的10年中，将日常用油的价格降低了80%，但描写标准石油如何对待竞争者的另外2%篇幅更受人关注。在这部分，塔贝尔详细披露了洛克菲勒的公司如何搞阴谋诡计，如何向铁路索要巨额折扣，如何进行残酷的竞争打败一个个竞争对手，包括洛克菲勒的同胞弟弟弗兰克。

正是这2%的曝光报道激怒了美国人，公众与标准石油公司的对立进一步升温。西奥多·罗斯福当选美国总统后，立即着手对标准石油公司和石油工业进行调查。

1911年5月15日，美国联邦最高法院裁决标准石油公司违反了《谢尔曼反托拉斯法》，应予拆散。标准石油被肢解成了34个独立的公司。其中，新泽西标准石油公司（埃克森前身）继承了原集团46%的资产，仍是当时美国最大的工业企业。

具有讽刺意味的是，这些公司拆分几年后，股票市值比拆分前增长了几倍，洛克菲勒变得更加富有了。以至于西奥多·罗斯福卸任四年后再度竞

百年前，美孚已经把煤油卖到了中国。

深度阅读……

何谓“垄断”

垄断是与自由竞争相对的概念，是指经营者以独占或有组织的联合行为等方式，凭借经济优势或行政权力，操纵或支配市场，排斥、限制或妨碍竞争的各种行为的总称。关于垄断的学说主要有两大学派，即哈佛学派与芝加哥学派。

哈佛学派以结构主义理论为基础，强调市场结构对市场行为和市场绩效的决定性意义，主张采用解散和分割大公司的方法对垄断进行制裁。著名案例就是1911年“标准石油公司案”，法院根据“结构太大原则”判决其解散。

芝加哥学派以行为主义理论为基础，主张应以经济绩效评价企业行为，认为应当通过采取管制、征收垄断利润税、罚金等形式规制垄断行为。戏剧性的是，当年被裁决解散的标准石油中的埃克森与美孚，在“经济绩效评价原则”下，加之新的市场发展等原因，又合二为一。

深度阅读……

跨国并购

20世纪90年代末，全球掀起新一轮并购浪潮，行业巨子们的强强联合将企业并购推向新阶段，企业由国内并购走向跨国并购，并购案的数量与金额也越来越大。1995年，并购案规模多以几十亿美元为主，全球企业总并购金额约8600亿美元。到了1999年，这个数字陡升为3.31万亿美元，超过百亿美元的交易屡见不鲜。

2011年2月，纽约泛欧交易所和德意志证券交易所发表声明称，双方正在就可能的并购交易进行深度谈判，如成功将创立全球最大的证券交易所运营商。

2010年3月，吉利汽车收购沃尔沃轿车公司100%股权及相关资产。

选总统，谈到此事时愤慨地说："难怪这些巨头们祈祷说，上帝啊，请再赐给我们一次解散吧。"

石油巨龙复活，偶然还是必然？

尽管被拆分为数十家公司，标准石油的大家庭并没有真正消失，这些自立门户的公司大部分存活下来，不少还再度发展成为一方豪强。数十年后，风云再度际会，它们又联合成了比标准石油更强大的巨头。

1998年12月1日，埃克森与美孚两家公司的董事长在协议书上签字，意味着世界第二大石油公司——埃克森以810亿美元成功收购第四大石油公司——美孚（原纽约标准石油公司），重新站上世界石油之巅。"这一合并将加强我们的实力，从而有效地参与全球竞争，我们将是世界上最具竞争力的石油企业。"埃克森董事长雷蒙德激动地说。

当年，新的埃克森美孚公司总市值达到了2378亿美元（目前市值已达3000多亿美元），成功地从壳牌手中夺回世界第一，同时以1823亿美元的年营业额超过通用汽车，成为世界上最大的工业公司。此外，埃克森美孚不仅是油气储量最多的上市公司之一，也成为世界上最大的炼油商和天然气供应商，加上遍布全球的48500个加油站，埃克森美孚成为世界石油王冠上最璀璨的明珠。

1911年，标准石油公司被肢解；87年后，传承其血脉的两家最大的公司又走到一起，这是历史的巧合，还是必然？埃克森美孚身上流淌着标准

石油的血液，一脉相承的基因让人们感到似曾相识，在时光之河流淌近百年后，这条巨龙再次跃出了水面。

不可替代的战略资源

一个世纪之内，同一个血脉的企业间的拆分和再合并，为什么标准石油公司难逃一“拆”，埃克森与美孚的合并却能通过反垄断审查？究其缘由，时代在变，石油的属性也发生了本质变化。二战、中东战争、伊拉克战争背后的石油之争，再到如今伊朗和委内瑞拉等石油国与美国公开叫板，石油已从最初的普通照明用油，变成了不可替代的战略资源。

1997年，国际油价大跌，埃克森和美孚的日子也不好过，成本越来越高，盈利逐年下降，埃克森老大地位被壳牌夺走，排名第三的美孚也由于BP与阿莫科的合并退居第四，两家公司都遇到了发展的瓶颈。低迷的油价使得并购成本较低，新公司每年可节省28亿美元经营成本，并能提升竞争力，于是双方一拍即合。

埃克森与美孚的联手并非没有阻力，美国国会最初也担心会减少国内竞争。相比之下，埃克森、美孚国际竞争力的下降更让他们焦虑。于是在两家公司做出削减15%加油站和变卖少量资产的承诺后，美国联邦贸易委员会批准了合并方案。因为尽管新的埃克森美孚是全球最大的石油公司，远远超过标准石油公司当年的实力，但其原油加工能力在世界上的份额只有8.4%，新公司在美国内外都面临着强大的竞争对手的挑战。

从标准石油公司被肢解到埃克森美孚被合并，看来似乎是巧合，反映出的深层原因却值得思考。当年的拆分还是今天的整合，折射出时代大势的变迁：百年前标准石油被强行分拆，是当时崇尚自由市场竞争理念的力量，也是美国人立足于国内市场需要的考量；87年后，同意埃克森和美孚合并，则反映出当前大企业时代的趋势，更是美国人站在全球竞争的高度，增强美国在全球的竞争力和控制力的考量。今天，跨国公司已经成为国家竞争力的直接体现，所以不难理解为什么美国政府同意合并，帮助埃克森美孚重夺石油行业王座。■

诡异的石油政治

一百年来，国际能源格局几经变幻。尤其二战以后，各种政治力量的角逐几乎都是围绕石油展开的。制衡与反制衡，各利益主体合纵连横，纠缠于国际政局的风云变幻，国际能源市场上演了无数大戏。标准石油之后，从石油“七姊妹”到OPEC（欧佩克的英文缩写）和IEA（国际能源署的英文缩写），再到新出场的国家石油公司，你方唱罢我登台。在这个舞台上，从来不缺少主角，不缺少故事。

“七姊妹”逼出个OPEC，OPEC逼出个IEA

随着洛克菲勒“石油帝国”梦的破灭，标准石油公司谢幕。不过，平淡的日子并没持续太久，国际石油很快再次出现了“独大”局面。只不过这次不是“一家”，而是七个大公司，史称石油“七姊妹”。

石油“七姊妹”，指的是新泽西标准石油公司（1972年改名为埃克森）、壳牌集团、纽约标准石油公司（1966年改名美孚公司）、英国波斯石油公司（1954年改称英国石油公司，2000年改成BP）、加利福尼亚标准石油公司（1984年与海湾石油公司合并改名雪佛龙公司）、德克萨斯公司（1959年改名德士古公司）和海湾石油公司。除了壳牌和英国石油外，其余五家全是美国公司，其中三家传承了标准石油的衣钵。

经过长期的明争暗斗，国际大石油公司逐步形成了共同瓜分市场的理念。在各家跑马圈地、划定势力范围之后，形成了“一荣俱荣、一损俱损”的利益共同体。随着中东一系列特大油田的发现，“七姊妹”的投资进入了高回报时期。1970年，中东原油产量已占世界总产量的1/3，出口量占世界一半，而这些石油的产、储、炼、销等环节都控制在“七姊妹”手中，北非、西非、拉美等地区石油产量的激增背后也都有它们的身影。

石油“七姊妹”在西方世界原油总产量的份额一度超过80%，控制了美、苏以外的

石油市场，油田、炼厂和管道大都纳入囊中，加油站挂着它们的招牌。无论产油国还是消费国都对它们俯首帖耳，“七姊妹”俨然成为国际石油市场的主人。

然而，石油“七姊妹”并不像它们的名头那样温情脉脉，而是一个强悍的既得利益集团。其成功建立在掠夺殖民地资源的基础上，它们利用掌握的特权压低油价获取垄断利润。在它们积累起巨额财富的同时，产油国依然贫穷。随着亚非拉各地民族意识的觉醒，产油国开始为维护本国权益展开斗争，“七姊妹”垄断的基石开始动摇。

1959年2月，壳牌石油公司带头将委内瑞拉原油标价每桶压低15美分，那时的国际油价也就两三美元。8月，新泽西标准石油公司也在没与资源国协商的情况下，将中东原油标价下调14美分，其他石油公司随之下调。两次降价使产油国蒙受巨大损失，引起强烈不满。1960 年9 月，伊朗、伊拉克、科威特、沙特阿拉伯和委内瑞拉五国的代表齐聚巴格达，联手反对国际石油垄断资本的控制和剥削，宣布成立石油输出国组织（OPEC），开始了向“七姊妹”的公开挑战。

围绕着国际原油定价权，OPEC与“七姊妹”展开了激烈的争夺。在1973年的第四次中东战争中，OPEC中的阿拉伯产油国团结一致，以减产、禁运对抗西方国家，重创了全球经济。此举成为国际油价的决定权从“七姊妹”滑向OPEC的标志，“七姊妹”控制油价的时代结束了。产油国同时开启了收回石油主权、国有化的进程。到20世纪70年代末，OPEC各国基本实现石油工业国有化，“七姊妹”几乎失去它们除北美以外的所有石油资产。

OPEC的崛起是西方国家始料未及的，当OPEC成员国的国家石油公司羽翼渐丰、咄咄逼人时，西方国家之前的轻敌已经演变成致命的错误。在1973年第一次石油危机之前，以美国为首的西方国家已开始讨论建立一个石油消费国组织进行反击；石油危机的爆发深深刺痛了西方国家的神经，加速了这一进程。国际能源格局从产油国成立OPEC来制衡国际大石油公司，转变成发达国家成立消费国组织来反制衡。

石油资源和定价权的争夺历程，就是一部国家利益的博弈史。1974年2月，经合组织成员国外交部长会议决定成立能源协调小组。11月，国际能源署（IEA）正式成立。IEA要求成员国拥有不少于90天的石油净进口额的战略储备，当成员国石油供应短缺时，启动石油储备再分配体系；同时要降低石油消费水平，并定量分配石油。这些措施都是针对石油限产或禁运行为的反制手段。

战略石油储备制度是成功的，石油储备成了调节油价的法宝。在1991年的海湾战争和2005年飓风袭击美国时，IEA两次协调成员国动用石油储备平抑了油价。

新“七姊妹”，国家石油公司迎来春天

在过去几十年里，国际石油公司一直是石油市场的主导力量，尽管OPEC一度成功地从“七姊妹”手中夺走原油定价权，但通过大规模重组、强强联合和金融力量的介入，全球石油业仍控制在国际石油公司手中。

不过，这种局面开始悄然发生了改变。在IOC（International Oil Company，国际石油公司）发展的同时，NOC（National Oil Company，国家石油公司）也在悄然崛起。近十年来，国家石油公司表现得特别活跃，逐步走向世界石油工业舞台的中央。

在奥地利首都维也纳的欧佩克总部大楼

2007年，英国《金融时报》评选出了新的石油“七姊妹”：排首位的是沙特阿拉伯石油公司，然后是俄罗斯天然气工业股份公司，中国石油天然气集团公司排在第三；此外是伊朗国家石油公司、委内瑞拉石油公司、巴西石油公司和马来西亚国家石油公司。这七家公司控制了世界油气产量和总储量的1/3，新“七姊妹”无一例外都是国家石油公司。

几十年来，国际石油市场风云变幻，提高能源行业的集中度已成为世界各国共同选择的战略取向。国家石油公司其实不算新兵，阿根廷国家石油公司成立于1922年，墨西哥1938年实现了石油国有化，苏联也创立了完全国有的石油工业。但在20世纪大部分时间里，石油资源大多掌握在国际石油公司手里。经验教训让资源国意识到，只有利用国家石油公司的形式，才能最大限度地从自己拥有的资源中获益。

在美国《石油情报周刊》2008年全球石油公司50强排行榜上，有29家是国家石油公司，拥有世界油气储量的79%、油气产量的46%。预计到2030年，国家石油公司占全球油气产量比重将上升到70%以上。在这个排行榜上，沙特阿拉伯国家石油公司高居榜首，伊朗国家石油公司、委内瑞拉国家石油公司和中石油携手挺进前10强。在原油加工这个国际石

油公司曾一统天下的领域，前10名里也有4家国家（国有）石油公司，包括中石化和中石油。在油品销售方面，国家石油公司有3家进入前十名。

从投资来看，国家石油公司日益成为油气行业的重要投资者，而不仅仅是资源占有者。2009年，全球石油勘探开发投资4225亿美元，前20名国家石油公司的投资占37%；前20名国际石油公司的投资占39%，旗鼓相当。但在投资增长率上，国家石油公司成为增长主力，增长率13.3%；国际石油公司只有1.2%。炼油化工能力的增长也主要是国家石油公司；而各国家石油公司都在大规模地发展工程技术服务，成为主要提供者。

国家石油公司的崛起，使原本独领风骚的国际石油公司受到前所未有的挑战。目前，在技术和管理方面，国际石油公司仍有较大的优势，但在国际油气行业的合作模式和竞争规则的制定上，权力已逐渐转移到国家石油公司手中。国际石油公司只能控制世界石油资源的7%，不到国家石油公司的10%。国家石油公司能很大程度地影响和制定竞争规则，其核心就是资源。

提高行业集中度成为世界范围的战略取向

在“资源为王”的时代，国家石油公司的竞争力越来越强。各国纷纷将油气作为国家战略资源，努力提高资源集中度，以增加在国际市场说话的分量，保障本国能源安全。提高国家石油资源的集中度，逐渐成了这个时代的趋势。

据《国资委2009年回顾》，世界最主要的50个石油生产国和消费国中，76%的国家只有1家石油公司，属于完全垄断型。20%的国家拥有不超过3家石油公司，且都有各自经营领域，相互之间重叠很少。超过3家石油公司的一个是美国，一个是俄罗斯。美国是世界头号强国和最大的石油消费国，消费了世界上1/4的石油；俄罗斯是世界头号石油生产大国，其他国家比不了。

从各国石油工业发展历程来看，大多数国家采取了一个国家石油公司的制度。最典型的是委内瑞拉，它在国有化过程中，接收了数十家外资企业的石油资产，为了引入竞争机制，合并为4家上下游一体化的公司。经过十几年时间，委内瑞拉认识到这种体制不利于整体优势的发挥和提高效率；1998年又将其合并为一家国家石油公司，上述几家公司重组为国家石油公司旗下的3个专业性子公司。

各国家石油公司成立后都得到了发展，一部分成长为全球性的重要公司，比如沙特阿拉伯国家石油公司已成为全球最大的石油公司，中石油也位列500强市值榜前列。

然而，国家石油公司毕竟不同于国际石油公司，它们往往还承担着部分社会职能，肩负着振兴本国民族经济和促进社会发展的责任，这就决定了它们不能以利润最大化为目的。特定时间里，有的国家石油公司还被明确定位为“非营利性企业”，甚至背负政策性亏损。比如伊朗、委内瑞拉、尼日利亚等国家实行低油价政策，减少石油投资，严重制约了其国家石油公司的发展；在石油不能自给的国家，如巴西等，都曾在国际市场高价买油，低价向国内供应，背上了巨额的债务负担。

尽管在管理体制上存在诸多问题，如政企难分、机构臃肿、效率较低，但若就此否定国家石油公司也是不客观的。从盈利能力上看，国家石油公司不如国际大石油公司，但也应当看到它们承担了更重的社会责任，以及为促进本国经济发展和社会稳定作出的贡献。

INOC，世界石油工业版图中的新生力量

近二十年来，随着油价攀升，控制着资源的国家石油公司不断壮大，成长为可与国际石油公司在上游一较高下的企业，一批实力雄厚的国家石油公司更是不再囿于国内，而是积极地走出国门，寻找更多的资源、更大的市场，开始了从NOC到INOC（International Nation Oil Company，跨国国家石油公司）的转变，成为世界石油工业版图上日益强势的新力量。

这其中，中国的三大国有石油公司是具有代表性的佼佼者。1993年，中石油就把开拓海外市场纳入到未来规划中。1994年，中石油国际勘探开发合作局成立，标志着中国油企正式迈出国门。与埃克森美孚、BP等相比，中石油没有悠久的跨国历史和经验。走出国门的每一步，都在考验着中国石油人的胆识与智慧。初涉海外的中石油也敏锐地觉察到，从跨国石油公司控制的薄弱地区入手，成功的可能性才最大。因此，中石油将最初的目标市场定位在南美、非洲等尚不发达的地区。秘鲁、委内瑞拉、苏丹、哈萨克斯坦、印尼……每一步都凸显了中石油在国家“走出去”战略中排头兵的作用。

中石油已成为INOC的标志性企业，引导着行业发展新的方向。在各国纷纷提升石油行业集中度的今天，仅仅靠本国石油资源来增加在世界的话语权、影响力是远远不够的，更重要的是要积极参与国际石油市场运作、拓展海外。从NOC到INOC，这是国家石油公司伟大的转变和跨越。

中国石油企业的快速崛起，如同中石油宝石花标志那样，日出东方，喷薄而出。

今天的美国人如何看待垄断

2009年，公司为全球81%的人口解决工作机会，构成了全球经济力量的90%，创造了全球生产总值的94%。形象地说，全球100大经济体中，51个是公司，49个是国家。全球最大的10个公司的销售总额，超过了世界上最小的100个国家国内生产总值的总和。在全球一体化浪潮下，大公司时代已经来临。

大公司时代，我们该如何自处？

为了促进自由竞争，美国不仅肢解了标准石油公司，美国铝业公司、美国烟草公司、美国电话电报公司、IBM等称雄一时的豪强巨头也都难逃被追杀的命运。20世纪末，兼并重组浪潮不仅席卷能源领域，同样席卷了其他行业，涌现出一大批超级巨头，其年营业收入动辄上千亿美元。当时代洪流将一个个企业汇聚在一起时，大企业时代已经迫近门楣；而每一次兼并后诞生的“巨人”都比以往更加强悍。

过去十几年，最引人关注和深思的案例莫过于波音和微软了。前者兼并麦道得到美国政府公开力挺，后者被美国司法部门长期纠缠后却全身而退。其中有什么玄机？

在与大公司的斗争和纠缠中，美国政府对垄断的理解和考量的标准也悄然发生转变。美国人在处理巨头公司时，更多了些对国家利益成熟而全面的权衡，采取了超越本国边界立足全球化竞争的视角。于是，我们得以看到波音能在重重阻力下兼并麦道100%垄断美国市场，埃克森和美孚两大石油公司联姻，而微软可以历经七年官司仍屹立不倒的奇迹。美国反垄断法国内与国际执行标准迥异，目的就是维护国家面对全球竞争时的核心利益。

波音公司成立于1916年，麦道公司只比波音小4岁，分别是美国第一和第二大飞机制造企业。很长一段时间里，世界飞机制造业是“双龙会”， 欧洲的飞机制造企业还未成气候。波音、麦道两家在世界民用飞机市场的份额超过90%。

这样的局面显然难以令欧洲满意。1970年，英、德、法和西班牙四国联合创立了空中客车公司。这家公司诞生起就以追赶波音、将其拉下民用飞机大哥的宝座为目标，只不过这个目标当时看来有些好高骛远。那时，波音已经拥有从100座到400座一系列型号的飞机，而空客A300还在图纸上。

在欧洲各国鼎力相助下，空客快速发展。1974年，空客A300便正式投用；1988年空客A320正式运营，到1990年合同订货超过500架，并在1995年实现占领国际市场30%份额的目标，扭亏为盈，开始与波音做正面较量。至此，世界民用航空业格局发生了根本性变化，“双雄争霸”演变为“三足鼎立”，波音、空客、麦道的市场占有率分别是64%、30%和6%左右，基本瓜分了全球市场。

美国总统力挺的合并，国家安全是首要

面对空客惊人的崛起，波音感到前所未有的压力，开始寻求制衡的良方，兼并麦道成了首选。这项合并将节约上百亿美元的运营成本。1996年12月，波音收购麦

波音747-8洲际飞机正式亮相

道的方案通过了美国司法部反垄断局的审查。由于美国只有两家民用航空制造企业，波音兼并麦道意味着将彻底垄断美国市场，世界市场占有率也将达七成。这样一起收购竟然通过了反垄断审查，舆论哗然。

波音兼并麦道遭到欧盟强烈反对。欧盟认为，波音与麦道的联合将对欧洲民用飞机市场造成重大影响，妨碍市场竞争。1997年1月，波音、麦道合并的消息公布不到一个月，欧洲委员会就开始进行调查，并要求在其最终裁决之前，波音与麦道不能实施合并；5月，欧洲委员会正式发表不同意这起兼并的照会；7月，来自欧盟15个国家的专家强烈要求欧洲委员会否决这项兼并。

欧盟的努力受到了美国政府的批评，后者对欧盟的反应不以为然。时任美国总统克林顿就波音、麦道合并一事向欧洲公开“喊话”，力挺波音，甚至不惜以贸易战胁迫欧洲就范。美国政府称，民用飞机制造业是全球性寡头垄断行业，波音公司虽然在美国市场上占优势，但在世界范围内还有空中客车这个强大的竞争对手，因此波音并不能在世界范围内形成绝对垄断，也不可能实行垄断的行为，因此不会对空客和欧盟构成威胁。美国参议院甚至通过了一项议案，对欧盟阻挠合并的行为进行谴责。

美国和欧洲各国首脑为这项兼并案吵得不可开交，双方一度面临爆发全面贸易战的可能。为了顺利收购，波音最后对欧洲做出了一些让步，欧洲人在赚回面子后对兼并案予以放行。世界民用航空制造业从“三足鼎立”重回“双雄争霸”。

事实上，不管欧盟如何阻挠，美国政府都决意促成收购，波音与麦道合并有助于提升美国航

深度阅读……

大飞机项目，核心技术是买不来的

中国的民用大飞机99%都是进口的。未来20年，中国购买大飞机的4000亿美元蛋糕只能等着波音和空客瓜分。实际上，1970年，老一代领导人就决策搞中国的大飞机，只比空客项目晚3年。1980年我国试飞了具有完全自主知识产权的大飞机运-10，但是来自波音的竞争和受制于资金限制，运-10项目最终搁浅。随后又试图与麦道和空客合作来实现国产大飞机的突破，也因故终止。

2007年3月，中国大飞机项目正式立项，随后成立中国商用飞机有限责任公司。中国大飞机对外合作夭折的启示深刻：核心技术是花钱都买不到的，必须靠自主创新。

世界垄断巨头扼杀大型飞机项目屡见不鲜。10年前，排名世界第三的民用飞机制造商——加拿大庞巴迪航宇集团决定发展C系列客运飞机，以进入100-150座级客机市场。空客和波音联手阻击：谁给庞巴迪的C系列客机提供发动机，谁就别想在空客和波音的新型号上找到位置。迫于压力，三大发动机制造商谁也不为C系列客机提供动力系统，逼得庞巴迪只好另找合作方。因为合作方技术等原因，2009年，庞巴迪的C系列客机计划搁浅。

历史经验告诉我们，在发展大飞机过程中，无法逃避世界垄断巨头的干扰、遏制和封杀，对此我们必须保持清醒的头脑。

空企业的综合竞争力，也有助于维护美国在世界飞机制造业的领先地位。当时，麦道不仅在民用飞机制造领域逐渐失去竞争力，甚至在其主攻的军用飞机上也开始走下坡路，长此以往麦道被兼并将不可避免。美国政府不会容忍这样一家握有大量军事秘密技术的企业落入他人之手，波音就成了兼并的唯一候选人。这种情况下，总统、参议院、司法部、国防部等纷纷出面对合并保驾护航，也就不足为奇了。

深度阅读……

反垄断法

现代意义上的反垄断法始于19世纪末叶的美国，以1890年《谢尔曼反托拉斯法》（Sherman Antitrust Act）的颁布为标志。19世纪60年代起，资本主义各国普遍开始了第二次工业革命。随着新技术革命在生产领域的推广，企业规模越来越大，生产和资本加速走向集中。美国这一新兴的“金元帝国”制造出了摩根、卡内基、洛克菲勒等一批亿万富翁，形成了不可一世的庞大财团。主要标志是1879年美孚石油公司即美国石油业第一个托拉斯的建立，在这种背景下，美国在19世纪80年代爆发了抵制托拉斯的大规模群众运动，导致1890年《谢尔曼反托拉斯法》的诞生。

微软败诉为何未被肢解?

美国政府对待波音、麦道合并案的态度说明，在监管企业并购时，美国政府不只根据国内市场占有率来判断是否构成垄断，而且更注重分析全球市场的情况，关键就是要维护美国企业在全球竞争中的领跑地位。同样是美国竞争力的象征，另一家国际巨头微软走过的路就曲折得多了。微软的这场世纪审判值得玩味。

1975年，两个毛头小伙在车库里创立微软，10多年后就占据了世界软件公司的头把交椅。面对此前一统浏览器天下的网景公司，想进军浏览器市场的微软使出绝杀，将其IE浏览器集成到操作系统中，免费提供给消费者。2007年，当微软IE的市场份额增至77.4%时，网景的市场占有率降到可以忽略不计的0.6%。

微软对众多竞争对手的无情打压引起美国司法部的注意。1998年5月，美国司法部长连同20个州的总检察官对微软提出反垄断诉讼，开始了“跨世纪的审判”。2000年4月，法院裁决微软拆分为两家公司。

然而，微软公司不可挽回的被拆分命运却在2001年发生了戏剧性转折。6月，哥伦比亚特区联邦上诉法院驳回了分割微软的裁决，但维持了微软是一家垄断公司的观点。9月6日，美国司法部宣布不再通过分割的方式来处罚微软。

2003年10月，微软同意支付和解费用，和解费用总计为15.5亿美元。美国司法部与微软长达七年的诉讼纠缠以微软“破财免灾”的方式了结。

微软案的峰回路转，是人们始料未及的。美国司法系统的围追堵截已将微软逼入墙角，自由竞争派俨然胜利在望。然而，美国互联网泡沫就在千禧年破灭了，9个月里，纳斯达克指数下跌了一半，带领美国傲视群雄的新经济一夜间崩塌。陷入困境的美国开始反思，在一个又一个意气风发的网络公司关门后，他们突然发现眼前仍矗立着一个遍体鳞伤的巨人，而自己正手持利剑，准备将其拆分成平庸之辈。于是，并不僵化的美国人对垄断的认识发生了改变，从之前单纯的以市场份额来判断垄断与否，转变为根据产业组织形式灵活决定。具体问题具体分析嘛。

国家利益至上是恒久不变的基本准则。司法部对微软穷追猛打的早期，美国的互联网经济风生水起，各类企业如过江之鲫。这时，崛起的微软自然会被视为市场竞争的障碍，不利于其他企业的创新和高新技术的发展；但当互联网泡沫破灭后，美国意识到，只有一家完整的微软公司，才能够帮助美国继续引领全球软件行业，而他们先前杀之而后快的AT&T、IBM等曾叱咤风云的企业已在国际市场失去领袖地位。于是，微软虽被判定垄断违法，但美国利益至上，微软最终逃脱了被肢解的命运。

拥有美国国籍的微软，在欧洲就不能这么走运了。2007年9月，微软在与欧盟之间长达9年的较量中败下阵来，近年来上缴给欧盟的罚金已经超过25亿美元。

无论是执意要兼并其他公司的埃克森和波音，还是坚决支持它们的美国政府；无论是奋起直追的空客，还是坚持与政府周旋的微软，对目标的坚持最终都获得了回报，那些半途而废者也都付出了代价。

如今的中国央企面临复杂形势：一方面，实力增长了，腰包鼓了，有钱采购；另一方面，又面临着贸易和技术壁垒，面临着提升核心竞争力的重大挑战。在这种情况下，更需要保持清醒的头脑，既要坚持对外合作又要始终立足自己，坚持走自己的路。■

私有化的俄罗斯是否强大了

20世纪90年代，是美国春风得意的十年，美国一超独大，“世界警察”威风八面。这十年对俄罗斯人却是分外难熬。改革失败，财富流入寡头手中，国力衰退，不仅难以与老对手美国匹敌，甚至被中国甩在身后。也是在这十年，俄罗斯几乎走了一个轮回，从国有制突变到彻底私有化，然后又重新把资源等战略行业控制在国家手中。就在这个轮回中，俄罗斯人放弃了自己的路，最终又找回了自己的路，开始了俄罗斯的复兴。

俄罗斯与西方短暂的蜜月

1991年8月19日，当叶利钦爬上莫斯科街头的一辆坦克，苏联迎来土崩瓦解的最后时刻。俄罗斯继承了苏联的主要家底。当时俄罗斯人一点不惊慌——有人为他们描绘了一幅融入西方后的美好图景：在他们实现政治和经济自由化的过程中，美元会源源不断地给这个“弃暗投明”的国家输血，一个俄罗斯版的“马歇尔计划”呼之欲出。

然而，世界上没有免费的面包。俄罗斯从西方得到的每一个美元都附带着苛刻的条件，改革的每一步都必须严格按照西方的设计来走，甚至严苛到根据俄罗斯宏观经济指标变化情况来按月发放贷款的地步。一旦俄罗斯没有按西方的要求做，贷款随时可能被冻结，这恰如一条套在俄罗斯脖子上的绳索，随时可能被勒紧。为了让债主老爷满意，俄罗斯实施严格紧缩的货币政策，废除计划经济体制，推行经济自由化，推进私有化，但并不知道这剂药是救命药还是致病药。

为了加快私有化进程，俄罗斯大规模贱卖国有资产，12.5万家国有企业，平均下来每家的拍卖价只有1300美元，而价值2000亿美元的500家大企业，仅仅让其国库进账72亿美元。国家财富集中到了少数寡头手中。国企“大甩卖”后的1996年，俄罗斯4%的

富人收入超过了80%低收入者的收入总和。

以油气资源为例。私有化让卢克、尤科斯等五大石油寡头控制了该国70%~80%的石油资源。在寡头们暴富的同时，俄罗斯石油工业却陷入前所未有的萧条，产量急剧下滑。1998年，俄罗斯只生产了3亿吨石油，相当于1990年产量的59%。

改革无疑是失败的，国有资产流失，居民生活水平剧降。铁腕总统普京出场了。

普京大战石油寡头，再造石油航母

1995年12月8日，霍多尔科夫斯基在拍卖中获得尤科斯公司。他获得这家掌握着俄罗斯近20%石油资源的公司，仅仅付出3.09亿美元。实际上，他根本不用掏这么多银子，因为那45%贷款换股所花的1.59亿美元还出自他自己的银行。也难怪其竞争对手会抱怨“霍多尔科夫斯基是在用尤科斯的钱来购买尤科斯——他偷走了这家公司”。当时尤科斯估值为7亿美元，两年后尤科斯上市时的市值为70亿美元，最高时曾超过400亿美元。霍多尔科夫斯基进军石油业，成功转型成俄罗斯最大的石油寡头之一。

普京上台后，曾向俄罗斯人民承诺“给我十年，给你一个不一样的俄罗斯”。对俄罗斯来说，要提升国力实现复兴，需要足够的财力。为了实现这一目标，最有效的手段就是把石油资源重新控制在国家手中。于是，普京开始进行对石油寡头的打击，矛头最先指向了尤科斯公司。

霍多尔科夫斯基也非等闲之辈。为了防止手里的石油资源被再度国有化，他采取了“以外制内”的策略，试图将尤科斯25%~50%的股份卖给美国的大财团。另一方面，2003年开始，霍多尔科夫斯基开始表露出对政治的浓厚兴趣。这些不安分的举动激怒了声望日隆的普京。2003年10月，霍多尔科夫斯基在他的私人飞机上被捕。

莫斯科法院审判尤科斯石油公司前总裁霍多尔科夫斯基和尤科斯公司另一重要股东列别杰夫。

霍多尔科夫斯基试图将尤科斯股份卖给美国财团的行为，让普京意识到了石油资源掌握在个人手中的危险性，如果出售给了国外公司，俄罗斯政府将失去控制。2004年8月，普京签署了“关于确定国有战略企业和战略股份公司名单”的命令，其中有14家国有战略企业和549家战略股份公司，如俄罗斯天然气工业公司、俄罗斯国家石油管道运输公司和俄罗斯石油公司等。根据这项总统令，政府无权对它们私有化，只有总统特批才能出售。同年，俄罗斯政府还修补了尤科斯所钻的法律空子，调整了石油能源政策，加强了中央对能源的控制权。

2004年12月，俄罗斯将尤科斯旗下的核心企业拍卖给贝加尔金融集团，随后俄罗斯石油公司又收购了贝加尔金融集团。通过这一障眼法，国家重新控制了尤科斯。2005年秋，俄罗斯另一石油寡头西伯利亚石油公司被俄罗斯天然气工业公司收购。不到两年时间，普京就把近一半的能源生产重新收归国家控制之下。不过，尽管普京收拾了几个寡头，也受到各个既得利益集团的掣肘而不能克尽全功。

再度实现主要石油资源国有化后的俄罗斯，石油产量逐年增加，油气成为俄罗斯振兴的支柱产业和基石。根据《BP世界能源统计》，2009年，俄罗斯石油产量为4.94亿吨，占世界总产量的1/8，超过沙特成为头号产油国。搭上了近年来油价飙升这趟顺风车后，俄罗斯的国家实力迅速提升，跻身“金砖四国”之列。

2010年7月，急需资金填补预算缺口的俄罗斯宣布了私有化2.0版，将对11家重量级国企和国有银行私有化，涉及石油、管道运输、电力、外贸、银行等重点战略领域。与上次“世纪大拍卖”那种瓜分式的私有化不同，这次仅是出售部分国有股，减持后

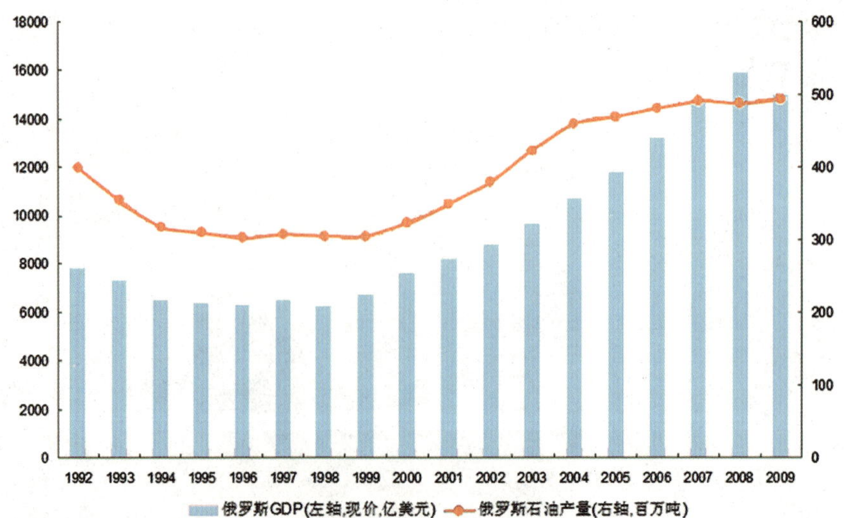

俄罗斯的GDP曲线几乎就是翻版的石油产量曲线

俄罗斯政府对这11家仍保持绝对控股地位。吃过大亏的俄罗斯学聪明了。

美国也靠“国有化”来救火

1992年，深受美国自由主义熏陶的盖达尔对俄罗斯进行了“休克疗法”，以为只要产权明晰，不论原来的公有产权落到谁的手中，都能大大提高企业的经营效率。政府不计一切代价，甚至以免费赠送的方式来清理手中的国有资产。

然而，历史跟俄罗斯人开了一个大玩笑。

2008年9月，源自华尔街的次贷危机演变成了金融风暴。为了拯救陷入困境的大企业，美国政府出手了，先是宣布“国有化”美国两大住房抵押贷款融资机构，并通过了8500亿美元的救市方案。随后掀起一股国有化浪潮，政府成了通用、AIG、花旗等企业最大股东，在AIG持股比例达79.9%，在通用持股比例为60%。

美国仿佛在这场危机中，不知不觉地变成了一个推崇公有制的国家，不知盖达尔看到这种局面会作何感想。当然，美国的国有化仅是应对金融危机的非常之举，这是现代市场经济国家应对严重经济衰退时的惯常做法，并未动摇其资本主义的根基。

但我们从当中也可以思考出更多的东西。美国《新闻周刊》的评论如是说：“直到金融危机爆发前，中国还把美国企业视为榜样。亚洲金融危机时，美国和以美国为首的国际组织曾以非常强硬的方式逼迫许多亚洲企业破产，这与现在美国的‘国有化’浪潮形成鲜明对比，令世人质疑美国超级大国的可信度。如果说伊拉克战争从政治上打击了美国的信誉，这次危机下的国有化浪潮则从经济上打击了美国的信誉。”

实际上，所有制问题并非某些国人认知的那样泾渭分明，非左即右。所有制就是由谁来组织和支配相应的资源，是资源的一种组织形式，采取什么样的所有制形式取决于部门、行业、产品的性质。资本主义也有国有经济或其他公有制经济形式，有的比重还不小。比如英国这个老牌资本主义国家，1987年的股票总额中曾有77%是由公共机构、公益部门及慈善机构拥有的。而西方经济学的大腕凯恩斯和萨缪尔森都论述过混合经济。如今在很多国家，混合所有制企业都是一支重要力量。

不过，自由市场与私人资本，一向是美国向世界推销的强国秘方之一，俄罗斯人当年就是该模式的狂热粉丝。结果，南橘北枳，从美国移植过来的东西，就完全变了样。也有人认为，这是美国对俄“西化、分化、弱化”的战略，通过西化使苏联加速分化，由于分化使得俄罗斯被弱化，最终的结果只能是被世界边缘化了。

《反垄断法》反的不是企业，而是垄断行为

经济全球化使大企业的主要竞争对手由过去的本国同行变为国外企业，从而不得不在全球范围内配置资源与对手竞争。这一现实促使各国政府运用反垄断大棒时更注重考量国家的战略利益，使政府干预政策发生变化：从过去主要弥补国内市场经济的局限性，转而在全球范围宏观调控干预经济。

政府反垄断的政策目标也随之改变，不仅要处理好国内市场中垄断与竞争的关系，更重要的是要在国际竞争中显示本国规模优势，让本国企业获得世界市场利润的更大份额。各国政府遵循着在全球范围内以国家整体利益为重的原则，在处理规模经济和竞争活力的关系时，倾向于发展规模经济。

美国对待垄断观念的转变最务实最典型。美国不再纠缠于企业在国内市场的竞争格局，而把注意力转移到确保美国企业在全球大格局中的竞争优势上来。美国抛弃了以市场份额为依据的反垄断原则，增加了对产业结构与国际竞争的思考，对国内、国际两盘棋充分谋划。美国不惜与欧盟翻脸也要坚定地支持波音兼并麦道，支持美国在线与时代华纳兼并，默许微软称霸。可以看出，为了与他国抗衡，美国需要大企业参与全球竞争，其反垄断政策是考虑企业行为对整个经济的影响与国家整体利益的。美国反的并不是垄断企业，只是企业利用垄断地位的行为。

今天，我们正处于一个快速变革的时代，市场经济体制初步建立，社会思想活跃，又有着众多的冲突和碰撞，处在难以理性看待垄断、过分丑化、仇视垄断的氛围之中。央企在国内国际市场的分量越来越重，在承担更大责任的同时也承担更多的指责，尤其“垄断”问题一直为人诟病。然而，美国反垄断的历程表明，要辩证地看待一个行业的产业集中度问题，视野要开阔。对于一个行业发展的思考，不应该只局限

在我们960万平方公里土地上，而要放在全球的格局中去思考和把握。

发达国家经历过的、我们正在经历的阵痛应该被牢记。煤炭、钢铁、有色金属、稀土等行业过度分散造成的伤害远没有结束，单纯地从一个或几个公司的大小来判断垄断与否有些肤浅了。BP每年的营业收入占英国GDP的1/10，在漏油事件后面临美国舆论轰炸时得到英国人的坚定支持；中国的整个石油行业只占我国GDP的十几分之一，中石油、中石化等央企占本国GDP的份额也远远赶不上BP。

抛开国际竞争与国内产业的发展阶段来谈垄断是不全面的，不同的时空、不同的阶段、不同的行业有着不同的要求。注重国家战略利益，是当代反垄断法的发展趋势。中国正在确立自己在世界经济格局中的地位，快速的发展需要更多大企业的强力支撑。中国的企业只有进一步做大做强，在国际市场有了足够话语权和控制力，才能保证中国经济的健康发展。尽管有批评与非议，只要中国的企业坚持为国为民的理想，也终有获得充分理解的一天。■

深度阅读……

“垄断”的分类

垄断分自然垄断、经济垄断和行政垄断三种。

自然垄断是指具有网络性经营特点的行业，如电网、自来水、煤气管道、电话等。对于这些行业，由一个厂商生产全行业产品的总成本比由多个厂商生产的总成本低，因此独家生产比多家竞争更有效率，更能够有效地向消费者提供低廉的商品和服务供给。经济垄断是指经营者依靠经济实力、专利以及市场经营策略等取得的垄断地位。这种垄断是自由竞争和技术进步的产物，因此在多数情况下能够得到社会的承认。对于经济垄断，只要它对市场公平性不构成威胁，各国均采取较为宽容的态度。行政垄断是指企业借助于行政力量实现的市场垄断，包括地区封锁、地方保护、政府限定交易、国家指定专营等。

2007年8月30日通过的《中华人民共和国反垄断法》第三条规定，垄断行为包括：经营者达成垄断协议；经营者滥用市场支配地位；具有或者可能具有排除、限制竞争效果的经营者集中。第五条规定：经营者可以通过公平竞争、自愿联合，依法实施集中，扩大经营规模，提高市场竞争力。

（引自《国资委2009年回顾》）

反价格垄断规定

2011年1月，国家发改委依据《中华人民共和国反垄断法》制定并公布了《反价格垄断规定》和《反价格垄断行政执法程序规定》。此规定自2011年2月1日起实施，同时成立专门反垄断执法机构，进一步加大对价格垄断行为的监管力度。

《反价格垄断规定》共29条，对价格垄断协议、滥用市场支配地位和滥用行政权力等价格垄断行为的表现形式、法律责任作了具体规定。

主要包括：禁止具有竞争关系的经营者达成固定或变更价格的八种价格垄断协议；禁止经营者与交易相对人达成固定商品转售价格和限定商品最低转售价格的协议；具有市场支配地位的经营者，不得从事不公平高价销售、不公平低价购买、在价格上实行差别待遇、附加不合理费用等六类价格垄断行为。八种价格垄断协议包括：固定或变更商品和服务的价格水平；固定或变更价格变动幅度；固定或变更对价格有影响的手续费、折扣或其他费用；使用约定的价格作为与第三方交易的基础；约定采用据以计算价格的标准公式；约定未经参加协议的其他经营者同意不得变更价格；通过其他方式变相固定或变更价格；国务院价格主管部门认定的其他价格垄断协议。

中国石油市场不只有三大公司

国内石油市场的主体早已多元化

国内钢铁、有色和煤炭行业当前的困境说明，行业集中度过低，对内不足以保护环境和人民的健康安全，对外不足以争夺话语权，确保国家经济安全；国际石油、飞机制造和软件业的发展历史体现了所谓“垄断”的定义也是逐渐变化的，必定以体现国家利益为重。那么，在了解了国内外诸多案例后，再将眼光放回国内的石油石化行业，看看当前又是一个什么状况。

说起国内石油行业，大多数人的第一反应就是三大国有石油公司，中国石油、中国石化和中国海油。实际上，除了三大公司是主力军外，中化集团公司也已经从下游开始向上中游发展，属于地方的国有石油公司——陕西延长石油集团发展迅速，占国内上游产量已接近6%。另外，中信集团的中信资源等企业也早已涉足石油的勘探开发。

跨国石油公司早在20世纪80年代，就通过合作合资等形式进入中国。仅2004年，外商在华石油石化投资就达50多亿美元。民营资本也一直以多种方式介入石油市场特别是下游市场。2005年，国务院颁布《关于鼓励支持和引导个体私营等非公有制经济发展的若干意见》（非公经济36条），允许民营资本进入石油、铁路、航空等行业。2010年又颁布了拓宽民间资本投资领域的“新36条”，加大开放力度，得到各方响应。中石油拿出一批项目寻求与民间资本合作，包括油气管道、海外勘探开发等五大类。

从经营区域来看，虽然国务院在组建石油石化两大集团时是依据地域进行重组，但并没有划定地域范围，相反明确要求“既互相合作，又有序竞争”。我国几大国有

石油公司也没有“划区而治”，构成地区性垄断，而是从北到南、从陆地到海域，在合作竞争中相互渗透，形成“你中有我、我中有你”的竞争格局。

从市场份额来看，先说上游，2009年三大石油公司生产原油占国内产量93.5%。这当中也有民营资本参与开发的份额，以及跨国公司在海上参与油田开发的权益油数百万吨。三大公司上游所占实际份额不到90%。

再看炼厂，三大公司生产成品油占国内88%，炼油能力占全国3/4强；地方炼厂年产能达9000多万吨，占全国炼油能力20 %以上。在石油化工企业中，这一比例更高。

下游销售市场更是呈现“五胡十六国”局面，全国加油站总数9.57万座，中石化自营及特许加油站数量占全国三成左右，中石油不到1/5。据商务部统计，截至2006年底，我国成品油批发企业的33%，加油站总数的50%都是社会企业拥有；由于中国成品油市场竞争激烈，参与主体众多，我国一座加油站平均为300辆车服务，西方国家则为1300辆车服务；我国每座加油站年销量约800吨，而美国和欧洲单站年销量3000吨左右；从加油站密度看，我国百公里道路平均拥有5.7座加油站，高出美国和欧洲国家2倍多，重复建设，资源浪费严重。

从价格方面来看，中国油气价格实行国家指导的定价机制，并不是三大公司自已决定。价格的确定要由政府有关部门依照定价机制适时调整，特殊时期还有价格管制。

从以上可以看出，我国石油市场结构正如国资委原主任李荣融所说：“已经形成了一个基本竞争的格局。”

企业	国内原油产量（万吨）	所占比例	原油加工量（万吨）	所占比例	加油站数量（座）	所占比例
中国石油	10313	54.43%	12512	33.40%	18233	19.04%
中国石化	4242	22.39%	18428	49.19%	28812	30.09%
中国海油	3177	16.77%	2083	5.56%	208	0.22%
其他企业	1217	6.42%	4437	11.84%	48487	50.65%
全国总量	18949	100%	37460	100%	95740	100%

资料来源：《国资委2009年回顾》及2010年7月19日新华社消息

备注：除三大石油公司外，国内还有延长集团、中化集团、珠海振戎、中信集团的中信资源等。在中国的跨国石油公司则主要有埃克森美孚、BP、雪佛龙、壳牌、道达尔、德士古、埃尼、阿吉普、阿帕契、挪威国家石油公司等石油公司，此外还有哈里伯顿、斯伦贝谢、美国EBW等服务公司。

2009年国内石油市场份额概况

延长石油集团的采油井

资源乱局，是不是对子孙的犯罪？

1998年的改革，石油和煤炭选择了不同的方式，前者没有走向行业分散，实践证明了这一道路的正确性。不过在中国的石油版图上，存在着一个特殊的部分——陕北地区，那里石油行业的变化历程犹如是全国煤炭行业的翻版，经历了由乱到治的阵痛。

西安德发长是一家历史悠久的老字号，意想不到的是，这家国家特级饭店竟然也在陕北钻过石油！该公司在陕北靖边县成立了陕北思靖公司，拥有数个钻井队，其石油资产还装入了上市公司。一家饺子馆竟然钻石油，难道采出的石油还能用来炒菜？

德发长采油有着特殊的时代背景，它只是当年陕北全民办石油热潮的一个缩影。1994年，中石油跟陕西省政府签订协议，从长庆油田和延长油矿的区块中总共划出1080平方公里，以委托、联合等方式交由延安和榆林等地方政府组织开发，支援老区建设。通过招商引资，这些地方吸引了大量民间资本投身石油开采。随着油价走高，油老板收益颇丰，也引来更多陕西的企业、个人纷纷加入采油队伍，一些地区“党政军民齐采油，支个大罐就炼油，摆张桌子就卖油”。

为了获得更多财政收入，一些地方违规发放审批证件，不管是长庆石油还是延长油矿的区块，只要在辖区内都承包给个人开采。2000年底，陕北各产油县引进私人投资者1039家，打井4473口，形成原油产能100万吨，占当时地方原油产能的1/6。

陕北民营石油开采如火如荼，但对当地经济的长远发展及环境而言未必是一件幸事。为了降低成本，油老板们不安装排污设备，随意排放污染，而来自深层的地下水

含盐量高，还含有毒物质，污染了水源，导致很多地方的村民吃水都成问题。大多数民营油企没有原油密闭净化设备，溶解在原油中的有毒气体挥发出来，污染了空气，使得陕北脆弱的生态环境更趋恶化。

新油田要科学布置井网，先注水增压保持地下压力，用水把油赶出来，才能有合理的采收率。长庆油田的采收率一般可以达到30%，即地下有100吨的储量，可以采出30吨左右私营。私营油老板们大多是石油门外汉。为了追逐短期暴利，他们只打油井不打注水井，只采油不注水，缺乏整体规划。“等你注完水，怕油已经被别人采光了”，油老板们就是这样争分夺秒，“能采多少是多少，先抢到手再说”。按照这样的枯竭性开采，民营油企采收率一般都是个位数，个别油井甚至仅有2%~6%，开采期仅一两年左右，造成了极大浪费。

这种掠夺式开采有什么后果呢？算一个简单的账就明白了。如果一个地区有1亿吨探明储量，按科学开采（采收率30%）能够采出约3000万吨石油。如果破坏性开采（不到10%的采收率），能够采出的石油不到1000万吨。另外有2000多万吨本来能够开采出的石油，就永远留在了地下；因为地下的油被采得七零八落，即使科技再发展，也难以将这些剩余的石油采出来。仅2000万吨，就是近千亿元财富。实际上被乱采乱掘的资源储量远远不止1亿吨。

煤炭同样如此。小煤窑老板往往在不到10年的时间里，开采完本来可以持续开采四五十年的煤矿。掠夺性开采，挖富弃贫、挖厚弃薄，资源浪费严重，基本上是采一吨煤浪费两吨多资源。煤炭资源回采率：我国小煤矿15%~20%，大型煤矿45%；国外发达国家是60%~80%；中国两家央企分别为72%和86%。按中小煤矿年产3.5亿吨煤计算，每年要浪费六七亿吨本来可以采出的煤炭。

当油老板、煤老板们赚得盆满钵满、眉开眼笑时，他们实际上是捡了芝麻却丢了西瓜，更多的财富被深埋在地下永远难见天日。令人遗憾的是，这些财富在地下，看不见也摸不着，这笔巨大的财富流失至今也没能引起社会应有的关注和愤慨。石油、煤炭行业如此，其他资源行业也有类似情况。

作为一个相对人口而言石油、煤炭资源并不富裕的国家，这种破坏性开采挥霍了国民共有的财富，透支了子孙的财富，是对人民巨大的犯罪。不过，对油老板、煤老板来说，这些事无关紧要。他们关心的不是人民，而是人民币。

在陕北一些地方政府的纵容下，民营油企越界开采的情况较为普遍，偷油现象猖獗。偷油从个人发展到团伙，形成盗、运、炼、销一条龙。有的盗油团伙非常专业，装备齐全，甚至配有火枪。手法也非常恶劣，从一开始在单井上偷油，发展到在管线上打孔，最后公然在井场上抢油。

民营油企自身没有力量搞勘探，也不想花这个钱，因为这确实是动辄数百万上千万的大投入。一些油老板有办法，采取了跟随策略，长庆油田和延长油矿在哪里打井，他们就跟到哪里打井。再加上频繁的越界开采，各采油主体逐渐对立，矛盾激化时还曾发生械斗，严重时甚至出了人命。

油老板的行为严重冲击了陕北石油业的生产秩序。对于这种混乱局面，有种意见认为，应当按照石油管理体制，将它们重新统一划归中石油，因为这些区块原来就是中石油让出的。但巨大的利益引发了各方的博弈，陕西为了增加本地财税收入，支持以延长油矿为主导整合地方石油资源。1998年，陕西省就将延长石油管理局、延炼实业集团公司和榆林炼油厂合并组建了延长石油工业集团。

整顿陕北石油乱局的两条不同路线，代表了中央与地方利益之间的平衡和综合考量。长庆油田是中央企业，大部分税收是国税，每一吨油留给地方的税款就四五百元，而它对地方经济发展和就业的带动不容易看到，没有真金白银显眼。延长石油是陕西省属企业，一吨油交给地方的税收就是长庆油田的两三倍。除此之外，每开采一吨原油，延长石油还要向地方政府缴纳550元的固定费用，已经成了陕西各级政府的“钱袋子”。不过，横跨石油、煤炭等多行业的延长集团年销售额超过长庆油田两三百亿元，总体上向国家缴纳的国税额却并不比长庆油田多。如果各地都这样，全国的整体利益如何保障，难以实现规模效益和协同效应，最终受影响的还是国家的整体实力。

正因为延长石油的重要性，陕西抢先一步开始整顿。2003年，陕西开始清理陕北的民营油企。省政府下令收回不具有石油开采资质的企业和个人开采石油的“三权”（所有权、经营管理权、收益权），将这些石油公司并入县级国有开采企业。这种无偿回收的政策触及了众多投资者的利益，引发强烈抵制，多次爆发了民众与执法者冲突的恶性群体事件。

清华大学社会学教授孙立平在一项维稳的课题中提出：“利益矛盾和其他矛盾相比有个特点，就是它是一个最理性的东西，是可以用讨价还价、协商、合议等方式来解决的。”为了防止收回油井引发动荡，有关领导批示：“小油井的整顿是必要的，但要保护投资人的合法权益。”陕西省政府于是将“无偿回收”改为“有偿收回”。尽管之后仍有大量矛盾存在，但在磕磕绊绊中最终完成了任务。

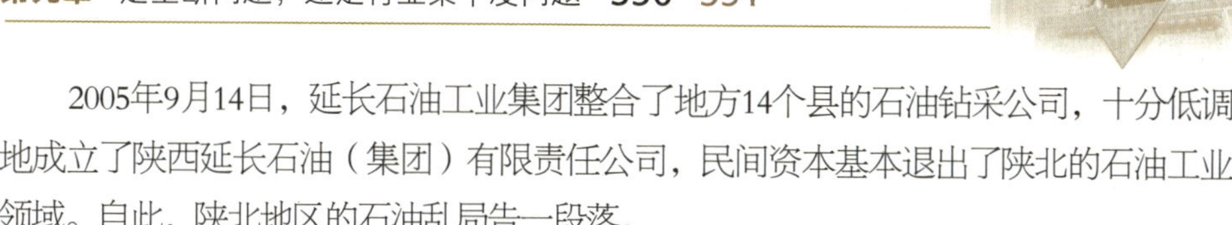

2005年9月14日，延长石油工业集团整合了地方14个县的石油钻采公司，十分低调地成立了陕西延长石油（集团）有限责任公司，民间资本基本退出了陕北的石油工业领域。自此，陕北地区的石油乱局告一段落。

陕北的石油利益角力并没有随着民间资本退出而结束，长庆油田与延长石油共同从事着该地区的石油勘探开发。目前，长庆油田年产量已经超过3000万吨，并在努力建设5000万吨的大油气田。通过科学采油，长庆油田采收率维持在25%~35%之间，开采期一般在30年至35年，大大提高了油田的效率。

长庆油田发展中也引入了民营资本的力量，其使用的钻井队伍中，有2/3是民营钻井队，达700多支。这些钻井队成为长庆油田建设的一支重要力量，每年其经营收入达上百亿元。

延长石油集团也在陕西省的扶植下快速壮大。2009年，其产量已超过1100万吨，还在不断完善产业链，将业务延伸至下游成品油零售、化工及轮胎行业。截至2010年2月底，延长石油已签约加油站95座，并提出五年内建成1000座加油站的目标。发展壮大后的延长石油不再满足于偏居陕北，踏上了开拓海外油气资源的征程。

中国的石油公司是大还是小？

尽管初步实现了经营主体的多元化，我国石油工业以三大石油公司为主的格局短期内并不会改变。诚然，从国内看，三大石油公司都是“巨无霸”，够大；但从国际竞争的角度看，它们仍然不够大、不够强。甚至有国内外专家认为，即使“三合一”也不够大。实施中国的海外战略，需要打造巨型航母才能参与国际竞争。

20世纪末的兼并浪潮中，几乎所有重要的国际石油公司都卷入其中，埃克森与美

中化道达尔是中化集团和法国道达尔集团组建的合资公司，目前已进军中国成品油销售领域。

孚的牵手只是其中的一朵浪花。越来越多的国际石油公司选择抱团取暖，石油公司未来的方向，一定是“更大、更强、一体化”。

但在国内，公众与企业之间的沟通不畅，导致大家对央企存在误解，甚至认为央企就会“窝里横”，可有可无。于是我们看到：国际上，大企业兼并重组风起云涌，强强联手方兴未艾；而国内，拆分、削弱央企的主张却大有市场，恨不能每个行业都整出个“五胡十六国”才好。客观地说，央企在管理体制、运作效率等方面确实还需改进，但如果为了国内竞争而竞争，忽视了激烈的全球竞争中的风险，忘记了“大”和“小”的相对性，也有失偏颇，将会付出沉重的代价。

“萧瑟秋风今又是，换了人间。”经过十年的发展，如今的中国央企羽翼渐丰，当年的羸弱已成为过去时。放眼国内，三大国有石油公司都算得上是大企业了。与那些国际大石油公司相比，中国石油公司不是太大，而是不够大，差距仍然非常明显。

根据美国《石油情报周刊》公布的2008年世界50大石油公司的综合排名，中石油列全球第五，而中石化（按股份公司参加排名）和中海油分别列第25和第48位。中石化股份公司与中海油的总资产加起来也只相当于壳牌的一半。再看看亚洲最赚钱公司的中石油，总收入只有埃克森美孚的41.6%，净利润也只是人家的1/4，这两项指标甚至输给了排名第十的道达尔！中石油只有在一项指标上“压倒”了所有公司，那就是人数，中石油员工多达167万，相当于所有国外石油公司员工数的总和！

2010年1月，在北京大学民营经济新年论坛上，国务院参事陈全生在谈到社会关注的“国进民退”问题时提出，三大国有石油公司应该合并为一个国家石油公司，结束内耗，一致对外，要把重组问题放在整个国民经济中，放在全球竞争中考虑。无独有偶，长期研究中国问题的英国剑桥大学发展学委员会主席彼得·诺兰也曾建议，中国石油行业“三足鼎立”的局面应该不会持续太久，政府应该将其合并为一家。

当然，“三合一”目前看不太可能实现。但两位专家的观点也让我们了解到，随着我国能源需求日益增长，中国的石油企业面对国际竞争，确实不够大。中海油曾经的失落就是我们走出去时的财富，从中我们也已发现答案。

几十年来，国际能源行业的趋势是集约和优化，由“相对集中”向“绝对集中”转变，这种行业集中度的提高不仅在本国内部，更是在全球范围内。作为一个石油消费大国，同时又有一定资源的国家，我们需要大力推进国家石油公司的国际化，努力做大做强自己。

历史的经验已经告诉我们：“大，不一定强；但，不大就一定不强。”

如何培养大处着眼的战略眼光

据说日本内阁总理大臣的办公室挂着一面牌匾——“开拓万里波涛”。新首相一上任，看到的就是这句日本天皇1868年提出的训诫。因此，所有首相、内阁职责的起点便是 “开拓万里波涛”。日本的政府和官员走马灯似的轮换，都不改变其绵延百年的“海洋”战略。

日本南边距东京1740公里的“冲之鸟礁”，涨潮时仅能露个小头（约8平方米）。就是这样一个“岩礁”，绝非“岛”，日本政府投入数以百亿日元的巨资，给“岩礁”增高、加固，防止涨潮时没入海平面下面；打造玻璃钢罩保护人工加高的礁石，以防海浪的侵蚀；在礁盘上人工培养珊瑚和植物，弄得跟盆景一样，给人以“冲之鸟礁”适合人居的假象。

原来《国际海洋法》规定，“岛”必须是在任何时候都高于海平面，有植物，能够进行和维持人类的经济社会活动的海上岛屿。日本政府耗费如此大量的财力，投入到这个仅8平方米（约两张双人床的面积）的礁石上，是意图变礁为岛的。2008年，日本政府居然决定向联合国申请，以“冲之鸟岛”作为日本海疆的最南端，并要求拥有以“冲之鸟岛”为基点的专属经济区以及优先开发权。

国与国之间岛屿的争夺，除了岛屿本身之外，更牵涉其背后巨大的海洋权益。过去曾有“海上一座岛，陆上一座山”的说法，今天从海洋权益的角度讲，则是“海上一座岛，陆上一个省”了。“台湾问题”、“南海问题”等，都不仅仅是维护领土完整的民族尊严问题，也是关系到我国未来海洋权益空间等的战略问题。

2003年，东盟五国合计在南海开采石油4000多万吨，现在更超过5000万吨，比中海油的年产量还高。越南原来是石油进口国，现在一跃成为东南亚重要的石油出口国；连海军都没有的文莱小国拥有采油平台和运油船，凭借石油文莱成为世界上人均GDP最高的六个国家之一。

海洋是国际交往的大通道和人类可持续发展的战略资源宝库。中华民族的复兴和崛起，离不开对辽阔的海域的利用。而掌控海权不能仅靠浩然之气，同样要有威武之力和谋略之思。中国未来能否在海权争夺中处于有利位置，能否开发和利用好海洋资源，已成为对中国战略智慧的重大考验，也是中国是否能够真正实现大国崛起梦想的关键。

“One World，One Dream”（同一个世界，同一个梦想），那是奥林匹克精神，是理想中的大同世界。真实的世界往往是“One Bed，Different Dreams”（同

以现代石油工业的复杂生产装置为素材创作的超现实主义油画《脉》。

床异梦），中国崛起的道路肯定不是一路坦途。

最近有一个新词——战略知识分子，流行于坊间。支持者认为，处在历史转折的关键时期的中国需要更多的能够仰望星空、不只思考小问题的人才和智慧者。的确，我们迫切需要更多地仰望星空。与西方强国相比，中国人在维护国家利益大战略上，各层次的规划和共识上还有差距。

美国是极为重视战略研究的国家。美国在开国之始就提出“建设一流国家”的长远目标。200多年来，美国始终围绕这一目标展开一系列战略部署。战略研究和战略智库在美国得到高度重视，也取得了显著成效。反观中国国内，我们的战略研究并未能列入重要议程。例如：1994年，美国一个代表团与中方会谈，美方提出一系列问题，如中国未来将要到什么地方去进口石油，中国石油进口对国际油价的影响如何、对美国的石油供应影响如何，以及对国际地缘政治有什么重大影响。中方当时觉得美方的关注简直是“天方夜谭”。因为1993年，中国刚刚成为石油净进口国，当时还有少量的石油出口。美国人那时就看到，依据中国经济的发展速度，未来肯定会大量地进口石油，并开始考虑其深远影响。

长期以来，美国社会各界都将战略研究放在核心位置，诸如兰德公司等智囊机构，以及各高校专门设立的战略研究组织，如斯坦福大学国际安全与合作中心、哈佛大学国际事务研究中心等等，都是战略研究领域的佼佼者。美国也涌现出一大批战略精英，如约瑟夫·奈、弗朗西斯·福山、萨缪尔·亨廷顿，还有学而优则仕的前国务卿基辛格、赖斯等，都是战略研究方面的行家里手。

不只是战略研究，美国以研究成果为指导的战略行动能力，则更是需要我们学习和借鉴的。改革开放前，我国进出口贸易在国内经济总量中的份额一直不到6%。如今则不同，我国经济总量中六七成是通过进出口贸易实现的，经济结构和安全结构发生重大变化。所以，美国外交学会会长理查德·哈斯提出，中国的崛起并不像说的那么好，美国对中国有六个优势，前五个都是军事方面的，第六个不是军事但最具杀伤力，那就是美国牢牢控制着中国经济对外联系的海上通道。

确实，美国海军有着一整套的战略部署，控制着世界上16条重要的海上通道，其中有六条最关键：苏伊士运河、直布罗陀海峡、巴拿马运河、霍尔木兹海峡、曼德海峡，以及马六甲海峡。六把“钥匙”就能锁住“油喉”，锁住进出口，锁住世界。

而我国的战略研究、战略规划和行动相对来说仍是“短板”，与美国等国家相比仍有差距。正如《红楼梦》里所说的“一荣俱荣、一损俱损”，我们中国人有没有利益共同点？有没有共同的战略目标？其实是有的。我们的利益共同点就是国家整体的战略利益，但是以往有些内部分歧、短期利益之争消耗了我们过多的精力，使我们难以顾及和忽视了对外部权益的争取。

中国经济历经坎坷、跌跌撞撞地走上了崛起之路，但中国作为一个大国，崛起的道路肯定不是坦途、不是一路鲜花和喝彩。我们只有认清现实，认清国家的核心利益，做好自己的事情，做好国家发展的长远规划，这才是一个大国大战略、大智慧的体现。

2010年“两会”期间，媒体对《政府工作报告》的报道，普遍关注了“做大蛋糕”和“分好蛋糕”的问题，这的确是我们要做好的事情，是国家的核心利益所在。如何把蛋糕继续做大，离开工业的血液——石油是不行的。要想继续做大，继续做好，同时也必须解决社会公平问题。如果从能源与国家安全等战略思维角度考虑，则还有一句话需要补充：保住蛋糕。

做大蛋糕，分好蛋糕，保住蛋糕，这三句话基本能反映当今中国战略问题的关键。

当前中国正处在大变革、大发展、大转折的历史时期，也是实现中华民族崛起的重要战略机遇期，战略问题异常重要和凸显。我们要认识到，能源安全关乎国家安全，美国原能源部长曾说：“美国的战略走向永远和石油管线的走向保持一致，石油管道铺到哪里，美国的国家战略就跟到哪里。”

中国向全面建设小康社会迈进不但需要能源支撑，也需要强大的战略力量的保障。一荣俱荣，一损俱损，加强对国家能源安全的战略统筹刻不容缓。■

第十章

央企的未来

P357

市场无国界，公司有国籍。越是大企业，越是烙有深深的国家印记，即使全球化时代的跨国公司也是如此。

中国的央企不仅代表国家利益，而且，无论从税收、技术创新，还是从推动经济结构调整等各方面来衡量，央企已成为中国经济的顶梁柱。

公有制为主体，国有经济为主导，多种所有制共同发展，这一格局使中国的社会主义市场经济充满强大生命力。面对国际竞争，无所谓“国”与“民”，“国”也是“民”（中国人民），“民”也是“国”（中国），国企民企都是民族经济。央企就像企业群体中的基础设施，在自身做大做强的同时，也有义务、有责任支持和带动民营经济更好更快地发展。“国、民共进”，就是“中国进”。

大企业时代已经来临。美国著名作家柯林斯说：“对高瞻远瞩的公司而言，最重要的问题是‘我们明天怎样做得比今天更好？’他们把这个问题看成生活方式，变成思考和行动的习惯。”

21世纪的中国，要做经济大国，更要做经济强国，更需要一批世界级企业和世界级品牌，要有自己的“伟大企业”。这是央企所引领的中国企业群体的使命所在，也是中华民族复兴的必由之路。

母国烙印，跨国公司也有国籍

随着全球化的深入，一些跨国公司宣称自己融入了当地市场。但作为经济“世界杯”的“球队”，跨国公司实际上仍代表着各自母国的利益，怎么会没有国籍？更何况“商场如战场”。

2009年伊拉克首轮国际招标中，BP联手中石油力压竞争对手埃克森美孚中标。中标之后，国际舆论界尤其是美国媒体，并没声讨说美国人牵头牺牲了4000多士兵才打下伊拉克，却让别人占了先机。为什么美国人如此大度，没有质疑呢？

那是因为当时有种代表性观点认为，BP虽然是英国的石油公司，但是有40%股份属于美国股东，与英国本土股东40%的持股比例相当；BP并购了美国阿莫科公司，在美国有2万多名雇员，为美国创造了数十亿美元的财税收入。因此，有人说BP甚至更像一家美国公司，而不只是英国石油公司。早在2000年，BP就大肆宣传公司名字诠释为超越石油（Beyond Petroleum）的缩写，而不再是原来的英国石油（British Petroleum）的缩写。BP仿佛真的成了一个超越国界的公司。

这个幻想在2010年6月15日晚上被打破了。美国总统奥巴马发表了上任后的第一次应急性电视讲话。在美国历史上，这样的电视讲话非常少见，一般只发生在两种情况下：一是即将发生战争，二是出现了重大灾难性事件。此前的4月20日，BP租借的位于美国路易斯安那州海岸附近的钻井平台爆炸起火，其巨大的产量从BP的利润来源迅速变成了BP的梦魇，漏油数字估算从每天5000桶扩大至3.5万~6万桶。

在这次电视讲话中，奥巴马严厉地指责了BP，几次三番地强调英国石油公司（并不是“超越石油”公司）必须为这次灾难全部埋单，所有后果都是因为英国石油公司的不作为产生的。奥巴马这么做是为了平息国内百姓的不满，其潜台词则表达了不负责的是家外国企业而非美国企业。奥巴马讲话中的BP公司的属国效应，迅速把漏油事件的风波推向大西洋彼岸，引起了全英国人的愤怒。这倒不是因为需要BP埋单，而是因为奥巴马几次三番地把这次事故归为外国公司，即英国公司。

“末代港督”彭定康的话一针见血。他说：“英国石油公司（BP）应当承担（漏油事件）很大一部分责任，就像美国越洋石油公司和哈利伯顿公司也应当承担相应责任一样，因为它们也参与了这个备受指责的开采活动。但它们的国籍似乎使它们免受指责。……美国人把BP看成英国的一家公司。”

十几年前，BP特意把名字改成超越石油，突出自己是跨国企业。英国《观察家》杂志甚至质疑，BP还是英国公司吗？还有几分英国血统？答案似乎是BP确实不再是英国的公司了，因为公司的美国股东与英国股东平分秋色：12名董事中6名是美国人，40%的业务和1/3的资产在美国。

但是，不管BP如何试图在形象上超越国界，它到底还是有国籍的——是英国籍，而不是美国籍。而且不管怎么变，英国人还是认为BP就是英国石油公司，对英国太重要了。因为BP年销售收入相当于英国GDP的1/10，英国1/6的养老基金买成了BP的股票，BP每年还缴纳给英国政府59亿英镑的税收。BP真倒下，遭殃的就是英国人民了。英国虽是联合国常任理事国，但它在世界经济游戏中的牌还剩下几张？砝码和话语权又有多重？

正因为BP是英国的重大利益所在，因此当它出事时，英国的媒体出面护驾了，甚至逼着英国首相出面和美国总统交涉。一个污染事件，居然引发了两国媒体的口水仗，甚至升级为政府间的外交事件，令人深思。对整个事件的思考结果可以打一个比喻来说，BP无论怎么变，怎么美国化，都只能算美国人的“干儿子”；到了关键时刻，“干儿子”就不如“亲生儿子”，也永远都变不成“亲生儿子”。

看来，不管企业的国际化程度有多高，跨国成分有多大，业务范围有多广，国籍的唯一性是无法改变的。在政治博弈和国际较量中，企业最终只能依靠它的祖国，只有祖国才能给它最大的支持、保护和最无私的爱。2009年伊拉克油田全球招标，五大常任理事国的企业全部中标，这似乎是国家利益间巧妙的博弈与平衡。

墨西哥湾漏油事件带给我们的深度思考，并不是BP要赔多少钱，而是出现重大利益纷争时，任何一个跨国公司都只属于自己的祖国，“市场无国界、公司有国籍”！这也提醒了我国企业，没有国家作后盾，企业也难以在国际上称雄。同时也提醒我们的国人，我们中国的企业永远代表的是中国人的利益，更需要来自国人最大的支持和保护。

还原央企真实的面貌

在一些人眼中，央企就是垄断、低效、腐败、与市场经济不合等负面词汇的总括，认为央企一定搞不好，必须私有化，“国退民进”是大势所趋。事实上，改革脱困并高速成长多年之后的央企，如今已成为国民经济真正的支柱。

2009年，央企实现营业收入12.6万亿元，2010年更达到16.7万亿元。2002年到2010年间，央企实现的利润从2405亿元增加到8490亿元（注：2010年利润数字为净利润），年均增长20%以上；上缴税金从2915亿元增加到14058亿元，年均增长21.6%，累计向国家上缴税金6.8万亿元。

需要说明的是，目前70%的央企已经实现股份制改造，而且是在美国、中国内地和中国香港等地上市，所以现在央企的资产不仅属于我们国家13亿人民，还有一部分属于国外和国内的战略投资者、广大的股民。

目前，央企82.8%的资产集中在石油石化、电力、国防和通信等关系国家安全、国计

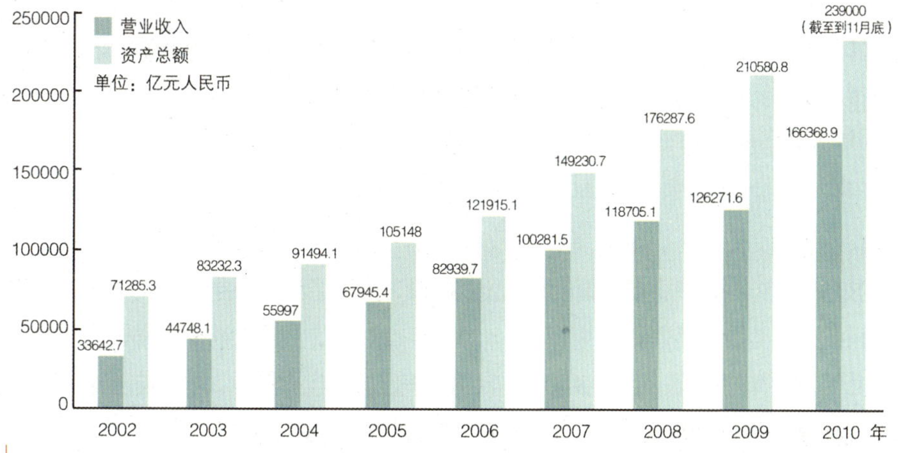

2002年~2010年央企营业收入和资产总额示意图

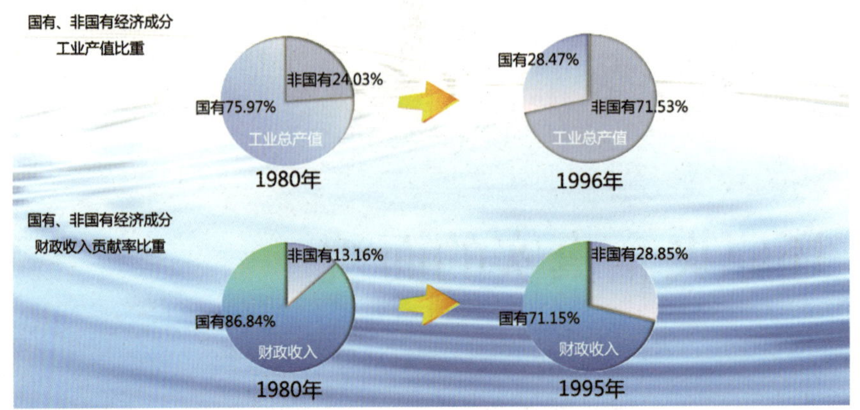

1980年-1996年国有、非国有经济成分，所占工业产值、财政收入比重示意图

民生的关键领域，以及运输、矿业、冶金和机械等支柱行业。在国民经济重要行业和关键领域的央企户数占全部央企的25%，资产总额占75%，实现利润占80%，央企更多地集中存在于具有战略性或公益性的行业和领域中。

目前，国企的税收依然是政府财政收入的大头。1980年至1995年的改革过程中，非国有企业享受了较多的税收优惠，国企承担了大部分改革成本。1980年，国有经济成分的工业总产值占全国的比重为75.97%；到1996年，这一份额下降到28.47%，而非国有经济的份额则上升到71.53%。与此形成鲜明对比的是，15年间国家财政收入结构的变化则要小得多。1980年，在国家财政收入中，国有经济的贡献率为86.84%，非国有经济的贡献率为13.16%；到1995年，国有经济的贡献率虽有所下降，仍高达71.15%。

中国人民大学财政金融学院的研究也表明：2003年至2008年间，国有企业的税负大大高于其他类企业，国企税负率六年均值达到27.3%，按占有同样单位资产量的条件计算，国有企业提供的税收额要高于其他各类企业约45%。也难怪，一些在华外企长期存在“长亏不倒”和“越亏越投资”的现象，2005年账面亏损的外企占60%以上。在中国企业税收平均增长约20%的态势下，2004年外资“百强”纳税增长率居然为零。这种税负状况既为非国有经济的发展创造了条件，也是导致当年国有企业亏损面扩大的一个重要原因。

技术创新方面，央企推进着创新型企业建设，推进了产学研合作。2006年-2009年的国家科技进步奖特等奖全部由央企获得。2005年-2009年，央企共获得国家科技进步奖一等奖32项、二等奖266项。目前中国的高铁总里程已成为世界第一，中国自己开发的高速列车已经跑出486公里时速的新纪录，代表着中国科技的进步。

在批评和抱怨声中前进

近几年有关中央企业、国有企业的争论纷纷扬扬。

在中国改革开放三十多年的过程中，私营经济充分显示出了活力，私营企业已经主导了包括服装、食品、装备制造等在内的众多充分竞争性行业。而被称为“国家命脉”或是经济“制高点”的金融、能源、交通、电信等行业，则维持着国家所有、主导和管控的现状。

这一社会现实引来了种种非议，垄断论、“国进民退”论、市场扭曲论等充斥着舆论界和学术圈。这些论调可以统称为国有企业“怀疑论”。“怀疑论”者的尚方宝剑便是西方传统经济学理论。他们大多认为，政府主导和干预企业的行为，造成了市场定价的扭曲和资源配置的浪费，是收入分配不公、社会腐败、权力寻租等争议极大的社会问题的源头。悲观者认为，不改变现状，中国经济将步日本后尘，陷入失落的十年、二十年，甚至更长时期衰退。

国有企业成了一个筐，垃圾、口水、愤懑都可以投入其中。仔细分析，可以发现国内、国际两大社会背景，构成了公众对国企产生不满情绪的深层次原因。

公众对国企的批评，首先要放在国企改革的大背景下来看待和分析。全社会有一个共识，那就是国企改革是对国民经济微观主体的重大改造，是我国从计划经济到市场经济体制转变中最重要的一项改革。此项改革涉及几十万家国有企业、近八千万名国有企业职工，他们是除农民之外中国最大的社会群体。改革导致利益调整和利益损失，也会带来很大的社会风险，国企内部的不满情绪和不稳定事件也可能会随着改革的推进而增加。同时，由于这项改革没有成功的先例可循，完全是要依靠勇气和试错精神趟出一条中国国企改革的道路，因此改革每推进一步都可能伴随着巨大的争议，以前有批评搞私有化、损害职工权益的，现在则是批评“国进民退”。

国内的另一个重要经济背景便是民营企业整体实力的提升。截至2009年6月，全国登记注册的私营企业有692万户，占全国企业总数的70％左右；个体工商户共3063万户，拥有资金数额9850多亿元。民营经济创造了一半以上的国内生产总值，成为吸纳就业的主渠道，解决了80%以上就业人口的就业。改革开放三十多年来，民营经济的快速成长和中央对其作用的不断肯定是相辅相成的。随着民营经济在国民经济中地位的强化与声音日渐洪亮，其希望寻求更大的市场空间，也是很正常的事情。

此外，还有一个国际大背景更需要关注，那就是意识形态之争。虽然西方国家对与我国之间的意识形态差别采取弱化处理的态度，但是它们对社会主义国家的意识形态输入战略从未改变。作为中国特色社会主义的重要支柱、共产党执政的重要基础的国有经济，自然是其瓦解和打击的主要目标。

在这样的大背景下，社会上关于民营经济和国有经济的“进退之争”，实际上是争论焦点离题或跑偏的产物，这是将国企与民企完全对立起来，显然不符合中国经济的战略设计。人们如果对中国经济的发展脉络有一个连贯而清晰的认识，就会发现，在中国，“国”与“民”的利益是具有一致性的，国企和民企都有一个共同的名字——中国企业，都是代表着中国经济利益的重要力量。在全球化的今天，中国就是要“国”进，但这个“国”字，指的是“中国的企业”，既包括国企也包括民企，二者理应同进，是一荣俱荣、一损俱损的关系。这也是服务于一个更高的战略目标——国（家）进。

中国社会科学院工业经济研究所所长金碚教授提出，国有企业应当学会在批评和抱怨声中前进，令人深思。

金碚认为，改革开放三十多年来，舆论对国企的评价好像永远是“改革还不到位”、“还不彻底”。其实，不独中国，世界各国的国企的处境，都可以叫做“在批评和抱怨声中前进”。

第一是“批评”。国企在全世界几乎总是受到批评：不赚钱乃至亏损的时候，批评它经营不善，缺乏效率；赚了钱甚至赚很多的时候，批评它是“与民争利”，或者是国家输送利益。如果它要做大，批评它是垄断；如果它做不大，批评说国企没有竞争力。总之是左右为难。

第二是“抱怨”。国企自己总是在抱怨：我们发挥了这么大的作用，从统计指

标看也在做大做强，也获得了利润，给国家缴了很多税，为何还总是受到舆论批评？在竞争灵活度上，我们不如民营企业，是因为民营企业能干的事，很多我们不能干！“又要马儿跑得好，还要马儿少吃草。”

到底国企改成什么样子算是“改到位”，可以使大家满意了？或者说，什么是国企改革应该达到的目标状态？用经济学的语言讲就是，国企改革的“均衡状态”是什么？

金碚认为，社会对于国企的评价应该是这样的：第一，作为一个企业，要评价它的效率高不高，是亏损还是盈利，是不是做大做强了，是不是能够代表这个国家的竞争力。第二，所有的国家对国企的评价，甚至对国企是否需要设立或退出，都有个看它是否能体现国家意志和人民的更高利益要求的标准。对国企的上述两层评价，第一层是市场评价和企业竞争力评价；第二层是所有者国家和人民利益的评价。社会一般的企业也有这样两层的评价，但国有企业的特殊性决定了社会对其第二层的评价必然会比一般企业有更高的要求。在第二层评价方面，也许如前面所讲的，人民永远不会百分之百的满意，永远会在承认你成绩的同时批评你。这就是国企必须面对的现实，国企不能因此总抱怨“舆论环境不好”。

国企在某种程度上，有一点像是整个企业群体里面的基础设施。基础设施自己好、能赚钱、有效率，这是一个基本目标；更高级的目标是，它要对其他企业的发展有利，为国家的整个产业形成健康有序、有竞争力的发展状态发挥职能和承担责任。归根结底，国企是国家设立的，它要体现国家的意志、人民的意志，而不仅仅是实现企业自己的微观经营目标。

国家利用国企这样一种企业组织形式，是为了使整个经济更加健康有序地发展，是为了我们所有产业中的企业群体都具有更强大的竞争能力，而非仅仅国企本身如何。

随着我国社会的发展，老百姓的社会参与要求也越来越高，必然会对国企央企的发展状态评头论足、发表意见。对此，国有企业不要抱怨，而是要循着改革的方向坚定地前进，承担起实现国家发展的特殊职责和战略功能，特别是要用带动整个国家的企业群体更具有国际竞争力的事实来平息议论、树立形象。▣

社会责任，央企的必然担当

除了完成国家交给的经济任务外，央企在社会发展中担当着应负的责任，为中国的崛起和腾飞提供着强有力的支撑。

连续把“神舟”飞船、“嫦娥”卫星放飞苍穹的是央企；自主研制出被誉为“大国名片”的歼10、歼20飞机的是央企；在雨雪冰冻灾害、汶川、玉树地震、舟曲泥石流等重大自然灾害面前，发挥中流砥柱作用的是央企；在北京奥运会、新中国成立60周年、上海世博会、广州亚运会等重大活动中，作出突出贡献的是央企；圆满完成我国青藏铁路、西气东输等重大工程的主力军也是央企……

2010年底，中国社科院发布的《企业社会责任蓝皮书》显示，国有企业尤其是中央企业的社会责任指数大幅领先。国企的平均得分为33.1分，其中央企得分高达43.8分，民营企业和外资企业得分分别为29.6分和27分。

人民大学教授张宇指出，作为国民经济主导的央企，是国家建设社会主义和谐社会的重要力量，理应承担着更多的社会责任。

央企在履行经济责任、政治责任的同时，在社会责任方面也逐步加强和改善，更加关注社会民生，并做了一些工作。

为了缓解社会就业压力，在金融危机最严重的时刻，央企响应“保民生、保稳定，关键是保就业”的号召，坚持“减薪不裁员，歇岗不失业”。2009年在利润和收入双降的情况下仍主动吸纳了20万名毕业生，比2008年增长7%。中国建筑等8家建筑企业还带动了500多万农民工就业。

为建立健全社会保障制度，2009年，央企合计完成向社保基金转持国有股55.3亿股，对应的市值为429.68亿元，充实了社保基金。

在对外捐赠方面，2009年，123家央企共对外捐赠34.2亿元；截至2010年9月，

累计有109家中央企业对外捐款，总额达到22亿元。

中国石油公司在履行社会责任方面始终不遗余力。1998年中石油便提出“创造能源与环境的和谐”，2003年更明确提出“奉献能源、创造和谐”的理念。在公益事业上，“母亲水窖”爱心工程在缺水的西部共修建水窖超过12万口，仅中石油一家公司就捐建1万多口；中石油还投入3800万元在多家电视台推出“全国农产品深加工招商项目广告”，通过信息扶贫的形式支持新农村建设；石油企业对口支援西藏，中石油在双湖特别区完成了60多个援藏项目，投入资金超过1.66亿元；公益无国界，走出去的中石油，仅在苏丹的公益事业捐款额就超过5000万美元。

2010年底，48家中央企业发布企业社会责任报告，披露相关数据，将社会责任理念融入企业的日常经营之中，主动接受社会监督。中国移动的报告连续三年入选道琼斯可持续发展指数，中远集团的报告荣获全球报告倡议组织评级的最高级A+，还有中石油发布的国别报告《哈萨克斯坦可持续发展报告》等受到广泛关注。

近十几年来，随着效益、规模的增长，中央企业、国资委等对“股东价值”、“社会责任”的认知也在不断深化。2008年初，国资委给央企发的第一份红头文件就是《关于中央企业履行社会责任的指导意见》。央企原有的政治和经济更突出的“二维”的责任观，已转变为经济责任、政治责任、社会责任“三维”的责任观。央企2006年第一次发布了企业社会责任报告，温家宝总理批示：“这件事办得好。企业要向社会负责，并自觉接受社会监督。”

对于一家企业而言，集三种责任于一肩，“担当”负荷是不是太大，三者间是不是会有利益矛盾和冲突？以石油行业为例，在油荒中，国有石油公司在油价倒挂时仍开足马力生产，是尽了政治责任和社会责任。但这样做，必然会影响企业自身效益。这些国有石油公司还是上市公司，这样做小股东能没有意见？

答案其实是肯定的，并不冲突。

国有石油公司承担社会责任、政治责任对不对？深挖一下，答案就出来了：商业逻辑在稳定的社会环境下才能行得通，而当社会一片混乱的时候，商业逻辑何在？当“油荒”这样的问题影响到整个经济社会环境稳定的时候，社会责任便别无选择地成为央企的战略抉择。

这个问题并非中国国企独有，其实这里面隐含着一个理论创新的问题。美国也改了，股东负责制变成了利益相关制。去年有一本畅销书，叫做《日本最了不起的公司》。在日本，最了不起的5家公司不是丰田和松下，而是5家小公司，都在社区中。

中国石油运输公司流动油库车队奋战在玉树灾区

按照日本企业的理念，公司首先要存在于社区当中为社区服务，如果脱离了社区就没有办法永续经营，更谈不上基业长青。中石油、中石化这么大的公司，涉及国家的能源安全，也要服务于社区，只是这个社区范围比较广，是整个国家。

在社会责任履行上，央企目前还是起步阶段。尽管与公众的期望还有较大差距，但不可否认它在社会责任理念、意识和行动的转变及诚意上起到了带头作用。如今，社会责任已渐渐成为央企的一种发展思路和战略。实现国有资产保值增值是央企履行社会责任的坚实基础，央企将做大做强、提供优质产品和服务、关注社会民生作为践行社会责任的第一要务，通过建立健全社会责任战略、治理、融合、绩效、沟通机制，在依法纳税、人文关怀、环境保护、节能减排、科技创新、公益事业等方面全力推进，方能更好地履行和平衡好企业的三大责任。三大责任构成了“铁三角”，而三角形也是最稳定的结构之一。

“国、民共进”，就是“中国进”

通过对各国经济和国际上大企业发展脉络的梳理，能够看出，在全球经济一体化的背景下，单一企业已难以形成市场垄断。中国的央企在国内市场集中度虽高、规模虽大，也不可能垄断国际市场；集中度应该高一些还是低一些，要视不同行业、不同阶段、不同时期、不同对象来定。美国关于垄断的多重标准实质就是一个标准——美国的国家利益标准，因而它认为在国内是否反垄断，要看面对什么样的国际竞争环境。

面对全球化竞争，中国现阶段在战略行业提高集中度是维护国家利益、人民利益的首要选择，央企做大做强是为了全民的利益去迎接全球化的国际竞争。同时一些战略行业也要打开“玻璃门”，向民营经济适度开放，支持民营等非公有制经济更快地发展。国企与民企是分层养鱼、互为补充的关系，央企已经开始这样做了，大家通过演绎好不同的角色来实现互补、互利共赢。

“国进民退”、“国退民进”可以认为只是个概念之争，没有多少实质意义，应该大力宣传的是“国、民共进”。其实，国企和民企都是民族的企业、中国的企业，只是发展阶段不同。目前大部分民企发展时间还短，壮大还要有个过程，现阶段国企做强更加具备条件，参与国际竞争更有优势。现在应该做的是“国、民共进”，去参与全球经济的“世界杯”。中国的企业（不管什么所有制）共同做大做强，不仅要增强中国企业在国际市场上的“话语权”（Right），更要通过自身实力的提升，实现“话语力”（Power）。

央企也要客观面对社会公众的批评和监督，有则改之，无则加勉，用更高的标准改进自身，才能更好地前进。尤其要加强与社会的沟通，开拓多种渠道传递央企的声音，以弥合双方认识上的鸿沟。同时，对可能发生的突发事件应做好预警，并建立完整的应急预案、应对措施和事后处理机制。

中央领导对央企高度重视。例如，仅2009年以来，中共中央政治局常委就先后31次到中石油视察，前所未有。

2009年8月17日，在全国国有企业党建工作会上，中共中央政治局常委、中央书记处书记、国家副主席习近平强调指出，国有企业是全面建设小康社会的重要力量，是中国特色社会主义的重要支柱，是我们党执政的重要基础。这“三个重要”很重要，为我们指明了国企未来的出路和发展方向，也是对国企怀疑论者的有力回应。

全面建设小康社会、建设中国特色社会主义，最根本的一条是要坚持以经济建设为中心，不断解放和发展社会生产力。以央企为龙头的国企是公有制的重要实现形式，是国家引导、推动、调控经济和保证社会和谐、科学发展的基本力量。正如《人民日报》所评价的那样：“中央企业靠得住，信得过，拉得动，打得赢。”

张德江副总理说：“国有企业是国民经济的顶梁柱。”这既是对国企作用的明确定位，也是对国企提出的重要要求。

从一个国家的整体发展来讲，国企和民企在经济发展的过程中，各自发挥自己的优势和长项，共同推进经济和社会的发展，完全可以共赢共进。这样，中国经济的大发展大飞跃便有了更加深入、更为广泛的社会基础。任何一个国家都有国企和民企，只是在不同的时期、不同的行业遇到不同的问题。现阶段，摆脱亏损的国企逐渐强大起来，开始发挥它的影响力和控制力。国企、央企在自身做大做强的同时，要充分发

2010年8月，王勇成为新任国资委主任。

挥企业群体中类似基础设施的作用，支持和带动我国民营经济的发展。从战略层面来看，国家是希望国企和民企发挥各自所长，各有所进，各有所退，实现“有进有退，进而有为，退而有序”，最终达到国企和民企平等竞争、相互促进的局面。

国企是国民经济的中流砥柱，可以弥补市场机制的固有不足，实现非公经济无法企及、政府也难以实现的政策性目标，是保障人民群众利益和实现国富民强的最重要的保证。国企还是国家经济安全的重要控制力量，是国家可以用来应对突发事件和重大经济风险的中坚力量，是参与国际市场竞争的支柱企业。

党的十五大上，国家按规模（而非按产业）确立了国企的发展战略，大量国企通过“抓大放小”的方式从竞争性行业退出，即中央层面保留特大型企业，地方层面保留大型企业，而将中小型企业“关停并转”。十五大还同时确立了另一项重大改革战略，即国企的股份制改革和资本市场的发展。通过股份制改革，国企实现了资产的市场化定价和融资，还通过出售股份的方式实现产权的多元化。

20世纪90年代中期开始的股份制改革，从最初的抓大放小，到垄断产业的寡头化、国有企业上市、地方国企引入战略投资者、成立国资委、资本市场的“全流通”改革、央企缩编，都是这一改革方向的具体战略步骤。这是我国国有企业在“摸着石头过河”的进程中，摈弃了前期不成功的MBO（管理层收购）模式、实践证明失败了的苏联私有化模式，最终确立了通过股份制完成产权改革的发展思路。

上述改革思路有一个明显的优势，即顺国际大势而为。因为现代经济的发展历程中有一个重要趋势，就是现代企业在股份制基础上的规模化、集约化。现代社会高收入、高效率，低成本、低价格的基础，便是规模经济，这也是现代经济的核心和本质，是需要牢牢牵住的“牛鼻子”。

认清国企和民企在目标和利益上的一致性，摈弃国、民争利的狭隘思路，并厘清发展方向，这样才能对中国的国企、央企有一个理性的认识，不再囿于传统思维的条条框框限制。这样，作为全球第二大经济体的中国，国民经济才会形成协同效应和规模效应，整体的经济优势才可以在国际社会上充分发挥出来。

我们还要认识到，中国作为一个后发型国家，后发既有优势更有劣势。我们虽然可以充分发挥技术追赶、经验总结、制度学习等后发优势，少走弯路，少交学费；但是对诸如制度创新不足、缺乏自有核心技术、制度模仿与现实国情脱节等后发劣势，也要有清醒的认识。目前，我们的民间资本力量仍然薄弱，很难依靠民企实现对发达国家的赶超，这也是后发劣势之一。可是，经济发展不能等，也等不得，现实是不会因为我们起步晚，发达国家就停下等我们追上去。因此，对具备条件的企业加快规模化发展是我们现实的选择。具体到市场选择上，一些更具规模优势的国企、央企和发展良好的民企来兼并其他企业，会成为现阶段中国经济不可避免的市场选择之一。

央企未来的改革和发展，正如经济学家樊纲认为的："国资发展不能够太过教条，哪一个机制好我们就用哪一个，也许需要改，也许需要更多的产权多元化，也许需要跟外资进行一些结合。中国在这个发展阶段不能教条，该用的资源都要用好，然后随着情况变化不断调整，不把它固定死，这可能是最现实最有效率的。"

央企在目前尚处于改革发展的攻坚阶段，财政部企业司陈柱兵和马军就对国企改革总结出五点问题：制约国有企业改革的体制机制问题依然存在；垄断性行业企业改革进展缓慢；国有企业历史遗留问题仍未完全解决；国有企业产权制度改革尚需向纵深推进；国有企业收入分配制度改革进展缓慢。

此外，也必须看到，央企分布仍然偏宽，结构也不尽合理，一些央企从事的经营业务并不属于关系国家安全和国民经济命脉的重要行业和关键领域。对此，国家正在继续推进央企布局和结构的调整，引导中央企业集中精力做好做强主业。

今后的改革进程中必然会出现众多的博弈、反复等现象，也会有一些利益集团死守权力，导致改革的进展缓慢。同时，还有大量国企尚未完成改制上市的进程；完成改制上市的国企，也有可能因我国资本市场发展程度低，股份流通不畅，国有股一股独大，影响现代企业制度发挥作用。但这些是改革前进路途中的问题。

国企下一个阶段深化改革的总体方向仍将是进一步推进国有企业的市场化，包括继续完善国有资产出资人对企业经营者的激励约束机制；通过整体上市对国有企业进行公众公司的改革，进而推进产权多元化；继续完善公司治理结构，优化委托代理关系；推进企业重组和内部改革，摆脱僵化机制的束缚等。

只要国企、央企坚持科学发展，建立起具有完善的治理机制和激励机制的现代企业制度，打造出具有国际影响力的自有品牌和自主创新技术，形成有中国特色的企业文化，向新型央企不断迈进，总有一天，会走出一条独具特色的发展之路，成长为世界上最具竞争力的企业。■

迎接中国“伟大企业”时代的到来

世界级企业因为全球化的品牌形象使人们熟悉，今日的中国急需涌现出一批具有成为世界级企业潜质的企业。但是，仅仅规模大并不代表伟大，中国企业离成为伟大企业还有不小的距离。中国崛起要亮给世界新的名片——“中国创造”，以及随之而产生的一批伟大的企业。

美国总统柯立芝曾说过，美国的事业就是企业。今天全世界人耳熟能详的美国大企业数不胜数，如饮料业的可口可乐，电脑业的微软，化工业的杜邦，汽车业的通用福特，零售业的沃尔玛，军火业的洛克希德·马丁，饮食业的麦当劳等。

这些企业都称得上是世界级企业。它们具有同一个特征：主营业务收入处于世界前列，具有全球化的品牌形象，对行业技术的变革创新作出了显著贡献，拥有独特的发展战略或商业运营模式，员工具有很高的职业化和专业化水平。

我们欣喜地看到，中国已出现了一批具备上述潜质的企业。尤其是在全球金融海啸的严重冲击下，中国的很多企业却展示出活力，正踏上成为世界级企业的征程。但是，也要看到我国的优秀企业与世界级企业之间存在的差距，不仅是财务指标层面的，而是整体性的。那么，差距在哪里呢?

差在企业文化上，中国企业往往用权力集聚员工，而世界级企业用文化凝聚员工；差在绩效管理上，中国企业往往只管理员工的现在，而世界级企业还管理员工的未来；差在公司管控上，中国企业的发展主要靠能人，而世界级企业主要靠制度与流程；差在营销系统上，中国企业往往利用消费者的信息不对称赚取利润，而世界级企业往往促进消费者成熟；差在团队合作和领导力上，中国企业的环境鼓励做聪明人，而世界级企业的环境鼓励做认真事。

一个民族，如果没有一批世界级企业做支柱，那么这个民族就没有脊梁。但世界级企业并非企业发展的终点。因为，世界级企业还并不能与伟大企业画等号。

有人曾经问福特汽车公司董事长比尔·福特，好的企业和伟大的企业有什么区别？他的回答是：好的企业为社会提供优质的产品和服务，伟大的企业在提供优质的产品和服务的同时，更去创造美好的世界。有学者对伟大企业的特征也作了如下表述：伟大企业是一个学习型的组织，有创造性，有一套透明的、彼此信任的公开机制，是敢于负责的企业，富有精神和传统，受人尊敬，基业长青。

传统观念中大企业的大，是指销售收入、规模及业务范围的扩大，而伟大企业的规模不一定最大，但竞争力与生命力却很强，同时它具有向公众及消费者的思想进行渗透和潜移默化的影响力，使其成为“可持续发展”的大企业。

总之，历史悠久的企业不一定是伟大的企业，庞大的企业更不一定是伟大的企业，世界五百强也未必是伟大的企业。伟大的根本是一种精神。

中国是一个大国，有厚重的文化积淀，有强烈的民族自尊。三千年来，多数时间里，我们走在世界文明的前列，影响并改变着这个世界。未来，中国对世界的影响、对世界的贡献，不是靠军事体现，而要体现在文化和经济影响力上。文化和经济影响力的扩张需要载体，这个载体只能是中国的伟大企业。

近期，中国商务部在美国CNN电视台开展宣传中国企业从“Made In China（中国制造）”到“Made With China（意为中国制造，世界合作）”、“Created In China（中国创造）”的转变。而“Created In China”则表示中国不会满足于仅仅从事世界产业分工中的中低端生产，而要积极

深度阅读……

央企“十二五”时期改革发展的总体思路

围绕“一大目标”，实施“五大战略”，加强“三大保障”。

“一大目标”就是：做强做优中央企业、培育具有国际竞争力的世界一流企业。

具体就是做到“四强四优”，即自主创新能力强、资源配置能力强、风险管控能力强、人才队伍强，经营业绩优、公司管治优、布局结构优、社会形象优。这些企业应该具备以下主要特征：主业突出，公司治理良好；拥有自主知识产权的核心技术和国际知名品牌；具有较强的国际化经营能力和水平；在国际同行业中综合指标处于先进水平，形象良好，有较强的影响力。

实施“五大战略”：即大力实施转型升级战略、科技创新战略、国际化经营战略、人才强企战略、和谐发展战略。

加强“三大保障”：继续深化国有企业改革，增强企业活力，提供动力保障；不断完善国资监管体制，增强监管有效性，提供体制保障；加强和改进企业党建工作，充分发挥党组织的政治核心作用，提供组织保障。

进取，努力自主创新，打造中国新的世界名片——中国创造。

世界正在快速走向全球化，中国要崛起，需要更多的世界级企业，更需要有艺术家、冒险家的激情和活力，勇于去创新，去承担更重要责任的伟大企业。当年铁人王进喜有句名言，“井无压力不出油，人无压力轻飘飘”。对央企来说，这是挑战，更是压力，有压力才能不断超越自己。

在2010年央企负责人会议上，国资委主任王勇在报告中提出，央企将围绕“一大目标”，实施“五大战略”，加强“三大保障”。明确提出了做强做优中央企业、培育具有国际竞争力的世界一流企业的目标。这是一个振奋人心的目标。

大国间的竞争，是综合国力的竞争。公司强，则国家强；而国企强央企强，则中国的公司强。

放眼未来，中央企业应积极承担经济责任、政治责任和社会责任，在大事要事难事面前发挥带头作用、骨干作用和顶梁柱作用。我们坚信，21世纪的中国，一定会诞生一批伟大企业。这是中国企业集群中起引领作用的央企和所有有实力的中国企业的共同使命，也是中华民族复兴的必由之路。

上海浦西高架路上密集穿梭的车流

足迹（代后记）

2005年，构思中国版《石油风云》——《石油中国》，完成提纲后搁置。

2006年初，着手编写《解读垄断》手册，完成部分初稿后中止。

2006年11月，参加国资委组织的赴日“企业公共关系与危机管理”考察团，撰写报告为央企加强危机管理、树立企业形象提供决策参考。

2007年11月，参加“全国社长总编培训班”，对垄断及高油价、高利润、高股

价等热点问题进行解读的大会发言，引起与会媒体老总的浓厚兴趣。

2008年12月，组织“国脉万里行”活动，横跨四国行程上万公里，50余家媒体上百名记者参加，加深了对企业与社会、媒体沟通重要性的认识。

2009年11月，在原来基础上开始构思本书，初拟名《石油·国企·垄断》。

2010年1月22日，约请专家举行“国企与垄断”沙龙。

2010年1月26日，随中石油领导赴伊拉克，现场感受央企的责任与勇于担当。

2010年2月14日（正月初一），完成20页书稿目录和写作提纲，拟出四章12节模式。

2010年2月下旬，列出80个话题和内容提要，约一半话题请石油大学经管学院学生帮助收集资料。筹划用畅销书的方式写作和市场化发行，改名为《央企的困惑》。

2010年4月，约请专家举行“油价与利润”沙龙。

2010年6月，与某知名出版公司签约，商定书名为《央企咋回事》。

2010年8月，完成本书原拟定内容的初稿。某知名出版公司与数家出版社联系正式出版事宜，被出版社以不看好或话题敏感等理由婉拒。出版公司提出的《央企真相》的书名也被相关出版社否定。

2010年8月底，写作本书得到中石油领导和有关部门的肯定和大力支持。

2010年9月中旬，某知名出版公司发行人员集体投票将此书列入C类选题（第三等），本书未进入重点选题。出版公司要求抓紧付印，笔者要继续完善书稿，双方友好协商后解除出版合同。

2010年9月下旬，到国资委宣传局查找资料，得到其多次指导和大力支持。

2010年9月底，与多家出版商联系，对方均因市场能否认可而举棋不定。

2010年“十一”，长假7天闭关写书。连续熬夜，数月内“减肥”10斤。

2010年10月上旬，主动联系山西教育出版社，双方相见恨晚，一谈即合，书名调整为《央企怎么了》。随后又新增了“央企的前世今生”和“国进民退大论战”等内容，并按多章节形式变成九章，其中有两章内容为新增。

2010年10月，与知名发行商接洽发行事宜未果，并再次得到“写得负面点才能畅销”的建议。

2011年1月，新增“央企的未来”一章。约请中石油相关领导和单位对书中涉及事实等内容进行核对。

2011年2月1日（腊月廿九），山西教育出版社紧急排出了第一稿书样。笔者邀请相关媒体老总和好友帮助审阅书稿提意见。请中石化、中海油等相关央企帮助核对事实。

2011年2月3日（正月初一），安徽老家的医院，在父亲病床前的木凳上，开始最后一轮的修订。

2011年2月5日（正月初三）凌晨，父亲辞世。愧疚的是，在他近两年治疗期间，父亲总是不要我陪他，叮嘱专心工作和写书，是父亲给了我最无私的支持和挚爱。

2011年2月9日起，中国石油报社、山西教育出版社的领导和众多同志们陆续帮助核校书稿、编排出版，历时十多天。书名最终定为《央企真相》。

读毕清样，掩卷而思，脑海中涌出的就是“加持”二字。“加持”一词来源于梵文，意思是把超乎寻常的力量加在弱者的身上，使其得到毅力和勇气，从而可以扛起重任，渡过难关。笔者在写作本书的四百多天里，就是如此。

整整一年间，处于半闭关状态，“六亲难认”，朋友邀约一律婉言推辞。收集、阅读资料2米多高。

仅凭一己之力是无法在如此短时间内，完成这样繁重、敏感题材作品的写作出版。是众多领导、朋友和专家的真挚支持和帮助，给我加持，给我启迪，给我力量。我也深切感受到，他们并不只是在支持我，而是在支持我所做的事，这件事情所承载的也是大家乃至社会共同关切的话题。

本书引用很多中石油等央企领导及社会各界专家的重要观点，在此深表谢意。衷心感谢大家的关心、支持和帮助！

邱宝林

2011年2月26日于北京西三旗

参考文献

[1]邹东涛.欧阳日辉.中国所有制改革30年.北京：社会科学文献出版社，2008

[2]王勇.做强做优中央企业 培育具有国际竞争力的世界一流企业.国资委网站，2010.12.23

[3]李德林.高盛阴谋.沈阳：万卷出版公司，2010

[4]陈志武.为什么中国人出卖的是“硬苦力”.新财富杂志， 2004.9

[5]C·弗里曼（Chris Freeman），L·苏特（Luc Soete,）.工业创新经济学（第3版）.华宏勋等译，北京：北京大学出版社，2004

[6]林毅夫,蔡昉,李周.中国的奇迹：发展战略和经济改革.上海:上海人民出版社， 1999

[7]吴敬琏.当代中国经济改革.上海:上海远东出版社，2004

[8]张维迎.市场逻辑.北京：北京大学出版社，2004

[9][美]丹尼尔·耶金.石油风云.上海政协编译组译.上海：上海译文出版社，1992

[10]邵宁.国有企业与国有资产管理体制改革.国务院发展研究中心“双月学术报告会”.2009.11

[11]季晓南.正确分析和认识当前“国进民退”的讨论.学习时报，2009.5.7

[12]金一南.能源与国家安全筹划中的战略思维.“低碳发展·现代生活”高层论坛，2010

[13]王忠明.从现代企业制度到现代产权制度.经济观察网，2008.8.14

[14]国务院国资委2009年回顾.国务院国资委研究局.2009

[15]国企理论热点面对面.国务院国资委宣传工作局.2010

[16]2000—2009中国石油天然气集团公司年报

[17]2000—2009中国石油天然气股份有限公司年报

[18]2004—2009中国石油化工集团公司年报

[19]2004—2009中国海洋石油总公司年报

[20]2000—2009中国石油天然气集团公司年鉴

[21]江涌.猎杀"中国龙".北京：经济科学出版社，2009

[22]张宇.国有经济改革若干问题商兑.国资委网站，2010.4.19

[23]乐民.国企该不该做强做大.企业文明，2010.2.10

[24]朱力.变迁之痛：转型期的社会失范研究.北京:社会科学文献出版社，2006

[25]百年石油编写组.百年石油.北京:石油工业出版社，2010

[26]罗志荣.国企崛起是"中国模式"优势的重要体现.企业文明，2010.2

[27]金碚.国有企业的目的和使命.企业文明，2010.3

[28]任真.解析"国进民退"论断真伪.企业文明，2010.2

[29][美]李普曼 .舆论学.北京：华夏出版社，1989

[30]陈力丹.新闻理论十讲.上海:复旦大学出版社，2008

[31][法]古斯塔夫·勒庞 .乌合之众：大众心理研究.北京：中央编译出版社，2000

[32]陆学艺编.当代中国社会阶层研究报告.北京：社会科学文献出版社，2002

[33][美] 克利福德·克里斯蒂安等.媒体伦理学：案例与道德论据(第5版)北京：华夏出版社，2000

[34][美]新闻自由委员会.一个自由而负责任的新闻界.北京：中国人民大学出版社，2004

[35]李向阳. 谁来为21世纪中国加油. 中国社会科学出版社，2005

山西教育出版社2010重磅力作《公司的力量》

CCTV大型电视纪录片**《公司的力量》**图文版

中央电视台独家授权**《大国崛起》姊妹篇**

最伟大的商业概念，最震撼的商业传奇

2010首都大学生读书节大学生**最喜爱图书奖**

2010全国**最畅销的**经济类图书之一

奔赴美英法德意日荷瑞中印等十国，

深入五十余家世界级大公司，

遍访各大洲著名商学院校，

诚邀170余位资深学者和商界领袖深度对话

定价：59.80元